修訂九版

# 中華民國憲法概要

*Introduction to Constitution*
*of the R.O.C.*

林騰鷂　著

三民書局

國家圖書館出版品預行編目資料

中華民國憲法概要／林騰鷂著.－－修訂九版一刷.－
－臺北市：三民，2019
　　面；　　公分

ISBN 978－957－14－6702－3　　(平裝)

1.中華民國憲法

581.21　　　　　　　　　　　　　　　　108013879

© 　中華民國憲法概要

| 著 作 人 | 林騰鷂 |
| 發 行 人 | 劉振強 |
| 著作財產權人 | 三民書局股份有限公司 |
| 發 行 所 | 三民書局股份有限公司 |
| | 地址　臺北市復興北路386號 |
| | 電話　(02)25006600 |
| | 郵撥帳號　0009998-5 |
| 門 市 部 | (復北店)臺北市復興北路386號 |
| | (重南店)臺北市重慶南路一段61號 |
| 出版日期 | 初版一刷　2005年8月 |
| | 修訂八版一刷　2017年9月 |
| | 修訂九版一刷　2019年9月 |
| 編　　號 | S 585500 |

行政院新聞局登記證局版臺業字第○二○○號

有著作權‧不准侵害

ISBN　978-957-14-6702-3　　(平裝)

http://www.sanmin.com.tw　三民網路書店

# 九版序

## 政黨林立拚選舉下的憲政苦難

距離 2020 年總統大選不到四個月，民進黨、國民黨已提名總統候選人，臺北市長柯文哲、前鴻海董事長郭台銘、及前立法院長王金平，在九月也可能結盟，推出總統候選人，而時代力量、親民黨、台灣民眾黨、無黨籍團結聯盟、社民黨、綠黨、自由台灣黨、基進黨、喜樂島聯盟、一邊一國行動黨、及台灣維新黨等，也紛紛要搶食總統及立委選舉的大餅。這種政黨林立拚選舉的現象，並未帶來真正的共和民主，而是社會分裂、亡國感深重的虛空民主！

由於總統、立委選制未能澈底改良，在政黨可募取總統、立委選舉政治獻金，又可獲總統、立委選舉補助款的過度政治報償誘惑下，總統、立委選舉極易被無政治道德的人所操弄。又在總統透過政黨運作，可分配極多政經資源的酬庸、裹脅憲政框架中，黨黑金力量不斷擴大，但憲政首要之民生，卻無美好的改善！特別是近二十年來，憲法被藍綠威權式政黨所扭曲、耍弄，而失去應有效能，而民國一百零六年十二月六日公布施行的政黨法，近兩年來，在缺乏憲政法制全面配套改良的情況下，也不能達成優化憲政、改善民生之功能！

自西元兩千年以來，藍綠三位臺大法律畢業生，陳水扁、馬英九及蔡英文明知憲法、憲法增修條文結構不良所造成總統有權無責、立法委員淪為黨的應聲蟲，只代表不肖財團私意，而不能制定符合社會公義法律之種種弊端，卻在當選總統後，不思費心改正，卻一再踐法濫權的酬庸黨政親私、敗壞文官體制、放任農地工廠污染、造成教育、租稅正義零落，以及青年生存發展機會之蕩然！今日人民應享有的生存、自由、平等之基本人權，以及應享有的公共資源、空間、環境與服務，也正日益在政黨林立拚選舉的憲政苦難中減縮！

　　因此，本書九版序以「政黨林立拚選舉下的憲政苦難」為題，希望能提升民眾的憲政警覺，認知憲法是最大、最多空隙之法律，必須以最高的政治道德來補充，必須以最多的心力來學習，以及必須以最大的勇氣來參與民主憲政的守護與鞏固！

林騰鷂　謹識

民國一〇八年八月二十六日

# 八版序

### 憲政正在艱難進行中

從民國三十六年元旦施行憲法至今，已滿七十年。這七十年中，憲政從強人獨裁、一黨專政、黑金誤國、貪腐無能，一路艱難進行，至今日第三次政黨輪替、首次女人當家後，憲政仍未柳暗花明，特別是因國家認同歧異所造成的社會分裂，已充分影響到眾多人民的生與活。

為了見證憲政歷史成敗，本書乃就第七版發行以來的憲政組織運作動態與人權理念發展實況，用平白語句，擇要在本版中評述，希望能讓抽象簡要的憲法條文，化為民眾生活所應知曉並關懷的事項。

首先，在憲政組織運作動態方面，此次改版評述了總統府秘書長虛懸七個月，已造成憲政施行整合協調的瑕疵現象；立法院組織法的修正，雖然規定了議長的中立化，但立法院依然在吵架打鬧中，荒唐議事，胡亂立法與審查預算；行政院提出 8800 億「前瞻基礎建設計畫」的匆促草率，被民進黨前立委林濁水批為：「內閣會議不會議；國發會不管國發；管部會的不管政策；管政策的不管部會」，「整個政府的人事、組織和運作實在怪得可以」；司法院院長、副院長任命髮夾彎所造成有道德瑕疵的大法官，仍在災難式的操弄社會所不信任的司法改革；監察院在總統表示廢除監察院的修憲主張沒改變之情形下，硬是補足提名十一位監委人選，但在虛耗數月後，仍未見立法院行使同意權。

其次，在人權理念發展實況方面，此次改版評述了大法官釋字第七四八號解釋為了保障同性婚姻，而宣告民法違憲之謬誤；一例一休法制化後對勞動人權的傷害；制定納稅者權益保護法對人性尊嚴生活權之規範；透過提供同步聽打或手語翻譯等無障礙資訊服務轉播議事，以保障身心障礙者平等參與政治與公共生活之權利；通過反避稅條款，以強化人民的納稅義務；制定資恐防制法以限制財產權對恐怖分子的資助；制定原住民族語言發展法，以

保障原住民族語言之使用及傳承 ；制定都市危險及老舊建築物加速重建條例，以改善居住環境、提升建築安全與國民居住生活品質；制定刑事案件確定後去氧核醣核酸鑑定條例，以確保司法裁判之正確；改革軍公教年金制度對退休人權所生之衝擊；在偵查中羈押程序，賦予犯罪嫌疑人及其辯護律師獲知被羈押理由、獲知有關證據，以保障其行使刑事訴訟防禦權。

　　如上所述可知，憲政進行中政府組織運作與人權理念的落實情形，常與人民的生與活有密切相關。因此，值得每一位大學生與國民認真用心的學習與研究！

林騰鷂　謹識

民國一〇六年九月

# 七版序

民主在鞏固中，或仍在沉淪中

依美國學者杭廷頓 (Samuel P.Huntington 1927–2008) 的看法，認為檢驗一個國家民主是否鞏固的重要指標，是經歷兩次政黨輪替 (two-turnover)。因為只有在兩個相互競爭的主要政黨，在輸掉選舉後，都能把政權和平轉移給對方，使政治菁英和民眾都能接受以選舉，而非用暴力或軍事革命的方式，來移轉政權，才能說是「民主鞏固」(democratic consolidation)。

我國在民國八十九年發生首次政黨輪替，由中國國民黨將政權和平轉移給民主進步黨；民國九十七年發生第二次政黨輪替，由民主進步黨將政權和平轉移給中國國民黨；民國一〇五年五月二十日，又發生第三次政黨輪替，由中國國民黨將政權和平轉移給民主進步黨的蔡英文總統。這種經歷三次政黨輪替的憲政情勢，似乎已達到杭廷頓所說的「民主鞏固」。

然而，在現時的憲法架構下及黨政體制的現實運作下，距離「選賢與能，天下為公」的民主理想境界，仍舊非常遙遠。此因當前的選舉制度，難以選出賢能及以天下為公之士。民主進步黨在民國一〇五年一月十六日的立法委員的選舉中，雖已取得絕大多數席次，而發生行憲以來的國會首次政黨輪替。但立法院自今年二月開議以來，至五月三十一日之憲法所規定的立法院常會中，沒有制定半個福國利民的法律，以解決我國當前財政、經濟、青年失業、人口老化等的迫切問題。而在延長至七月的會期中也只制定遠洋漁業條例及資恐防制法兩個法律而已。

尤其令人難以接受的是，立法院幾已淪為臨時國會，又和以往一樣，經常地召開臨時會，且在七月的臨時會中只制定政黨及其附隨組織不當取得財產處理條例一個法律，及審而沒能議的國營事業預算，完全沒有二十一世紀國會應有的效能！

同樣的，在總統有權無責的憲法框架下，自蔡英文總統宣佈兼任民主進

步黨主席，且仿照中國國民黨在每星期三召開民主進步黨中常會後，黨國體制的幽靈，只是從中國國民黨改名為民主進步黨，而威權獨斷的決策模式，也沒有隨著第三次政黨輪替而改變，尤其在悠關司法改革的重大人事上，如司法院院長謝文定、副院長林錦芳的提名，遭到法學界、民間司改會及民主進步黨內之強烈異議，以致在不到兩個月時，被迫撤回提名。又涉及世代間分配正義，影響國家財政健全之年金改革，也將在一年內議而不決，陷入難解的拖延中，毫無新人新政的新氣象，而蔡英文總統在享用其權力時，也毫不提及其在野時，所要矯正總統有權無責的憲政改革，以致民主仍在虛空中沉淪！

　　誠如本書再版序所言，憲法雖是人們從事社會生活的必要工具，但因人們的無知與輕忽，而未認真學習與珍惜使用，以致被威權式的政黨所扭曲、耍弄而失去其效能，使人民應有的生存、自由、平等之基本人權，以及應該享有的公共資源、空間、環境與公共服務，日益減縮。

　　因此，本書七版序以「民主在鞏固中，或仍在沉淪中」為題，希望能喚起民眾的憲政警覺、認真學習憲法、珍惜憲法，並積極投入憲政民主的守護與鞏固！

林騰鷂　謹識

民國一○五年八月十五日

# 六版序

### 要修憲使人不致淪為奴隸

有美好的憲法，不一定會有美好的憲政！這最顯明的例子是，西元 1919 年德國威瑪憲法，它是世所公認的，體系最完整、內容最豐富的憲法，但是在希特勒主導之下的憲政破毀，則是造成西元 1945 年德國敗亡慘劇的主因！

而沒有美好的憲法，就一定會有不美好的憲政！這最顯明的例子正是，西元 1947 年施行的中華民國憲法，它是學者所公認的，體系最零亂的四不像憲法，既不像美國的總統制，也不像英國的內閣制，更不像法國的雙重首長制，及不像瑞士的委員制。而立憲當時自豪的「五權憲法制」，也在多次修正憲法增修條文的過程中，日益支離破碎，造成今日憲政權責混淆、民主制衡虛無的憲政破毀現象！

立法院修憲委員會於民國一〇四年四月九日起至五月十一日所召開的修憲公聽會，本欲處理當前的憲政破毀現象，但因中國國民黨與民主進步黨基於政黨之私，相互杯葛、掣肘，使憲法修正案不能提出而讓人民無法複決修憲，導致十八歲以上至二十歲以下的青年，成為只有當兵、納稅義務，卻無選舉權與被選舉權的憲政奴隸！又有權無責的總統所隨便任命的行政院長及其閣員，均未獲得人民代表明白的同意與授權，但卻恣意的行使了憲政最重要的人事行政權及國家資源收支分配權，造成狼狽當道、冗員充斥、經濟蕭條、財政匱乏、年金破產、貧富不均之危機，而使憲政日益沉淪！

本書五版自民國一〇三年八月起發行至民國一〇四年七月，幾已完售。三民書局編者來信，詢問是否改版？筆者以上述憲政動盪不安情勢，就歷史上，應有必要即時記述，而答允再行改版，並將本書五版發行以來的憲政動態事件，如立法院院長被其政黨開除，撤銷黨籍興訟事件；高中生闖入教育部，抗議歷史課綱事件；地方政府財政破產事件以及多數民眾要求修憲事件等，加以增補並評述。

又自本書五版發行以來之司法院大法官解釋，新制定的法律如「條約締結法」、「有限合夥法」、「油症患者健康照護服務條例」、「長期照顧服務法」、「教師待遇條例」、「博物館法」、「溫室氣體減量及管理法」、「學校型態實驗教育實施條例」、「公立國民小學及國民中學委託私人辦理條例」等，以及新修正的法律如「司法院組織法」、「公平交易法」、「法律扶助法」、「公務員懲戒法」、「氣象法」、「審計法」等，在相關章節中補充或修訂，以求本書之新穎性。

美好憲法條文仍只是形式的文字，需要人民的關切與守護，才能活化為美好的憲政！而當不美好的憲法造成不美好的憲政，且已背離美好憲法的民主信念、法治國意旨與社會福利國誡律時，如不立時修憲加以導正，則人民之身家性命將無以保障，而將淪為憲政上的奴隸，任由竊國者擺佈、剝削與奴役！

因此，本書六版序以「要修憲使人不致淪為奴隸」為題，希望能喚起民眾關心、守護憲法的決心，並深入理解修憲的重要性與必要性！

**林騰鷂** 謹識

民國一〇四年九月

# 五版序

　　不斷的抗議是社會文明進步的動力，也是一國憲政成長的鐵律！

　　中華民國憲法自民國三十六年十二月二十五日施行至今已滿六十六年，期間對憲政成長影響最深的抗議是民國七十九年在中正紀念堂前的野百合學生抗議。此一抗議活動才促成「萬年民代」的退位、國會的全面改選，也才由一黨獨大的「訓政」、逐漸蛻變為全民可以參與選舉、間接民主式的「憲政」。然而，因為選舉罷免法制的缺失，即使至今已有二次政黨輪替，也並未保證有優質的憲政。在莊嚴的國會殿堂裡，經常有推擠打架情事，而荒唐立法、亂審預算的戲碼，也經常上演。民國一百零三年三月十八日佔領立法院的「太陽花學運」學生所主張之「抵抗權」、「公民不服從權」、「反抗濫政權」，正是對現時代議政治之不滿與抗議，其對我國憲政的成長，有深遠的影響。故在此次修訂中，特別從憲政法治上敘述其依據。

　　又民國一百零二年七月初發生現役軍人洪仲丘在軍中遭欺凌虐待而死，導致兩次白衫軍的遊行運動，要求確保軍中人權。立法院為呼應此項要求，乃火速通過軍事審判法的修正案，宣告在承平時期，現役軍人的犯罪，也不受軍事審判。這是我國人權史上的重大變革，軍事審判法因此於民國一百零二年八月十三日修正，也導致軍事審判制度之重大變革，故在本次修訂中，也於相關節次中加以訂正並說明。

　　憲政源於奴隸們的激情抗議，而成於公民們的理性呵護，以確保每一個人民都能獲得充分美好的生活給付與周全完善的生活照護，而這些均需要每一個公民都受過良好之憲法教育，有憲法意識，並願意為憲法之落實施行而奉獻心力，才能有成。本書此次修訂即在延續本書撰寫初衷，希望對喚起公民珍惜憲法之靈魂，對提升公民保護憲政的決心，能有所貢獻。

林騰鷂　謹識

民國一○三年八月

# 四版序

　　憲法的理念是什麼？就是 1.主權在民 2.人權至上 3.公益優先 4.多數決定 5.定期改選 6.依憲統治 7.權力分立 8.權力制衡 9.依法行政 10.司法獨立 11.自治保障 12.均權制度 13.責任政治 14.社會正義 15.社會福利等，而這些理念的貫徹，就是要實現中華民國憲法序文中所指的鞏固國權、保障民權、奠定社會安寧、增進人民福利，並使中華民國成為一個民有、民治、民享之民主共和國。

　　不過，因為憲法教育的不受重視，致使上述憲法理念，尚未在日常生活中落實。在行憲六十五周年的座談會中❶，筆者即表示，經過七次修憲，憲法日益混亂、空洞化，而沒有好的憲法教育，也造成憲法運轉機制之失靈，而有「公意虛空」、「法治虛空」、「責任虛空」等行憲三大虛空之現象。

　　因此，四版延續本書落實與開展憲法教育初衷，首先針對近兩年來憲政體制之變革，如司法院增設少年及家事法院、行政訴訟由二級二審改為三級二審以及監察院新增受理公職人員財產申報權及處罰權、受理政治獻金申報權及處罰權、對公職人員違反利益衝迴避之處罰權、對公職人員違反遊說法之調查與處罰權等規定。

　　其次，對於婦女人權保障，也敘述立法院於民國一百年五月二十日制定之「消除對婦女一切形式歧視公約施行法」，並增加環境上受益權、消費上受益權、發展上受益權、資訊上受益權等之說明，以利於對憲法施行中，新增受益人權之認知與學習。

　　第三，在地方制度方面，也對民國九十九年十二月二十五日起因臺北縣

---

❶　參閱，胡佛院士主持，〈當前的憲政體制與問題座談會（上）〉，《中國時報》，民國一百零一年十二月二十五日，A14 版；胡佛院士主持，〈當前的憲政體制與問題座談會（下）〉，《中國時報》，民國一百零一年十二月二十六日，A14 版。

改制為新北院轄市、臺中市與臺中縣合併成立臺中院轄市、臺南市與臺南縣合併成立臺南院轄市等地方自治層級之變動，加以說明。

憲法是因奴隸為了生存、自由、平等、財產等權利，敢於反抗君主暴政而產生，而憲法之維護，則需要國民充分明白憲法的理念，並有珍惜與勇於實踐的決心。希望本書之增訂，能有助於國民對憲法之學習，並強化國民珍惜與勇於實踐憲法的決心！

林騰鷂 謹識

民國一○二年元月

# 三版序

為什麼要讀憲法？因為，不想當奴隸！

正如本書第一版序所說的：「沒有憲法，就沒有人生，只有奴命！」人類就是因為沒有憲法，幾千年才成為「君主」的奴隸；而因為無知，對憲法之被踐踏毫無所謂，才會成為「軍主」的奴隸；又因為不珍惜，憲法之施行被「金主」扭曲，導致國家被掏空，社會資源被耗盡，而人民的生存權、工作權、財產權、環境權、政治權、社會權、文化權等種種基本人權都受到嚴重的傷害，以致成為「金主」的變相奴隸。

因此，為了保障自由，維護平等，獲得工作，享受各種政治、經濟、社會、文化的受益權，每一個受教育的人都應懂得憲法、珍惜憲法，並透過一個好的憲法去建構好的政府，執行好的國策，以保障每一個人都能獲得良好的人權保障，享受美好的人生。

三版延續本書落實與開展憲法教育初衷，並特別新增立法院於二〇〇九年三月三十一日審議通過，而於二〇〇九年十二月十日在我國生效之「公民與政治權利國際公約」、「經濟、社會與文化權利國際公約」所規定之新人權。依馬英九總統於二〇〇九年四月二十二日公布之「公民與政治權利國際公約及經濟、社會與文化權利國際公約施行法」第二條之規定：「兩公約所揭示保障人權之規定，具有國內法律之效力」。因此，我國之人權保障也應如同該法第四條所規定之：「各級政府機關行使其職權，應符合兩公約有關人權保障之規定，避免侵害人權，保護人民不受他人侵害，並應積極促進各項人權之實現」。

為了避免「君主」、「軍主」與「金主」之復辟，也為了保障我們的基本人權，大家來讀憲法吧！

**林騰鷂** 謹識
民國九十九年八月

# 再版序

　　人類發現了火，用以克服自然危害，維持生命及延續生存；人類發明了憲法，用以調和社會矛盾，解決紛爭及保障和平。因此，可以說火與憲法是人類從事自然活動與社會生活的必要工具。

　　憲法雖是人類從事社會生活的必要工具，但因人們的無知與輕忽，而未珍惜使用，以致被獨裁者與專制的政黨所扭曲、所藏匿而失去效能。獨裁者與專制政權經常假借為人民服務的口號，濫用人民所賦予的憲法權力，從原本應是人民良善公僕的角色變成欺壓人民、剝奪人民權益的惡奴，導致人民應有的生存、自由、平等之基本人權，失去保障，而人民應該享有的公共資源、空間、環境與公共服務的品質也日益低落。這實在是人們的不幸。

　　為了免於這些不幸，每一個受教育的人都應懂得憲法，珍惜憲法，並進一步的保護憲法。本書的再版就是要延續初版序所述的落實與開展憲法教育，使人們都懂得憲法，都能擁有深邃、開闊、寬廣的憲法意識；都能有高昂的憲政警覺；都擁有珍惜憲政的決心與積極對抗憲政敵人的勇氣與意願。

**林騰鷂** 謹識

民國九十八年一月十一日

# 序

憲法是人生的寶貝，沒有憲法，就沒有人生，只有奴命！

一般人常說憲法好遙遠，跟我有什麼關係呢？其實，憲法是跟每一個人常相左右、息息相關，而不是飄渺絢麗、遙不可及的天邊彩霞。想想看，現時女人的腳為什麼會這麼大，男人腦後為什麼不一定要拖一條小辮子？不就是因為有了憲法，有了憲法，不必再服從滿清皇帝的獨裁命令嗎？又在過去，生命權、財產權隨時可以被軍閥、土匪、惡霸剝奪，沒有絲毫保障。現在有了憲法，一切都要依照法律規矩，不容許任何人胡作亂為。

又如，人要生活，不能離群索居，必須要有社會的支撐、社會的奧援，要從社會獲得安全保護，不受敵軍、流氓的侵害；要從社會獲得食、衣、住、行、育、樂資源，無慮生活之匱乏；要從社會獲得生、老、病、死、意外、殘障時之照護，不怕突發的生命災難。有了憲法，個人生命的安全、生活的給養和生存的維護，才能透過憲法所架構的社會組織與社會秩序，獲得公平、合理的保障與豐富、充足的分配。個人也才能在憲政社會所提供的生存與生活的基礎上，發展自己的人格，決定自己的命運，實現自己的理想、抱負，過著安然、快意的人生。

如此看來，你說，沒有憲法，不讀憲法，行嗎？

本書以簡明概要的方式，分章有體系的敘述中華民國憲法的三個基本：

一、**基本人權**，即人民在國家內可享有之基本權利與應盡義務。

二、**基本政府**，即人民用憲法所建構、所付託行使公權力之基本政府組織及其職權。

三、**基本國策**，即人民以憲法明定方式，要求政府所有組織在外交、國防、經濟、社會、文教、科技、環境、生態、邊疆地區及海外僑民等領域內，必須遵守、踐行之基本國策與施政方針。

除此之外，本書更引用憲政學者的著作文獻、國際人權文件，特別是公

元二〇〇〇年的瑞士憲法，並參酌國內公眾輿論的「憲政吶喊」，一方面註記了近年來憲政成敗的歷史，對毀憲敗政的政治人物作了即時、嚴肅、無情的批判；另一方面也更積極的介述新世紀的新人權，特別是「人人有享受良好行政的人權」，用以作為鞏固「憲政靈魂」，開創美好憲政的奮鬥指標。

憲法是屬於人民的！憲法是人民用以分配政治權力、限制政治權力的工具，也是人民用以保護自己、家人和朋友生命、自由、人格、尊嚴、財產與獲取種種生活權益的利器。因此，憲法教育的開展與落實，使所有人民擁有深邃、開闊、寬廣的憲法意識，高昂的憲政警覺，珍惜憲政的決心與積極對抗憲政敵人的勇氣與意願，是本書撰寫的主要目的。本書也盡量透過平白、生活化的語句來傳輸憲法理念，開展憲法教育，希望每一個人都能經由良好的憲法與良好的憲政，獲得國家周全完善的生活照護，取得國家有義務提供的種種充實美好的生活給付。


林騰鷂 謹識
民國九十四年六月

# 中華民國憲法概要

## 目　次

## 第八章　司法院

## 第十一章　中央與地方之權限

## 第十二章　地方制度

## 第十三章　政權之行使

# 第一章　緒　論

## 第一節　為什麼要學習憲法

為什麼要讀憲法，因為要活下來！

而人要活下來，不容易，有幾個必要條件：

第一個要有良好的生理條件。身體健康，沒有疾病干擾，才能活下來。

第二個是要有良好的心理條件。身體雖然健康，沒有疾病干擾，但若精神不正常，憂鬱自傷或是自殺，那也是不能活下來。

第三個要件是要有良好的自然環境。雖有良好的生理、心理條件，但若所處的自然環境是乾旱、雨澇、颱風、地震地區，人的生存也不容易。

第四個要件是要有良好的政治環境。除了上面所述的生理、心理及自然環境條件外，人要活下來，還要有良好的政治環境條件。而這個政治環境條件，在現代社會中，可能比上面三個條件還重要。為什麼呢？早在幾千年前，孔子就已說過，「苛政猛於虎」。苛政代表的是政治環境條件，老虎則代表著自然環境條件。苛政比老虎兇猛的原因是老虎不會經常出沒❶，力量也不是很大而不可抗拒的❷；但苛政是無所不在，且力量也是非常大而個人無法抗拒的。

在現代社會中，人類已經可以克服自然環境不利人類生存的因素，而因科技文明之發達，人類也能調適生理與心理條件，很容易的存活下來。但是在世界各地區中，因為政治環境之不良，造成許多人無法生存下去。政治主

---

❶　平白的說，可以形容為：「苛政不休息，老虎會睡覺。」

❷　換句話說：「老虎可以打死，苛政難以逃避。」

張不同所生種族間之屠殺，及社會暴亂事件，均使許多人喪失了生命。

由此可見，在各項人的生存條件中，政治環境條件之優良與否，影響最大。而政治環境之形塑造成，就靠憲法。因此，每一個現代國家之國民，都必須了解憲法、學習憲法，以共同塑造良好的政治環境，維護自己的生存條件。

又在全世界各地的三波民主化浪潮❸中，人類多已能在有憲法的民主共和國中活下來。但是，一個有憲法的民主共和國，並不當然會有實質保障人權的憲政❹，以致在那些國家中，人雖然活了下來，但卻沒有自由、沒有平等、沒有尊嚴，只能貧窮、低賤的過日子！

為什麼會這樣呢？這是因為封建時代的「君主」雖然被推翻了，但改由代之而起的「軍主」或「金主」來統治，而使人民變相淪為軍事獨裁政府或資本主義國家的奴隸。所幸，三個多世紀以來的憲法與人權理論教育，使不願當奴隸的讀書人，發動了二十世紀中的女權運動、環境保護運動、生態保護運動、消費者保護運動，也帶領了二十一世紀中，撼動北非與中東政治形勢的「阿拉伯革命」(Arab revolutions)，以及反抗「二十一世紀資本主義」❺社會與經濟不公平的「占領華爾街運動」(Occupy Wall Street)。

因此，我們要活下來，要活得有自由，有平等，有尊嚴，有經濟社會地位，就要認真的學習憲法，積極主動的建構良好的憲政！

---

❸ 美國學者杭廷頓 (Samuel P. Huntington) 指出全世界的三波民主化浪潮，是一八二八年至一九二六年的第一波民主化浪潮；一九四三年至一九六二年之第二波民主化浪潮以及一九七五年後的第三波民主化浪潮。詳閱，Andrew Heywood 著，盛盈仙總校閱，盛盈仙、曾馨婷、盧國益、蘇若萍等譯，《政治學》，第四版，雙葉書廊有限公司，民國一〇五年一月一版，頁 556。

❹ 詳閱，林騰鷂著，《中華民國憲法》，修訂六版序，三民書局，民國一〇五年二月，頁 1–4。

❺ 相關理論請參閱，托瑪・皮凱提 (Thomas Piketty) 著，譯者：詹文碩、陳以禮，《二十一世紀資本論》，衛城出版社，民國一〇三年十一月十四日。

# 第二節　憲法之意義

關於憲法的意義，講得最簡明透澈的還是我國　國父孫中山先生。他說：「憲法者，國家之構成法，亦即人民權利之保障書也。」但是這一段話，太文言了，唸過書的知識分子固然很容易了解，但是工人和一般社會大眾就不很容易了解。因此，他又說：「憲法是一部大機器，就是用來調和自由和統治的大機器」。把憲法比喻成工人和一般大眾日常生活所常接觸的機器，且和自由相關，就更能引起人們的了解與重視了。

為什麼說　孫中山先生對憲法的意義，講得最簡明透澈？這只要把西方與中國學者對憲法意義之註解闡釋列舉如下，用供對照，就可了然。

1.美國大法官米勒 (Miller, Samuel Freeman, 1816–1890) 說：「憲法是一種成文的文件，用以建立、限制與劃分政府的根本權力，並使其可以有效造福於國家。」

2.英國學者戴西 (Dicey, Albert Venn, 1835–1922) 說：「憲法是規定政府的組織、及人民與政府間各種權利與義務的根本規則與法律。」

3.德國學者耶律聶克 (Jellinek, George, 1851–1911) 說：「憲法是規定國家最高機關的組織產生，及其相互關係，活動的範圍與各部門對國家所處地位的法律。」

4.我國學者林紀東先生說：「憲法者，規定國家之基本組織，人民之主要權利義務，及基本國策之根本法也。」❻

由上述　孫中山先生及中、西學者對憲法意義的解說❼，可將憲法之意義分析延伸為四個基本規範，即：

---

❻　林紀東，《比較憲法》，五南圖書出版社，民國六十九年七月，頁 1。

❼　更詳細的憲法概念介紹，請參閱，陳慈陽，《憲法學》，元照出版公司，民國九十三年一月初版，頁 37–43。該書譯介了德國學者 Klaus Stern 所著 *Das Staatsrecht der Bundesrepublik Deutschland Band I*，頁 69–78 中關於亞里斯多德、西賽羅、E. Vattel、C. Schmitt、G. Jellinek、R. Smend、H. Heller 等學者對憲法概念之解說。

## 一、憲法是規定基本信念之法

建立中華民國的基本信念是什麼?在中華民國憲法序言中有明確的規定,即主權在全體國民的信念,而非主權在君、主權在軍、主權在金、主權在黑、主權在霸。又制定中華民國憲法的依據、目的及效力也都明文規範。即規定制定中華民國憲法之依據是孫中山先生創立中華民國之遺教(包括三民主義、五權憲法、均權制度……等),而其制定的目的是「鞏固國權、保障民權、奠定社會安寧、增進人民福利」。至於效力的範圍,則是規定效力的地的範圍、效力的時的範圍,即:「頒行全國,永矢咸遵」。

## 二、憲法是規定國家基本政府之法

所謂國家基本政府組織及其職權,包括總統、副總統之產生方式、地位及其職權之規定。而中央政府之組織職權,即關於國民大會、行政、立法、司法、考試、監察等五院之組織方式及其職權之原則性、綱要性規定。至於地方政府之組織及其職權,則有地方制度一章及增修條文,規範省、直轄市、縣政府及省、縣議會之組織與職權。

## 三、憲法是規定基本國策之法

十八、十九世紀之憲法,多只規定人民之權利義務,及國家主要機關之組織職權,但二十世紀之各國憲法,除了此兩大部分之外,尚有基本國策之規定,對一國之國防、外交、經濟、教育文化、社會安全等公共事務之主要方針,加以規定,以為一國施政行憲,為人民謀求最大福利之準據。而此一基本國策之規範,不僅拘束中央或地方的行政機關,就是立法機關在制定法律時,或司法機關在為案件審判時,也要受基本國策之拘束。所以說,憲法是國家所有一切施政之根本大法。

## 四、憲法是規定基本人權之法

人為求生存,須依賴群體,以獲得安全保障與生活之便利,因此,對群

體之人力、物力要求應有所奉獻與付出，而構成對群體之義務。相反的，在盡了義務之後，亦可要求群體給予生存照顧與生活自由，而構成對群體之權利。這種人與群體之權利義務關係，就是近代各國憲政運動之重點，即所謂的國家與人民權利義務關係之規範。但人民之權利、義務種類繁多，難以概括列舉，故在憲法中所規定的，限於人民最重要之基本權利、義務，且以公法上，即公共生活上有關之權利義務為主，這也可以說，憲法是公共生活之根本大法也！至於私法上之權利及義務，如私人相互間生活上之權利義務，則由民法或其他法律規定。

各國憲法對人民權利、義務之種類、範圍，及所受保障限度及方法，依各國宗教、人文、歷史、地理等國情因素而有不同。大抵而言，均規範國家在某種範圍內，不得限制人民之權利，使人民有相當幅度的「自由於國家之外」的生活空間。相反的，亦規範國家在某種範圍內，對人民之生、老、病、死，提供最基本的保障，而在此對應之保障下，可以要求人民在適當的限度內，為人力、物力、財力、時間之奉獻與付出。

**由上可知，憲法就是人民基於建國之基本信念，用來建構基本政府組織，以執行人民認為應該施行的基本國策，而最終的目的是來保障人民在憲法中所明白列舉或概括保障的基本人權。**

# 第三節　憲法之性質

關於憲法之性質，可分為憲法之一般性質與法律性質來說明。

## 一、憲法之一般性質

### (一)根本性

憲法規定了國家基本組織，國家與人民之間的基本權利義務，以及國家之基本國策，所以它是國家之根本大法 (Staatsfundalmentalnorm)❽。所謂根本大法者，乃因國家所有的一切法律、命令或典章、制度，都要根源於憲法，

---

❽　陳慈陽，上揭書，頁 53–54。

溯源於憲法，才有所依據，也才能有效拘束人民。所以有人說，憲法是萬法之母，道理就在於此。不過，先進國家的憲法也有奇怪的例外。例如過去瑞士憲法第二十五條之二規定：「肉店對牲畜，非先行麻醉不得宰殺。」此一條文規定違反了憲法為根本大法之性質，而常為憲法學者引為笑談。不過，在一九九九年四月十八日所通過之瑞士聯邦新憲法中已無此直接規定。但在該憲法第八十條第二項專款中仍授權瑞士聯邦政府對動物之宰殺 (the slaughter of animals)，加以規範❾。我國對動物不得任意宰殺，也不是在憲法規定，而是在動物保護法第十二條上規定。

（二）最高性

憲法在國家所有法規體系中，居於最高地位，所有法律、命令、行政、立法、司法、考試和監察行為，皆不能違反憲法。我國憲法第一百七十一條第一項規定：「法律與憲法牴觸者無效。」憲法第一百七十二條又規定：「命令與憲法或法律牴觸者無效。」這都是在彰顯憲法之最高性。換言之，在國家所有法律體系中，憲法之位階最高，效力最強，法律次之，而命令又次之。

法學上所謂之「法律位階理論」(Stufen der Rechtsordnung)❿，就從憲法第一百七十一、一百七十二條之規定上，表現了出來。同樣的，在地方制度法第七十五條中，也以此法律位階性，突顯了中央與地方及地方彼此間之關係。該條各項分別規定，省政府辦理該法第八條規定事項或直轄市、縣（市）、鄉（鎮、市）辦理自治事項、委辦事項時，不得違背憲法，否則會被其上級行政機關如行政院或委辦機關予以撤銷、變更、廢止或停止其執行。

（三）固定性

憲法是根本大法，為所有一切法律、命令之根本來源，不可以輕易變更修改。否則的話，所有國家的政制與法律都要因為憲法這個根本的動搖而飄動不已，引起國家、社會生活之不安。各國為了避免這種現象之發生，多在憲法上明文規定憲法修改的方法、機關及程序，且通常比普通法律之修改要

---

❾ 瑞士新憲法可在 http://confinder.richmond.edu/ 網站中尋找 Federal Constitution of the Swiss Confederation。

❿ 陳慈陽，上揭書 頁 54 Hartmut Maurer, *Staatsrecht*, C. H. Beck, München, 1999, §1 Rn. 36.

嚴格得多。這種比法律要更不容易被後人更動、竄改之特性，即是憲法之固定性，或叫憲法之穩定性，主要也在加強憲法之優越性與權威性，使所有國人都能對憲法加以尊崇信守。然而，我國自民國八十年二月至民國八十九年四月短短不到九年半中，卻有六次憲法增修。憲法幾乎每年一修，比一般法律之修正，還要頻繁，嚴重的傷害憲法之固定性性質❶。民國九十三年八月二十三日立法院又通過了中華民國憲法增修條文之修正案，開啟另一波段的修憲行為，但經任務型國民大會於民國九十四年六月七日複決通過新增訂之憲法增修條文第十二條所規定之修憲門檻太高，卻反而扭曲了憲法之固定性質，以致十年後的民國一〇四年，社會大眾與學者乃紛紛要求降低修憲門檻❷，以免憲法淪為封建時代的「祖宗遺訓」，用死人的想法與規定，去限制人民的生存發展。

㈣**政治性**

　　在一國之內，誰來統治？如何統治？都要在憲法中明白規定。換言之，一個國家之統治機關，國家元首，公權力行使之範圍與分際等管理眾人之事的重大政治事項，都要在憲法中規定。**這種對權力、資源之分配，就是政治，而憲法就是來對這種政治事項加以規範**❸。因此，憲法之富有政治性，乃是當然之事。德國學者 D. Grimm 更進一步分析政治與法律以及憲法之關係為❹：1.法律是政治的目的 (Recht als Zweck der Politik)；2.法律是政治的產品 (Recht als Produkt der Politik)；3.法律是政治的工具 (Recht als Werkzeug der Politik)；4.法律是政治的框架 (Recht als Rahmen der Politik)；5.法律是政治的準繩 (Recht als Maβstab der Politik)。

---

❶　輿論對此評論這幾年「國家正在漂流，憲政正在漂流，政府亦正在漂流」。參閱，黃年主編，《漂流的臺灣——聯合報社論一百篇》，民國九十年九月初版，頁 464–467。

❷　參閱，郝培芝，「推倒憲改的高牆（下修門檻，還憲於民）」，立法院修憲委員會編制，立法院修憲委員會公聽會報告（第九場及第十場），民國一〇四年五月二十一日，頁 143–152；林騰鷂，「憲法不應成為祖宗遺訓」，同上報告，頁 135–136。

❸　德國學者 Klaus Stern 謂憲法為政治法 (Verfassungsrecht als Politisches Recht)。參閱，Klaus Stern, *Staatsrecht*, Band I, §4 I 5, S. 109.

❹　Jus 1969, 501 ff.

### (五)妥協性

憲法既然規定國家政府的組成、統治權限，及人民之權利義務，則必定會影響到各階層及千千萬萬人民之利益。為了使各方面人民之利益能夠協調一致，適應各方面之生活利益需求，制憲時，通常都要多方妥協調和，相互忍讓，多所包容，才能有所成。因此，各國憲法之成立，通常都是各方人民容讓、妥協的結果，而憲法的此一特性，就被叫做憲法之妥協性。

### (六)適應性

憲法條文多為簡潔、概括的規定，如何適應多所變化，複雜萬千，眾多人民互動的社會生活呢？因此，憲法在設計制定時，多以扼要、概括、抽象、彈性的文字，使能適應各個時代社會進化的需要。我國採取保留憲法條文原貌，而以增加新條文之方式，來順應動員戡亂狀態之結束，國會結構之改良。這種方式，使憲政體制得以傳承，也使憲法得以適應當前憲政情勢與憲政生活之需要。這是我國仿效美國行憲經驗、又配合國情需要之特殊適應方式。

## 二、憲法之法律性質

憲法在法令規範體系上的地位和性質，總括的說起來，有公法、國內法、實體法、成文法之性質。我國憲法，非傳統所有，而是與日本一樣，繼受西洋現代政、法思潮制度而來，故又有繼受法之性質。茲為明瞭起見，再簡要敘述於次：

### (一)公法性

憲法多為中央、地方政府組織與職權的規定，為國家公共權力行使之依據，乃國家社會公共生活之最高規範，一般法學者都把它歸類為公法。其與規範私人與私人之間財產身分生活關係之私法如民法者，有很大的不同。

### (二)國內法性

憲法乃由本國人民所制定，僅僅適用於本國領域，故為本國法，而非國際法。這與國際公約、聯合國憲章之可以適用於其他國家領域，而有所不同。不過，自二十世紀第二次世界大戰結束以後，各國紛紛加入聯合國，並通過一九四八年十二月十日之「世界人權宣言」。使人權保障有了國際化的趨勢。

### (三)實體法性

在法學分類上，凡法律係直接為權利義務之規定者，為實體法，如民法、刑法是；而凡法律係為實現權利義務之規定者，為程序法，如民事訴訟法、刑事訴訟法、行政訴訟法是。憲法因直接規定人民之基本權利義務及國家政府機關之職掌範圍，故具有實體法之性質。不過，修改憲法是一國非常重大的事項，故對此事項的程序，我國也與其他國家一樣，在憲法增修條文第十二條加以明文規定，此為憲法為實體法以外之程序之特別規定。

### (四)成文法性

我國憲法與憲法增修條文，係由第一屆、第二屆國民大會，依憲法程序制定，成為文字化的文件，故為成文法。這點與英國是由一些憲政習慣、法院判例及各個不同時代的國會制定法所累積、進化的不成文憲法，有所不同。成文憲法，多由制憲會議，或由國會機關一次所制定，不成文憲法則是由比較敏銳的觀察家，把存在於人民心中或記載於文書的無數先例、風俗、習慣、默契、諒解、信仰、律師與政治家的格言，以及雜有風俗習慣的若干制訂法，重要的法院判決與政治習慣，加以觀察記錄，彙總而成❶❺。

# 第四節　憲法之分類

## 一、成文憲法與不成文憲法

憲法若以其存在形式為標準，可以分為成文憲法與不成文憲法。成文憲法是指憲法是由單一文書或數種文書所構成的獨立法典。例如美國、法國與我國憲法是。相反的，憲法不是獨立法典，而是散見於普通法律、憲政習慣或法院判例的❶❻，就被稱為不成文憲法。不成文憲法雖無獨立法典的形式，

---

❶❺　參照，董翔飛，《中國憲法與政府》，民國八十二年九月修訂二十五版，頁8。

❶❻　學者謂不成文憲法中之憲政慣例與法院（我國大法官）之釋憲權之造法有所不同而應區分。憲政慣例乃在憲法精神與原則之範圍內，就憲法條文內部關連性，去創造制憲者未規定的事項。法院之釋憲權則是指法院為憲法之發言人，它僅能去

而僅有片斷的習慣、判例、宣言文字形式，但因援引長久，通行全國，而有使人不能輕忽、侵犯的效力，其與成文憲法之效力幾無差異。英國的憲政文件、習慣、判例，即為世所公認的不成文憲法。又除了英國以外，以色列亦為不成文憲法國家❼。紐西蘭原亦為不成文憲法國家，但在一九八六年制定了 Constitution Act 而成為成文憲法國家❽。

## 二、剛性憲法與柔性憲法

憲法若以其修改程序為標準，可以分為剛性憲法與柔性憲法。凡憲法修改的機關，或其修改的手續，均不同於普通法律，而比較困難者，叫做剛性憲法。至於對憲法修改的機關、修改的手續，均與普通法律相同，而修改比較容易的憲法，則叫做柔性憲法。不成文憲法都是柔性憲法，因為不成文憲法之國家如英國，既然沒有成文憲法存在，則憲法與法律的界限並不存在，憲法與法律兩者修改的機關、手續也相同，因此，英國就是一個典型的柔性憲法國家。相反的，成文憲法則未必一定都是剛性憲法，只有憲法條文中特別規定憲法修改機關、手續要比普通法律特別困難的，才是剛性憲法。我國憲法增修條文第十二條之規定，乃顯現我國憲法是一部非常剛性的憲法。

## 三、欽定憲法、協定憲法及民定憲法

憲法若以其制定機關為標準，可以分為欽定憲法、協定憲法及民定憲法。凡憲法由君主單方面獨斷制定，而不須徵求國民或其代表之同意者，稱為欽定憲法，如日本明治憲法及我國清光緒三十四年所頒布之憲法大綱，均是欽定憲法；凡憲法由君主與國民或其代表共同協商而制定者，稱為協定憲法。

---

說出成文憲法規定究竟為何。參閱，陳慈陽，上揭書，頁 56。

❼ 以色列沒有成文的憲法，但是有一套基本法，即 The Basic Laws of Israel，包括議會法、國家土地法、總統法、政府法、國家經濟法、國防軍法、司法制度法……等十一部基本法。

❽ 詳見 Rodney Brazier, *Constitutional Reform*, 2. Edition, Oxford University Press, Oxford, 1998, p. 1.

例如一八五〇年之普魯士憲法，就是協定憲法。它是由普魯士國王命其臣僚擬成草案，再提交普魯士議會修正通過之後，送請普魯士國王公布施行；凡憲法完全由國民意思，或由國民代表所制定者，稱為民定憲法。現時世界各國的憲法，在經歷十九世紀到二十世紀三波民主化之浪潮後，多為民定憲法。

## 四、三權憲法與五權憲法

凡憲法所規定之政府職權，是依三權分立學說❶，分別由行政、立法、司法三種組織行使，且互相牽制，產生均衡作用者，稱為三權憲法。至於憲法所規定之政府職權，是依五權憲法理論，分別由行政、立法、司法、考試、監察等五種組織行使，而此五種組織在行使職權時，目的不在相互制衡，而重在分工合作者，稱為五權憲法。五權憲法為　國父孫中山先生所獨創，而為我國所採納者。不過，在經歷多次憲法增修條文之修正後，五權憲法之精髓已日益消失中。特別是在民國九十四年修憲後，總統除了可以任意任免行政院長以外，還可以主宰提名司法院、考試院、監察院首長及大法官、考試委員、監察委員，而即使是立法委員，總統也因兼任黨主席之緣故，而可主宰提名黨籍不分區立法委員及黨籍各區域之立法委員。至此，五權憲法已名存實亡而成為大總統一權獨大了！

## 五、平時憲法與戰時憲法

憲法若以是否適用於平時或戰時為分類之標準，可以分為平時憲法與戰時憲法。平時憲法是指適用於國家平時之憲法，戰時憲法是指適用於國家戰時之憲法。國家在平時與戰時的政府組織、政府功能，有很大的不同。因此，各國都於戰時之際，制定戰時法制，就平時憲法關於政府組織及其職權之規定，酌加變更，以順應戰時之需要。此種因戰時法制與平時憲法之不同，故被稱為戰時憲法，其所依據之法理，規定之內容，表現之立法形式，均與平

---

❶　相關論文請參閱，李念祖，〈昨日、今日、明日，論權力分立的憲法解釋方法——以我國釋憲之政治正確意識為觀察中心〉，《憲政時代》，第四十一卷，第二期，民國一〇四年十月，頁 179–237。

時憲法不同。而主要的不同是，平時憲法著重人權之保障，限縮行政權之範圍；相反的，戰時憲法著重國權之鞏固，擴張行政權之範圍，以應付戰爭之需要。

## 第五節　憲法之特色

我國憲法的特色，主要是基於　國父孫中山先生獨特的憲政思想。換言之，即建立在　孫中山先生創立中華民國之遺教上。而　中山先生創立中華民國之遺教有哪些呢？與憲法有關而最主要的有五權憲法、權能區分、全民政治、直接民權、均權制度等。茲簡要說明於次：

### 一、五權憲法

我國憲法與他國憲法最大之不同在於五權分立，而不是三權分立。五權分立是把西歐國家三權憲法思想中之立法、司法、行政三權，再加上考試與監察兩權。也就是要集合中外的優良憲政制度，將外國的行政權[20]、立法權、司法權，加入我國的考試權和監察權，形成一個五權分立的政府，用以防制過去西方君權集中，總攬行政、立法、司法三權之種種流弊。　孫中山先生認為五權在分立之中，仍要相聯屬，使不致孤立，無傷於統一，這樣才能為人民做事而又不會損及人民，這是和西方之三權憲法有很大的不同，而為我國憲法之主要特色。不過，民國八十九年之憲法增修條文，將國民大會非常設化，虛級化，並使立法院獨攬各院之法律案、預算案審查以及司法、考試、監察三院首要人事之同意權，已使五院制之憲政體系，日漸破裂。民國九十三年八月二十三日立法院通過了停止適用憲法上第三章規定國民大會之全部條文之修正案，並經任務型國民大會於民國九十四年六月七日複決通過以及民國九十四年二月監察委員任期屆至後，監察委員未能順利產生，造成「四

---

[20] 相關論文請參閱，李念祖，〈昨日、今日、明日，論權力分立的憲法解釋方法——以我國釋憲之政治正確意識為觀察中心〉，《憲政時代》，第四十一卷，第二期，民國一〇四年十月，頁 179-237。

權憲法」狀態，五權憲法可說是名存實亡了。民國九十七年政黨再次輪替後，監察院雖已恢復正常，但其功能行使仍非妥適，而為輿論所垢病之「亂象叢生」者❷。民國一○五年第三次政黨輪替後，由於民進黨原本主張廢除考試院與監察院，但蔡英文總統仍補提名考試院副院長及考試委員，而在民國一○六年三月一日補提名監察委員，但立法院卻遲遲未行使同意權。直至民國一○七年一月十六日，才由立法院行使同意權，通過十一人為監察委員。

## 二、權能區分

孫中山先生把國家的政治大權，分為兩個。一個是政權，一個是治權。政權有四個，即是選舉權、罷免權、創制權、複決權，用來管理、控制政府的治權。治權有五個，即是行政權、立法權、司法權、考試權、監察權，用來為人民服務。這種使人民有權、政府有能的權能區分制度❷，可以消除人民防範政府或反對政府的心態，而政府也能有充分的權力，去替人民謀福利。透過政權與治權平衡的設計，政治上的猜疑矛盾現象，可以有效的解決，民主憲政也才能有效落實，這也是我國憲法的特色，而與他國有所不同。不過，民國八十九年之憲法增修條文，將國民大會改為比例代表制的任務型國大，則混淆了憲法上所採　孫中山先生權能區分之理論。而民國九十四年六月七日複決通過之憲法增修條文修正案，停止適用憲法第二十五條至第三十四條及第一百三十五條等有關國民大會組織、職權之規定。至此，　孫中山先生權能區分之理論，也就束之高閣了。

---

❷　監察委員李復甸與錢林慧君提案彈劾檢察總長陳聰明，監察院院會於民國九十九年一月五日投票結果未通過，被輿論評為「不甚光彩的記錄」。參閱，《中國時報》社論，〈監察史上一次不甚光彩的記錄〉，民國九十九年一月九日，A19 版；另請參閱，〈監院亂象叢生，換屆提名要慎重〉，《中國時報》社論，民國一○三年一月十七日。網頁：http://www.chinatimes.com/newspapers/20140117000918-260109

❷　相關實務請參閱，蔡宗珍，〈我國憲法解釋中的權力分立圖像〉，《憲政時代》，第四十卷，第四期，民國一○四年四月，頁 491–557。

## 三、全民政治

　　所謂全民政治就是國家為全民所有，就是主權在民的意思，也就是全民有做主人的權利，來管理國家的一切政事。這點和西方國家早期的貴族政治、士紳政治的理念是不同的。因此，全民政治是我國憲法的重要特色。但此一理想特色，因地方派系、黑道勢力及財團之介入，以致中央政府、地方政府之議會，充斥著一些只代表「私慾」之私意而非代表「全民公意」之民意，全民政治幾已淪落為「世襲政治」、「黑道政治」與「財團政治」，頗為社會所垢病。

## 四、直接民權

　　孫中山先生看到歐美所行的間接民權流弊甚多，因此主張直接民權，使人民在選舉了官吏、議員之後，仍有權利用罷免的方式去控制行政官員及代議士，使人民能直接的管理政府。又為了避免議員之不開會、不立法案等懈怠失職現象，主張人民應有創制權及複決權，使人民能有徹底的直接民權。可惜的是，行憲幾十年來，政治權力之擁有者，不斷的以各種藉口，延遲直接民權之實現。民國九十二年十二月三十一日制定之公民投票法，形式上有助於直接民權之實現，但因陳水扁前總統之恣意操弄，已破壞了直接民權的精神，引起輿論之非議❷及學者之批判❷。而在民國九十三年之總統大選中，又以公投綁大選，造成選舉爭議，使陳水扁先生成為他自己所說的「沒有意

---

❷　《聯合報》社論：〈陳總統的「公投制憲」已經失去論述基礎〉，民國九十二年十一月二十九日；《聯合報》社論：〈以法篡憲：陳總統應對公投法的違憲疑義負完全政治責任〉，民國九十二年十二月二日。

❷　蘇永欽，〈鳥籠公投說別再鬧笑話〉，《聯合報》，民意論壇，民國九十二年十月二十七日，A15 版；曹金增，〈幾乎全由總統主導的公投……〉，《聯合報》，民意論壇，民國九十二年十月三十一日，A15 版；廖義銘，〈公投制衡寡頭？寡頭操縱公投？〉，《聯合報》，民意論壇，民國九十二年十月二十二日，A15 版；蘇永欽，〈法治國家不能繞過法律、國會〉，《聯合報》，民意論壇，民國九十二年十一月十一日，A15 版。

義的總統」❷。另民國九十九年五月時台聯黨 ECFA 公投提案，被批評為是鑽巧門，利用公投的高門檻❷規定來否決 ECFA 提案，相互矛盾而為輿論所質疑，可見直接民權之實施，在我國仍有許多困頓難為之處。此一困難，也顯示在「核四公投」之爭議中。這是有關全國性公民投票之爭議情形，至於在地方性公民投票方面，有民國九十七年高雄市降低國中小班級人數公民投票案、民國九十八年澎湖縣博弈公民投票案，及連江縣博弈公民投票案。其中，高雄市降低國中小班級人數公民投票案，因未達投票權人數百分之五十而遭到否決，而澎湖縣、連江縣之博弈公投案，因「離島建設條例」第十條之二，排除公民投票法中投票率百分之五十之規定，而同意票在有效票的選票中占百分之五十以上而成案，但因澎湖縣人反對設賭場的票數較多，而被否決。但連江縣人贊成設賭場的人多，而被通過❷。由此可見，直接民權之實現，仍未十分成熟。不過，因為電子科技之發達與日益普及，網路投票及 i-voting 之採用，將有可能助成直接民權之實現。

　　就此，民國一〇七年一月三日公布修正之公民投票法第二十五條規定，全國性公民投票，得以不在籍投票方式為之，但其實施方式要另以法律定之，以致民國一〇七年十一月二十四日併同九合一地方選舉之十個公投案，仍然不能以通訊投票、網路投票為之，這與瑞士公投案有九成是以不在籍投票為之者，有很大的不同❷。

---

❷　陳水扁總統在民國九十三年之總統大選造勢大會上即曾表示，「公投沒有過，就是當選總統，也沒有意義！」因附綁在總統大選之兩個公投議題均沒通過，故陳水扁當選的是一個他自己所說的「沒有意義的總統」！

❷　截至民國一〇七年七月為止，中央選舉委員會公告成案，並舉行投票的全國性公民投票已有六案，但六案全部因投票人數未達投票權人數百分之五十的門檻而遭到否決。詳請參考：https://zh.wikipedia.org/w/index.php?title=中華民國全國性公民投票&oldid=36342031

❷　同上註。

❷　請參閱，廖達琪，〈學瑞士公投才能轉大人〉，《中國時報》時論廣場，民國一〇七年十月二十三日，A14 版。

## 五、均權制度

孫中山先生認為：「權力分配，不當以中央或地方為對象，而當以權之性質為對象，權之宜屬於中央者，屬於中央可也，權之宜屬於地方者，屬於地方可也」。舉例而言，如外交、國防之事者，宜屬中央，至於農林、水利、產業事項，則宜屬地方。這種既不偏於中央集權，又不偏於地方分權的制度，就是均權制度，為我國憲法的重要特色。不過此一特色並未在憲政生活中落實，中央政府集權之心態，特別是在財政收支方面，仍未完全消除。社會輿論也多有建議修正偏頗有利於中央政府的「財政收支劃分法」❷❾。

# 第六節　憲法之功能

憲法的功能何在❸❶？換言之，人民需要憲法的原因為何？此在我國憲法序言中，就講得非常清楚。那就是，人民需要憲法，以達成「鞏固國權，保障民權，奠定社會安寧，增進人民福利」之目的。因此，憲法之功能，可以分述於下：

## 一、確保國家獨立、自主

我國立憲之際，飽受外國不平等條約之束縛，幾為外國之次殖民地，國

---

❷❾　請參閱，李志林，〈建請修正「財政收支劃分法」〉，《中國時報》，觀念平台，民國一〇三年九月九日。詳參：http://www.chinatimes.com/newspapers/20140909000 057-260202

❸❶　德國、瑞士學界認為現代國家之憲法應達成下列之功能與目的：1.完成國家社會秩序之功能；2.達成憲法秩序穩定之功能；3.應朝向國家根本原則之訂定；4.應產生整合性之作用；5.應限制與控制國家權力；6.應保障人民之自由、自主決定權與權利之救濟權；7.應決定國家之基本組織結構；8.應包含有基本國策（國家實質目的之主要綱領）、人民在國家及相對於國家之法律地位。參閱，Klaus Stern, a.a.O., S. 82；陳慈陽，前揭書，頁 44–51；Wolfgang Rohr, *Staatsrecht*, Carl Heymanns Verlag, Köln, Berlin, Bonn, München, 2001, S. 21–22.

格與主權都遭踐踏、貶損。憲法制定之目的，就是要建立起三民主義的新中國，要恢復民族主義和民族地位。憲法第一條明文規定：「中華民國基於三民主義，為民有、民治、民享之民主共和國」。也充分表現憲法樹立立國根本精神，確保國家獨立自主，鞏固國權，使其為全民所有、為全民所治、為全民所共享之功能特色。

## 二、保障人民基本權利

我國憲法第二章中，對人民之權利除了在憲法第七至十八條及第二十一條，對人民之自由、平等、生存、工作、財產、請願、訴願、訴訟、參政、應考試、服公職、受教育等各種基本權利，採列舉方式加以保障外，並於憲法第二十二條採概括式的保障，規定「凡人民之基本自由及權利，不妨害社會秩序公共利益者，均受憲法之保障」。而在憲法第二十三條更規定，除為防止妨礙他人自由、避免緊急危難、維持社會秩序或增進公共利益所必要者外，不得以法律限制之。而憲法增修條文第十條又新增了婦女人格尊嚴、消除性別歧視、維護原住民族語言、文化、保障身心障礙者及離島人民教育、文化交通、水利、衛生、醫療等人權。另外，憲法第二十四條又規定，公務員如違法侵害人民之自由或權利者，除依法律受懲戒外，應負刑事及民事責任。被害人民就其所受損害，並得依法律向國家請求賠償。由此可知，憲法具有保障及維護人民基本權利之功能。更貼切的說，沒有憲法，人民在國家社會中就沒有什麼權利，就會活不下去！也會活得沒有自由與尊嚴！

## 三、奠定社會安寧

憲法主要是來規範，在一個國家社會裡，誰來統治？如何統治？以避免國家之動亂及社會之紛爭。這種確立統治者與被統治者關係的規定，就是要來避免沒有秩序的無政府狀態，使社會獲得安寧。憲法中規定政府和人民間之法律關係，規定國家如何及可以行使哪些權力，規定人民擁有哪些權利、義務，主要是要建立國家之政治秩序，避免權力爭鬥所造成的社會不安。因此，奠定社會安寧，可以說是憲法的重要功能之一。

## 四、增進人民福利

憲法除了保障人民之基本權利外,更積極的要求國家採取特定之措施,使人民可以獲得一有人性尊嚴及人生歡樂之生活。憲法第十三章之基本國策及憲法增修條文第十條均有規定,國家對於婦女、兒童、身心障礙者、原住民、僑民及教育、科學、藝術工作者之生活福利、經濟事業,加以扶助、促進。而普遍建立衛生保健、社會保險及實施社會救濟,均在增進人民之種種福利。因此可以說,增進人民福利,亦為憲法之重要功能。因此,如果沒有憲法,人民也會活得不好!

# 第七節　憲法之制定

日俄戰爭之後,國人深受日本因明治維新成功之影響,而有君主立憲運動、變法維新之風潮。但因「戊戌政變」的失敗而消沉。其後,為緩和　孫中山先生之國民革命運動,清廷乃於光緒三十一年（一九〇五年）派遣五大臣出國考察憲政,並於光緒三十四年（一九〇八年）頒行憲法大綱計二十三條,宣布以九年為期,籌備立憲。宣統二年（一九一〇年）,清廷宣布將此九年籌備立憲期間,縮短為三年,並於宣統三年（一九一一年）公布君主立憲重大信條清單之十九信條,是為清朝所頒布的唯一憲法,及我國歷史上第一次有現代意義的憲法法典,具有英國虛位元首、議會政治、責任內閣制之憲法精神。

辛亥革命成功以後,革命黨人通過了中華民國臨時政府組織大綱計四章二十一條,設國民會議、總統、副總統、行政各部與參議院,分掌行政、立法職權,為民國成立之後第一部根本大法。其後於民國元年三月十一日公布中華民國臨時約法,共七章,五十六條,代替內容未盡完善的臨時政府組織大綱,規定憲法在二年內產生,而在憲法未正式產生之前,其效力與憲法相等。中華民國臨時約法採三權分立及內閣制,劃分中央政府為行政、立法、司法三部門,國務院副署總統之命令、代負其責任,參議院對之有彈劾權。

　　由於軍閥亂政，憲法一直不能頒行。民國十七年北伐成功，統一全國之國民政府，也因在日本侵占東北、內憂外患之情境下，直至民國二十五年五月五日才公布「中華民國憲法草案」，一般稱此為「五五憲草」。

　　五五憲草公布後，另於民國二十六年五月公布國民大會組織法，及國民大會代表選舉法，預定該年十一月十二日召集國民大會，制定憲法，但因七七事變發生，對日全面抗戰，國民大會代表無法集會制定憲法。直至民國三十四年抗戰勝利後，國民政府乃於民國三十五年一月十日邀請共產黨、民主同盟、青年黨等各黨、各派，在重慶召開政治協商會議，就憲法草案事項加以協商，並決定五五憲草之修改原則十二點。

　　國民政府雖於民國三十五年四月十五日，在南京召開國民大會，從事憲法的制定，但因共產黨拒絕參加，民主同盟與青年黨亦有猶疑，制憲國民大會乃延至十一月十五日在南京開幕，於十一月二十五日舉行第一次大會，經國民大會組織八個委員會，舉行大會二十次，於民國三十五年十二月二十五日，完成中華民國憲法之三讀，咨請政府於民國三十六年元旦公布，同年十二月二十五日施行。中華民國憲法計分十四章一百七十五條。

# 第八節　憲法之調適

## 第一項　動員戡亂時期臨時條款之實施與廢止

　　中華民國憲法於民國三十六年元旦公布施行後，即遭遇國內變亂。而憲法第四十三條的緊急命令規定，較五五憲草第四十四條之規定為嚴格，使政府不能順應國家變亂之緊急情勢。第一屆國民大會第一次會議乃於民國三十七年五月一日，依修改憲法的程序，制定動員戡亂時期臨時條款並施行此一臨時條款，效力優於憲法。此後，臨時條款歷經四次修正，內容對原憲法之凍結、排斥日多，尤其中央民意代表方面，雖經民國五十八年、六十一年、六十四年、六十九年等多次的增補選，但仍是代表第一屆，致有「萬年民代」

之稱呼出現，社會普遍認為在事實上及法理上均非妥當。故隨著國內、外政治生態環境之變遷，第一屆國民大會於民國八十年四月間召開的第二次臨時會，即依照司法院大法官會議釋字第二六一號解釋之意旨，通過廢止動員戡亂時期臨時條款，解決了中央民意代表長期未定期改選之問題，而隨著動員戡亂時期於民國八十年五月一日被宣告終結，憲政秩序又轉入另一個新的階段。

## 第二項　憲法增修條文之施行

自動員戡亂時期結束後，憲法首先經歷了六個階段的增修❸，以配合臺灣地區經濟發展、教育提昇後的社會政治情勢。到了民國九十三年八月，立法院又通過了第七階段憲法增修條文修正案，經由任務型國民大會於民國九十四年六月七日複決通過，其主要的重點為：

### 1.公民投票複決入憲

憲法增修條文第一條第一項規定：「中華民國自由地區選舉人於立法院提出憲法修正案、領土變更案，經公告半年，應於三個月內投票複決，不適用憲法第四條、第一百七十四條之規定。」

### 2.停止適用國民大會相關條文

憲法增修條文第一條第二項、第八條分別規定：「憲法第二十五條至第三十四條及第一百三十五條之規定，停止適用。」「立法委員之報酬或待遇，應以法律定之。除年度通案調整者外，單獨增加報酬或待遇之規定，應自次屆起實施。」

### 3.彈劾總統組織之改變及政黨解散事項之入憲

憲法增修條文第二條第十項、第四條第七項、第五條第四項分別規定：「立法院提出總統、副總統彈劾案，聲請司法院大法官審理，經憲法法庭判決成立時，被彈劾人應即解職。」「立法院對於總統、副總統之彈劾案，須經

---

❸　這六個階段的增修可參閱，管歐著、林騰鷂修訂，《中華民國憲法論》，三民書局，民國九十九年九月修訂十二版一刷，頁 402–432。

全體立法委員二分之一以上之提議，全體立法委員三分之二以上之決議，聲請司法院大法官審理，不適用憲法第九十條、第一百條及增修條文第七條第一項有關規定。」「司法院大法官，除依憲法第七十八條之規定外，並組成憲法法庭審理總統、副總統之彈劾及政黨違憲之解散事項。」

### 4.立委席次減半及任期延為四年

憲法增修條文第四條第一項規定：「立法院立法委員自第七屆起一百一十三人，任期四年，連選得連任，於每屆任滿前三個月內，依左列規定選出之，不受憲法第六十四條及第六十五條之限制：一、自由地區直轄市、縣市七十三人。每縣市至少一人。二、自由地區平地原住民及山地原住民各三人。三、全國不分區及僑居國外國民共三十四人。」

### 5.立委選舉採行單一選區兩票制及婦女保障名額

憲法增修條文第四條第二項規定：「前項第一款依各直轄市、縣市人口比例分配，並按應選名額劃分同額選舉區選出之。第三款依政黨名單投票選舉之，由獲得百分之五以上政黨選舉票之政黨依得票比率選出之，各政黨當選名單中，婦女不得低於二分之一。」

### 6.領土變更程序之修正

憲法增修條文第四條第五項規定：「中華民國領土，依其固有疆域，非經全體立法委員四分之一之提議，全體立法委員四分之三之出席，及出席委員四分之三之決議，提出領土變更案，並於公告半年後，經中華民國自由地區選舉人投票複決，有效同意票過選舉人總額之半數，不得變更之。」

### 7.修憲程序之修正

憲法增修條文第十二條（新增訂）規定：「憲法之修正，須經立法院立法委員四分之一之提議，四分之三之出席，及出席委員四分之三之決議，提出憲法修正案，並於公告半年後，經中華民國自由地區選舉人投票複決，有效同意票過選舉人總額之半數，即通過之，不適用憲法第一百七十四條之規定。」

# 第二章　序言與總綱

## 第一節　序言之涵義

　　各國憲法每於憲法條文之前，冠以一段文字。學者將之稱為憲法之前言或序文 (Preamble)，目的在揭示立國之基本信念、憲法的根本精神與最高目的，並用以說明憲法制訂的原因、目的、依據、理想及權力來源❶。

　　憲法之有序言，首創於美國一七八七年的成文憲法。在其憲法條文之前，首先揭示：「美國人民，為建設更完美之共和國，以樹立正義，奠定國內治安，籌設公共國防，增進全民之福利，並謀今後人民永久樂享自由之幸福起見，爰制定美利堅合眾國憲法⋯⋯」。由於此類序言，有助於增進人民了解憲法的主旨與精神，因此各國憲法多有仿傚。如法國、日本、德國、瑞士❷等是。我國憲法亦在條文之前，列有序言，即：「中華民國國民大會，受全體國民之付託，依據　孫中山先生創立中華民國之遺教，為鞏固國權，保障民權，奠定社會安寧，增進人民福利，制定本憲法，頒行全國，永矢咸遵。」這短短六十六個字當中，揭示了以下幾個主要內容：

### 1.制憲機關
國民大會。

---

❶　學者謂：「憲法前言在整部憲法中可以做為憲法解釋與適用之依據，亦是憲法本文之一部份，且具憲法效力與法拘束力之性質。」參閱，陳慈陽，前揭書，頁62–63；陳新民，《中華民國憲法釋論》，民國九十年元月，修正四版，頁 47–58。

❷　陳新民，上揭書，頁 49–51；一九九九年四月十八日瑞士聯邦憲法 (Federal Constitution of the Swiss Confederation)。

## 2.制憲權源

乃受全體國民之付託。

## 3.制憲依據

是孫中山先生的遺教，即五權憲法、權能區分、全民政治及均權制度等。

## 4.制憲目的

是為鞏固國權、保障民權、奠定社會安寧、增進人民福利。

## 5.制憲效力

是頒行全國，永矢咸遵。

除了憲法本文之前的序言以外，憲法增修條文之前，亦有「為因應國家統一前之需要，依照憲法第二十七條第一項第三款及第一百七十四條第一款之規定，增修本憲法條文如左……」的序言。此一序言，也成為「九二共識」，一中各表的憲政法理基礎。民主進步黨推派之總統候選人蔡英文，也在民國一○四年六月訪美國時，表示「將在中華民國現行憲政體制下，依循普遍民意，持續推動兩岸關係的和平穩定發展」。此一談話，也被認為是「持守『憲法一中』，因此主張『一中各表』 ❸」。蔡英文在民國一○五年五月二十日就任總統職務之演說中則未提及 「九二共識」，但承認一九九二年歷史會談事實。不過，因為蔡英文總統堅持不提「九二共識」，導致中國大陸不斷降低與減少和臺灣之旅遊及政治交流關係。民國一○六年蔡總統就任週年前之五月上旬，又以「謹守維持現狀的政治承諾」，拋出「新情勢、新問卷、新模式」的呼籲，期待中國大陸領導人展現格局、展現彈性，但未被大陸當局所接受，以致兩岸關係日趨緊張，且引起偏綠媒體之不滿 ❹。

---

❸　請參閱，《聯合報黑白集》，〈蔡英文的鑽進與跳脫〉，民國一○四年六月六日，A2 版。

❹　請參閱，〈小英的迷思〉，《自由時報》社論，民國一○六年五月六日。

# 第二節　憲法之總綱

## 第一項　概　說

　　將國家成立的基本要素，提綱挈領的規定於憲法上，以為憲法之準則者，謂之總綱。總綱的內容，各國憲法依其國情，略有不同，但大體而言，多係關於國體、政體、國民、主權、信條、領土、國旗、國語、國歌、國徽及國都等基本性問題之規定。

　　我國憲法第一章總綱，共有六條，分別規定了國體、政體、主權、國民、領土、民族、國旗等事項，茲分項敘述於後。

## 第二項　國　體

　　國體為國家的形式 (Form of State; Staatsform)，是以國家元首的產生方式為區別的標準，可分為君主及共和兩種國體。

### 一、君主國體

　　凡國家元首由世襲而來者，且無一定任期者，稱為君主國體。例如日本憲法第二條規定：「皇位為世襲，依國會所議決之皇室典範之規定，繼承之。」❺又如荷蘭王國憲法第二十四條規定：「王位採繼承制，並且由威廉國王一世 (King William I) 陛下，即奧倫奇納蘇王子 (Prince of Orange Narsau) 的合法後裔承襲❻。」

---

❺　請參閱，司法行政部編印，《各國憲法彙編（第一輯）》，民國四十八年一月初版，頁 390。

❻　請參閱，國民大會憲政研討委員會編印，《世界各國憲法大全》，第八冊，民國七十九年二月初版，頁 237。

## 二、共和國體

凡國家元首不由世襲，而是由選舉產生，且有一定任期者，謂之共和國體❼。例如美國憲法第二條第一項規定：「行政權屬於美利堅合眾國總統。總統之任期為四年，副總統之任期亦同。總統與副總統，應依照左列程序選舉之。」❽又如法國第五共和憲法第六條規定：「共和國總統由總統選舉團 (Collège électoral) 選舉之，任期七年。」❾

關於我國之國體，憲法第一條明文規定：「中華民國基於三民主義，為民有、民治、民享之⋯⋯共和國。」由其內容可知，我國之國體為共和國而非君主國，與往昔之帝國大不相同。又憲法第一條在共和國之上冠以三民主義，乃表示我國與其他共和國之不同，是以三民主義為立國精神與建國宗旨之共和國。

## 第三項　政　體

政體為政府的形式 (Form of Government)，以政府統治權行使之方式為區別的標準，可分為專制（獨裁）與民主兩種政體。

凡政府統治權的行使，不以民意為依歸，不受法律的約束，政府施政由

---

❼　美國第三任總統傑佛遜 (Thomas Jefferson) 將「共和」定義為「一般公民能夠根據大多數人所訂下的規則，直接及親自參與的一個政府」。又說：「想像中的共和主義，就是所有不是君主政治的東西。」而其最基本的原則，乃是「唯有展現人民的意志並付諸實踐到達相當比例時，才能算是共和政府。」參引，嚴震生，〈兩百年前傑佛遜談的共和主義〉，聯合報名人堂，民國一〇五年四月九日，http://udn.com/news/story/7340/1617796。另外，對於共和的意義，學者簡單地說，一種經過多方考慮與熟思審議的討論過程，才構成支持公共決策具有實質正當性的程序理由，就是共和理念的核心價值觀。請參閱，李念祖，〈不懂共和精神，終將失去民主〉，《中國時報》時論廣場，民國一〇七年九月七日，A14 版。

❽　同❺，頁 64。

❾　同❺，頁 730。

一人或政黨少數人決定者，稱為專制政體或獨裁政體。例如二次世界大戰前的德國、義大利，由希特勒與墨索里尼獨攬施政權力等是。

凡政府統治權的行使，以民意為依歸，依選舉而進退，且受法律的拘束，並負政治與法律責任者，稱為民主政體❿。例如美國每四年定期選舉總統，且有期中選舉，分批改選各州州長及參、眾兩院議員，使其分別行使憲法上的統治權。倘若有違法失職者，亦各課賦其等受彈劾與司法制裁之政治與法律責任。

在往昔，國家元首與統治形態不分，國體與政體並無分別，但到近代，國家的元首與政務機關，已有分別。因此，君主國體者，非必為專制政體，如英國、日本等是，而共和國體者亦非必為民主政體，如古巴及北韓等是。換言之，現代國家中，形式上是君主國，但因採用內閣制，故實際上是民主政體；而形式上是共和國者，因為軍事獨裁、一黨專政或是無產階級專政，故實際上是少數人專制、獨裁的政體。

關於我國之政體，在憲法第一條有明文規定，「中華民國基於三民主義，為民有、民治、民享之民主共和國」。其內容為明定我國之政體為民主政體⓫，而非專制、獨裁政體。政府之建立是基於三民主義之民族、民權與民生主義，強調國家為人民所共有，政治為全民所共治，而利益為人民所共享。不過，因為中國國民黨一黨專政時間甚長，直至民主進步黨於民國一〇五年在總統及國會大選之全面獲勝，我國才進入有兩黨輪流執政之「民主鞏固時期」的民主政體。不過，蔡英文總統仍兼任民進黨主席的「以黨領政」之方式，仍如中國國民黨執政時一樣，使我國的民主仍陷在「多數鴨霸的敗壞式民主」⓬之中，而有變種新黨國之出現⓭。

---

❿　學者謂：「國家的民主必須要靠制度來實踐，憲法為貫徹民主理念所規定的制度，不外是基於主權在民之原則，國會（代議）制度、政黨政治（包括人民成立政黨自由）、人民擁有選舉之權、行政向國會（民意機關）負責之制度……等等。惟有實踐這種原則的政府，方可以稱為民主政府。惟有建立這種制度以統治人民的國家，方可以稱為民主的政體。」引自陳新民，前揭書，頁62。

⓫　相關論文請參閱，林佳和，〈憲法民主國原則的教條與挑戰〉，《月旦法學雜誌》，第二六三期，民國一〇六年四月，頁24–39。

## 第四項 主 權

主權為國家之構成要素之一。有人民，有土地，而無主權，還不能成為國家，因無主權，則無做主之權利，而淪為他國統治之殖民地。因此，每一個完全獨立之國家，均須有獨立、完整之主權。

然而，何謂主權，其性質為何，歸屬何人，如何行使，各方說法不一，茲分別敘述之。

## 一、主權之意義

平白的說，主權乃是做主的權利，就是國家最高權力的代名詞，對內具有最高統治權威特性，對外可以獨立做主，排除他國之干涉與支配。這也就是德國學者所說的法律上獨立性 (die rechtliche Unabhängigkeit) 及最終決定權 (die Letztentscheidungskompetenz)❶。有了主權，才不會成為別國之殖民地、託管地或像過去之藩屬國。

## 二、主權之性質

欲了解主權的性質，可從下列幾個重點來說明。

(一)主權之最高性

此意指主權對內的特性，即在一國之內，不再有其他的法定權力，可以凌駕在主權之上。白話的說，總統權力再大，也沒有人民的主權大。

(二)主權之永久性

此意指主權之時效性，即主權是隨國家的存在而存在，永久存續。

---

❷ 林騰鷂，〈多數鴨霸的敗壞式民主〉，《聯合報》，民意論壇，民國一〇六年七月四日，A15 版。

❸ 林騰鷂，〈行憲 70 年，出現變種新黨國〉，《中國時報》時論廣場，民國一〇六年十二月二十四日，A15 版。

❹ Hartmut Maurer, a.a.O., §1 Rn. 9.

㈢**主權之普遍性**

此意指主權的效力及於一國之內的所有地域、人和團體，而無任何例外。

㈣**主權之完整性**

此意指一國之內的主權只能有一個，不能隨意分割、捨棄或讓與。

㈤**主權之獨立性**

此意指一國之主權，不受他國的限制與干涉。但現在世界因技術、交通、密集的通訊及經濟分工，產生許多國際組織、國際機構及多國籍企業，經常行使其影響力，透過國際法而對主權的獨立性加以限制。

## 三、主權之歸屬

我國憲法第二條規定：「中華民國之主權，屬於國民全體。」因此，我國也與世界大多數民主國家一樣，採取國民主權說之理論。

## 四、主權之行使

我國憲法第二條雖規定中華民國之主權屬於國民全體，但關於主權如何行使，該條並無任何規定，而是由其他憲法條文加以規定，如憲法第六十二條規定：「立法院為國家最高立法機關，由人民選舉之立法委員組織之，代表人民行使立法權。」至於其他治權之行使，憲法雖未如此明文規定，由哪些機關代表人民行使，但從憲法第三十五至四十四條規定了總統之地位及總統之統帥權、公布法令權、外交權、宣布戒嚴權、赦免權、授與榮典權、發布緊急命令權及權限爭議處理權。又如憲法第五十三至五十九條，規定了行政院之地位及職權；而憲法第七十七、七十八條規定司法院之地位及職權；憲法第八十三條規定考試院之地位與職權；憲法第九十條規定監察院之地位與職權，這些都是規定哪一機關代表人民行使某一特定治權之規定。而人民可以透過憲法之增修來剝奪或改變這些國家機關之主權行使。

由上可知，主權雖歸屬於人民，但不全部由國民自己親自行使，而可依憲法規定，委託國民所選出、組織的中央政府之總統、行政院、立法院、司法院、考試院及監察院等國家機關代為行使，這可說是主權的間接行使。在

地方政府方面則由人民選出之縣市長、縣市議員等代為行使主權。

至於主權之直接行使，則是於民國九十四年修正憲法增修條文，使公民投票入憲，至此公民對於領土變更案、憲法修正案，可以用投票方式直接行使主權。

## 五、主權理論之新發展

上述有關主權之理論與觀念，自二十世紀的第二次世界大戰以後，日漸受到挑戰；並隨著國際政經情勢之異變，而有新的發展。其中，引人注意的有下列理論❶：

### ㈠主權的可讓渡理論

主權的最高性原為古典主權理論之核心，意指他國主權不可以凌駕於本國主權之上。但第二次世界大戰後卻漸漸發展出國家主權可讓渡性的觀念。如在一九五五年三月十五日之德國聯邦共和國基本法第二十四條第一項規定，德國聯邦得依法律將其主權移轉到國際組織之手上。依此，國際組織如歐洲經濟共同體，可獲得德國聯邦之立法權，也可行使德國聯邦之行政權力。德國學界稱此主權移轉現象為「主權突破」(Souveränitätsdurchbrechung)。

### ㈡主權限制理論

主權限制理論亦發展於第二次世界大戰後。基於國際和平目的，許多國家的憲法都明定願意遵守國際公法與聯合國憲章，使主權受到限制❶。例如：

1.我國憲法第一百四十一條規定：「中華民國之外交，應本獨立自主之精神，平等互惠之原則，敦睦邦交，尊重條約及聯合國憲章，以保護僑民權益，促進國際合作，提倡國際正義，確保世界和平。」此外，「公民與政治權利國際公約及經濟社會文化權利國際公約施行法」第四條明文規定：「各級政府機關行使其職權，應符合兩公約有關人權保障之規定，避免侵害人權、保障人

---

❶ 陳新民，《中華民國憲法釋論》，修正四版，頁 78–83。

❶ 主權之限制，德國學者認為，可來自於國際公法與來自於超越國界之人權理念。因此，國際社會不只有權利，甚且有義務，對某一國之重大、持續違反人權之行為，進行干預。參閱，Hartmut Maurer, a.a.O., §1 Rn. 9.

民不受他人侵害，並應積極促進各項人權之實現。」此亦為明白表示我國主權受到國際公約限制之情形。

2.二〇〇二年七月二十六日修訂之德國聯邦基本法第二十四條第二項規定：「為維護和平，聯邦得加入互保之集體安全體系；為此，聯邦得同意限制其主權。」

### ㈢主權分裂理論

主權分裂理論之產生，起源於一九四五年德國敗亡後，失去主權。因英、美、法、蘇四占領國的相持不下，德國人民乃於一九四九年分別在東、西德地區頒布憲法，成立政府，且均主張擁有代表全德國之主權，暫時維持主權不可分之理論。但因共產世界與自由世界之對峙時間日久，東德與西德政府為了使兩德之關係正常化及使國家因雙方之接觸而得統一起見，乃於一九七二年十二月二十一日簽訂「兩德基礎關係的契約」，承認雙方在各別管領土地上的合法地位，亦即在國內、外均有最高自主權。因此條約的簽訂，使德國主權一分為二而成為主權分裂理論的最佳例證。我國學者認為在海峽兩岸對立分治之情況下，德國當年分裂時的主權分裂理論，有援用於我國之價值❶❼。

## 第五項　國　民

## 一、國民之意義

國民是國家構成要素之一❶❽，國家無國民，則無法存在。然而國民為何，如何產生呢？

我國是在憲法第三條規定，具有中華民國國籍者，為中華民國國民外，

---

❶❼　陳新民，《中華民國憲法釋論》，修正四版，頁 81-83。

❶❽　國家三要素理論為德國公法學者 George Jellinek 在一九〇〇年所倡導發展而出，為學界所認同。德國聯邦政府於一九七五年之一項宣言中亦加以確認。所謂三要素理論 (die sog, Drei-Elemente-Lehre) 乃指國家是由國民 (das Staatsvolk)、國土 (das Staatsgebiet) 及國家權力 (die Staatsgewalt) 等三個要素所建構。

並在單獨立法之「國籍法」中規定國籍之取得與喪失等事項。

又國民這個名詞常與人民、公民混淆使用。其實三個名詞中，人民之涵義最廣，它不以國籍資格為限，凡一國之內之自然人，有本國國籍者，他國國籍者或無國籍者，均為人民。因此，在概念上，國民一定是人民，但人民不一定是國民❶。至於公民一詞，其涵義最窄，是指合乎法定資格或條件而享有或得參與行使公權利之國民而言。此三個名詞之意涵可圖示為：

## 二、國籍之取得

國籍的取得方式有兩種，一種是生來取得，一種是傳來取得。

### ㈠生來取得

生來取得是指因出生為人而當然取得之國籍，又稱「生來國籍」。世界各國對生來國籍之取得，採用了下列三種不同的標準：

#### 1.血統主義

又稱屬人主義，即該人出生時，其父母屬於一國之國民者，該人即源於父母之血統，而取得該國之國籍，而不管其出生地是在何地。歐洲大陸法系國家多以此為原則。例如我國國籍法第二條第一項第一款規定，出生時父或母為中華民國國民；第二款規定出生於父或母死亡後，其父或母死亡時為中華民國國民者，均屬中華民國國籍。

#### 2.出生地主義

又稱屬地主義，即以該人之出生地為取得一國之國籍，而不論其血統所源

---

❶　相關論文請參閱，范秀羽，〈從「我們的憲法」、「我們」、「我們的釋憲者」：形塑非國民之憲法上權利主體〉，《國立臺灣大學法學論叢》，第四十八卷，第一期，民國一〇八年三月，頁 1–54。

出之父母是否有該國國籍。換言之，只要出生在該國，即可取得該國國籍，而不問其父母是否是該國之本國人或外國人。英美海洋法系國家多以此為原則。

### 3.折衷主義

又稱併合主義，又可細分為二，即：

(1)以出生地主義為主，以血統主義為輔——例如美國，凡出生於美國之人，均取得美國國籍，但美國人的子女，雖出生在美國以外其他國家，仍然取得美國國籍。

(2)以血統主義為主，以出生地主義為輔——例如我國，凡是我國國籍之人所生的子女，均取得我國國籍，但生於我國境內之人，如有一定條件，亦取得我國國籍。我國籍法第二條第一項第三款即規定：「出生於中華民國領域內，父母均無可考，或均無國籍者」亦可取得我國國籍。一位由印尼籍父母在臺所生之黃姓女童，即因此獲得我國國籍[20]。

又我國華僑[21]，未依國籍法規定，脫離我國國籍者，本人及其後代，仍為我國國民，這是採血統主義的必然結果。

### (二)傳來取得

另外一種國籍取得的方式是因出生以外的原因如結婚、認領、收養、歸化等而取得國籍，又稱傳來取得，或稱傳來國籍。外國人有上述情事之一者，可依國籍法第三條至第九條一般歸化與特殊歸化之規定，取得我國國籍。

## 三、國籍之喪失

國籍為國民身分的表徵。取得我國國籍即可獲得我國國民可享之一切法律權益，也同樣的要盡我國國民應盡之兵役或納稅義務。相反的，如果喪失我國國籍，亦會失去我國國民所得享有之權益。因此，國籍法第十一條乃明

---

[20]　參閱，龔尤倩、張榮哲，〈請用大赦解決國際人球〉，《中國時報》，民國九十八年十二月三十一日，A16版。相關新聞另參閱同日《中國時報》，A7版。

[21]　是否為華僑，依民國一〇四年十二月二十三日公布修正之「華僑身分證明條例」第三條之規定，即：「本條例適用之對象，為僑居國外國民。但具有大陸地區人民、香港居民、澳門居民身分或持有大陸地區所發護照者，不適用之。」

白規定喪失我國國籍之情形。

又依國籍法第十四條規定喪失中華民國國籍者，若未取得外國國籍時，得經內政部之許可，撤銷其國籍之喪失，避免國人喪失中華民國國籍後，卻又未能取得外國國籍之不良情事。

## 四、國籍之回復

依國籍法第十一條喪失國籍後，如願回復中華民國國籍，依國籍法第十五條之規定，須現於中華民國領域內有住所，並須品行端正，無犯罪紀錄以及有相當之財產或專業技能，足以自立或生活保障無虞者，始得申請回復。

回復中華民國國籍者之未成年子女，依國籍法第十六條規定，亦得申請隨同回復中華民國國籍。申請回復國籍應向內政部為之，並自許可之日起回復中華民國國籍。

# 第六項　領　土

## 一、領土之意義

領土為構成國家的重要要素，故亦在憲法第一章總綱內規定。所謂領土，乃是國家主權範圍內所支配的土地。因此，國家在其領土內，有領土主權，一方面可積極的對領土以內的人、事、物行使權力，另一方面又可消極的排除外國的侵犯、干涉或權力的行使。

領土的意涵，因為時代文明的進步，由陸地擴大至海空，由平面演變成立體，包括之範圍，如下列四項，愈來愈廣：

(一)領　陸

乃指一國之內所有土地之地面及地下，且包括河川、湖泊等內水。

(二)領　海

乃指一國領陸沿海線向外延伸的一定浬數之海面、海床與底土。我國以前規定的領海為三浬，係行政院於民國二十四年所明定，民國六十八年宣布

領海改為十二浬，經濟海域為兩百浬，此與一九八二年之聯合國海洋法公約第三條領海寬度及第五十七條沿海國專屬經濟區之規定浬數相符合。

「中華民國領海及鄰接區法」在相關條文中又對我國之領海及鄰接區作了詳細的規定，即：第二條明定：我國主權及於領海、領海之上空、海床及其底土。第三條規定：中華民國的領海自基線起至其外側十二浬間之海域。第六條規定：我國領海與相鄰或相間國家之領海重疊時，以等距中線為其分界線。但有協議者，從其協議。第十四條規定：中華民國鄰接區為鄰接其領海外側至距離基線二十四浬間之海域。

除此之外，「中華民國專屬經濟海域及大陸礁層法」在相關條文中也對我國之專屬經濟海域及大陸礁層作了明確的規範，即其第二條規定，我國之專屬海域為鄰接領海外側至距離領海基線兩百浬間之海域。此項專屬經濟海域包括水體、海床及底土。中華民國之大陸礁層為其領海以外，依其陸地領土自然延伸大陸邊外緣之海底區域。此項海底區域包括海床及底土。我國於專屬經濟或大陸礁層享有採勘、開發、養護、管理海床上覆水域、海床及其底土之生物或非生物資源之主權權利，人工島嶼、設施或結構之建造、使用、改變或拆除以及海洋研究、海洋環境保護等管轄權。

### ㈢領　空

乃指一國領陸及領海的上空。而此上空，依國際慣例認為在大氣層以內為領空，大氣層以外為太空。領空專屬各該國，但太空則各國均得自由使用。領空相關的國際條約是一九一九年之「巴黎國際航空條約」及一九四四年之「國際民航條約」。

### ㈣活動領土

一國之公用航空器、公務船舶、軍艦、駐外使館，雖位於他國領域之內，但依國際法及慣例，仍視為一國領土之一部分，此稱之為活動領土，為本國領土的延伸部分。

## 二、領土的規定方式

領土範圍的規定，各國有採列舉方式者，亦有採概括方式者。我國憲法

第四條前段規定：「中華民國領土，依其固有之疆域。」即採概括主義，主要是因，憲法制訂當時，我國失於列強之土地尚未完全收回，列舉恐有不妥，故採概括方式，以備將來與他國有領土爭議時，可以歷史拓殖事實作為談判依據。

## 三、領土之變更

領土的變更可分自然的變更與人為的變更等兩種。

自然的變更乃因自然因素而導致領土變更，如因地震產生陸沉，島嶼沉沒，或因泥沙堆積導致海浦新生地等領土之變動。

人為的變更乃因國與國之間的買賣、交換、贈與、合併、脫離、割讓等人為因素而導致領土的變動等是。

我國關於領土的變更，採憲法限制主義，以憲法明文規定只有制憲、修憲機關才有權利為領土的變更，而不是行政機關或立法機關依一般立法程序就可為領土之變更。民國九十三年立法院通過之憲法增修條文第四條第五項規定修正案，經任務型國民大會於民國九十四年六月七日複決通過，將變更領土職權之機關與程序規定為：「中華民國領土，依其固有疆域，非經全體立法委員四分之一之提議，全體立法委員四分之三之出席，及出席委員四分之三之決議，提出領土變更案，並於公告半年後，經中華民國自由地區選舉人投票複決，有效同意票過選舉人總額之半數，不得變更之。」

依此規定，將來關於領土的變更，除了要由代表民意的立法院提出領土變更案外，還需要由中華民國自由地區之選舉人投票複決，且有效投票數要過選舉人總數之半數，才可為之。

## 第七項　民　族

憲法在總綱第五條中規定了民族這個形成國家的要素，並將組成國家之各民族之地位，規定為一律平等。這種用憲法方式來規定民族地位平等，乃使中華民國境內之各民族在政治上、法律上、經濟上的地位獲得憲法之平等

保障，使少數民族不致被壓迫，受歧視或遭致不平等之待遇。另外，民國八十六年七月憲法增修條文修正時，於第十條第九項、第十項中，對於原住民族之語言、文化、交通、水利、衛生、醫療、經濟、土地等又增列保障、扶助之規定。民國八十九年之憲法增修條文則將此些保障、扶助規定，改列為第十條第十一項及第十二項規定。

憲政實務上值得關注的是，臺灣平埔族權益促進會於民國九十九年四月十六日行文聯合國，要求緊急調查中華民國政府不認定平埔原住民族案，而聯合國人權委員會也於民國九十九年五月六日回函，表示受理此案。認不認定平埔族的原住民身分涉及考試加分、資源與福利分配之實質平等問題，成為輿論注目焦點❷❷。民國一〇五年十月七日，行政院為回應平埔族正名訴求，決定以修正「原住民身分法」的方式，來認定「平埔原住民」❷❸。

憲法除了在第五條規定：「中華民國各民族一律平等」外，並在增修條文第十條第十二項中，積極的保障原住民之地位與政治參與，並對其教育文化、社會福利及經濟事業等予以扶助，促進其發展。

# 第八項　國　旗

國旗為代表國家的標幟，是立國精神之象徵，其圖案、形狀、顏色常由憲法加以規定，以示崇敬和重視之意。在國際間，國旗為國家之代表，經常懸掛在其所參與之國際會議或活動中。憲法第六條乃因此明文規定，採青天白日滿地紅為我國國旗。

國旗既然代表國家，故應予以尊重與保障。我國之國徽國旗法第十、十二條即規定政府機關、學校團體及軍事部隊，應於適當地點樹立旗桿，每日升降國旗；國民遇升降國旗時，應就地肅立，注目致敬。

---

❷❷　參閱，何榮幸，〈「國中之國」的原漢關係〉，《中國時報》，民國九十九年五月二十六日，A15版。

❷❸　參閱，李欣芳、洪瑞琴、李盈蒨，〈政院決修法，平埔族正名為原住民〉，《自由時報》，民國一〇五年十月八日，生活版。

又如有褻瀆國旗者，刑法第一百六十條亦規定：「意圖侮辱中華民國，而公然損壞、除去或污辱中華民國之國徽、國旗者，處一年以下有期徒刑、拘役或三百元以下罰金。」

# 第三章　人民權利義務

## 第一節　權利義務之概說

　　從歷史上來看，保障人民自由權利之文書，雖可溯自英國一二一五年之大憲章 (Magna Charta)，一六二八年之權利請願書 (Petition of Rights) 及一六八九年之權利典章 (Bill of Rights)，但此些文書之目的著重在限制君王之權，而非宣告人們有天賦之人權❶。至十七、十八世紀時，洛克、孟德斯鳩及盧梭等思想家，主張天賦人權，認為人生而自由平等，人民之各種自由權利，為與生俱來之自然權利 (Natural Rights; Naturrecht)，不容剝奪，應受國家承認並保障。德國學者耶律聶克 (G. Jellinek) 也將人民與國家之權利義務關係分成四類❷，即：

### 一、被動受治身分關係 (Passiver Status)

　　即人民須服從國家統治權的被動受治關係。最重要的就是繳糧、納稅、當兵、服從法律等義務。這被動身分關係，就構成了日後憲法上所規定之人

---

❶　大憲章僅為貴族對國王所應享有之權利，為貴族階級對國王階級之權利，而非一般人之權利。參閱，Wolfgang Rohr, a.a.O., S. 32.

❷　國內較早對此學說之說明有薩孟武，《中國憲法新論》，三民書局，民國七十九年十一月九版，頁 73–77。在期刊上對此學說有深入介紹的文章為，李建良，〈基本權利的理念變遷與功能體系——從耶林內克「身分理論」談起（上）〉，《憲政時代》，第二十九卷第一期，民國九十二年七月，頁 1–29；李建良，〈基本權利的理念變遷與功能體系——從耶林內克「身分理論」談起（下）〉，《憲政時代》，第二十九卷，第二期，民國九十二年十月，頁 175–209。

民的義務，使人民犧牲一部分之自由或利益，來求取個人之生活福祉及公共之安全、秩序等利益。

## 二、消極自由身分關係 (Negativer Status)

即人民有自由於國家之外，不受國家統治之身分關係。這種身分並不是積極的要求國家給予任何利益，而只是消極的要求國家不要干涉。例如飲食生活起居，對於他人、社會並無重大影響，國家應聽任人民自由，不必加以干涉。這種身分關係乃演變成人民之各種自由權。而在現代法治國家觀念下，法律所不禁止者，人民皆得自由為之。相反的，國家只有在法律明文規定下，才能統治，才能干涉人民之自由權利。因此可知，自由權是一種消極身分權利，可以抗拒國家之不法干涉。學者有稱之為防禦權 (Abwehrrechte)❸者，亦即人民有抗拒國家不法干涉之權。

## 三、積極受益身分關係 (Positiver Status)

即人民可以要求國家給予利益的身分關係。依此關係，人民對國家可以要求各種有助於生存和生活便利之請求權。這些請求權，如由個人之觀點來看，是為個人自己之利益而使國家為活動，若就國家方面來看，是一種對個人應負的保護及給付金錢或其他利益的義務。因個人依被動受治的身分，盡了對國家之種種義務，而相反的，人民也可因此種積極受益的身分關係要求國家給予種種生存照護與生活給付的利益與權利。學者有將之稱為給付基本權 (Leistungsgrund rechte)❹。

## 四、主動參政身分關係 (Activer Status)

國家是一種抽象的人為創作體，須有自然人代為發表意思。現代國家不以君王的意思為國家意思，而創造民主參政的制度，使人民當家作主，可以參加國家意思的決定，參與統治權的行使。這種身分，就衍生了人民之選舉、

---

❸　Hartmut Maurer, *Staatsrecht*, §9 Rn. 23. 李建良，上揭文，頁 179–181。

❹　李建良，同上註，頁 181–185。

罷免、創制、複決、應考試、服公職及行使公民投票權等種種之參政權。此些權利，學者將之稱為參與權 (Mitwirkungsrechte)❺。

　　我國憲法本文對於人民權利之規定，明文列舉的主要有四種，即為平等權、自由權、受益權、參政權等。對於人民之義務，規定有納稅、服兵役與受國民教育等三種。民國八十三年之憲法增修條文第九條更著重對婦女、殘障者、原住民等受益權、參政權之提昇。民國八十六年通過之第四階段憲法增修條文則將此一規定條文改列第十條，將殘障者改稱為身心障礙者，以維護其人格尊嚴。此外，並規定加列金門、馬祖地區人民亦同享有如原住民所得享受之受益權與參政權之保障。民國八十九年通過之第六階段憲法增修條文又將澎湖地區人民納入為同一之保障，使離島邊緣地區人民的受益權與參政權得以大幅提昇。

　　值得特別注意的是我國憲法第二十二條對人民自由、權利之概括保障。由於有此一規定，大法官也才有可能對我國憲法所未列舉，但在國際上已被廣泛承認之人權，提供充分保障的解釋❻。因此，除了上述基於消極自由、積極受益、主動參政等身分所衍生之人權以外，德國學者有提出「程序身分」(Status Processualis) 所生的程序保障權❼，亦受到我國大法官之肯認❽。

---

❺　李建良，同上註，頁 185–186。

❻　參閱，楊子慧，〈德國憲法釋義學對我國憲法解釋之影響——以兩國憲法解釋（裁判）實務解釋基本權利功能為中心〉，《憲政時代》，第三十卷，第一期，民國九十三年七月，頁 89–132。

❼　請參閱，李建良，〈論基本權利之程序功能與程序基本權——德國理論的借鑑與反思〉，《憲政時代》，第二十九卷第四期，民國九十三年四月，頁 481–539。

❽　司法院大法官於釋字第四八八號解釋中提及：「基於保障人民權利之考量，法律規定之實體內容固不得違背法律，其為實施實體內容之程序……，亦應有『合理』規定，方符憲法維護基本權利之意旨」，另請參閱，許宗力，〈基本權程序保障功能的最新發展——評司法院釋字第四八八號解釋〉，《月旦法學雜誌》，第五十四期，民國八十八年十一月，頁 153 以下。大法官也將此一觀念用在「機關權限爭議」的解釋中，例如在著名的釋字第五二〇號解釋中，大法官特別強調：「基於法治國原則，縱令實質正當亦不可取代程序合法」。

　　除此以外，第二次世界大戰以後各國所議定簽署之保障人權文件❾，如一九四八年世界人權宣言；一九七六年經濟社會與文化權利國際公約；一九七六年公民及政治權利國際公約，以及一九六二年關於社會政策之基本目標與標準公約中，又增加了許多新理念之人權，如隱私權、國籍權、返國權、離國權、休息權、休閒權、休假權、健康權、文化權、環境權、及資訊權等❿。我國在一九六七年十月五日即已由常駐聯合國代表在公民及政治權利國際公約及經濟、社會與文化權利國際公約之兩公約上簽字。但因聯合國大會在一九七一年十月二十五日通過二七五八號決議，使我國失去代表中國之權，也無法再參加聯合國之活動。直至二〇〇九年三月三一日，立法院才審議通過此兩公約。馬英九總統於二〇〇九年五月十四日正式簽署這兩大公約的中英文批准書，並在二〇〇九年四月二十二日公布「公民與政治權利國際公約及經濟社會文化權利國際公約施行法」，明定自二〇〇九年十二月十日生效。此施行法第二條規定：「兩公約所揭示保障人權之規定，具有國內法律之效力」；第4條又規定：「各級政府機關行使其職權，應符合兩公約有關人權保障之規定，避免侵害人權，保護人民不受他人侵害，並應積極促進各項人權之實現」。因此，在我國所保障之人權已不僅限於憲法本文或憲法增修條文所規定者，而是更要含括上述世界人權宣言及兩大人權公約所規定保障之人權。

　　茲為明瞭起見，依人權之重要性順序，就我國憲法、世界人權宣言、上述之兩大人權公約、消除對婦女一切歧視公約、以及兒童權利公約等規定，分節說明之。

---

❾ 二十世紀第二次世界大戰以前保障基本人權之成文法典文件，有 1.一七七六年美國維吉尼亞州憲法，2.一七八七年美國憲法，3.一七八九年法國人權宣言，4.一九一九年德國威瑪憲法。請參閱，陳新民，《中華民國憲法釋論》，頁 119–124。

❿ 有學者稱此為國際基本權，亦有稱之為人權的世界化趨勢。又除了上述聯合國大會所通過之人權公約以外，歐洲地區、美洲地區、非洲地區均有其各別的人權規範。特別是二〇〇〇年之「歐洲聯盟基本權利憲章」規定了很多新的人權。參閱，廖福特，〈歐洲聯盟基本權利憲章〉，刊於氏著，《歐洲人權法》，學林文化事業有限公司，民國九十二年五月一版，頁 381–435。

# 第二節　生存權

　　所有人民之基本權利中最首要的是生存人權 (Recht auf Leben)⓫。沒有生存人權，其他人權即無所附麗。不過，在人權奮鬥史上，生存人權之提出，卻是晚於自由人權、平等人權或財產人權。例如，整篇法國人權宣言中，只有自由、平等、財產人權之強調，卻不見生存人權之明文宣示。這或許是法國大革命時，認為生命存在是天然、理所當然的事。然而，人類在經歷十九世紀資本主義惡行的剝削苦難後，終於體驗到，有了口號、形式的自由、平等人權是不夠的，必須還要有良好、實質的政治基礎，使生命得以存續。因此，生命存續之權利，成為二十世紀憲法之新規定⓬。一九一九年德國威瑪憲法第一百六十三條第二項即明白表示：「對於一切德國人民，均應給予機會，使其從事經濟的勞動，以取得生活資料。凡不能給予適當的勞動機會者，應給予必要生活費。⓭」這種國家不能安排工作機會而須給予無工作者生活費，學者認為是國家之救助義務，人民有要求之權利⓮。

　　其實，生存人權不是只有這種受益意義的生存權而已，它還有更基本的，生命不被剝奪而可自在活命，自由意義的生存人權，換言之，生存人權的含意有二⓯，即：

　　1.自由意義的生存權，是消極的制止、限制國家不對人民的生命存續，非法侵害或非法剝奪，這個最典型的是國家不得施行死刑，如歐陸已有一些國家廢止了死刑。不過，在亞洲國家，如我國、日本⓰等均仍有死刑制度。

⓫　參閱德國聯邦基本法第二條第二項規定。

⓬　林紀東，《中華民國憲法逐條釋義㈠》，三民書局，民國七十六年三月修訂三版，頁 219。

⓭　相關生活實例請看，蕭文生，〈我不要工作，我要生活扶助〉，《月旦法學教室》，第一七一期，民國一〇六年一月，頁 6–8。

⓮　薩孟武，《中國憲法新論》，三民書局，民國七十九年第十一版，頁 128。

⓯　詳閱，吳庚，《憲法的解釋與適用》，頁 266–267；李震山，〈生命權〉，《法學講座》，第二十二期，民國九十二年十月，頁 1–17。

2.受益意義的生存權，是積極的要求國家提供安全、舒適的生存環境，提供便利的生存設備與服務設施，使每個人民均能享有健康及良好文化的最低限度生活之權利❶。

關於生存人權之保障，我國憲法受威瑪憲法之影響，甚為重視。除在第十五條明示對生存權之保障外，憲法第一百五十三條規定：「國家為改良勞工及農民之生活，增進其生產技能，應制定保護勞工及農民之法律，實施保護勞工及農民之政策。」明示對農民、勞工生活及生存權益之保障❶。另在憲法第一百五十五條規定，人民之老弱殘廢，無力生活及受非常災害者，國家應予以適當之扶助及救濟。憲法增修條文第十條第七項也規定，國家對於身心障礙者之保險與就醫、無障礙環境之建構、教育訓練與就業輔導、生活維護與救濟，應予保障，並扶助其自立與發展。這些規定都是在保障身心障礙者之生存機會，提供他們生存上之方便。

又憲法第一百六十五條規定，國家應保障教育、科學、藝術工作者之生活，並依國民經濟之進展，隨時提高其待遇。此一規定乃因教育、科學、藝術工作者對一國之科學、技術、文化、道德之發展，甚為重要，而專注於教育、科學、藝術之工作，通常不能大量生財，為使這些人士無生活憂慮地投入科技文教工作，國家自應給予合理生活保障，以維護其生存權。

關於生存人權，二十世紀中葉以來，日益滋生下列爭議問題❶，引起憲法學界研討，國家法律修正與國際人權公約之規範❷。即：

---

❶ 日本維持死刑制度之相關判例分析，請參閱，前田雅英著，張永宏譯，〈死刑與無期徒刑之界線〉，《司法周刊》，第一七九二期，《司法文選別冊》，民國一〇五年四月一日，頁 2–15。

❶ 參閱日本國憲法第二十五條第一項規定。

❶ 相關論文請參閱，柯格鐘，〈生存權保障及扣除額問題──納稅者權利保障法第4條規定之憲法與法律意義分析〉，《財稅研究》，第四十七卷，第四期，民國一〇七年七月，頁 28–47。

❶ 參閱，陳新民，《中華民國憲法釋論》，頁 295–305。

❷ 如歐洲聯盟基本權利憲章第二條第一項規定：「人人均享有生命權。」(Everyone has the right to life.) 第二項規定：「任何人均不應受死刑判決或執行。」(No one

1.**死刑是否違反憲法對於生命權之保障規定？死刑應否存廢❷❶？**

2.**墮胎應否合法化？亦即胎兒之生存權應否加以保障？**

3.**應否承認死亡權 (right to die)？** 亦即應否承認並建立安樂死、尊嚴死或緩和醫療之制度，使植物人或罹患不治之症之人，得以緩和醫療療程，減輕其痛苦，使其得以安樂的、有尊嚴的死亡？

對這些爭議，在死刑存廢方面，我國仍然維持死刑之政策。至於墮胎合法化之問題，立法院則以優生保健法，對影響胎兒及孕母健康者，准予墮胎。另立法院又通過「安寧緩和醫療條例」，以「自然死」之觀念替代「安樂死」之觀念，使病人能安詳而有尊嚴的往生。值得注意的是，民國一〇五年一月六日公布之「病人自主權利法」第一條規定：「為尊重病人醫療自主，保障其善終權益，……。」乃變相的承認病人有自主決定「善終」之死亡權。

儘管刑法及一些特別刑法仍然維持死刑的立法政策，而刑事訴訟法第四百六十條至第四百六十五條也詳細規定死刑的執行程序，但民國九十九年三月中旬，法務部王清峰部長拒絕簽署死刑執行令，引起輿論之非議，並導致她辭職下臺。其實，死刑存廢為立法政策決斷問題，應在屬全國議事機關的立法院充分討論並作出決定，而死刑執行則為依法審判後的依法行政問題，任何行政首長不得以其個人理念違背立法機關或司法審判系統代表人民所作出的決定❷❷。是以，繼王清峰之後，出任法務部長的曾勇夫，取消了自民國九十五年至九十八年的暫停執行死刑，而於民國九十九年四月三十日恢復了死刑的執行，而於當日處決四名死囚。此後至民國一〇四年六月間，大致每三個月至一年中，即有死刑之執行❷❸。不過，在民國一〇五年五月十日槍決

---

shall be condemned to the death penalty, or executed.) 又如公民與政治權利國際公約第六條，更有詳細的規定。

❷❶ 相關討論請參閱，吳志光，〈「生命權保障與死刑違憲的爭議」討論〉，《台灣法學雜誌》，第九十一期，民國九十六年二月，頁 101–124。

❷❷ 相關時論請參閱，李慶雄，〈法務部長不是四審法官〉，《中國時報》，民國九十九年三月十二日，A18 版；〈死刑存廢：法務部長不是第四審〉，《聯合報》社論，民國九十九年三月十一日，A2 版；許文彬，〈死刑不執行的政策盲點〉，《中國時報》，民國九十九年三月十一日，A15 版。

捷運隨機殺人之鄭捷後，至民國一○七年八月中旬之兩年多，一直未執行死刑，以致在看守所內羈押的死刑定讞被告已達四十三人。直至當年八月三十一日下午才將殺妻女的李宏基執行死刑❷❹。

又死刑制度之立法是否違憲，司法院大法官所作的解釋如釋字第二六三號對懲治盜匪條例、釋字第四七六號對肅清煙毒條例、釋字第五五一號對毒品危害防制條例之死刑規定，均認為不違憲。

另有學者認為「公民與政治權利國際公約」第六條第一項：「人人有固有的生命權，這個權利應受法律保護。不得任意剝奪任何人的生命。」之規定，是廢除死刑與不得執行死刑之依據❷❺。此一見解並非妥適，因為該國際公約同條第二項明白規定：「在未廢除死刑的國家，判處死刑只能是作為對最嚴重的罪行的懲罰，判處應按照犯罪時有效並且不違反本公約規定和防止及懲治滅絕種族罪公約的法律。這種刑罰，非經合格法庭最後判決，不得執行。」由此可見，即使是該項國際公約亦承認死刑制度並容許死刑之執行。不過，因為該國際公約第六條第四項規定：「任何被判處死刑的人應有權要求赦免或減刑。對一切判處死刑的案件均得給予大赦、特赦或減刑。」因此，我國應在上述公約施行後，對相關死刑大赦、特赦或減刑之請求與核准程序，建立更明確的法律規範。特別是民國一○三年五月二十一日鄭捷在臺北捷運隨機殺人事件以及民國一○五年三月二十八日王景玉在臺北市內湖區殺害女童事件❷❻，又引起全民公憤以及民國一○五年四月十日「白玫瑰社會關懷協會」發起「反廢死」遊行請願活動後，政府對於死刑存廢及其法制配套，應有更

❷❸　詳請參閱，廢除死刑推動聯盟，馬政府執行死刑轉移焦點大事記，http://www.taedp.org.tw/story/2829

❷❹　參閱，〈蔡英文上任首宗死刑槍決執行，殺妻女李宏基今伏法〉，《自由時報》，民國一○七年八月二十一日，記者吳政峰、錢利忠／臺北報導。

❷❺　何榮幸，〈人權「空」約〉，《中國時報》，民國九十九年三月十七日，A15版。

❷❻　此一案件，王景玉並未被士林地方法院判處死刑，引發議論，相關評論請參閱，林俊宏，〈從小燈泡案判決談兩公約適用〉，《蘋果日報》論壇，民國一○六年五月十三日；沈政男，〈勇敢但犯了嚴重錯誤的判決〉，《蘋果日報》論壇，民國一○六年五月十三日。

周全之建制。

　　除了憲法及各種法律對生存權之保障外，司法院大法官對一些法律與生存權之保障是否牴觸，亦作出引起社會重視之解釋❷，即：

　　1.釋字第二六三號解釋稱，懲治盜匪條例為特別刑法，其第二條第一項第九款對意圖勒贖而擄人者，不分犯罪情況及結果如何，概以死刑為法定刑，立法甚嚴，但大法官會議認為同條例第八條規定，若有情輕法重之情形者，可依刑法第五十九、三百四十七條規定，減輕其刑，足以避免過嚴之刑罰，故與憲法第十五條保障人民生存權之規定，尚無牴觸。由此一解釋可知剝奪人民生命之死刑，仍為法律所允許，只要不過當，且有減輕條件，死刑之規定在現時仍是被許可的，這和若干已廢除死刑之國家略有不同，但並非表示我國維持死刑乃不重視人民生存權之意。此因各國國情不同，自應有不同之刑事立法政策。

　　2.釋字第四二二號解釋稱，憲法第十五條規定，人民之生存權應予保障；第一百五十三條復明定，國家為改良農民之生活，增進其生產技能，應制定保護農民之法律，實施保護農民之政策，明確揭示國家負有保障農民生存及提升其生活水準之義務。耕地三七五減租條例即屬上開憲法所稱保護農民之法律，其第十九條第一項第三款規定，出租人因收回耕地，致承租人失其家庭生活依據者，耕地租約期滿時，出租人不得收回自耕，目的即在保障佃農，於租約期滿時不致因出租人收回耕地，嚴重影響其家庭生活及生存權利。

　　3.釋字第四七六號解釋稱，人民身體之自由與生存權應予保障，故為憲法第八條、第十五條所明定；惟國家刑罰權之實現，對於特定事項而以特別刑法規定特別之罪刑所為之規範，倘與憲法第二十三條所要求之目的正當性、手段必要性、限制妥當性符合，及無乖於比例原則，要不得僅以其關於人民生命、身體之自由，遂執兩不相侔之普通刑法規定事項，而謂其有違於前開憲法之意旨。中華民國八十一年七月二十七日修正公布之「肅清煙毒條例」、八十七年五月二十五日修正公布之「毒品危害防制條例」，其立法目的，乃特

---

❷　相關論文請參閱，張嘉尹，〈死刑與憲法解釋——請大法官認真對待生命〉，《法令月刊》，第六十三卷第十期，民國一〇一年十月，頁 13–29。

別為肅清煙毒、防制毒品危害，藉以維護國民身心健康，進而維持社會秩序，俾免國家安全之陷於危殆。因是拔其貽害之本，首予杜絕流入之途，即著重煙毒來源之截堵，以求禍害之根絕；而製造、運輸、販賣行為乃煙毒禍害之源，其源不斷，則流毒所及，非僅多數人之生命、身體受其侵害，並社會、國家之法益亦不能免，為害之鉅，當非個人一己之生命、身體法益所可比擬。對於此等行為之以特別立法嚴厲規範，當已符合比例原則；抑且製造、運輸、販賣煙毒之行為，除有上述高度不法之內涵外，更具有暴利之特質，利之所在，不免群趨僥倖，若僅藉由長期自由刑措置，而欲達成肅清、防制之目的，非但成效難期，要亦有悖於公平與正義。肅清煙毒條例第五條第一項，毒品危害防制條例第四條第一項關於死刑、無期徒刑之法定刑規定，係本於特別法嚴禁毒害之目的而為之處罰，乃維護國家安全、社會秩序與增進公共利益所必要，無違憲法第二十三條之規定，與憲法第十五條亦無牴觸。

4.釋字第五一二號解釋稱，對於被告（煙毒犯）判處死刑、無期徒刑之案件則依職權送最高法院覆判，顯已顧及其利益，尚未逾越立法機關自由形成之範圍，於憲法保障之人民訴訟權亦無侵害，與憲法第七條及第二十三條亦無牴觸。

5.釋字第五四九號解釋又對勞工養子女之遺囑津貼權予以保障。該號解釋稱，勞工保險條例第六十三條至第六十五條有關遺囑津貼之規定，雖係基於倫常關係及照護扶養遺屬之原則，惟為貫徹國家負生存照顧義務之憲法意旨，並兼顧養子女及其他遺囑確受被保險人生前扶養暨無謀生能力之事實，勞工保險條例第二十七條及第六十三條至第六十五條規定應於本解釋公布之日起二年內，予以修正。

6.釋字第六九四號解釋之理由書稱，憲法第十五條規定，人民之生存權應予保障。憲法第一百五十五條，人民之老弱殘廢，無力生活者，國家應予以適當之扶助與救濟。國家所採取保障人民生存與生活之扶助措施原有多端，所得稅法有關扶養無謀生能力者之免稅額規定，亦屬其中之一環。如因無謀生能力者之年齡限制，而使納稅義務人無法減除免稅額，將影響納稅義務人扶養滿二十歲而未滿六十歲無謀生能力者之意願，進而影響此等弱勢者生存

或生活上之維持，故宣告所得稅法第十七條第一項第一款第四目之限制規定為違憲。

7.釋字第七六六號解釋謂，國民年金法規定國民年金之遺屬年金，「自提出申請且符合規定之當月起」按月給付，相較於勞工保險條例第六十五條之一第三項規定，勞工保險遺屬年金可追溯補給提出請領日起，前五年得領取之給付。兩者同為社會保險，並無特殊理由竟為不同處理，牴觸了憲法第七條平等原則、第十五條保障人民生存權及財產權之違憲情事。故遺屬可申請保險人依法追溯補發尚未罹於同法第二十八條所定五年時效之遺屬年金，以保障遺屬之生存權與財產權❷❽。

# 第三節　尊嚴權

人民不只要有活下來之生存人權，還要有活得好之尊嚴人權。有生命而無人格尊嚴，則似奴隸，不如豬狗。學者認為人性尊嚴，在個人生活領域中，是個人生存形象之核心部份❷❾，屬於維繫個人生命及自由發展人格不可或缺之權利❸⓿。尊嚴人權也是二十世紀中期以後才被重視的新人權。西元一九四九年之德國聯邦基本法第一條第一項第一句明白宣示：「人之尊嚴不可侵犯。

---

❷❽　相關實務論文請參閱，蔡維音，〈基本權之合體技？——兼具生存權與財產權性格之社會給付請求權〉，《月旦法學教室》，第一九六期，民國一〇八年二月，頁6–8。

❷❾　請參閱，李建良，〈自由、平等、尊嚴：人的尊嚴作為憲法價值的思想根源與基本課題（上）〉，《月旦法學雜誌》，第一五三期，民國九十七年二月，頁185–207；同文章名（下），《月旦法學雜誌》，第一五四期，民國九十七年三月，頁193–211。

❸⓿　陳清秀，〈憲法上人性尊嚴〉，收於《現代國家與憲法》，月旦，民國八十六年，頁95；黃忠正，〈人性尊嚴的概念與界限〉，《月旦法學雜誌》，第二二一期，民國一〇二年十月，頁161–174；陳仲妮，〈從人性尊嚴面向思考之胚胎保護——從德國聯邦憲法法院幾件涉及人性尊嚴之裁判談起〉，《興大法學》，第二十三期，民國一〇七年五月，頁1–59；郭慧根，〈論人之尊嚴：憲法解釋與概念溯源〉，《人文社會科學研究》，第十二卷，第三期，民國一〇七年九月，頁1–23。

尊重及保護此項尊嚴為所有國家機關之義務。」將人性尊嚴視為最高的價值 (Menchenwürde als der oberste Wert) ❸ 。瑞士在西元二〇〇〇年公布之憲法第七條也規定：「人性尊嚴應受尊重及保護。」(Human dignity shall be respected and protected.)

　　我國憲法並未如德國、瑞士憲法明文列舉保障尊嚴人權。學者有將人格權與人性尊嚴或人格尊嚴等同看待，或將人性尊嚴列入憲法第二十二條規定的保障範圍 ❸ ，但曾擔任大法官的吳庚則不同意此說法。他認為，人格權是比較具體的下位概念，人性尊嚴則是作為一個人所當然具有的地位與尊嚴，若列入憲法第二十二條保障的範圍，尚須符合該條「不妨害社會秩序、公共利益者」規定之條件，始受保障，則顯然與人性尊嚴在人格價值體系中的位階不相當。因此，他主張即使不能如德國一樣，將人性尊嚴視為最高價值，則寧可作為人身自由與生存權的前提保障 ❸ 。

　　此外，西元一九四八年聯合國通過之世界人權宣言 (Universal Declaration of Human Rights)，在前言中二度提及固有尊嚴，即：「鑑於對人類家庭所有成員的固有尊嚴及其平等與不移的權利的承認，乃是世界自由、正義和和平的基礎」，及「鑑於各聯合國國家人民已在《聯合國憲章》中重申他們對基本人權、人格尊嚴和價值以及男女平權的信念，並決心促成較大自由中的社會進步和生活水平的改善」。該宣言第一段更明確規定：「人人生而自由，在尊嚴和權利上一律平等」。而在我國有國內法效力的「公民與政治權利國際公約」第十條第一項也規定：「自由被剝奪之人，應受合於人道及尊重其天賦人格尊嚴之處遇」 ❸ 。因此，不僅是一般人民之尊嚴人權要受保障，即使是受刑人之人格尊嚴亦應受到保障。這也就是為什麼英、美軍人在伊拉克戰爭後發生

---

❸　吳庚，《憲法的解釋與適用》，頁306；另參閱，陳慈陽，《憲法學》，元照，民國九十三年一月初版，頁471–478；法治斌、董保城，《中華民國憲法》，頁153–156。

❸　李惠宗，《憲法要義》，頁328。

❸　吳庚，前揭書，頁306。

❸　生活實務請參閱，江玉林，〈人性尊嚴的移植與混生——台灣憲政秩序的價值格局〉，《月旦法學雜誌》，第二五五期，民國一〇五年八月，頁64–74。

虐囚事件，會引起國際輿論撻伐的根本緣由，蓋因其違反了此一公約之規定。

　　雖然憲法並無明文的尊嚴人權保障，但是司法院大法官非常重視此一人權，依據憲法概括保障人權之精神與規定，陸續作出了保障人性尊嚴、人格尊嚴❸❺等尊嚴人權之解釋，例如：

　　1.釋字第三七二號解釋明白表示，「維護人格尊嚴……為我國憲法保障人民自由權利之基本理念。……若受他方虐待已逾越夫妻通常所能忍受之程度而有侵害人格尊嚴……，即不得謂非受不堪同居之虐待。」

　　2.釋字第三九九號解釋也表示，「姓名權為人格權之一種，人之姓名為其人格之表現，……應為憲法第二十二條所保障。」

　　3.釋字第四○○號解釋則對財產權與尊嚴之關係明示，「憲法第十五條關於人民財產權應予保障之規定，旨在確保個人依財產之存續狀態行使其自由使用、收益及處分之機能，並免於遭受公權力或第三人之侵害，俾能……維護尊嚴。」

　　4.釋字第五八七號解釋對人格尊嚴之保障另表示：「子女獲知其血統來源，確定其真實父子身份關係，攸關子女之人格權，應受憲法保障。」

　　5.釋字第六○三號解釋就請領國民身分證應按指紋並錄存一事，涉及隱私權，而表示：「維護人性尊嚴與尊重人格自由發展，乃自由民主憲政秩序之核心價值。隱私權雖非憲法明文列舉之權利，惟基於人性尊嚴與個人主體性之維護及人格發展之完整，並為保障個人生活私密領域免於他人侵擾及個人資料之自主控制，隱私權乃為不可或缺之基本權利，而受憲法第二十二條所保障。」

---

❸❺　依王澤鑑教授之見解，人格權分一般人格權，與特別人格權。一般人格權是指民法第十八條規定關於人之存在價值及尊嚴之權利，而特別人格權則為由一般人格權具體化而形成的姓名、生命、身體、健康、名譽、自由等權利。見氏著，《民法總則》，自刊本，民國八十九年，頁 137；陳聰富，〈人格權的保護〉，《月旦法學教室》，第一三二期，民國一○二年十月，頁 42–53；實務論文請參閱，王怡蘋，〈人格權之經濟利益？——從最高法院 104 年度台上字第 1407 號民事判決探討人格權之保護〉，《月旦裁判時報》，第七十四期，民國一○七年八月，頁 23–30。

　　6.釋字第六五六號解釋❸，就名譽權與人性尊嚴❸之關連性，在其理由書中表示：「名譽權旨在維護個人主體性及人格之完整，為實現人性尊嚴所必要，受憲法第二十二條所保障。」

　　7.釋字第六六四號解釋，就逃學或逃家少年人格權問題，再次重申其與人性尊嚴之關連性，在理由書中表示：「人格權乃維護個人主體性及人格自由發展所不可或缺，亦與維護人性尊嚴關係密切。」

　　8.大法官釋字第七一二號解釋，就臺灣地區人民收養其配偶之大陸地區子女問題，表示：「……臺灣地區人民收養其配偶之大陸地區子女，將有助於其婚姻幸福、家庭和諧及其與被收養人之身心發展與人格之形塑，系爭規定並未就此種情形排除法院應不予認可之適用，實與憲法強調人民婚姻與家庭應受制度性保障，及維護人性尊嚴與人格自由發展之意旨不符。就此而言，系爭規定對人民收養其配偶之大陸地區子女自由限制所造成之效果，與其所欲保護之公共利益，顯失均衡，其限制已屬過當，與憲法第二十三條比例原則不符，而牴觸憲法第二十二條保障人民收養子女自由之意旨。於此範圍內，系爭規定與本解釋意旨不符部分，應自本解釋公布之日起失其效力。」

　　此外，值得特別評述的是憲法增修條文第十條第六項有「國家應維護婦女之人格尊嚴」，似未對男性之人格尊嚴有保障規定。其實，憲法增修條文此一針對婦女人格尊嚴之強調規定，並不排除對男性人格尊嚴之保障。因此，在民國九十一年以來之新立法，如性別工作平等法、性騷擾防治法、性別平等教育法等已有性騷擾之防治、性別歧視之禁止、維護人格尊嚴❸之規範，對於男女兩性人格尊嚴之保障有平等之對待，而無偏頗之規定。

---

❸　此號解釋評論請參閱，李建良，〈強迫公開道歉與人性尊嚴之憲法保障：民事侵權事件中不表意自由與名譽權之法益權衡──釋字第六五六號解釋〉，《台灣法學雜誌》，第一二七期，民國九十八年五月一日，頁 221–232；吳明軒，〈試論大法官釋字六五六號解釋之當否〉，《台灣法學雜誌》，第一二七期，民國九十八年五月一日，頁 253–255。

❸　相關評論請參閱，李建良，〈人性何在？尊嚴何價？──樂生人權的憲法重量〉，《台灣法學雜誌》，第八十六期，民國九十五年九月，頁 1–6。

❸　如性別平等教育法第一條之規定。

　　特別值得注意的是，「納稅者權利保護法」第四條更對人性尊嚴權的落實，有了詳實的規定。該法第四條第一項規定：「納稅者為維持自己及受扶養親屬享有符合人性尊嚴之基本生活所需之費用，不得加以課稅。」同條第二項又規定：「前項所稱維持基本生活所需之費用，由中央主管機關參照中央主計機關所公布最近一年全國每人可支配所得中位數百分之六十定之，並於每二年定期檢討。」另為了避免數據虛假，同條第三項更明確規定：「中央主管機關於公告基本生活所需費用時，應一併公布其決定基準及判斷資料。」❸⓽

　　有關納稅者權利保護法之實施，前行政院長陳沖則認有五大問題，保護納稅人為德不卒❹⓪。

# 第四節　平等權

## 第一項　平等權之意義

　　平等權的觀念起源於社會不平等的現象。在法國大革命以前，歐洲各國社會有極不平等的現象，人民紛紛要求平等。因此，法國人權宣言第一條宣告：「人類生來就有自由及平等的權利。」一七九三年之法國憲法第三條也明文規定「人類生來就是平等的」。但其一七九五年之憲法第三條則改變觀念，規定：「人類在法律上均是平等的。」這種由「人類生來就是平等的」觀念，改為「人類在法律上均是平等的」觀念是平等觀念的一大進步。因為在自然界裡，人生下來就有高矮瘦胖、聰明愚劣是無法平等的，但在社會裡，可以透過法律制度之設計，使人人受到平等的待遇，而這也就是我國憲法上所規定、所保障的平等權。

---

❸⓽　相關論文請參閱，黃士洲，〈落實納稅者權利保護法的規範實效〉，《月旦法學雜誌》，第二六六期，民國一〇六年七月，頁165–182。

❹⓪　請參閱，〈陳沖：納保法太過保護稅捐稽徵機關〉，《經濟日報》，民國一〇七年八月二十四日，記者蘇秀慧／即時報導。

　　所謂在法律上一律平等，並非機械式的絕對平等，而是機動式、相對的平等。因此，在合乎正義的理念下，針對情勢、事實上之差異而為適當的差別對待，亦是合乎平等之理念的❹。例如，在法律上對老、弱、身心障礙、婦女、兒童等社會弱者，給予較一般人要好的待遇，自不違反平等權之原則。

　　又平等權之理念經過數世紀之演變，已經從昔日之政治、法律上形式地位之平等，提昇至所得、財富、生活等實質機會之公平分享，尤其教育機會之均等，使貧苦的小孩亦有人格發展機會，可以改變其經濟狀況與社會地位，而使人為之不平等現象，日益減少❷。不過，近年來由於教育體制的敗壞，私校日益取代公校。就讀私校的多為農、工、攤販子女，就讀公校的多為軍公教子女。而私校學費多為公校兩倍，造成人民受教育機會不平等的情形，日益嚴重❸。

　　上述自然人之平等權是否適用於法人及外國人，學者基於人權保障理念，國際法上互惠原則多肯認之❹。但以本質上合於法人可享有之財產權、訴訟

---

❹　大法官釋字第四八五號解釋，特別指出：「憲法第七條平等原則並非指絕對、機械之形式上平等，而係保障人民在法律上地位之實質平等，立法機關基於憲法之價值體系及立法目的，自得斟酌規範事物性質之差異而為合理之差別待遇。」

❷　關於平等權重心之轉移另請參閱，陳新民，前揭書，頁 198；林騰鷂，〈生活機會的公平分享〉，《中國時報》，民國九十二年五月二十一日，15 版；廖義男，〈夏蟲語冰錄(全)——憲法平等原則在經濟法領域中之具體實踐〉，《法令月刊》，第六十六卷第九期，民國一〇四年九月，頁 109–122；Hermann Hellen 著，鍾芳樺譯，〈論形式平等與實質平等之關係〉，《輔仁法學》，第五十三期，民國一〇六年六月，頁 173–220。

❸　詳請參閱，林騰鷂，〈私大學費再漲，加速世襲社會階級〉，《蘋果日報》，民國一〇七年五月二十八日；林騰鷂，〈迫切需要的是教育改革〉，《蘋果日報》，民國一〇七年二月二十三日；林騰鷂，〈依憲改造私校，搶救教育〉，《蘋果日報》，民國一〇六年七月二十七日；林騰鷂，〈前瞻建設竟無私校改造〉，《蘋果日報》，民國一〇六年七月十一日；林騰鷂，〈教育淪落，失去台灣價值〉，《聯合報》，民國一〇七年二月三日；林騰鷂，〈無部長的教育亂象〉，《中國時報》，民國一〇七年六月二十九日。

❹　相關評論請參閱，廖元豪，〈移民基本人權的化外之民：檢視批判「移民無人權」

程序權等為限，至於專屬於本國自然人之參政平等權、受教育機會平等之人權則不在保障之內**❹**。

## 第二項　平等權之種類

我國憲法上對平等權之規定，除了在第七條規定，男女、宗教、種族、階級、黨派等平等外，亦在第一百二十九條規定選舉權平等及在第一百五十九條規定，受教育機會平等外，並於憲法增修條文第十條第六項進一步規定國家應維護婦女之人格尊嚴，保障婦女之人身安全，消除性別歧視，促進兩性地位之實質平等。茲依次就各項平等權之種類分述於後。

## 一、男女平等

近世各國均有重男輕女的習慣，各國憲法雖有平等權之規定，但男女平等，特別是在政治上、教育上、社會上、經濟上之平等，均未落實。十九世紀末肇始之女權運動，經過百年來之運作，漸使女性獲得與男性在各方面之平等地位。例如在政治平等方面，各國在二十世紀初始承認婦女之參政權。一九○六年芬蘭成為歐美第一個賦予婦女投票權之國家。號稱民主先驅的英國至一九一八年方承認婦女之選舉權，但仍有若干限制，至一九二八年時才撤銷選舉權的限制條件；美國在一九二○年修改憲法時，也才承認婦女之參政權；至於法國、義大利則分別遲至第二次世界大戰後的一九四六年至一九四七年，才施行男女平等的選舉制度。我國憲法雖遲至一九四七年才施行，但對女性政治地位之平等權，甚至訂有保障名額加以保護。

除了政治地位平等外，婦女亦與男性在社會地位上平等，享有與男子平等之私權，特別是大法官釋字第三六五號解釋，使女性對未成年子女親權之

---

　　　的憲法論述與實務〉，《月旦法學雜誌》，第一六一期，民國九十七年十月，頁83–104；鄭津津，〈我國外籍勞工人權保障問題之研究〉，《月旦法學雜誌》，第一六一期，民國九十七年十月，頁67–82。

**❹**　參閱，陳新民，前揭書，頁135–137；陳慈陽，前揭書，頁375–380。

行使，有與男性同一之地位，對憲法上消除性別歧視，促進男女社會地位之平等，有重大的助益。又為了保障婦女之財產平等地位，大法官釋字第四一〇號解釋，認為民國七十四年六月民法親屬編施行法修正前，已發生而現仍存在之聯合財產如仍屬於夫方享有，則為違反憲法保障男女平等之意旨，要求有關機關應盡速於民法親屬編施行法之相關規定檢討修正。再者，大法官釋字第四五二號解釋，認為民法第一千零二條關於夫妻住所之規定，未能兼顧他方選擇住所及個案情況，違反憲法保障之男女平等權。另外，大法官釋字第四五七號解釋認為，榮民配耕之農場耕地僅限榮民之子繼承，排除其已婚女兒繼承權，違反憲法保障之男女平等原則 ❹。

　　民國八十七年修正公布民法親屬編條文時，刪除民法第九百八十七條、九百九十四條關於女子再婚應自婚姻關係消滅後六個月始可為之之規定。因為此一規定是違反男女平等原則的。在過去沒有科學儀器可以鑑定再婚前後婚姻所懷子女歸屬何人之情形，或許情有可原，但現在以 DNA 採樣技術已可正確判斷子女身分歸屬之情形，此一限制女子六個月不得再婚之規定則是不合時宜，違反男女平等原則的。又民法第一千條妻冠夫姓以及民法第一千零二條妻以夫之住所為住所之規定也都於民國八十七年民法親屬編修正時修改為夫妻得以書面約定姓氏及協議住所之合乎男女平等原則之規定。另對子女之姓，民法第一千零五十九條第一項，規定：「父母於子女出生登記前，應以書面約定子女從父姓或母姓。」同條第二項又規定：「子女經出生登記後，於未成年前，得由父母以書面約定變更為父姓或母姓。」同條第三項則又規定：「子女已成年者，得變更為父姓或母姓。」依此，男女平等原則獲得進一步的落實。另外，祭祀公業條例第四條第二項也規定，女子未出嫁者，得為派下員，使數千年來女子不得為祭祀公業派下員之規矩被打破了。男女平等原則更加獲得法律保障。不過，大法官釋字第七二八號解釋則以尊重私法自治為由，認為本條例施行前已存在之祭祀公業依規約認定派下員之標準，並未違反憲法第七條保障性別平等之意旨。該號解釋表示：「祭祀公業條例第四條

---

❹　生活實務請參閱，謝哲勝，〈私法自治與男女平等〉，《月旦法學教室》，第一六三期，民國一〇五年五月，頁 6-8。

第一項前段規定：『本條例施行前已存在之祭祀公業，其派下員依規約定之。』並未以性別為認定派下員之標準，雖相關規約依循傳統之宗族觀念，大都限定以男系子孫（含養子）為派下員，多數情形致女子不得為派下員，但該等規約係設立人及其子孫所為之私法上結社及財產處分行為，基於私法自治，原則上應予尊重，以維護法秩序之安定。是上開規定以規約認定祭祀公業派下員，尚難認與憲法第七條保障性別平等之意旨有違，致侵害女子之財產權❹❼。」不過，此一號解釋並不受到學者之認同❹❽。

在教育上，我國婦女依憲法第一百五十九條之規定，亦與男子享有平等之機會。但在經濟地位上，女性之就職機會、同工同酬方面，仍未與男性完全平等。特別是若干信用合作社對女性設有結婚即應離職之單身條款規定，引起社會甚多非議並促請勞工行政主管機關加以改正。此一問題，直至民國九十一年「兩性工作平等法」制定施行後，（該法於九十六年更名為「性別工作平等法」）才獲得改正。

不過，在性交易工作方面，社會秩序維護法第八十條第一項第一款寓有「罰娼不罰嫖」之意涵，大法官釋字第六六六號認為：「系爭規定既不認性交易中支付對價之一方有可非難，卻處罰性交易圖利之一方，鑑諸性交易圖利之一方多為女性之現況，此無異幾僅針對參與性交易之女性而為管制處罰，尤以部分迫於社會經濟弱勢而從事性交易之女性，往往因系爭規定受處罰，致其業已窘困之處境更為不利。系爭規定……，自與憲法第七條之平等原則有違。」❹❾民國一百年十一月四日修正公布的社會秩序維護法第八十條第一

---

❹❼　相關論文請參閱，戴東雄，〈女孩所流父母血緣難道與男孩不同？——評釋字第七二八號解釋意旨排除女性子孫繼承祭祀公業財產不違憲〉，《月旦裁判時報》，第四十一期，民國一〇四年十一月十五日，頁60-80。

❹❽　陳昭如，〈女兒還是外人：論大法官釋字第七二八號解釋的雙重排除〉，《月旦裁判時報》，第四十一期，民國一〇四年十一月十五日，頁81-88。

❹❾　相關評論請參閱，林志潔、莊宇真，〈在釋字第六六六號之後從女性主義理論看台灣性產業之立法與規範〉，《月旦法學雜誌》，第一八六期，民國九十九年十一月，頁5-18；許恒達，〈善良風俗、國民健康與促成性交易的刑事責任——以釋字第六六六號解釋為反思契機〉，《月旦法學雜誌》，第一八六期，民國九十九年

款已由「意圖得利與人姦宿者」，改為「從事性交易」者，要處三萬元以下罰鍰，且廢除原「三日以下拘役」之規定，對弱勢婦女之處境，稍有緩解，且不再是「罰娼不罰嫖」，而是「娼嫖俱罰」，略有助於男女平等原則。

　　另為促進性別地位之實質平等，消除性別歧視，維護人格尊嚴，厚植並建立性別平等之教育資源與環境，我國乃於民國九十三年施行「性別平等教育法」。又為實施聯合國一九七九年消除對婦女一切形式歧視公約❺⓪ (Convention on the Elimination of All Forms of Discrimination Against Women)，立法院也於民國一百年五月二十日制定「消除對婦女一切形式歧視公約施行法」，經總統於同年六月八日公布，自民國一百零一年一月一日起施行。此施行法第二條明文規定：「公約所揭示保障性別人權及促進性別平等之規定，具有國內法律之效力。」

　　又憲法除了宣示男女平等之外，另對婦女加以特別之保護，如憲法第一百五十三、一百五十六條等因生理因素，對婦女提供特別之保護，此尚能被社會所認同，但憲法第一百三十四條規定，各種選舉，應規定婦女當選名額，因婦女經濟、教育、社會地位之大幅提昇，已漸不為學者❺① 所贊同，認有保護過當之嫌❺② 。筆者認為，在女性全面獲得政治、經濟、教育、社會、工作權益，但未相對承擔兵役義務之情況下，已使男性之就學權、參與公職考試權受到相當嚴重之侵害。因此，有必要參酌日本於一九九九年所通過之「男女共同參画社會基本法」之理念，使男女兩性平等的參與，享有各項社會權利與義務。

---

　　十一月，頁 19–37。

❺⓪　相關論文請看，廖福特，〈法院適用《消除對婦女一切形式歧視公約》之分析〉，《當代法學理論與制度的新視角——林騰鷂教授七秩華誕祝壽論文集》，民國一〇五年九月，頁 415–439。

❺①　薩孟武，前揭書，頁 79。

❺②　女性法學教授謂，以保障名額的方式對女性做優惠性差別待遇是否符合男女平等的精神日益可疑的今日，保障婦女當選名額是令人詫異的。參閱：陳愛娥，〈除了立法委員席次減半〉，《台灣法學雜誌》，第六十三期，民國九十三年十月，頁 2。

　　值得注意的是，在今日二十一世紀中，世界各國對於男女異性相戀、相婚之外，也有承認男男相戀、相婚，女女相戀、女女相婚等同性戀、同性婚者，並對其等所組家庭給予法律上的平等保障。我國憲法雖無明文規定同性伴侶之人權保障，但如從憲法第二十二條概括保障人權之規定，將來亦有可能制定類如德國同性伴侶法之法律❸。不過在現階段社會仍有爭議之時，立法院仍無法通過與此相關之民法親屬編修正條文，而行政院法務部次長陳明堂在民國一〇四年六月二十八日接受質詢時表示，同性結婚議題目前在臺灣仍有極大爭議，修法應避免一步到位，暫不考慮同性婚姻在臺灣合法化，但有兩階段對策，首先，在現行法制規定下，商請各機關研議該如何保障同性伴侶的權利，例如，同性伴侶的醫療權及賦稅等；第二階段則是擬定同性伴侶法等。至於同性伴侶如何認定，地方政府的高雄市政府首先於民國一〇四年五月二十日受理同性伴侶註記，而臺北市政府也跟著於民國一〇四年六月十七日受理同性伴侶註記，藉此以認定同性伴侶之關係，不過此一註記仍不具民法所規定之法律效力，也不會出現在身分證或戶籍謄本等文件上，而只是一由戶政事務所所發證明伴侶關係之一紙公文。

　　又針對同性別二人能否成立民法上婚姻關係，亦即同性間二人是否亦與異性間二人有婚姻平等權，社會上有很大的爭議。學者亦就祁家威聲請憲法解釋案，寫了很多的鑑定意見書，值得參考❹。

---

❸　參閱，戴瑀如，〈由德國同性伴侶法的催生、影響與轉化檢視德國對同性人權之保障〉，《月旦法學雜誌》，第二二四期，民國一〇三年一月，頁 38–56。另參閱，曾品傑，〈論我國同性戀者之權益保護〉，《月旦法學雜誌》，第二二七期，民國一〇三年四月，頁 89–115。

❹　參閱，陳惠馨，〈針對臺北市政府與祁家威先生聲請解釋一案提出鑑定意見〉，《月旦法學雜誌》，第二六四期，民國一〇六年五月，頁 38–43；李惠宗，〈同性婚姻合法問題鑑定報告書〉，《月旦法學雜誌》，第二六四期，民國一〇六年五月，頁 44–69；鄧學仁，〈同性婚姻法制化之調查研究〉，《月旦法學雜誌》，第二六四期，民國一〇六年五月，頁 70–84；張文貞，〈會台字第一二七七一號聲請人臺北市政府及會台字第一二六七四號聲請人祁家威聲請解釋案：鑑定意見書〉，《月旦法學雜誌》，第二六四期，民國一〇六年五月，頁 85–99；陳愛娥，〈會台字第

特別值得注意的是，民國一○六年五月二十四日就此聲請憲法解釋案，作出釋字第七四八號解釋，認為現行民法並未保障同性婚姻，屬於違憲，要求主管機關在該解釋公布後二年內，修改相關法律。如未修正，同志可逕行登記結婚。但此一解釋缺乏總體法律體系觀，而未獲得「反同性婚」民眾的認同。學者間也有很多的意見，以致有認為應將「同性婚姻」爭議，交由人民公投決定之。筆者認為應依我國所承受的德國法系，解決此爭議，即維持民法上的異性婚姻制度，但制定「生活伴侶法」，以保障同性生活伴侶的法律權益❺❺。不過，因德國在二○○一年施行「生活伴侶法」十六年後，最終仍

一二七七一號聲請人臺北市政府及會台字第一二六七四號聲請人祁家威聲請解釋案：鑑定意見書〉，《月旦法學雜誌》，第二六四期，民國一○六年五月，頁100-110；劉宏恩，〈民法親屬編規定「使同性別二人間不能成立法律上婚姻關係」違憲疑義解釋案鑑定意見書〉，《月旦法學雜誌》，第二六四期，民國一○六年五月，頁111-122；官曉薇等人，〈憲法上婚姻家庭之制度性保障不應排除同性伴侶及其家庭，拒絕同性伴侶締結婚姻有害同性家庭子女之權益──法律學者法庭之友意見書〉，《月旦法學雜誌》，第二六四期，民國一○六年五月，頁123-139；另有關學理請參閱，許育典，〈自我實現作為同性婚姻的憲法保障〉，《台灣法學雜誌》，第二九六期，民國一○五年五月，頁5-30。

❺❺ 參閱，王國慶，〈保護同性伴侶，立專法切莫遲疑〉，《聯合報》民意論壇，民國一○六年五月二十五日，A15版；劉宏恩，〈同婚不會改變異性婚制度〉，《中國時報》時論廣場，民國一○六年五月二十五日；吳威志，〈大法官凌駕立法權〉，《中國時報》時論廣場，民國一○六年五月二十六日；陳志龍，〈民法結婚規定哪裡違憲〉，《蘋果日報》論壇，民國一○六年五月二十九日；許文彬，〈違憲，替民法喊冤！〉，《自由時報》，自由廣場，民國一○六年五月二十九日；曾品傑，〈為人抬轎的大法官解釋七四八號〉，《月旦法學雜誌》，第二六六期，民國一○六年七月，頁69-86；葉光洲，〈從破碎中修復：淺論大法官釋字第七四八號〉，《月旦法學雜誌》，第二六六期，民國一○六年七月，頁87-92；林更盛，〈釋字第七四八號解釋在方法論上的批判──大法官、大躍進〉，《台灣法學雜誌》，第三二八期，民國一○六年九月，頁41-48；戴瑀如，〈司法院釋字第七四八號解釋出爐之後的立法因應〉，《台灣法學雜誌》，第三二八期，民國一○六年九月，頁49-57；顏厥安，〈後釋義學的法釋義學？──由釋字第七四八談起〉，《台灣法學雜誌》，第三二八期，民國一○六年九月，頁58-66；鄧學仁，〈司法院釋字

回歸修正「民法」，並於二〇一七年十月一日正式將同性婚姻合法化，此一同性婚姻立法、修法過程，學者認有參考價值❺。

## 二、宗教平等

所謂宗教平等是指國家對於信仰任何宗教的人，在法律上都應給予平等的待遇。換言之，宗教平等之主要涵義有三，即：

1. 任何宗教可在法律規定範圍內，平等的宣揚教義。

2. 國家不得指定、設立某一特定宗教為國教。

3. 人民得自由選擇其所信仰之宗教，且不因此選擇而受國家之差別待遇。

我國憲法第七條明文宣示宗教平等原則，而在憲法第十三條又規定宗教自由原則，這些規定都是因襲外國憲法成規而已，因我國自古以來，人民多屬多神論者，沒有歐洲、中東地區人民那樣信奉一神論的宗教狂熱，歷代除了所謂北周武帝、梁武帝、唐武帝之三武之禍以外，甚少有宗教殺戮情事。總而言之，在我國民間並無宗教自由、平等之宗教問題。有的是層出不窮的宗教詐騙與宗教混亂事件。不過，由於民國十八年頒行的「監督寺廟條例」只管理寺廟，而對其他宗教團體則無規範，顯有違反宗教平等精神。

又特別值得注意的是，民國一〇四年三月間爆發之慈濟基金會財報公開上網的僅短短一頁及在土地開發上之爭議問題。為求適法監督各宗教團體，行政院院會乃於民國一〇四年六月十八日通過「宗教團體法草案」，規定未來宗教團體可依法登記為宗教法人，免徵房屋稅、地價稅，但每年須將財務報告報主管機關，而自該法施行五年內，宗教法人可有條件的取得農地所有權。不過，此一法案，爭議甚多，至今仍未通過立法院之審議。

---

第七四八號解釋之檢討與課題〉，《台灣法學雜誌》，第三二八期，民國一〇六年九月，頁 67–71；許育典，〈釋字第七四八號解釋後同性婚姻的修法方向：民主與法治的憲法價值衡量〉，《台灣法學雜誌》，第三二八期，民國一〇六年九月，頁 72–80。

❺　請參閱，陳榮義，〈德國同性婚姻合法化後，台灣呢〉，《蘋果日報》論壇，民國一〇六年十月四日，A14 版。

民國一○七年八月一日公布之財團法人法第七十五條規定宗教財團法人之許可設立、組織、運作及監督管理，另以法律定之。因此，有藍綠兩黨立委連署提出「宗教基本法草案」，但因過於承認不法宗教團體之既得利益，而被學者所痛批❺❼。

## 三、種族平等

所謂種族平等是指人民不因其膚色種族，而在法律上遭受歧視、壓迫、限制或被剝奪其應有之平等待遇。各國在歷史上所發生的美國黑白種族衝突，南非種族隔離及德國日耳曼民族屠殺猶太民族，就是典型的民族不平等。此在我國幾不發生。相反的，我國憲法除了在第五條宣示中華民國各民族一律平等及在第七條規定種族平等外，並在基本國策中對邊疆地區生活特殊之民族，加以特別之保護，提升其政治、經濟地位，以達成實質上的平等。

憲法增修條文第十條亦規定對自由地區之少數民族，即過去稱為山地同胞之原住民的地位與政治參與加以保障，而對其教育、文化、社會福利及經濟事業，給予扶助並促進其發展。這些規定，主要都是針對原住民因歷史上、地理上、教育上等落後發展，給予較優的待遇，使其能有實質之平等，而非只有形式之平等。

又為維護國內各族群地位之實質對等，促進多元文化之發展，便利各族群使用大眾運輸工具，總統於民國八十九年四月十九日公布了「大眾運輸工具播音語言平等保障法」，並於公布後三個月後施行。不過，因民國一○六年六月十四日總統令公布的「原住民族語言發展法」第十五條第一項規定：「原住民族地區之大眾運輸工具及場站，目的事業主管機關應增加地方通行語之播音。」第二項規定：「非原住民族地區之大眾運輸工具及場站，目的事業主管機關得視當地原住民族特性與需要，辦理前項事項。」將可能造成大眾運輸工具播音上的重大負擔，並造成社會大眾聽覺上之壓力。更值得擔心的是，

❺❼　參閱，孫健智，〈淪為人權鬧劇的宗教基本法〉，《蘋果日報》，民國一○七年十月二十三日，A17版；張譽尹，〈法規鬆綁真如意，宗教是門好生意〉，《蘋果日報》，民國一○七年十月二十三日，A17版。

「原住民族語言發展法」第十四條：「原住民族地區之政府機關（構）、學校及公營事業機構，得以地方通行語書寫公文書。」之規定，恐成為「法」惠而不實至之具文。因為原住民族語言眾多，是否有公認之語言，可據以寫成公文書，不無可疑。

　　根據憲法增修條文之授權，立法院近年來更陸續制定了「原住民身分法」、「原住民族教育法」、「原住民工作權保障法」、「原住民族委員會組織法」、「原住民族基本法」、「原住民族傳統智慧創作保護條例」、「財團法人原住民族文化事業基金會設置條例」、「原住民族語言發展法」等法律，以保障原住民之各項權益，促進原住民之身分、文化、教育、智財權與工作權地位之平等❺❽。又特別值得注意的是，「原住民族基本法」第二條之一規定：「為促進原住民族部落健全自主發展，部落應設部落會議。部落經中央原住民族主管機關核定者，為公法人」。依此，原住民族之自主發展權，又獲得進一步的提升。

　　此外，「客家基本法」亦保障客家族群集體利益。不過，客家族群與閩南族群均來自於中原，是否屬於憲法增修條文第十條所規定之「少數民族」，不無爭議。然而在政治操弄下，民國一〇七年一月三十一日公布修正了客家基本法，其第三條第一項規定客語為國家語言之一，與各族群語言平等。同條第三項更規定客家語言發展事項，另以法律定之。不過該法第四條第二項卻規定，直轄市、縣（市）、鄉（鎮、市、區）之客家人口達二分之一以上者，應以客語為主要通行語，則與第三條第一項各民族語言平等之規定有違。

　　值得注意的是，為了提升原住民族之教育地位平等權益，在民國一〇二年五月二十二日由總統公布修正了原住民族教育法第二十三條及第二十五條條文，保障原住民族教育師資之來源以及規定自民國一〇二年五月七日修正之原住民族教育法條文施行後五年內，原住民族中、小學、原住民族教育班及原住民族重點學校聘任原住民族身分之教師比率，應不低於學校教師員額

---

❺❽　相關論文請參閱，林明鏘，〈原住民地位之保障作為「基本權」或「基本國策」？〉，《憲政時代》，第二十九卷，第三期，民國九十三年一月，頁335-358；另請參閱，林騰鷂，〈憲法黑白講〉，《聯合晚報》，民國九十三年七月十八日，第二版。

三分之一或不得低於原住民學生占該校學生數之比率。緊接著，第八屆立法院在下續的第四會期更修正了原住民族教育法第九條、第十條條文，規定原住民教育經費之下限增至教育部主管預算總額之百分之一點九。

又為了落實保障原住民族之工作權，司法院大法官釋字第七一九號解釋，謂：「原住民族工作權保障法第十二條第一項、第三項及政府採購法第九十八條，關於政府採購得標廠商於國內員工總人數逾一百人者，應於履約期間僱用原住民，人數不得低於總人數百分之一，進用原住民人數未達標準者，應向原住民族綜合發展基金之就業基金繳納代金部分，尚無違背憲法第七條平等原則及第二十三條比例原則，與憲法第十五條保障之財產權及其與工作權內涵之營業自由之意旨並無不符。」

此外，民國一〇七年六月二十日公布修正之原住民族基本法第十八條規定，政府應設原住民族綜合發展基金，辦理原住民族經濟發展業務、輔導事業機構、住宅之興辦、租售、建構及修繕業務；第十九條則規定原住民得在原住民族地區及經中央原住民族主管機關公告之海域依法從事獵捕野生動物、採集野生植物及菌類、採取礦物、土石、利用水資源等非營利行為，並以傳統文化祭儀或自用者為限。

## 四、階級平等

民國建立以後，已無貴族、平民之分，一切法定身分階級，已經不存在了。因此，憲法第七條所稱之階級平等，有學者[59]認係專指因經濟上因素所生資產階級與勞動階級之法律上地位平等。此一見解，甚可認同。蓋因在現代社會中，經濟地位之是否平等，已與政治地位、社會地位之平等，同樣重要的會影響人民的自由與生計，造成貧富階級之差異與對立。

除了法律上地位平等外，憲法第一百五十四條亦規定：「勞資雙方應本協調合作原則，發展生產事業，勞資糾紛之調解與仲裁，以法律定之。」此處所用之「協調合作」、「調解、仲裁」等文字，均寓有勞、資階級平等之意涵。

又憲法第一百五十三條規定：「國家為改良勞工及農民之生活，增進其生

[59] 劉慶瑞，《比較憲法》，頁71。

產技能，應制定保護勞工及農民之法律，實施保護勞工及農民之政策」，其主要目的乃是更積極的促進勞資階級在經濟地位上之平等。

## 五、黨派平等

所謂黨派平等，乃指政黨平等及黨員平等之意。換言之，政黨及政黨之成員在法律上之地位一律平等，任何政黨不得享受任何優待或特權，亦不受任何之歧視或壓迫。而國家之公權力機關對於政黨及其黨員，也要一律平等對待，不得使之擁有特權，或使之遭受歧視。

為落實黨派平等，我國憲法除了在第七條為黨派平等之一般性規定外，並在下列條文中，具體保障黨派平等，即：

1.憲法第八十條規定，法官須超出黨派以外，依據法律獨立審判，不受任何干涉。

2.憲法第八十八條規定，考試委員須超出黨派以外，依據法律獨立行使職權。

3.憲法增修條文第七條第五項規定，監察委員須超出黨派以外，依據法律獨立行使職權。

4.憲法第一百三十八條規定，全國陸海空軍須超出個人、地域及黨派關係以外，效忠國家，愛護人民。

5.憲法第一百三十九條規定，任何黨派及個人不得以武裝力量為政爭之工具。

關於黨派平等方面，大法官釋字第三四〇號解釋，認為原公職人員選舉罷免法第三十八條第二項規定：「政黨推薦之區域、山胞候選人，其保證金減半繳納。但政黨撤回推薦者，應全額繳納」，無異使無政黨推薦之候選人，須繳納較高額之保證金，形成不合理之差別待遇，與憲法第七條黨派平等之意旨有違。因此，公職人員選舉罷免法修正時，已刪去此一規定。另外，公務人員行政中立法第五條又分別規定，公務人員不得兼任政黨或其他政治團體之職務；公務人員不得介入黨政派系紛爭，使公務人員對於各黨派要維持政治中立，不得有偏倚之行為。

　　近年來，政黨對政治、經濟、社會生活之影響日益重大❻，制定政黨法之社會呼聲日高，立法院雖也有很多「政黨法」草案之提出，但因相關政黨各有所圖而未能有共識，以致遲遲不能制定，直至民國一〇六年十二月六日才制定公布政黨法，該法第七條第一項規定有一百人以上黨員就可申請備案。不過，該法第二十七條也規定，連續四年未召開黨員或黨代表大會，或連續四年未依法推薦候選人參加公職人員選舉，或備案後一年內未完成法人登記者，主管機關應廢止其備案。

　　民國一〇二年九月時，中國國民黨在處理其不分區立委之黨員，亦為立法院院長王金平之黨籍案時，因未嚴格遵守法制程序，以致臺北地方法院核可王金平所提之保全黨籍處分，釀成政爭亂局。筆者也就此發表時論，呼籲速速制定政黨法❻。時經四年多，政黨法才在民國一〇六年十二月六日制定公布。

　　不過，值得非議的是，大法官釋字第七二一號解釋，表示立委選舉採單一選區兩票並立制及所設政黨比例席次與百分之五政黨門檻之規定，並不違憲的看法，有違憲政學理，而不為學界所認同。民國一〇四年四月二十日在立法院修憲委員會第四場公聽會中，針對多元民意 VS. 議事效率——談降低不分區立法委員政黨分配門檻之可行性問題，即有多數學者贊同降低不分區立法委員政黨門檻為百分之三，以確保小黨參與憲政之平等權❻。

---

❻　相關論述請參閱，詹鎮榮，〈總統、政黨與國會之相互關係——以政黨影響國政之憲法基礎及界限為中心〉，《憲政時代》，第四十一卷第三期，民國一〇五年一月，頁 421–456。

❻　林騰鷂，〈政黨法制定，速速啟動〉，《中國時報》時論廣場，民國一〇二年九月十六日，A14 版。另參閱，尤清，〈政黨之憲法地位及違憲爭議——德國與臺灣政黨法制比較〉，《法學叢刊》，第六十三卷，第二期，民國一〇七年四月，頁 1–27；黃銘輝，〈走向「形式兩黨制的實質多黨制」——促進臺灣政黨政治健全運作的法制構想〉，《政大法學評論》，第一五五期，民國一〇七年十二月，頁 59–129。

❻　郝培芝，〈憲政體制、國會角色、政黨門檻與國會權力〉，立法院修憲公聽會報告（第三場及第四場），立法院修憲委員會編制，民國一〇四年五月一日，頁 108；

又值得重視的是，立法院於民國一〇五年七月二十五日三讀通過「政黨及其附隨組織不當取得財產處理條例」（簡稱不當黨產處理條例）。這個法律歷經了二十四年的審議，目的是為了給予所有政黨一個公平競爭環境，以健全民主政治，落實轉型正義，以及啟動全面性的調查，並處理戒嚴時期政黨及其附隨組織（如中國青年救國團、中華民國婦女聯合會）等，在執政期間所取得的不當黨產。此一法律已於民國一〇五年八月十日由蔡英文總統公布實施，但因有違憲爭議，而引發學者之批判❻❸。

# 第五節　自由權

## 第一項　概　說

在中世紀的歐洲，個人是君王的屬民，行會的成員，父母獨裁的對象，毫無自由可言。但自十七世紀以後，由於學者之鼓吹，如洛克 (John Locke, 1632–1704) 的《政府論》，孟德斯鳩 (Charles Louis de Montesquieu, 1689–1755) 的《法意》，盧梭 (Jean J. Rosseau, 1712–1778) 的《民約論》，均帶動了爭取自

---

另陳昭如、廖元豪、羅承宗等教授之書面意見、顧慕晴代理院長、何振盛副教授、紀俊臣教授等教授之發言，同上報告，頁 117、頁 119、頁 123，頁 69、頁 71、頁 75。

❻❸ 參閱，廖元豪，〈民主憲政 2.0，抑或改朝換代算舊帳？——轉型正義概念的反思〉，《台灣法學雜誌》，第三一四期，民國一〇六年二月，頁 124–144；劉宗德，〈台灣轉型正義之制度設計芻議——兼論「政黨財產處理條例」之合憲性〉，《台灣法學雜誌》，第三一三期，民國一〇六年二月，頁 98–110；董保城，〈政黨及其附隨組織不當取得財產處理條例「附隨組織」之研究——以救國團為例〉，《台灣法學雜誌》，第三二二期，民國一〇六年六月，頁 92–132；顧以信，〈「個案法律禁止」作為我國憲法原則？——兼評政黨及其附隨組織不當取得財產處理條例之「政黨」定義〉，《憲政時代》，第四十三卷，第二期，民國一〇六年十月，頁 211–247。

由人權之風潮，引發了美國獨立與法國之民權革命運動。近代各立憲國家也隨之將自由權列入憲法中，作為最主要的人權之一。

自由權的意義可從兩方面來看，一是從消極面來看，自由是一種自由於國家之外的身分，不受國家統治、干涉的意思。另一是從積極面來看，自由是一種自行、自在處理自己事務，成就自我人格，實現個人人生目的之權利。失去了自由，人生就沒有什麼意義了，故有人說：「不自由，毋寧死。」由此，可見自由之重要性。

自由既然那麼重要，那要如何加以保障呢？各國憲法所規定之保障方式有二，一是只對行政權加以限制，以保障人民的自由，另一是不只對行政權，且又對立法權設加限制，來保障人民的自由。例如，美國憲法增修條文第一條即明文規定：「國會不得制定關於下列事項之法律。㈠確立宗教或禁止信教自由，㈡削奪人民言論或出版之自由，㈢削奪人民和平集會及向政府陳述救濟之請願權利。」這種不但不許政府發布命令，且又不許國會制定法律以限制信教、言論、出版、集會、請願等自由之保障方式，學者稱為自由之憲法直接保障主義。至於我國及世界其他各國憲法對於自由權之保障，大都採取第一種方式，即學者所稱之憲法間接保障方式。具體的說，就是限制行政權以命令方式侵犯、干涉人民自由，但若由立法機關制定法律，則得限制人民之自由。這種人民的自由得依法律限制的意思就是說人民的自由非經人民代表的議決同意，不得限制之。換言之，國家要限制人民的自由，須依法律，須得人民同意。這種由憲法規定非依法律不得限制人民自由的方式，並不是由憲法直接保障自由，而是由憲法委諸人民代表制定法律，而透過法律間接保障了人民的自由，故又稱自由之憲法間接保障主義。

自由權得依法律限制之，但並非立法機關任意制定法律就可加以限制，法律若違反憲法其他明文規定，或不合乎憲法第二十三條所列舉的「防止妨礙他人自由、避免緊急危難、維持社會秩序或增進公共利益」所必要之情形下，限制自由，則又不為憲法所容許了❻❹。故大法官釋字第一六六號及釋字

---

❻❹ 學者分析憲法第二十三條之內容，為公益動機、法律保留與比例原則。參閱，陳新民，前揭書，頁 159-173。

第二五一號之解釋中，分別認立法院所通過之違警罰法，規定警察官署所裁決之拘留、罰役，係對於人民身體自由所為之處罰，違反憲法第八條所定應由法院依法定程序處罰之意旨。大法官也在日後陸續公布的解釋中，對警察勤務條例、毒品危害防制條例、行政執行法、少年事件處理法等有過當或非必要之規定，宣告違憲，以保障人民之人身自由。

　　人民之自由權種類非常繁多，憲法僅就最重要、最容易受侵害，且為各國憲法多有規定之自由權，加以列舉保障；至於未列舉指明之其他自由權，如吃飯、睡覺、運動、休閒等自由，則又以憲法第二十二條規定：「凡人民之其他自由及權利，不妨害社會秩序公共利益者，均受憲法之保障」之方式，加以概括保障，以防掛一漏萬，保障不全之弊。此種概括保障之自由權，並不亞於下述之列舉保障自由權，也彰顯了自由社會中，只要在憲法第二十二條之框架範圍內，凡是法律所未禁止的，人民均有活動的自由。

# 第二項　人身自由

## 一、人身自由之意義

　　人身自由，又稱人身不可侵犯權，意指人民之身體有不受國家機關或他人非法侵犯之權。人身自由為人民最重要之自由，且為一切自由之基礎，若人身自由任由國家或他人逮捕、拘禁、審問、處罰，則其他自由如居住、遷徙，言論、講學，集會、結社等之自由，將無所附麗，無從獲得實現，由此，可見人身自由之重要性！

## 二、人身自由之保障

　　人身自由之保障，可溯源於英國一二一五年之大憲章及一六七九年之人身保護法 (Habeas Corpus Act)。我國憲法第八條亦依之詳細規定人身自由之憲法直接保障，所用文字之多，為憲法全部條文之冠，可見制憲者直接以憲法條文保障人身自由之苦心。茲就憲法第八條所建立之各項保障人身自由之

制度分析於次：

　　㈠人民身體之自由應予保障，非有犯罪嫌疑，不得逮捕拘禁

　　　此從憲法第八條第一項、第二項中可以看出，人民身體之自由當然獲得國家保障，只有在有犯罪嫌疑時，才得被逮捕、拘禁。

　　㈡須由司法機關或警察機關，依法定程序，才得逮捕拘禁及訊問

　　　憲法第八條第一項之規定，即在強調，即使有犯罪嫌疑時，也不能任由其他國家機關逮捕、拘禁，而只有司法機關或警察機關，依照法定程序，才可逮捕、拘禁，限制人民之人身自由。而所謂法定程序，乃法律所規定之程序，即依刑事訴訟法第八章第七十一至九十三條之一及第十章第一百零一至一百二十一條等之規定，依法傳喚、拘提、通緝、羈押被告及訊問。值得注意的是，民國一〇六年四月二十六日總統令公布的刑事訴訟法第九十三條，其中第五項規定法院「深夜始受理聲請者，應於翌日日間訊問。」第六項更明確規定：「前項但書所稱深夜，指午後十一時至翌日午前八時。」以避免被告或犯罪嫌疑人在夜間被疲勞訊問。不過，此一規定，卻引起各地法警連署抗議，認為晚間十一時送到法院的被告，一律在拘留室等到隔天上午八時，才可以由法官訊問，造成被告、法警集體在拘留室「空等」。司法實務者也在平面媒體上投書「憑空消失的 9 小時」，認為此一規定是因噎廢食之規定，對被告的自主權、即時面見法官的權利、法官可在訊問後，立時釋放無罪者之權利等均有妨害❻❺。

　　　而所謂司法機關，依大法官釋字第三九二號解釋，非僅指憲法第七十七條之司法機關而言，而係包括檢察機關在內之廣義司法機關。不過，該號解釋又表示修正前之刑事訴訟法分別賦予檢察官羈押被告之權以及檢察官撤銷羈押、停止羈押、再執行羈押、繼續羈押及其他有關羈押被告各項處分之權，則與憲法第八條第二項規定之意旨均有不符。是以，現在檢察官並無羈押被告之權，而是只有法院才有決定羈押被告之權。

---

❻❺　參閱，林瓊嘉，〈憑空消失的 9 小時〉，《蘋果日報》論壇，民國一〇六年五月一日，http://www.appledaily.com.tw/appledaily/article/forum/20170501/37635606/

## (三)須由法院，依法定程序，才得審問

審問乃是對人民訊問，命其陳述，以明瞭犯罪是否成立。此處所謂之法定程序乃指刑事訴訟法第九章第九十四至一百條等規定被告之訊問程序。而審問機關則為各級法院之法官。

## (四)須由法院，依法定程序，才得處罰

人民只能由法院，依法定程序，才能加以處罰。因此，社會秩序維護法第三十六條即規定，地方法院或其分院為處理違反社會秩序案件，得視警察轄區及實際需要，分設簡易庭及普通庭，來處理處罰人民之案件。

而所謂法院，依大法官釋字第三九二號解釋，係指有審判權之法官所構成之獨任或合議之法院而言。而所謂法定程序，大法官釋字第三八四號解釋，係指凡限制人民身體自由之處置，不問其是否屬於刑事被告之身分，國家機關所依據之程序，須以法律規定，其內容更須實質正當，並符合憲法第二十三條所定相關之條件才可！

另所謂依法定程序，才能處罰人民，係指只能依罪刑法定主義及證據裁判主義之原則，才能處罰人民。所謂罪刑法定主義，是指人民之何種行為構成如何之犯罪，應如何處罰，須先有法律為之規定，才得依法科處，不容法院之法官擅為決定。刑法第一條規定：「行為之處罰，以行為時之法律有明文規定者為限。拘束人身自由之保安處分，亦同。」就是這個意思。換言之，行為時如無法律規定為犯罪，人民即不受處罰，縱令行為後，由於社會生活需要將該行為改定為犯罪行為，亦不得追溯處罰。同樣的，行為時如無法律規定可為拘束人身自由之保安處分，即不受保安處分之處罰。

另證據裁判主義是指依證據認定犯罪事實，才能以裁判來處罰人民。我國刑事訴訟法第一百五十四條第二項規定：「犯罪事實應依證據認定之，無證據不得認定犯罪事實。」而依同法第二百九十九條第一項之規定，被告犯罪已經證明者，始可為科刑之判決。這些都是要求法院須依嚴格之程序，才得處罰、拘束人民之身體自由。

由於對人民身體自由之限制與處罰，影響人民甚為鉅大。因此，歷年來，大法官亦作出重要解釋以保障人民之身體自由。例如：

1.大法官釋字第五三五號解釋謂，警察臨檢實施之手段❻，無論其名稱為檢查、路檢、取締或盤查，均影響人民行動自由、財產權及隱私權等甚鉅，應恪遵法治國家警察執勤之原則。

因此，警察勤務條例有關臨檢之規定，並無授權警察人員得不顧時間、地點及對象任意臨檢、取締或隨機檢查、盤查之立法本意。除法律另有規定外，警察人員執行場所之臨檢勤務，應限於已發生危害或依客觀、合理判斷易生危害之處所、交通工具或公共場所為之❻，其中處所為私人居住之空間者，並應受住宅相同之保障；對人實施之臨檢則須以有相當理由足認其行為已構成或即將發生危害者為限，且均應遵守比例原則，不得逾越必要程度。臨檢進行前應對在場者告以實施之事由，並出示證件表明其為執行人員之身分。臨檢應於現場實施，非經受臨檢人同意或無從確定其身分或現場為之對該受臨檢人將有不利影響或妨礙交通、安寧者，不得要求其同行至警察局、所進行盤查。其因發現違法事實，應依法定程序處理者外，身分一經查明，即應任其離去，不得稽延。

2.釋字第五五一號解釋謂，人民身體之自由與生存權應予保障，為憲法第八條、第十五條所明定，國家為實現刑罰權，將特定事項以特別刑法規定特別之罪刑，其內容須符合目的正當性、手段必要性❻、限制妥當性，方符合憲法第二十三條之規定，業經本院釋字第四七六號解釋闡釋在案。中華民國八十七年五月二十日修正公布之毒品危害防制條例，其立法目的係為肅清煙毒、防制毒品危害，維護國民身心健康，藉以維持社會秩序及公共利益，乃以特別法加以規範。有關栽贓誣陷或捏造證據誣告他人犯該條例之罪者，

---

❻ 林裕順，〈臨檢盤查，警民邂逅〉，《台灣法學雜誌》，第三二七期，民國一〇六年九月十四日，頁 14–18。

❻ 民國一〇六年三月中旬發生行政院客家委員會主任委員李永得在公共場所之臺北轉運站拒絕警察人員臨檢盤查，而為輿論所批判。請看，林騰鷂，〈李永得有夠扯〉，《中國時報》，時報廣場，民國一〇六年三月二十一日，A15 版。

❻ 有關手段必要性之論述可參閱，許炳華，〈對絕食抗議受刑人施以強制灌食之容許性探討〉，《國會月刊》，第四十四卷第十二期，民國一〇五年十二月，頁 27–48。

固亦得於刑法普通誣告罪之外，斟酌立法目的而為特別處罰之規定。然同條例第十六條規定：「栽贓誣陷或捏造證據誣告他人犯本條例之罪者，處以其所誣告之罪之刑」，未顧及行為人負擔刑事責任應以其行為本身之惡害程度予以非難評價之刑法原則，強調同害之原始報應刑思想，以所誣告罪名反坐，所採措置與欲達成目的及所需程度有失均衡；其責任與刑罰不相對應，罪行未臻相當，與憲法第二十三條所定比例原則未盡相符。有關機關應自本解釋公布之日起兩年內通盤檢討修正，以兼顧國家刑罰權之圓滿正確運作，並維護被誣告者之個人法益；逾期未為修正者，前開條例第十六條誣告反坐之規定失其效力。

　　3.大法官釋字第五六七號解釋謂，人民身體之自由應予保障，非由法院依法定程序，不得審問、處罰，憲法第八條設有明文。戒嚴時期在戒嚴地域內，最高司令官固得於必要範圍內以命令限制人民部分之自由，惟關於限制人身自由之處罰，仍應以法律規定，且其內容須實質正當，並經審判程序，始得為之。

　　4.大法官釋字第五八八號解釋認為，民眾拒不為公法上的金錢給付，如不繳稅款、罰鍰或健保費時，如有不報告自己財產狀況或作假報告，且又不提供擔保時，行政執行處依行政執行法第十七條規定，雖可聲請法院為拘提管收之裁定，但法院在受理管收聲請作出裁定前，必須經過當面審問的程序，不能只靠書面審理，且要讓到場涉案人有說明防禦機會並立即作出裁定，否則有違反比例原則，超過必要程度的違憲而侵犯人身自由❻❾。

　　5.大法官釋字第六三六號解釋指出，檢肅流氓條例第十三條第二項但書關於法院毋庸諭知感訓期間之規定，有導致受感訓處分人身體自由遭受過度剝奪之虞，要求相關機關檢討修正❼⓪。

　　6.大法官釋字第六六二號解釋，認為數罪併罰定應執行刑逾有期徒刑六個月，縱使准予易科罰金，並不當然導致鼓勵犯罪之結果，如一律不許易科

---

❻❾　論文請參閱，黃源浩，〈稅捐保全程序的憲法界限〉，《憲政時代》，第三十九卷，第三期，民國一〇三年一月，頁79–107。

❼⓪　此號解釋之評論請參閱，林超駿，〈人身自由保障新猷：釋字六三六號解釋與檢肅流氓條例〉，《台灣法學雜誌》，第一〇五期，民國九十七年四月，頁219–237。

罰金，實屬對人民身體自由之過度限制，而宣告刑法第四十一條第二項之規定與憲法第二十三條規定有違。

7.大法官釋字第六六四號解釋，認為「少年事件處理法」第二十六條第二款及第四十二條第一項第四款規定，就限制經常逃學或逃家虞犯少年人身自由部分，不符憲法第二十三條之比例原則，而宣告其為違憲並使其失效❼。

8.大法官釋字第六六九號解釋，重申大法官釋字第六四六號、第五五一號、第五四四號解釋意旨所指出的，刑罰對人身自由之限制與其所欲維護之法益，仍須合乎比例之關係，認為未經許可製造、販售、運輸具殺傷力之空氣槍為處罰要件，不論行為人犯罪情節之輕重，均以無期徒刑或五年以上有期徒刑之重度自由刑相繩，有違憲法第二十三條之比例原則。

9.大法官釋字第六七七號解釋，認為監獄行刑法第八十三條第一項關於受刑人執行期滿，除必須繼續執行強制身心治療或輔導教育處分外，應在刑期終了第二天中午前釋放之規定違憲，因國家對受刑人的刑罰權在執行期滿即消滅，若到第二天才放人，已侵害受刑人的身體自由，故大法官宣告此一規定自民國九十九年六月一日起失效。又戒治處分執行條例第二十七條、保安處分執行法第二十六條第一項的相似規定，雖未被宣告違憲，但法務部基於平等原則及考量收容人權益，也通令全國各監獄及其他矯正機關，自民國九十九年六月一日起依大法官釋字第六七七號解釋文規定，於刑期終了當日前釋放服刑期滿之受刑人與戒治處分或保安處分之被收容人❼。

10.對曾與傳染病人接觸或疑似被傳染者之受強制隔離處置者，是否妨害其人身自由？大法官釋字第六九○號解釋謂：「中華民國九十一年一月三十日修正公布之傳染病防治法第三十七條第一項規定：『曾與傳染病病人接觸或疑

---

❼ 相關評論請參閱，李建良，〈學之逃、家之逃、法之逃？釋字第六六四號解釋〉，《台灣法學雜誌》，第一四○期，民國九十八年十一月十五日，頁151–164；李茂生，〈釋字第六六四號解釋評釋——憲法的顢頇與天真〉，《台灣法學雜誌》，第一三七期，民國九十八年十月一日，頁31–40。

❼ 相關論文請參閱，王必芳，〈監所措施與程序保障——歐洲人權法院相關裁判研究〉，《月旦法學雜誌》，第二六九期，民國一○六年十月，頁117–146。

似被傳染者，得由該管主管機關予以留驗；必要時，得令遷入指定之處所檢查，或施行預防接種等必要之處置。』關於必要之處置應包含強制隔離在內之部分，對人身自由之限制，尚不違反法律明確性原則，亦未牴觸憲法第二十三條之比例原則，與憲法第八條依正當法律程序之意旨尚無違背。曾與傳染病病人接觸或疑似被傳染者，於受強制隔離處置時，人身自由即遭受剝奪，為使其受隔離之期間能合理而不過長，仍宜明確規範強制隔離應有合理之最長期限，及決定施行強制隔離處置相關之組織、程序等辦法以資依循，並建立受隔離者或其親屬不服得及時請求法院救濟，暨對前述受強制隔離者予以合理補償之機制，相關機關宜儘速通盤檢討傳染病防治法制❼❸。」

　　另外，值得注意的是，「刑事妥速審判法」對於人身自由之保障有更進一步的規範。依照刑事妥速審判法之規定，重大刑案在判決確立前，羈押期間累計不得逾五年，逾五年若未判決確定者視為撤銷羈押，法院應將被告釋放❼❹。又重罪犯（最重本刑為死刑、無期徒刑或十年以上有期徒刑者）審判期間延長羈押，第一、二審各以六次為限（最長可各羈押十五個月），第三審以一次為限❼❺。另刑事妥速審判法在民國一〇八年六月十九日修正時，刪除原第五條第五項：「犯最重本刑為有期徒刑十年以下之罪者，審判中之限制出境期間，累計不得逾八年。但因被告逃匿而通緝之期間，不予計入」，是對人民之遷徙自由有較大的保障，此一規定在民國一〇八年十二月十八日後施行。

### ㈤非依法定程序之逮捕、拘禁、審問、處罰，人民有拒絕權。但現行犯無拒絕逮捕權，任何人得逕行逮捕之

　　憲法第八條第一項後段規定，非依法定程序之逮捕、拘禁、審問、處罰，

---

❼❸　相關論文請參閱，陳靜慧，〈防疫強制隔離措施之正當法律程序與司法審查——以歐洲人權法院相關裁判為中心兼評釋字第六九〇號解釋〉，《憲政時代》，第三十九卷，第一期，民國一〇二年七月，頁 121–146。

❼❹　請參閱，薛智仁，〈羈押事由之憲法界限〉，《國立臺灣大學法學論叢》，第四十六卷，第四期，民國一〇六年十二月，頁 1879–1951。

❼❺　對此，輿論有不同的看法，指出：「有什麼道理讓輕罪羈押的期限放在刑事訴訟法中規定，重罪羈押移到具有特別法性質的速審法？」參閱，《聯合報》社論：〈妥速審判法不可成為塗銷重案的立可白〉，民國九十九年四月二十五日，A2 版。

人民得拒絕之❼。換言之，人民對非法機關，或對非法程序所為之逮捕、拘禁、審問、處罰，有拒絕權。但此有一例外，即對現行犯之逮捕，憲法第八條第一項則規定，依法律另定程序為之。法律所另定的程序乃刑事訴訟法所定的程序。該法第八十八條第一項規定：「現行犯，不問何人得逕行逮捕之。」而所謂現行犯，依刑事訴訟法第八十八條第二項規定：「犯罪在實施中或實施後即時發覺者，為現行犯。」同條第三項規定：「有左列情形之一者，以現行犯論：一、被追呼為犯罪人者。二、因持有兇器、贓物或其他物件，或於身體、衣服等處露有犯罪痕跡，顯可疑為犯罪人者。」總而言之，現行犯及準現行犯，因憲法授權刑事訴訟法另行規定之結果，不問何人均得逮捕之，而現行犯及準現行犯對該些逮捕，也無拒絕權。

又為了因應社會各種樣態的犯罪情勢，增訂了刑事訴訟法第八十八條之一，規定因現行犯之供述，有事實認為共犯嫌疑重大者，得被逕行拘提，同樣的，在執行或在押中之脫逃者；或犯罪嫌疑重大，經盤查而逃逸者；或所犯為死刑、無期徒刑或最輕本刑為五年以上有期徒刑之罪，嫌疑重大，且有事實足認為有逃亡之虞者，亦均得拘提。這些都是為了防治犯罪所必要者。

另外國人或大陸地區人民是否也受憲法第八條第一項規定之保障，引發不少爭議。司法院大法官乃分別作出釋字第七〇八號與釋字第七一〇號解釋。第七〇八號解釋在理由書中明白表示：「人身自由係基本人權，為人類一切自由、權利之根本，任何人不分國籍均應受保障，此為現代法治國家共同之準則。故我國憲法第八條關於人身自由之保障亦應及於外國人，使與本國人同受保障。」而七一〇號解釋也表示，對大陸地區人民之人身自由應加以保障，認為「臺灣地區與大陸地區人民關係條例第十八條第二項規定：『前項大陸地區人民，於強制出境前，得暫予收容』之意旨，並未明定暫予收容之理由，

---

❼ 相關論文請參閱，林明昕，〈論剝奪人身自由之正當法律程序：以「法官介入審查」機制為中心〉，《國立臺灣大學法學論叢》，第四十六卷第一期，民國一〇六年三月，頁 1–86；黃朝義，〈從憲法正當法律程序檢視偵查中羈押審查程序——簡評釋字第七三七號解釋〉，《月旦法學雜誌》，第二五八期，民國一〇五年十月，頁 155–162。

未予受暫時收容人即時之司法救濟；而於逾越前開暫時收容期間之收容部份，未由法院審查決定，均有違憲法正當法律程序原則，不符憲法第八條保障人身自由之意旨。又同條例關於暫予收容未設期間限制，有導致受收容人身體自由遭受過度剝奪之虞，有違憲法第二十三條比例原則，亦不符憲法第八條保障人身自由之意旨。」依此憲法意旨，行政訴訟法於民國一○三年六月十八日公布修正時，增訂了第二編第四章之收容聲請事件程序，以保障外國人、大陸地區人民、香港、澳門居民之人身自由有及時獲得司法救濟之權利。

### ㈥建立提審制度，保障人身自由

提審制度起源於英國大憲章，其後依一六七九年之人身保護法規定，為保障人身自由之重要制度。我國憲法第八條亦採納此提審制度，而為具體保障人身自由。民國一○三年一月八日總統令修正公布提審法共十二條條文。其中，第一條第一項、第二項分別規定，當人民被法院以外之任何機關逮捕、拘禁等剝奪人身自由時，其本人或他人得免費向逮捕、拘禁地之地方法院聲請提審。此一修正規定，比憲法第八條第二項所規定之「人民因犯罪嫌疑被逮捕、拘禁時」之規定，更合乎憲法保障人身自由之意旨，又提審法第三條更明定人民可以書狀或以言詞聲請提審，使不識字的人之人身自由，獲得更加周全之保障。值得特別注意的是，民國一○四年五月六日公布修正之陸海空軍懲罰法第三十二條第二項規定，對於軍人之人身自由提供了更明確詳細的保障。該項規定：「前項悔過處分於執行期間，被懲罰人或他人認被懲罰人之人身自由受拘束者，得以言詞或書面敘明理由向法院或執行單位提出異議。法院接到異議應即通知執行單位；執行單位受理異議或法院通知後，應迅即送原處分核定之權責長官完成審查，經審查認異議有理由或已無悔過處分之必要者，應撤銷或廢止原悔過處分，另為適法之處分；認異議無理由者，應即將被懲罰人連同卷宗移送悔過執行單位所在地之法院，由法院準用提審法之規定處理之。」又同條第三項至第五項也進一步規定：「悔過處分核定之機關（構）、部隊或學校，應於悔過被懲罰人送訓前，另將該處分原因、送訓時間、地點及得依前項提出異議之意旨，以書面告知被懲罰人及其指定之親友；被懲罰人或其指定之親友亦得請求告知。第二項執行單位受理異議或法院通

知時起，至撤銷或廢止原悔過處分、或移送法院時止，不得超過二十四小時。各權責長官不得對提起第一項、第二項救濟程序之人及被懲罰人，予以歧視或不公平待遇；且於表示不服之範圍內，不得為更不利益之變更或處分。」

兹將憲法第八條及提審法所規定提審制度之內容，再明列分述於下：

### 1.書面被告知權及限時移送法院審理

人民因犯罪嫌疑被逮捕拘禁時，其逮捕拘禁機關應將逮捕拘禁原因，以書面告知本人及其本人指定之親友，並至遲於二十四小時內移送該管法院審理。因此，逮捕拘禁時，若僅以口頭告知逮捕拘禁原因，尚有未足。又所謂至遲於二十四小時內移送時限，依大法官釋字第一三〇號解釋，並「不包括交通障礙及其他不可抗力之遲滯，以及在途解送等時間在內。惟其間不得有不必要之遲滯，亦不適用訴訟法上關於扣除在途期間之規定。」

### 2.聲請提審權

人民被逮捕拘禁時，其本人或他人亦得聲請該管法院，於二十四小時內向逮捕之機關提審。而此所謂之他人，並解為不限於親友，即任一第三人均可為聲請，如此才能確保人民之人身自由。另聲請提審及依提審法第十條所為之抗告，為保護經濟弱勢人民，民國一〇三年一月八日公布修正之提審法第一條第二項乃規定免徵費用。又本人或其親友不通曉國語者，提審法第二條第三項乃規定，提審法第二條第一項之書面應附記其所理解之語文；有不能附記之情形者，應另以其所理解之語文告知之。

### 3.不得拒絕或遲延提審

憲法第八條第三項明文規定，法院對於人民之提審聲請，不得拒絕，並不得先令逮捕拘禁之機關查覆。此因機關書面往還查覆，耗時甚多，而人身自由，分秒均甚可貴，故不准機關藉查覆為拖延。提審法第五條對於受理提審聲請之法院，規定其不得以無管轄權而裁定駁回之，又規定其於提審聲請繫屬後，二十四小時內，應向逮捕、拘禁之機關發提審票，並即通知該機關之直接上級機關。但有下列情形之一者，得以裁定駁回之，即：(1)經法院逮捕、拘禁。(2)依其他法律規定得聲請即時由法院審查。(3)被逮捕、拘禁人已回復自由。(4)被逮捕、拘禁人已死亡。(5)經法院裁判而剝奪人身自由。(6)無

逮捕、拘禁之事實。另逮捕拘禁之機關對於法院之提審,不得拒絕或遲延。所謂逮捕拘禁機關對於法院之提審,不得遲延,提審法第七條訂有明文規定,即執行逮捕拘禁之機關接到法院提審票後,應於二十四小時內將被逮捕拘禁人解交,如在接到提審票前已將被逮捕拘禁人移送他機關,除即聲復外,應即將該提審票轉送受移送之機關,由該機關於二十四小時內逕行解交,如法院自行移提,則應立即交出。

## ㈦依法追究非法逮捕拘禁者

憲法第八條第四項規定,人民遭受任何機關非法逮捕拘禁時,其本人或他人得向法院聲請追究,法院不得拒絕,並應於二十四小時內向逮捕拘禁之機關依法追究處理。所謂依法追究處理,乃依提審法第九條之規定以及依刑法第一百二十五條之規定加以處理。

## ㈧依法請求賠償或補償

人民亦可依國家賠償法第二條、第十三條及刑事補償法第一、二條之規定,聲請國家賠償或國家補償。大法官釋字第六七○號解釋宣示:「受無罪判決確定之受害人,因有故意或重大過失行為致依刑事訴訟法第一百零一條第一項或軍事審判法第一百零二條第一項受羈押者,依冤獄賠償法第二條第三款規定,不得請求賠償,並未斟酌受害人致受羈押之行為,係涉嫌實現犯罪構成要件或係妨礙、誤導偵查審判,亦無論受害人致受羈押行為可歸責程度之輕重及因羈押所受損失之大小,皆一律排除全部之補償請求,並非避免補償失當或浮濫等情事所必要,不符冤獄賠償法對個別人民身體之自由,因實現國家刑罰權之公共利益,受有超越一般應容忍程度之特別犧牲時,給予所規範之補償[77],以符合憲法保障人民身體自由及平等權之立法意旨,而與憲法第二十三條之比例原則有違,應自本解釋公布之日起至遲於屆滿二年時失其效力。」

依據大法官此號解釋之意旨,立法院於民國一百年六月十三日通過將冤

---

[77]　相關評論請參閱,鍾秉正,〈國家責任的「轉變」:從賠償到補償——簡評釋字六七○號解釋〉,《台灣法學雜誌》,第一五二期,民國九十九年五月十五日,頁207-209。

獄賠償法名稱修正為刑事補償法，如有該法第一條、第二條所規定之情形者，均可請求國家補償。

值得注意的是，在我國有法律效力之「公民與政治權利國際公約」第九條更明白列出五項人身自由、逮捕、提審程序及賠償之規定，即：

「一、人人有權享有人身自由和安全。任何人不得加以任意逮捕或拘禁。除非依照法律所確定的根據和程序，任何人不得被剝奪自由。

二、任何被逮捕的人，在被逮捕時應被告知逮捕他的理由，並應被迅速告知對他提出的任何指控。

三、任何因刑事指控被逮捕或拘禁的人，應被迅速帶見審判官或其他經法律授權行使司法權力的官員，並有權在合理的時間內受審判或被釋放。等候審判的人受監禁不應作為一般規則，但可規定釋放時應保證在司法程序的任何其他階段出席審判，並在必要時報到聽候執行判決。

四、任何因逮捕或拘禁被剝奪自由的人，有資格向法庭提起訴訟，以便法庭能不拖延地決定拘禁他是否合法以及如果拘禁不合法時命令予以釋放。

五、任何遭受非法逮捕或拘禁的受害者，有得到賠償的權利。」

## 三、人身自由之衍生保障

人身自由權為基礎人權。如無人身自由，則行動自由、集會結社自由、工作自由或財產自由均無法受到保障。又隨著時代之演進、科技之發展，單單身體安全之保障，仍然無法阻絕國家或私人對人身自由、人身自主完整權的侵害。因此，國家之刑求、苛刑、桎梏、打針、抽血，使他人為奴隸，為營利而為人體與器官複製或甚至為非法之人之複製、基因改造等均為文明國家所不許可。特別是歐洲聯盟基本權利憲章第三條規定了人身完整權 (Right to the integrity of the Person)；第四條規定了禁止酷刑與不人道或羞辱之待遇、懲罰 (Prohibition of torture and inhuman or degrading treatment or Punishment)；第五條規定了禁止奴隸與強制勞動 (Prohibition of slavery and forced labour)，這些都使人身自由之保障更加衍生、深入與擴大。

在我國有法律效力之「公民與政治權利國際公約」第七條也有類似的規

定：「任何人均不得加以酷刑或施以殘忍的、不人道的或侮辱性的待遇或刑罰。特別是對任何人均不得未經其自由同意而施以醫藥或科學試驗。」由此可知，我國憲法雖未明文規定人身自由之衍生保障，但因賦予國際公約法律效力，故人身自由之衍生保障亦屬我國憲政重要事項。

上述「公民與政治權利國際公約」第十條第一項又對被剝奪人身自由者明文規定其應有之待遇，即：「所有被剝奪自由的人，應給予人道及尊重其固有的人格尊嚴的待遇。」此外，同條第二項更區分被控告人與被判罪人、被控告的少年與成年人的待遇，即：「除特殊情況外，被控告的人應與被判罪的人隔離開，並應給予適合於未判罪身分的分別待遇；被控告的少年應與成年人分隔開，並應盡速予以判決。」這些人身自由衍生保障的規定，我國尚有很多努力的空間。大法官釋字第六五三號、第六五四號解釋理由書也朝此方向努力，表示：「受羈押之被告，其人身自由及因人身自由受限制而影響之其他憲法所保障之權利，固然因而依法受有限制，惟於此範圍之外，基於無罪推定原則，受羈押被告之憲法權利之保障與一般人民所得享有者，原則上並無不同。」

# 第三項　不受軍事審判之自由

## 一、不受軍事審判之自由之意義

憲法第九條規定，人民除現役軍人外，不受軍事審判。意指人民犯罪，除現役軍人外，應由普通法院依法追訴處罰，而不受軍法機關審判之自由。此一條文規定，乃在落實第八條所規定之非由法院依法定程序不得審問處罰，藉以保障人民之人身自由。蓋因軍事機關擁有武力，最易侵犯人身自由。

人民不受軍事審判，其人身自由所受之保護，自較周全。又由憲法第九條之規定來看，可發現其具有兩種意涵，即一方面容許軍事審判之存在，另一方面又限制其適用對象，即以現役軍人為限。因現役軍人有服從軍紀，保家衛國之義務，且擁有可觀之武器或武裝力量。如無軍法、軍紀及軍事審判

制度，恐無法維護人民、軍隊及國家之安全。不過，民國一〇二年七月三日發生現役軍人洪仲丘在軍中遭欺凌虐待而死❼❽，導致兩次白衫軍的遊行活動，要求確保軍中人權。立法院乃於民國一〇二年八月六日的臨時會中，火速通過軍事審判法的修正案。其中，軍事審判法第一條第二項規定，現役軍人非戰時犯該項第一、二款所定之罪者，依刑事訴訟法追訴、處罰。至此宣告承平時期，現役軍人的犯罪，也不受軍事審判❼❾。

## 二、不受軍事審判自由之保障及限制

人民如非現役軍人，在涉嫌犯罪時，應由普通法院審判。為落實憲法此一保障意旨，軍事審判法規定，軍事檢察官如接由人民涉嫌犯罪案件時，應依軍事審判法第一百三十九條第一項第七款之規定，以對人民無審判權為由，對該人民為不起訴之處分，並依同條第二項之規定，應將該案件移送有審判權之普通法院依法審判之。如軍事檢察官誤將應由普通法院審判之人民提起公訴者，軍事法庭應依軍事審判法第一百六十九條第六款之規定，諭知不受理之判決。

人民犯罪不受軍事審判之保障，只適用於平時。但如國家發生戰亂，宣布全國或某一地區戒嚴時，則人民所犯之罪對軍事或治安有重大影響者，就有使其受軍事審判之必要。例如，美國憲法第一條第九項第二款規定：「人身保護令狀之特權不得停止之，但遇內亂或外患，在公共治安上必須停止時，不在此限。」就是這個意思。而各國於戰時對人民犯罪也規定適用軍事審判程序，這是維護國家安全、生存所必要的。我國軍事審判法第一條第二項原也明文規定：「非現役軍人不受軍事審判，但戒嚴法有特別規定者，從其規定。」但民國一〇二年八月十三日公布修正之軍事審判法第一條第三項則規定：「非現役軍人不受軍事審判。」是以，即使在戒嚴時期，非現役軍人，亦

---

❼❽ 相關論文請參閱，林文村、劉芝毓，〈從自由權保障之觀點論國軍悔過懲罰制度〉，《軍法專刊》，第六十二卷第五期，民國一〇五年十月，頁 73-98。

❼❾ 前大法官董翔飛更主張：「穿著軍服的人民，不應受軍審」，詳參閱，《中國時報》時論廣場，民國一〇二年八月六日，A14 版。

不受軍事審判。

　　又大法官釋字第四三六號解釋，謂軍事審判機關對於軍人之犯罪並無專屬審判權，平時終審軍事審判機關宣告有期徒刑以上案件，應許被告向普通法院請求救濟。為了符合此項解釋意旨，立法院於民國八十八年修正軍事審判法，刪除「國防部為最高軍事審判機關」之規定。另外，亦修正規定軍事法院獨立於部隊軍令系統之外，軍事審判不受軍事指揮官之影響，以保障受審軍人之權益。再者，軍事審判改採三級三審制，最終審回歸普通司法體系。受審軍人依軍事審判法第一百八十一條規定，如不服最高軍事法院宣告有期徒刑以上，或高等軍事法院宣告死刑、無期徒刑之上訴判決者，得向司法院之最高法院提起上訴。

# 三、現役軍人非戰時犯法律所定犯罪，亦有不受軍事審判之自由

　　如上所述，洪仲丘遭虐死，導致白衫軍遊行而為軍事審判法之修正，宣告了非戰時軍事審判制度之終止。依軍事審判法第一條第一項規定，現役軍人只有在戰時犯陸海空軍刑法或其特別法之罪，才得依軍事審判法追訴、處罰。至於現役軍人在非戰時犯陸海空軍刑法第四十四條至第四十六條、第七十六條第一項之罪以及軍事審判法第一條第二項第二款之罪者，依軍事審判法第一條第二項之規定，則依刑事訴訟法追訴、處罰。換言之，現役軍人在非戰時犯凌虐部屬罪、不應懲罰部屬而懲罰罪、阻撓部屬陳情罪或此類以外陸海空軍刑法或其特別法之罪，亦有不受軍事審判之自由。

　　軍事審判法修正後，現役軍人在非戰時犯罪改由一般司法機關依刑事訴訟法追訴、審理之時段與處理程序，法律不能沒有明確的規範。因此，修正之軍事審判法第二百三十七條乃明文規定：「本法中華民國一百零二年八月六日修正之條文施行前，已依本法開始偵查、審判或執行之第一條第二項案件，依下列規定處理之：一、偵查、審判程序尚未終結者，偵查中案件移送該管檢察官偵查，審判中案件移送該管法院審判。但本法修正施行前已依法定程

序進行之訴訟程序，其效力不受影響。二、裁判確定之案件，不得向該管法院上訴或抗告。但有再審或非常上訴之事由者，得依刑事訴訟法聲請再審或非常上訴。三、刑事裁判尚未執行或在執行中者，移送該管檢察官指揮執行。本法中華民國一百零二年八月六日修正之條文，除第一條第二項第二款自公布後五個月施行外，自公布日施行。」

另外，軍事審判法第三十四條原規定：「犯罪事實之一部，應依本法審判時，全部依本法審判之」，將導致軍事審判法之擴充適用。因此，為了限縮軍事審判法之適用，民國一○二年八月十三日公布修正之軍事審判法第三十四條乃規定：「犯罪事實之一部應依刑事訴訟法追訴、審判時，全部依刑事訴訟法追訴、審判之。」

又值得注意的是，為了保障人民受軍事審判時之辯護權益，立法院於民國一○三年五月二十日三讀通過修正之軍事審判法第六十九條第一項，規定：「被告得隨時選任辯護人。犯罪嫌疑人受軍法警察官或軍法警察調查者，亦同。」

## 第四項　居住自由

我國憲法第十條規定：「人民有居住及遷徙自由。」意在保障人民有居住在某地之居住自由及有任意遷徙至任何地之遷徙自由。此兩種自由可算是人身自由之延長，意即人民之身體有不移動而住居於特定地之自由，以及人民之身體有自由移動至任何處所之自由。這兩種自由，憲法宣示要保障之原因，乃因居住處所為人民自由生活之中心地域所在，若受非法侵犯，人民必無安寧，人身自由也無安全可言。又人民如無任意移居至其他處所之自由，則無異如古代之農奴及受軟禁之人一樣，毫無人身自由可言。茲就此兩類自由分述於次。

## 一、居住自由之意義

居住自由，乃人民之住居處所，有不受國家機關或其他私人非法侵入、

搜索及封鎖之自由。而所謂之住居處所，除依民法第二十至二十四條有關住所、居所之規定為決定外，人民寄寓之旅館飯店房間，與依社會通識與生活習慣可供人居住之建築物，如機關、公司之警衛辦公室、學校宿舍、工廠倉庫，及可供實際居住之船艦等，均為此處所謂之住居處所❽。

## 二、居住自由之保障

居住自由之保障，古已有之。我國漢律即有「無故入人室宅廬舍，格殺勿論」。唐律雖稍緩和，但亦規定：「諸夜無故入人家內者，笞四十五，人登時殺死者無論。」❽ 現行刑法雖不再如此嚴苛的處罰無故侵入他人居住處所者，但在第三百零六條中仍對無故侵入及無故隱匿或滯留不退去他人居住處所者，規定可處以一年以下有期徒刑、拘役或三百元以下之罰金。

又國家非由法定人員依法定程序，亦不得侵犯、搜索人民之居住處所，否則為違法搜索，成立刑法第三百零七條之罪。所謂法定人員及法定程序係指法官、檢察官、檢察事務官、司法警察官或司法警察對於被告之住宅或其他處所，認為必要時，得搜索之。又刑事訴訟法第一百四十五條規定：「……除依法得不用搜索票之情形外，應以搜索票示第一百四十八條在場之人。」對於被告以外之第三人之住宅或其他處所，以有相當理由，可信為被告或應扣押之物存在時為限，亦得搜索之。搜索應保守秘密，並應注意受搜索人之名譽。如搜索婦女之身體，應命婦女行之，但不能由婦女行之者，不在此限。

搜索原則上應用搜索票，但在下列情形，得不用搜索票：

1.因逮捕被告、犯罪嫌疑人或執行拘提、羈押，有事實足認被告或犯罪嫌疑人確實在內者。

2.因追躡現行犯或逮捕脫逃人，有事實足認現行犯或逮捕脫逃人確實在

---

❽　學者謂居住概念相當廣泛，不僅包括日常生活家居之主屋與庭園，並及於露營用旅行車、車庫、旅館之房間、地下室等空間領域。參閱，法治斌、董保城，《中華民國憲法》，國立空中大學印行，民國九十一年十月修訂三版三刷，頁 162。

❽　參閱，薩孟武，《中國憲法新論》，三民書局，民國七十九年十一月九版，頁 93-94。

內者。

　　3.有明顯事實足信為有人在內犯罪而情形急迫者。

　　另依刑事訴訟法第一百四十六、一百四十七條規定，在夜間原則上不得進入有人居住或看守之住宅或其他處所搜索，但在下列情形則可於夜間入內搜索。即：

　　1.經住居人、看守人或可為其代表之人承諾或有急迫情形者。

　　2.日間已開始搜索而繼續至夜間者。所謂夜間，乃指日出前，日沒後之期間。

　　3.入下列處所搜索者，即：

　　⑴假釋人住居或使用者。

　　⑵旅店、飲食店或其他於夜間公眾可以出入之處所，仍在公開時間內者。

　　⑶常用為賭博、妨害性自主或妨害風化之行為者。

　　除了上述保障之外，人民之居住處所，亦有不受封閉禁限之自由，但國家公務員依法定程序加以封閉禁錮者，不在此限。所謂國家公務員依法定程序封閉禁錮者，乃指依強制執行法有關規定，禁限債務人之居住處所者。如依強制執行法第七十五條之規定，債務人如不履行債務，債權人於取得執行名義後，可聲請法院對債務人所有之不動產為強制執行，法院據此得以查封、拍賣、強制管理債務人之房屋。而依同法第七十六條，債務人之房屋經法院查封後，法院即可以封閉之方法，防止或限制任何人進入或使用債務人之房屋等居住處所。

　　行政執行法第二十八條、第三十六條及第四十條等分別規定，行政執行機關亦得以直接強制方法或採即時強制方法，進入、封閉、拆除住宅、建築物或其他處所。這些都是居住自由保障之法定例外情形。

## 三、居住自由之限制

　　人民固然有居住自由，但並非毫無限制，依各種法律之規定，即有下列情形之限制：

　　1.依戒嚴法第十一條第八款之規定，在戒嚴地域內，戒嚴最高司法官對

於建築物、船舶及認為可疑之住宅，得施行檢查。

　　2.戒嚴法第十一條第九款規定，寄居於戒嚴地域內，戒嚴最高司令官於必要時得令其退出。

　　3.為避免緊急危險及維持社會秩序，亦可限制人民自由，如行政執行法第四十條即規定，對於住宅、建築物或其他處所之進入，以人民之生命、身體、財產危害迫切，非進入不能救護者為限。

　　4.人民如濫用居住自由，將居住處所供人為違法之使用者，也會遭受處罰。如刑法第二百五十九條規定：「意圖營利以館舍供人吸食鴉片，或其化合質料者，處一年以上七年以下有期徒刑，得併科一千元以下之罰金。」同法第二百六十八條也規定：「意圖營利，供給賭博場所或聚眾賭博者，處三年以下有期徒刑，得併科三千元以下之罰金。」

## 四、居住自由之衍變

　　古典的居住自由權利在二十一世紀中，已從消極的不被侵犯權益，質變衍生為積極性的居住平等權與居住受益權[82]。我國之住宅法已明文顯現此一質變衍生趨勢。該法第四十五條明文規定：「居住為基本人權，任何人皆應享有公平之居住權利，不得有歧視待遇。」此一公平居住權利在住宅法於民國一百零一年十二月正式施行後，將有助於消除「老人租屋，飽受歧視」之現象[83]。

　　又居住自由權不僅質變衍生為居住平等權，依住宅法第五條規定，住宅法之中央主管機關，即內政部、直轄市政府、縣市政府等，為使全體國民居住於適宜之住宅，且享有尊嚴之居住環境需要，應衡酌未來環境發展、住宅市場供需狀況、住宅發展課題等，研擬住宅政策，報行政院核定並執行之。

---

[82]　相關論文請參閱，陳淑芳，〈地方居民權利義務之探討〉，《法令月刊》，第六十七卷，第七期，民國一〇五年七月，頁 25–53。

[83]　聯合報於民國一〇一年二月二十九日以頭版 A 之頭條報導了「老人租屋，飽受歧視」之現象。依財團法人崔媽媽基金會之統計，有九成房東不願租給老人、低收入戶、身心障礙者或單親家庭等弱勢無殼蝸牛族。

就此而言，居住自由權又衍變為居住受益權。因此，住宅法施行後，人民將享有住宅法第八條規定之種種住宅補貼，住宅法第三條、第十四條至第三十二條所規定之社會住宅居住權益，以及住宅法第三十三條至第三十八條所規定之居住品質保障規定❽。

可惜的是，住宅法施行後並未能落實人民的居住受益權。由於土地與房屋稅制不當❽，造成房屋價格飆漲，臺灣地區整體房價所得比高達八點三倍，遠較國際平均值的三至五倍高出許多，而臺北市房價所得比甚至達到十四點三倍，平均臺北市民不吃不喝工作十四點三年才買得起房子，以致中央銀行副總裁楊金龍及財政部長張盛和在民國一〇二年十二月四日的立法院財政委員會上表示，臺北市房價已經出現泡沫指標，而年輕人有百分之六十五買不起房子，嚴重損害人民的居住人權。

又為了改善居住環境，民國一〇六年五月十日總統令公布之「都市危險及老舊建築物加速重建條例」，以加速都市計畫範圍內危險及老舊瀕危建築物之重建，並藉以保障人民之居住安全及居住生活品質。

## 第五項　遷徙自由

### 一、遷徙自由之意義

遷徙自由，乃身體行動之自由，意指人民得在國內外任何地方遷徙及旅遊之自由。歐洲中古封建時代，農奴與自由民不同，無離開耕地之自由，直至十八世紀之農奴解放運動，才漸使農奴免再受貴族、地主之支配。今日世

---

❽ 論文請參閱，徐揮彥，〈論經濟、社會及文化權利國際公約適當住房權在我國之實踐：以司法院釋字第 709 號及其嗣後之裁判為中心〉，《國立臺灣大學法學論叢》，第四十六卷，第三期，民國一〇六年九月，頁 801–876。

❽ 請參閱，林騰鷂，〈房屋稅制不當，快改〉，《中國時報》時論廣場，民國一〇二年四月二十一日，A11 版；林騰鷂，〈房地產法制要撥亂反正〉，《蘋果日報》蘋論，民國一〇三年六月十一日，A18 版。

界，國內外交通頻仍，如無遷徙自由，人民無法與世界各地的人民接觸，無法獲得充足的資訊，促使人格之發展與成長。因此，遷徙自由日漸重要，成為世界各國及國際人權宣言紛紛宣示保障的自由。

## 二、遷徙自由之保障

各國對遷徙自由，均以憲法明文保障之，如德國聯邦憲法第十一條規定：「所有德國人民在聯邦領土內有遷徙的自由。」瑞士憲法第二十四條第一項也規定「凡瑞士公民，得有居住瑞士境內任何地段之權」。以及同條第二項規定「瑞士公民有權離去或回返瑞士之權」。我國也在憲法第十條明文規定：「人民有……遷徙自由。」

在國際公約方面，對遷徙自由之保障，亦多有規定，如一九四八年之世界人權宣言第十三條第一項規定：「人人在一國境內有自由遷徙之權。」同條第二項規定國際遷徙自由，即：「人人有權離去任何國家，連其本國在內，並有權歸返其本國」。此又可稱為人民之離國權與返國權。另一九七六年之公民及政治權利國際盟約第十二條亦規定：「一、在一國領土合法居留之人，在該國領土內有遷徙往來之自由。二、人人應有自由離去任何國家，連其本國在內。三、……。四、人人進入其本國之權，不得無理褫奪。」

## 三、遷徙自由之限制

世界各國在憲法中保障了遷徙自由，但也非毫無限制。為了保護國家安全、公共秩序、公共衛生或風化或他人權利與自由所必要之情形下，對人民之國內、國外遷徙自由，依其憲法或有關法律規定，加以限制。

我國相關法律對於人民之遷徙自由，也有下列之限制：

1.依破產法第六十九條規定，破產人非經法院之許可，不得離開其住居地，以防止破產人隱匿或毀損其財產，及便於法院之傳喚、詢問破產人。

2.對依法在假釋中須付保護管束之假釋出獄者，或刑事被告，依刑法第九十三條第二項，假釋管束規則第五、六條及刑事訴訟法第一百零八條第八項、一百零九、一百十六條，法院可以限制住居。

3.依戒嚴法第十一條第九款規定，戒嚴時期最高司法官得限制或禁止人民遷入戒嚴地區。

4.依傳染病防治法第三十七條、第五十八條規定，衛生主管機關得限制人民在傳染病流行區域遷徙及交通旅行。

5.依兵役法施行法第二十四條第二項規定，戰時或非常事變時，經選定編配為緊急動員之後備軍人，應由當地民防機構，分別指定其空襲避難處所，實施就地避難，非經召集執行機關之核准，不得疏散，同條第三項又規定，前項人員居住地遷徙者，應先報經國防部所屬權責單位核准。

6.依保安處分執行法第七十四條之二第五款之規定，受保護管束人在保護管束期間內，非經執行保護管束者許可，不得離開受保護管束地，離開在十日以上者，應經檢察官核准。

7.依國家安全法第五條第二項規定，人民入出國防部會同內政部指定之海岸、山地或重要軍事設施管制區者，應向該管機關申請許可。否則在經通知離去而不從者，會被處六月以下有期徒刑、拘役或科或併科新臺幣一萬五千元以下罰金。

8.依災害防救法第三十一條第一項第二款規定，災害應變中心指揮官得限制或禁止人民進入或命其離去災害警戒地區。

9.依稅捐稽徵法第二十四條第三項之規定，納稅義務人欠繳應納稅捐達一定金額者，得由司法機關或財政部函請內政部入出境管理局，限制其出境❽❻。

對於役男出境之限制，大法官釋字第四四三號解釋憲法第十條規定人民有居住及遷徙之自由，旨在保障人民有任意移居或旅行各地之權利。若欲對人民之自由權利加以限制，必須符合憲法第二十三條所定必要之程度，並以法律定之或經立法機關明確授權由行政機關以命令訂定。因此，民國八十九年兵役法施行法全面修正，其第四十八條乃對未服兵役、役齡男子之出境，提供了合法、合理之管理依據。兵役法施行法第四十八條第二項，也規定了

---

❽❻　論文請參閱，胡博硯，〈合乎憲法制度下的限制出境制度〉，《臺灣法學雜誌》，第三三四期，民國一〇六年十二月二十八日，頁 74–76。

役齡前出國就學之最高年齡限制，即大學以下學歷者至二十四歲，研究所碩士班至二十七歲，博士班至三十歲，若有特殊規定情形者，均得順延就學最高年齡一年，而博士班就讀最高年齡以三十三歲為限。這些規定對男大學生相當重要，值得查閱。

另外，人民之遷徙自由包括了臺灣地區與大陸地區人民之遷徙自由。大法官釋字第七一〇號解釋。表示「中華民國九十二年十月二十九日修正公布之臺灣地區與大陸地區人民關係條例第十八條第一項規定：『進入臺灣地區之大陸地區人民，有下列情形之一者，治安機關得逕行強制出境。……』，除因危害國家安全或社會秩序而須為急速處分之情形外，對於經許可合法入境之大陸地區人民，未與申辯之機會，即得逕行強制出境部分，有違憲法正當法律程序原則，不符憲法第十條保障遷徙自由之意旨。」

## 第六項　意見表現自由

憲法第十一條規定：「人民有言論、講學、著作、出版之自由」。學界稱此四種自由為意見自由、表現意見自由或意見表現自由。此乃因言論、講學是以口頭表現意見；著作，是以語文、音樂、戲劇、舞蹈、美術、攝影、圖形、視聽、錄音、建築、電腦程式等著作方式❽表現意見；而出版是以機械印版或化學方法印製文書、圖畫、發音片等方式❽❽來表現意見，故可統稱為意見表現自由。

意見表現自由，意指人民有將思想發表成為意見，而不受非法侵犯之自由。思想存於個人內心，如未表現於外，旁人無從得悉，且無從干涉，但能否及如何表現於外，即有可能被社會或國家干涉、限制和禁止。意見表現自由與人民身體自由不同，是屬於人民精神活動自由，但與人民身體自由同樣重要，因為透過思想意見之自由交換，人民可以增長見聞、經驗與知識，促成人類科學、技術與文明之發展，避免文化之遲滯不進及獨裁者之思想箝制

---

❽　請參閱著作權法第五條。

❽❽　請參閱舊出版法第一條。

或洗腦式的宣傳。因此，意見表現自由為各國所重視而明文規定於憲法之中。

近年來，由於科技發達，意見表現之方式甚多，立法院陸續制定電影法、廣播電視法、有線廣播電視法、衛星廣播電視法，以規範、保障人民利用此些媒體以表現意見之自由。又值得注意的是，由於社群網路時代之來臨，也引發了社群網路時代中的言論自由爭議，有待法律之積極規範❽。

# 一、言論自由

## ㈠言論自由之意義

言論自由乃指人民在人群或大庭廣眾前，自由表示意見，或不發言表示意見之自由權利。語言議論為人類的重要精神活動，也是人格發展的重要因素。因此，法國人權宣言第十一條即宣示：「思想與意見之自由交換是人類最寶貴的權利之一。」成為近代各國憲法保障言論自由之先河。又不發表言論表示某種意見或態度，也應在言論自由保障之範圍，因人民對事物之態度，迫於情勢，不欲表示，為維護個人隱私與尊嚴，自不應強迫其表示意見。故言論自由有兩種涵義，一為表示意見有自由，二為不表示意見亦有自由，均在言論自由保障之範圍。就此，大法官釋字第五七七號解釋即表示，意見自由除保障積極之表意自由外，尚保障消極之不表意自由。另大法官釋字第六○三號解釋也進一步指出，不表意之理由多端，其涉及道德、倫理、正義、良心、信仰等內心之信念與價值，攸關人民內在精神活動及自主決定權，乃個人主體性維護及人格自由完整發展所不可或缺，亦與維護人性尊嚴關係密切。不過，不表意之自由並非毫無限制。如因損害他人名譽而被法院判命公開道歉者，仍不得以憲法保障不表意自由之權利為推托。大法官釋字第六五六號解釋就此明白表示：「所謂回復名譽之適當處分，如屬以判決命加害人公開道歉，而未涉及加害人自我羞辱等損及人性尊嚴之情事者，即未違背憲法第二十三條比例原則，而不牴觸憲法對不表意自由之保障。」

---

❽　請參閱，蘇慧婕，〈淺論社群網路時代中的言論自由爭議：以臉書「按讚」為例〉，《台灣法學雜誌》，第二一四期，頁 28–35；劉靜怡，〈社群網路時代的隱私困境：以 Facebook 為討論對象〉，《臺大法學論叢》，第四十一卷，第一期，頁 1–70。

又大法官釋字第三六四號解釋對言論自由保障之範圍，更明白的宣示，以廣播及電視方式表達意見，屬於憲法第十一條所保障言論自由之範圍。為保障此項自由，國家應對電波頻率之使用為公平合理之分配，對於人民平等「接近使用傳播媒體」之權利，亦應在兼顧傳播媒體編輯自由原則下，予以尊重，並均應以法律定之。

### (二)言論自由之保障

言論自由之保障，可從幾個方面來談：

1.發表言論時，有不受他人或政府之非法干涉，這就是暢所欲言之自由，特別是在公眾集會上演講、討論之自由，不容他人非法干涉。他人如以強暴脅迫手段，妨害發言者，可成立刑法第三百零四條之以強暴、脅迫妨害人行使權利之強制罪。此罪之未遂犯，亦要受罰，可見言論自由不受強暴方式干涉之重要性。

2.發表之言論內容，不須他人之同意或政府之審查，只要不妨害公序良俗，煽動罪行，在法律範圍內之言論均受憲法之保障。

3.發表言論後，不因所發表之言論，受非法的制裁，或對其工作職業有不利之影響。

關於言論自由，最值得注意的是大法官釋字第五〇九號解釋，採納了美國最高法院在「紐約時報對蘇利文案件」(New York Times v. Sullivan, 365 U. S. 254, 1964) 中所樹立的「善意推定原則」，來保障言論自由❾⓿。該號解釋之要旨可歸納如次：

1.言論自由為人民之基本權利，國家應給予最大限度之維護。

2.言論自由之功能有四，即實現自我、溝通意見、追求真理及監督各種政治或社會活動之功能。

3.為兼顧對個人名譽、隱私及公共利益之保護，法律尚非不得對言論自由依其傳播方式為合理之限制。

4.刑法第三百十條第三項前段以對誹謗之事，能證明其為真實者不罰，係針對言論內容與事實相符者之保障，並藉以限定刑罰權之範圍，非謂指摘

---

❾⓿　陳新民，上揭書，頁 231、235–236。

或傳述誹謗事項之行為人，必須自行證明其言論內容，確屬真實，始能免於刑責。

5.行為人雖不能證明言論內容為真實，但依其所提證據資料，認為行為人有相當理由確信其為真實者，即不能以誹謗罪之刑責相繩。

6.檢察官或自訴人於訴訟程序中，依法應負行為人故意毀損他人名譽之舉證責任。

7.法院負有發現真實之義務。此種課加法院發現真實之義務，乃相對的減輕行為人之舉證負擔，而使行為人獲得言論自由之保障。

此一號解釋發布後，新聞記者揭發政府、企業部門弊端之案例，日益增多，但被課以刑事罪刑的極少，這是因為這一號解釋給予最大限度新聞自由與言論自由之保障。

一般人民享有上述寬廣之言論自由，那受刑人是否也有言論自由？就此，大法官釋字第七五六號解釋有相當多的評釋。該號解釋謂：「監獄行刑法施行細則第八十一條第三項規定：『受刑人撰寫之文稿，如題意正確且無礙監獄紀律及信譽者，得准許投寄報章雜誌。』違反憲法第二十三條之法律保留原則。另其中題意正確及監獄信譽部分，均尚難謂係重要公益，與憲法第十一條保障表現自由之意旨不符。其中無礙監獄紀律部分，未慮及是否有限制較小之其他手段可資運用，就此範圍內，亦與憲法第十一條保障表現自由之意旨不符。」

### (三)言論自由之限制

言論自由雖受憲法之保障，但並非可以濫用，換言之，言論如有損害公益或他人自由、權益者，應不在保護之列 ❾❶。關於言論自由之限制 ❾❷，約有

---

❾❶ 如贊助大量競選經費者，是否表示會擁有較多之發言權，影響選舉權之平等行使，而不應受鼓勵與保護。相關論文請參閱，康素香，〈金錢是言論嗎？——論美國競選經費管制之原罪〉，《憲政時代》，第四十卷，第三期，民國一〇四年一月，頁 361-393。

❾❷ 學者謂言論自由為爭議最多的人權之一，也是在界定其界限方面最困難的人權。詳陳新民，前揭書，頁 226-238；陳慈陽，前揭書，頁 499-500；相關文獻，另請參閱，廖福特，〈表達自由與健康及道德保護〉；〈毀謗、表達自由與歐洲人權

下列數端：

### 1.不得煽惑他人犯罪或違背法令

刑法第一百五十三條對以文字、圖畫、演說或他法公然煽惑他人犯罪，煽惑他人違背法令，或抗拒合法之命令者，規定處以二年以下有期徒刑、拘役或一千元以下罰金。又依陸海空軍刑法第十六條之規定，現役軍人或非現役軍人於戰時，意圖犯陸海空軍刑法第十四條條第一項之破壞國體、竊據國土或以非法之方法變更國憲、顛覆政府，而以強暴或脅迫著手實行之罪，而以文字、圖畫、演說或他法煽惑現役軍人暴動者，處七年以上有期徒刑。此些規定都是在對煽惑他人犯罪或違背法令、職守之言論加以處罰。因言論自由貴在保護人格形成發展之自由，但不可違反公益法令與社會秩序。

### 2.不得散布軍事謠言以淆惑聽聞

依陸海空軍刑法第七十二條之規定，意圖散布於眾，捏造關於軍事上之謠言者，處三年以下有期徒刑、拘役或新臺幣三十萬元以下罰金。

### 3.不得妨害軍事安全

戒嚴法第十一條第一款規定，戒嚴地域內，最高司令官如認為人民之言論與軍事有妨害者，得加以取締。

### 4.不得妨害他人名譽

刑法第三百零九條第一項規定：「公然侮辱人者，處拘役或三百元以下罰金。」此為刑法第二十七章，妨害名譽罪章之首條條文。又對於已死之人公然侮辱者，依刑法第三百十二條第一項之規定，亦同屬妨害名譽罪，可處拘役或三百元以下罰金；另外，意圖散布於眾，而指摘或傳述足以毀損他人名譽之事者，為誹謗罪，依刑法第三百十條第一項規定處一年以下有期徒刑、拘役或五百元以下罰金。對於已死之人，犯誹謗罪者❽❸，更處一年以下有期

---

公約〉；〈公眾服務、表達自由與歐洲人權公約〉；〈表達自由權與司法權威及公正性〉，均請參閱氏著，《歐洲人權法》，學林文化事業有限公司，民國九十二年五月一版，頁 87、137、185、229；林茂弘，〈政府效能、公平審判與保密義務：檢察官之言論自由與限制〉，《臺大法學論叢》，第四十六卷，第二期，民國一〇六年六月，頁 423–489。

❽❸　論文請參閱，劉靜怡，〈在他人喪禮上抗議的言論自由？〉，《台灣法學雜誌》，第

徒刑、拘役或一千元以下罰金。如散布文字、圖畫或以網路言論犯誹謗罪者，則加重處罰至二年以下有期徒刑、拘役或一千元以下罰金，但所誹謗之事，能證明其為真實者，不罰。不過，涉及私德且與公益無關之誹謗，仍然要受罰❾❹。

### 5.不得損害他人之信用

刑法第三百十三條規定，散布流言或以詐術損害他人之信用者，處二年以下有期徒刑、拘役或科或併科一千元以下罰金。

由上所述可知言論自由並非毫無限制，即使有言論免責權之民意代表，依大法官釋字第一六五號解釋，如就無關會議事項所為顯然違法之言論，仍難免責。地方制度法第五十條對議員之言論免責權，為與上述意旨相同之規範。因此，議員如就無關會議事項，侮辱罵人者，仍會受到刑事上之追訴，而無言論免責權。

### 6.不得擅自發布氣象之預報或警報

氣象法第二十四條第一項至第三項分別規定，機關、學校、團體或個人有下列情形之一者，中央氣象局應命其停止，並限期改善；其拒不停止或屆期不改善者，處新臺幣十萬元以上五十萬元以下罰鍰；並得按次處罰。情節重大者，並得廢止其許可：一、違反第十八條第一項規定，未經許可或逾越許可範圍擅自發布氣象或海象預報。二、未依第十八條第二項規定之方式發布氣象或海象預報。機關、學校、團體或個人違反第十八條第一項規定，擅自發布地震之預報或氣象、地震或海象警報者，中央氣象局應命其停止，並限期改善；其拒不停止或屆期不改善者，處新臺幣二十萬元以上一百萬元以下罰鍰；並得按次處罰。情節重大者，得廢止其許可。違反第十九條規定，對警報、地震、氣象或海象之預報報導錯誤或未依規定方式報導，經中央氣象局通知更正而不立即更正者，得處新臺幣十萬元以上五十萬元以下罰鍰；並得按次處罰。

---

二六一期，民國一〇三年十二月，頁 129–133。

❾❹　請參閱，李仁淼，〈表現自由與名譽毀損〉，《月旦法學雜誌》，第一一三期，民國九十三年十月，頁 236–251。

## 7.商業言論自由受較多限制

商業言論與一般言論頗有不同❾⑤。故大法官於釋字第四一四號解釋即明白表示，謂藥物廣告係為獲得財產而從事之經濟活動，涉及財產權之保障，並具商業上意見表達之性質，惟因與國民健康有重大關係，基於公共利益之維護，應受較嚴格之規範❾⑥。藥事法第六十六條第一項規定：藥商刊播藥物廣告時，應於刊播前將所有文字、圖畫或言詞，申請中央或直轄市衛生主管機關核准，並向傳播業者送驗核准文件。旨在確保藥物廣告之真實，維護國民健康，為增進公共利益所必要。

商業言論自由受到保障與限制的情形，大法官又分別作出釋字第六一七號、第六二三號及第七四四號解釋。

釋字第六一七號解釋表示：「為維持男女生活中之性道德感情與社會風化，立法機關如制定法律加以規範，則釋憲者就立法者關於社會多數共通價值所為之判斷，原則上應予尊重。惟為貫徹憲法第十一條保障人民言論及出版自由之本旨，除為維護社會多數共通之性價值秩序所必要而得以法律加以限制者外，仍應對少數性文化族群依其性道德感情與對社會風化之認知而形諸為性言論表現或性資訊流通者，予以保障。」

釋字第六二三號解釋則肯認「促使人為性交易之訊息，故為商業言論之一種。」並宣示：「商業言論所提供之訊息，內容為真實，無誤導性，以合法交易為目的而有助於消費大眾作出經濟上之合理抉擇者，應受憲法言論自由之保障。惟憲法之保障並非絕對，立法者於符合憲法第二十三條規定意旨之範圍內，得以法律明確規定對之予以適當之限制。」

釋字第七四四號解釋認為，就化粧品廣告所為之事前審查有違憲法上之比例原則而放寬了對商業言論自由之限制。該號解釋謂：「化粧品衛生管理條

---

❾⑤　有何不同，請參閱，李仁淼，〈商業廣告與表現自由㈠〉，《月旦法學教室》，第一七八期，民國一〇六年八月，頁 6–9；李仁淼，〈商業廣告與表現自由㈡〉，《月旦法學教室》，第一八〇期，民國一〇六年十月，頁 6–9。

❾⑥　相關論文請參閱，劉宗德，〈商業言論管制與違憲審查〉，《月旦法學雜誌》，第二六四期，民國一〇六年五月，頁 140–168。

例第二十四條第二項規定：『化粧品之廠商登載或宣播廣告時，應於事前……申請中央或直轄市衛生主管機關核准……。』同條例第三十條第一項規定：『違反第二十四條……第二項規定者，處新臺幣五萬元以下罰鍰……。』係就化粧品廣告所為之事前審查，限制化粧品廠商之言論自由，已逾越必要程度，不符憲法第二十三條之比例原則，與憲法第十一條保障人民言論自由之意旨有違。」 ❾❼

### 8.廣告言論不得虛偽不實或引人錯誤

公平交易法第二十一條第一項、第二項分別規定，事業不得在商品或其廣告上，或以其他使公眾得知之方法，對於商品之價格、數量、品質、內容、製造方法、製造日期、有效期限、使用方法、用途、原產地、製造者、製造地、加工者、加工地等足以影響交易決定之事項及其他具有招徠效果之相關事項，為虛偽不實或引人錯誤之表示或表徵。

廣告代理業在明知或可得知情況下，仍製作或設計有引人錯誤之廣告，應與廣告主負連帶損害賠償責任。廣告媒體業在明知或可得知其所傳播或刊載之廣告有引人錯誤之虞，仍予傳播或刊載，亦應與廣告主負連帶損害賠償責任。廣告薦證者明知或可得而知其所從事之薦證有引人錯誤之虞，而仍為薦證者，與廣告主負連帶損害賠償責任。但廣告薦證者非屬知名公眾人物、專業人士或機構，僅於受廣告主報酬十倍之範圍內，與廣告主負連帶損害賠償責任。」是以有人曾在有線電視頻道系統，廣告宣稱「MS 健康魅力胸罩」產品有促進乳葉發達、堅挺、豐滿效果，但經行政院公平交易委員會調查認定其為虛偽不實的廣告言論，而依公平交易法第四十二條規定，得限期令停止、改正其行為或採取必要更正措施，並得處新臺幣五萬元以上二千五百萬元以下罰鍰；而對上述裁罰措施之後，仍不停止、改正者，得按次處新臺幣

---

❾❼ 相關論文請參閱，吳信華，〈「商業性言論」因「事前審查」而不採「寬鬆標準」？——釋字第七四四號解釋評析〉，《月旦裁判時報》，第五十九期，民國一〇六年五月，頁 27–37；陳宗憶，〈言論自由違憲審查模式的變遷——釋字第七四四號解釋之微言大義〉，《月旦裁判時報》，第六十三期，民國一〇六年九月，頁 46–56。

十萬元以上五千萬元以下罰鍰，直至停止、改正其行為或採取必要更正措施
為止❾❽。

## 二、講學自由

### ㈠講學自由之意義

　　依學者薩孟武教授之看法，言論自由是泛指發表一般性意見的自由，講
學自由則指講授專門性學術的自由。講學自由又包括研究自由及講授自由兩
種自由❾❾。研究自由是講學自由之基礎，乃政府或他人對人民學問之研究，
應予尊重，不得迫害或非法干涉。講授自由乃將研究之所得，在講壇上傳授
與學生之自由，對於學術之發達，民主理念之弘揚，知識領域之開拓，至為
重要，故應特別保障。我國憲法所保障的講學自由，為林紀東教授所稱的研
究學問有抱持任何見解的自由，有發表其學問見解的自由❿。

### ㈡講學自由之保障

　　我國憲法除了在第十一條明文規定確認人民之講學自由之外，並對學術
研究及教育工作者之生活，予以保障，使之能在沒有生活憂慮的情形下進行
其教學、研究。憲法第一百六十五條規定：「國家應保障教育、科學、藝術工
作者之生活，並依國民經濟之進展，隨時提高其待遇。」第一百六十七條第
三款規定，國家對於學術或技術有發明者，應予以獎勵或補助。中華民國憲
法增修條文第十條第一項又規定了國家應獎勵科學技術發展之意旨。可見，
憲法對研究自由、講學自由重視、保障與獎勵之一斑。

　　又在大學內，不受公權力干涉，有研究及講授的自由乃是學問自由、講
學自由之重要內涵，各國無不重視並加以保障。大學法第一條第二項也明文

---

❾❽　參閱《中時晚報》，民國八十九年四月二十日，第七版。另關於虛偽不實廣告之
　　學理與實務，可參閱黃茂榮，《公平交易法理論與實務》，植根法學叢書，民國八
　　十二年十月初版，頁 413–460。

❾❾　薩孟武，《中國憲法新論》，頁 100。

❿　林紀東，《中華民國憲法逐條釋義（第一冊）》，三民書局，民國七十一年二月修
　　訂初版，頁 155。

規定：「大學應受學術自由之保障，並在法律規定範圍內，享有自治權」。給予我國大學自治之法律依據，落實了研究自由及講授自由之保障。

　　大法官對此也作出了釋字第三八〇號解釋，謂憲法第十一條關於講學自由之規定，係對學術自由之制度性保障；就大學教育而言，應包括研究自由、教學自由及學習自由等事項。大學法第一條第二項規定：「大學應受學術自由之保障，並在法律規定範圍內，享有自治權」，其自治權之範圍，應包含直接涉及研究與教學之學術重要事項。

　　此外，大法官又作出第四五〇號解釋謂：大學自治屬於憲法第十一條講學自由之保障範圍，舉凡教學、學習自由❶有關之重要事項，均屬大學自治之項目，又國家對大學之監督除應以法律明定外，其訂定亦應符合大學自治之原則。

　　大法官釋字第五六三號解釋更進一步明確地表示，「憲法第十一條之講學自由賦予大學教學、研究與學習之自由，並於直接關涉教學、研究之學術事項，享有自治權。國家對於大學之監督，依憲法第一百六十二條規定，應以法律為之，惟仍應符合大學自治之原則。是立法機關不得任意以法律強制大學設置特定之單位，致侵害大學之內部組織自主權；行政機關亦不得以命令干預大學教學之內容及課程之訂定，而妨礙教學、研究之自由，立法及行政措施之規範密度，於大學自治範圍內，均應受適度之限制。」❷

### ㈢講學自由之限制

　　講學自由固然受到憲法及各種法律之保障，但亦非毫無限制，例如：

　　1.講學自由和一般言論自由一樣，不能煽動人民叛亂或為其他非法妨害他人名譽、信用或散布猥褻文字、圖畫之行動。

　　2.講學自由不得破壞憲政自由民主的基本秩序，德國基本法第五條第三

---

❶　相關論文請參閱，王宣雄，〈教學自由與學習自由的界限──以成績評量為中心㈠〉，《法務通訊》，第二七八七期，民國一〇五年二月十九日，頁3-4。同著者、論文㈡，《法務通訊》，第二七八八期，民國一〇五年二月二十六日，頁3-5。

❷　生活實務請看，李仁淼，〈教師專業自主之法律性質及內容〉，《月旦法學教室》，第一七一期，民國一〇六年一月，頁6-8。

項規定，講學自由不得免除對憲法的忠誠，意指講學自由不得違背破壞自由民主的憲政基本秩序。我國憲法雖未如此明文規定，但解釋上應相同。

3.講學自由在戒嚴地域內，應受到限制。我國戒嚴法第十一條第一款規定，在戒嚴地域內，最高司令官得取締與軍事有妨害之講學，蓋此為多數人民安全計，不得不然。

4.講學自由或學術自由不可干犯人性尊嚴，特別是對人種、基因、胚胎、遺傳之非人道、非人性尊嚴之改造研究與實驗，應受到法律之禁止或限制。如我國科學技術基本法第八條即規定：「科學技術研究機構，於推動或進行科學技術研究時，應善盡對環境生態、生命尊嚴及人生倫理之維護義務。」

# 三、著作自由

## ㈠著作自由之意義

著作自由乃人民將屬於文學、科學、藝術或其他學術範圍之創作，以語文、音樂、戲劇、舞蹈、美術、攝影、圖形、視聽、錄音、建築、電腦程式等方式來表示思想與意見之自由，而不受非法干涉之意思[103]。

著作自由是人民將內部思想與意見，以文字、圖畫，或其他方式表現於外之自由，以保障個人人格及國家文化之發展。

## ㈡著作自由之保障與限制

我國憲法除了在第十一條明文規定人民有著作之自由外，並制定著作權法以保障人民之著作人格權[104]與各種著作財產權[105]。

---

[103]　請參閱著作權法第三條第一款，第五條第一項。

[104]　著作人格權為依著作權法第十五條之著作人有公開發表著作之權；依第十六條之著作人有於著作之原件或其重製物上或於著作公開發表時，有表示其本名、別名或不具名之權利；依第十六條之共同著作之著作人格權。

[105]　著作財產權依著作權法第二十二至二十九條之一之規定，共有著作人之自行重製權，公開口述權，公開播送權，公開上映權，公開演出權，公開傳輸權，公開展示權，改作或編輯著作權及出租著作權等多種。依同法第三十條第一項規定，著作財產權，除另有規定外，存續於著作人之生存期間及其死亡後五十年，如有共同著作人，則依同法第三十一條規定，共同著作之著作財產權，存續至最後死亡

　　著作自由固受憲法及相關法律之保障，著作權法也有一些條文禁止人民侵害他人之著作，如：

　　1.著作權法第九十一條第一項規定，擅自以重製之方法侵害他人之著作財產權者，處三年以下有期徒刑、拘役或科或併科新臺幣七十五萬元以下罰金。

　　2.著作權法第九十一條第二項規定，意圖銷售或出租而擅自以重製方法侵害他人之著作財產權者，處六月以上五年以下有期徒刑，得併科新臺幣二十萬元以上二百萬元以下罰金。

　　3.著作權法第九十二條規定，擅自以公開口述、公開播送、公開上映、公開演出、公開傳輸、公開展示、改作、編輯、出租之方法侵害他人之著作財產權者，處三年以下有期徒刑、拘役或科或併科新臺幣七十五萬元以下罰金。

　　4.著作權法第九十三條規定，違反第十五條至第十七條規定之著作人格權及第七十條規定或以第八十七條各款之方法侵害他人之著作財產權者，處二年以下有期徒刑，得併科五十萬元以下罰金。

　　此外，刑法第一百五十三條、第二百三十五條對濫用著作自由，公然煽惑他人犯罪，違背法令、抗拒合法命令或散布播送猥褻文字、圖畫、聲音、影像及其附著物或其他物品者，均科以刑罰。故在網路上濫用著作自由者，亦會受到處罰。

# 四、出版自由

## ㈠出版自由之意義

　　出版自由乃人民對於政治、軍事、社會、經濟、文化、教育等公共事務，或個人思想、感懷、觀念、想法，以機械印版或印刷方法所印製之文書、圖畫以供出售或散布之自由。發音片視為出版品，因此人民亦有以發行錄音、電影等發音片出版品來表示其意見之自由。

　　出版自由乃意見自由中影響最廣遠深大者，尤其在今日大眾傳播媒介發達的時代，文字、古物、圖畫或發音片之出版品可為千萬人同時接受、接聽，對於公共政策意見之形成，文化思想的交流，關係最深。因此，出版自由之

　　之著作人死亡後五十年。

保障日益受到各國民眾之重視。

出版自由包括出版及不出版之自由，換言之，政府或其他人民不得阻止人民將其著作出版，也不得強迫人民將其著作出版。又人民在其著作出版之前，原則上有不必經政府同意或檢查之自由。又出版自由亦包括散布自由(Liberty to Circulate)，蓋因只能出版而無散布之自由，則出版自由價值甚少。

### ㈡出版自由之保障與限制

我國憲法於第十一條規定人民有出版之自由，雖曾制定出版法，以規範人民之出版事宜。但為了保障人民有充分之出版自由，乃於民國八十八年一月二十五日由總統令廢止出版法，解除了過去出版法對人民的限制。

然而，出版自由並非毫無限制，各國政府對於非法、不良之出版品，亦在法律授權範圍之內，加以處罰。

我國刑法及相關行政法律對於非法不良之出版物亦有相當性的處罰，以限制人民濫用出版自由，其主要者約有下列數種：

1.刑法第三百十條第二項、第三百十三條規定出版物不得妨害他人名譽、信用，否則構成刑事犯罪。

2.刑法第二百三十五條第一項規定散布、播送或販賣猥褻之文字、圖書、聲音、影像或其他物品，或公然陳列，或以他法供人觀覽、聽聞者，亦構成犯罪，處二年以下有期徒刑、拘役或科或併科三萬元以下罰金。

至於何者為色情猥褻之出版品，大法官在釋字第四〇七號有重要解釋，即：

「猥褻出版品，乃指一切在客觀上，足以刺激或滿足性慾，並引起普通一般人羞恥或厭惡感而侵害性的道德感情，有礙於社會風化之出版品而言。猥褻出版品與藝術性、醫學性、教育性等出版品之區別，應就出版品整體之特性及其目的而為觀察，並依當時之社會一般觀念定之。又有關風化之觀念，常隨社會發展、風俗變異而有所不同，主管機關所為釋示，自不能一成不變，應基於尊重憲法保障人民言論出版自由之本旨，兼顧善良風俗及青少年身心健康之維護，隨時檢討改進。至於個別案件是否已達猥褻程度，法官於審判時應就具體案情，依其獨立確信之判斷，認定事實，適用法律，不受行政機關函釋之拘束」。

3.刑法第一百五十三條第一款規定，出版物如煽動他人犯罪者，將構成刑責。

4.刑法第一百五十三條第二款規定，出版物如煽惑他人違背法律或抗拒合法之命令者，亦構成刑責。

5.戒嚴法第十一條第一款規定，戒嚴地域內，最高司令官得取締認為與軍事有妨害之出版物。

6.臺灣地區與大陸地區人民關係條例第三十七條規定，大陸地區出版品、電影片、錄影節目及廣播電視節目，經主管機關許可，才得進入臺灣地區，或在臺灣地區發行、銷售、製作或播映、展覽或觀摩。

## 五、廣播電視自由

除了上述言論、講學、著作、出版等憲法明定之四種意見自由外，大法官會議釋字第三六四號解釋，也明白指稱，以廣播及電視方式表達意見，屬於憲法第十一條所保障言論自由之範圍。因此，人民依照電影法，廣播電視法及有線電視法等規定之意見表達或事實報導，均應在憲法保障之列。德國基本法第五條第一項將「廣播電影之報導自由」與「出版自由」並列，即是一種明文保障之方式。我國憲法上雖無此明文，但因上述大法官釋字第三六四號解釋及憲法第二十二條對人民權利概括保障之結果，廣播、電視、電影之報導自由，自應在憲法保障之列。為了落實這些自由之保障，政府分別修訂公布了「廣播電視法」、「有線廣播電視法」與「衛星廣播電視法」，並公布實施「通訊傳播基本法」❶⓺。

## 六、新聞自由

大法官釋字第六八九號解釋肯認新聞自由，應受憲法第十一條所保障。該號解釋理由書表示:「為確保新聞媒體能提供具新聞價值之多元資訊，促進資訊充分流通，滿足人民知的權利，形成公共意見與達成公共監督，以維持民主多元社會正常發展，新聞自由乃不可或缺之機制，應受憲法第十一條所

---

❶⓺ 詳參陳耀祥，〈論廣播電視自由〉，《法學講座》，第二十八期，頁 1–12。

保障。新聞採訪行為則為提供新聞報導內容所不可或缺之資訊蒐集、查證行為，自應為新聞自由所保障之範疇。又新聞自由所保障之新聞採訪自由並非僅保障隸屬於新聞機構之新聞記者之採訪行為，亦保障一般人為提供具新聞價值之資訊於眾，或為促進公共事務討論以監督政府，而從事之新聞採訪行為。惟新聞採訪自由亦非絕對，國家於不違反憲法第二十三條之範圍內，自得以法律或法律明確授權之命令予以適當之限制。」❿

## 七、網際網路自由

西元一九九五年八月九日網景 (Netscape) 公司上市，成為世界第一支網路股以後，網際網路開始成為一般市井小民的日常生活用品，使用網際網路發表言論也成為人民的自由，而為憲法第二十三條所概括保障的自由。不過，由於網際網路本身具有不透明性、去中心化 (decentralized)、去中介化 (de-intermediary) 等特質，各種網路侵權活動、網路犯罪活動也就源源不斷、層出不窮的發生。為了釐清網際網路自由權利之分際，美國國會乃有「全球在線自由法案」(Global Online Freedom Act of 2007)，用以促進網際網路的言論自由、保障美國商業不受威權外國政府的脅迫及其他目的等，而巴西文化部長及義大利傳播副部長所共同簽署的「網際網路上的人權法案」，也針對網際網路上的隱私權、資料保護、言論自由、公眾通用、網路中立、互通性、創新的權利等尋求加以保障❿。

## 第七項　秘密通訊自由

## 一、秘密通訊自由之意義

秘密通訊自由乃人民之書信、郵件、電報、電話、傳真、衛星通訊、電

---

❿　許恒達，〈新聞自由與記者的侵犯隱私行為：以業務上正當行為的解釋為中心〉，《臺大法學論叢》，第四十六卷，第二期，民國一〇六年六月，頁 589–664。

❿　請參閱維基百科，網際網路權利法案，https://zh.wikipedia.org/wiki

子郵件 (E-mail)、網際網路之 Facebook、Line 等意思交換表達，有不受政府或他人非法侵犯之自由❿。換言之，政府或其他個人對於人民相互之間傳達意思的行為，不可以隱匿、扣押、刺探、竊聽、拆閱或加以侵犯。各國憲法如德國聯邦憲法第十條第一項規定：「書信秘密、郵件、電訊的秘密，不得侵犯。」

　　秘密通訊自由在今日社會上甚為重要，不管是個人的私生活或是公司法人之工商秘密，均有不容他人知悉之必要，以確保個人安寧家居生活及優勢營業競爭之地位。我國憲法第十二條亦仿照各國通例，設有保障人民秘密通訊自由之規定。

## 二、秘密通訊自由之保障

　　除了憲法第十二條保障秘密通訊自由之規定外，我國相關法律亦有甚多對秘密通訊自由之保障規定，茲列述於次：

### ㈠任何人不得無故開拆、隱匿或扣押他人之通訊文件

　　我國刑法第三百十五條規定，無故開拆或隱匿他人之封緘信函文書或圖畫者，處拘役或三千元以下罰金。如為郵電公務員開拆或隱匿投寄之郵件或電報者，則依刑法第一百三十三條規定，處三年以下有期徒刑、拘役或五百元以下罰金，刑責較一般人為重。這些規定均在保障秘密通訊之自由。另外，郵政法第三十八條又規定妨害郵件秘密罪，亦即任何人無故開拆或隱匿他人之郵件或以其他方法窺視其內容者，處拘役或新臺幣九萬元以下罰金。

### ㈡執行郵電事務之人對他人通訊情形，有嚴守秘密之義務

　　郵政法第十一條規定：「中華郵政公司或其服務人員因職務知悉他人秘密者，有守秘密之義務；其服務人員離職者，亦同。」 電信法第七條第一項規定：「電信事業或其服務人員，對於電信之有無及其內容，應嚴守秘密，退職

---

❿　臺北市政府資訊局於民國一○二年六月七日，表示臺北公眾區免費無限上網 (Taipei Free)，是臺北市政府提供的公共場所免費 Wi-Fi 無限上網服務，基於憲法對人民秘密通訊自由的保障，市府以往從未，以後也不會去監督 Taipei Free 使用者的上網行為。

人員，亦同。」如有違反此些規定，則可依電信法第五十六條之一第二項規定，處六月以上五年以下有期徒刑，得併科新臺幣二百萬元以下罰金。

### (三)郵電機關不得無故拒絕接受、傳遞人民之通訊文件

郵政法第十九條規定：「中華郵政公司非依法令，不得拒絕郵件之接受及遞送。但禁寄物品或郵件規格不符中華郵政公司公告者，不在此限。」電信法第二十二條規定：「電信事業非依法律，不得拒絕電信之接受及傳遞。但對於電信之內容顯有危害國家安全或妨害治安者，得拒絕或停止其傳遞。」但違反郵政法第十九條與違反電信法第二十二條之規定無正當理由不為郵件、電信之收受與傳遞者，郵政法與電信法並無明白處罰規定，對於人民以電信所為通訊之自由，保障似嫌不足。

### (四)看守所人員不得監聽錄音受羈押被告與辯護人通訊及意見溝通

**大法官釋字第六五四號解釋**指出，羈押法第二十三條第三項規定，律師接見羈押被告時，有同條第二項應監視之適用，不問是否為達成羈押目的或維持押所秩序之所必要，亦予以監聽錄音，違反憲法第二十三條比例原則之規定，乃宣告羈押法第二十三條第三項自民國九十八年五月一日起失其效力，以保障受羈押被告與律師或辯護人之通訊及意見溝通之自由。

### (五)監獄長官不得無限制的閱讀及刪除受刑人之書信

大法官釋字第七五六號解釋指出，監獄行刑法第六十六條規定監獄長官可檢閱受刑人書信之發受，但在閱讀書信部分，未區分書信種類，亦未斟酌個案情形，一概許監獄長官閱讀書信之內容，顯已對受刑人及其收發書信之相對人之秘密通訊自由，造成過度之限制，於此範圍內，與憲法第十二條保障秘密通訊自由之意旨不符。又監獄長官可刪除書信部分內容，但應以維護監獄紀律所必要者為限，並應保留書信全文影本，俟受刑人出獄時發還之，以符比例原則之要求。

另為保障人民秘密通訊自由不受非法侵害，並確保國家安全，維持社會秩序，政府又制定公布「通訊保障及監察法」，其第二條第一項規定通訊監察，除為確保國家安全，維持社會秩序所必要者外，不得為之。同條第二項又規定，通訊監察，不得逾越所欲達成目的之必要程度，且應以侵害最少之

適當方法為之。自此，民間所疑慮的情治機關監聽工作有了詳細明白之規範，人民之隱私權也獲得較好之保障。不過，因檢察官核發監聽票在民國九十三年時高達一萬九千餘件，幾乎是美國的一倍以上，甚為浮濫。立法委員乃要求檢察官從嚴核發監聽票，並研議將核發權移歸法官，以保障人民之通訊自由。對此，**釋字第六三一號解釋**也宣示：「中華民國八十八年七月十四日制定公布之通訊保障及監察法第五條第二項規定……，未要求通訊監察書原則上應由客觀、獨立行使職權之法官核發，而使職司犯罪偵查之檢察官與司法警察機關，同時負責通訊監察書之聲請與核發，難謂為合理、正當之程序規範，而與憲法第十二條保障人民秘密通訊自由之意旨不符……」自此以後，檢察官濫發通訊監察書之現象乃被消除，而改由法官核發通訊監察書，以保障人民秘密通訊之自由。

## 三、秘密通訊自由之限制

人民之秘密通訊自由依憲法及上述法律應加以保障，但為了國家安全及社會公益，依憲法第二十三條之規定，亦有甚多法律，對人民之通訊自由加以必要限制，其主要者有：

1.執行郵電事務之人得拆驗、拒受或拒絕傳遞郵件、電信。 2.司法人員得扣押郵件、電報或監視、檢閱、禁止、扣押通信。 3.監獄長官得允許、檢閱受刑人發受書信。 4.管收所得監視或檢閱被管收人之通訊。 5.法官得限制破產人之通訊。 6.感訓處所得檢查、限制受感訓處分人之通信。 7.戒嚴地域內，最高司令官依戒嚴法得拆閱郵信、電報，必要時並得扣留或沒收之。 8.保安處分處所得限制受保安處分人之通訊。

為保障人民秘密通訊自由不受非法侵害，並確保國家安全，維持社會秩序，政府又制定公布「通訊保障及監察法」⑩，其第二條第一項規定通訊監察，除為確保國家安全，維持社會秩序所必要者外，不得為之。同條第二項又規定，通訊監察，不得逾越所欲達成目的之必要程度，且應以侵害最少之適當方法為之。自此，民間所疑慮的情治機關監聽工作有了詳細明白之規範，

---

⑩ 美國、德國、法國立法例之介紹請參閱，陳新民，上揭書，頁 258。

人民之隱私權也獲得較好之保障。

又為確保羈押被告之訴訟防禦權及與律師之通訊自由，上述大法官釋字第六五四號解釋尚可歸納出兩個重點：

1.律師接見受羈押被告時，不問是否為達成羈押目的或維持押所秩序之所必要，亦予以監聽、錄音，違反憲法第二十三條比例原則之規定，不符憲法保障訴訟權之意旨。

2.依羈押法第二十三條第三項對受羈押被告與辯護人接見時監聽、錄音所獲得之資訊，得以作為偵查或審判上認定被告本案犯罪事實之證據，在此範圍內妨害被告防禦權之行使，抵觸憲法第十六條保障訴訟權之規定。

值得注意的是，在民國一○二年九月爆發法務部特偵組監聽立法院總機的爭議。朝野立委乃協商修正「通訊保障及監察法」，並於民國一○三年一月十四日三讀通過。其修法重點為：

1.經檢察署立案才可向法院聲請監聽票。

2.單一監聽票聲請以單一監聽對象（即不可像以往一案聽到飽的監聽，而是限於一人一票一罪的監聽）。

3.監錄內容顯然與監察目的無關者，不可作成譯文。

4.調取通聯記錄須向法院聲請核准。

5.建立監聽連續流程履歷記錄。

6.監聽資料挪作他用者，可處三年以下有期徒刑。

對於「通訊保障及監察法」的上述修正，法務部及檢警單位多持負面看法，認為會衝擊治安。特別是刑事警察局於民國一○三年一月十五日發布新聞稿，列出新法設計疏漏、聲請程序繁瑣、案件管轄一人一案耗費資源、衝擊 165 反詐騙專線、妨礙兩岸和跨國打擊犯罪合作等五大缺失，會造成破案率將降低很多、壞人受到保護、善良百姓反受威脅、治安將敗壞等問題。不過，對於過去的浮濫監聽與調閱通聯記錄，所對人民秘密通訊自由之侵犯，輿論認此次「通訊保障及監察法」之修正，仍可支持❶。

值得注意的是，民國一○七年六月六日公布之「資通安全管理法」，對於

---

❶　〈一案聽到飽與五權「限」法〉，《蘋果日報》蘋論，民國一○三年一月十六日。

用在蒐集、控制、傳輸、儲存、流通、刪除資訊或對資訊為其他處理、使用或分享之系統，有相當多的安全管理措施，其對人民秘密通訊之自由，將有重大的影響。

## 第八項 信仰宗教自由

## 一、信仰宗教自由之意義

信仰宗教自由 (Freedom of Religion) ⑫意指人民信教與否、信仰何種宗教，均有自由，不受政府或他人強制、干涉或限制的意旨。又宗教上的儀式、禮拜、設置寺院、廟宇、教會、講道場所，並為宗教集會、宗教宣導或吸收宗教信徒，亦在憲法保障信仰宗教自由之意涵內。因此，信仰宗教自由可分為：1.信仰之自由；2.不信仰之自由；3.宗教禮拜、儀式之自由；4.創設宗教之自由；5.宣傳宗教之自由；6.吸收教友之自由；7.人民有使其子女依自己的信仰接受宗教的自由；8.政教分離以保障信教自由。

在我國，宗教信仰向極自由，在歷史上亦不像歐洲各國有那麼多的宗教戰爭。除了「三武一周」⑬之短暫宗教紛爭事故外，很少有宗教糾紛，此因我國人民所信奉者與西方各國人民不同，多不止一神，且對山、川、水、火、各類動物亦有冥拜者，是為多神教與拜物教之民族。憲法上為了表示尊重人民之宗教生活自由，避免宗教紛爭或混亂，除於第七條規定宗教平等外，並於第十三條規定：「人民有信仰宗教之自由。」

---

⑫ 請參閱，鄧衍森，〈宗教自由權 (Right to Freedom of Religion) 的原理〉，《台灣法學雜誌》，第三三三期，民國一○六年十二月，頁 82–87。

⑬ 指我國歷史上四次大規模的滅佛運動，即北魏太武帝、北周武帝、唐武帝及周世宗之禁佛運動。

## 二、信仰宗教自由之保障

### ㈠信仰[114]、不信仰宗教自由[115]

憲法第十三條正面規定人民有信仰宗教自由，但就反面以觀，不信仰宗教亦非不許可。**大法官釋字第四九〇號解釋**對憲法保障宗教自由的程度，進一步區分為信仰內在自由與外在自由兩個不同層次的保障[116]，認為應予信仰內在自由絕對保障，而對信仰之外在自由則予相對保障。大法官指出，內在自由涉及思想、言論、信念及精神層次，應受絕對保障；而由內在信仰自由派生之宗教行為及宗教結社等外在自由，則可能涉及他人之自由與權利，甚至可能影響公序良俗、社會道德與社會責任，因此僅能予以相對保障，人民不得主張信仰宗教自由而免除兵役義務。如有因之而違反兵役義務者，仍應依妨害兵役治罪條例之規定處罰，且不構成一行為重複處罰問題，而可一再施罰，以促使義務人履行其兵役義務。不過，因替代役條例實施後，信仰宗教者可申請服替代役，很少再有因拒服兵役而被處罰者。

**大法官釋字第五七三號解釋**，對宗教組織之自主性[117]以及國家對宗教應謹守中立原則及平等對待原則有較深入之闡述。謂：「人民之宗教信仰自由及財產權，均受憲法之保障，憲法第十三條與第十五條定有明文。宗教團體管理、處分其財產，國家固非不得以法律加以規範，惟應符合憲法第二十三條規定之比例原則及法律明確性原則。監督寺廟條例第八條就同條例第三條各款所列以外之寺廟處分或變更其不動產及法物，規定須經所屬教會之決議，並呈請該管官署許可，未顧及宗教組織之自主性、內部管理機制之差異性，以及為宗教傳布目的所為財產經營之需要，對該等寺廟之宗教組織自主權及

---

[114] 學者稱此為「積極宗教自由」(Positive Religionsfreiheit)。參閱，陳新民，上揭書，頁 262。

[115] 學者稱此為「消極宗教自由」(Negative Religionsfreiheit)。同上註。

[116] 相關論文請參閱，宮文祥，〈國家對於宗教自由保護之義務──美國（憲）法之觀點〉，《台灣法學雜誌》，第三三三期，民國一〇六年十二月，頁 107–113。

[117] 相關實務請參閱，蕭文生，〈宮廟普選〉，《月旦法學教室》，第一八二期，民國一〇六年十二月，頁 6–8。

財產處分權加以限制，妨礙宗教活動自由已逾越必要之程度；且其規定應呈請該管官署許可部分，就申請之程序及許可之要件，均付諸闕如，已違反法律明確性原則，遑論採取官署事前許可之管制手段是否確有其必要性，與上開憲法規定及保障人民自由權利之意旨，均有所牴觸；又依同條例第一條及第二條第一項規定，第八條規範之對象，僅適用於部分宗教，亦與憲法上國家對宗教應謹守中立之原則及宗教平等原則相悖。」

有鑑於寺廟、宗教團體之種種亂象及民國一〇四年三月間爆發慈濟基金會財報簡略及民國一〇六年妙禪使用信徒供奉之勞斯萊斯座車事件之弊端❶，行政院乃修正分別於民國九十年、九十一年、九十四年、九十七年送立法院審議之「宗教團體法草案」，而於民國一〇四年六月十八日之院會中通過新的「宗教團體法草案」，從憲法保障信仰宗教與集會結社自由的角度，以及尊重宗教組織自主的前提下，創設「宗教法人」，讓宗教團體除了可成立社團法人或財團法人外，尚可依其宗教組織傳承制度，選擇依法成立「宗教法人」，這是我國保障宗教自由的另一新法制構想。不過，行政院此一草案，並未獲得立法院之通過。民國一〇五年立法院首次政黨輪替後，新任立法院院長之蘇嘉全表示，仍將繼續推動「宗教團體法」之立法工作，但此一法律案，因社會難有共識，至今仍未審議完成。政黨三次輪替後，立法院又有「宗教基本法」之提案，但也是不能順利立法❷。

### ㈡信仰儀式、集會、遊行、禮拜自由

宗教信仰常有儀式、集會及禮拜，其自由自應加以保障。我國刑法第二百四十六條第一項規定，對於壇廟、寺觀、教堂、墳墓、公眾紀念處所，公然侮辱者或同條第二項妨害喪葬、祭禮、說教、禮拜者，處六月以下有期徒刑、拘役或三百元以下罰金。其他法律如集會遊行法第八條第一項第三款規

---

❶ 請參閱，許育典，〈從妙禪勞斯萊斯事件談宗教團體公開財務資訊〉，《台灣法學雜誌》，第三三三期，民國一〇六年十二月，頁 95–98。

❷ 參閱，孫健智，〈淪為人權鬧劇的宗教基本法〉，《蘋果日報》，民國一〇七年十月二十三日，A17 版；張譽尹，〈法規鬆綁真如意，宗教是門好生意〉，《蘋果日報》，民國一〇七年十月二十三日，A17 版。

定，宗教活動之集會遊行不須向主管機關申請許可，可以自由舉行。又為保障受刑人及受保安處分人之信仰宗教自由，監獄行刑法第三十八條及保安處分執行法第三十三條，對於受刑人及受保安處分人，在不妨害紀律之情形下，均容許依其所屬之宗教，舉行禮拜、祈禱或其他適當之儀式。另社會秩序維護法第七十三條第四款規定，污損祠宇、教堂者，如對社會之安寧秩序有妨害，得科處六千元以下罰鍰。

### (三)傳教、吸收信徒、創設宗教自由[120]

信仰自由若無創設宗教、傳教、吸收信徒自由，則該宗教將無以延傳後代，當非憲法保障信仰宗教自由之本旨。我國刑法第二百四十六條第二項規定，妨害說教、禮拜者，亦為犯罪，處六月以下有期徒刑、拘役或三百元以下罰金。

### (四)人民有使其子女依自己的信仰接受宗教的自由

在我國有法律效力之「公民與政治權利國際公約」第十八條第四項規定：「本公約締約各國承擔、尊重父母和法定監護人保證他們的孩子能按照他們自己的信仰，接受宗教和道德教育的自由。」

### (五)政教分離

在歷史上，歐洲各國君主常有以國家權力壓迫、欺凌與君主不同信仰之教派及宗教人士，因此各國多以政教分離為重要憲法原則，使政治與宗教分離，不得介入、干涉或迫害宗教信仰。所謂政教分離[121]，如：

1.國家不得設立國教，對各種宗教應予平等對待，我國憲法第七條規定，就是這個意思。

2.國家不得由國庫資助某一宗教或全部宗教，也不可對某一宗教課以特

---

[120]　創設宗教自由，包含在廣義的宗教自由意涵。參閱，陳新民，上揭書，頁 263–264；周敬凡，〈德國宗教憲法的內涵與宗教團體的保障〉，《月旦法學雜誌》，第二八一期，民國一〇七年十月，頁 130–162。

[121]　參閱，許志雄，〈宗教自由與政教分離原則〉，《月旦法學雜誌》，第三十五期，民國八十七年三月，頁 14 以下；李惠宗，《憲法要義》，元照出版公司，民國九十年八月，頁 191–193。

別之負擔。但美國聯邦最高法院對於由國家對教會學校學童免費供給教科書或為交通車的免費接送，則不認為違反該國修正憲法第一條之政教分離原則❷。

3.國家不得因人民宗教之不同，而予以優待或歧視，特別是各級政府之公職，不得以宗教為晉用或排斥條件。

4.學校不得強迫宗教教育，不只公立學校，即私立學校均不得實施強迫性之宗教教育。我國私立學校法第七條明文規定，私立學校不得強制學生參加任何宗教儀式或修習宗教課程。教育基本法第六條亦明定，學校不得為特定宗教信仰從事宣傳，主管教育行政機關及學校亦不得強迫學校行政人員、教師及學生參加任何宗教活動。民國一〇三年一月十八日，立法院又增修教育基本法第六條，明文規定私立學校辦理宗教活動須尊重當事人意願。

## 三、信仰宗教自由之限制

為避免宗教狂熱者，假借宗教名義或禮拜儀式詐財騙色，妨害他人自由，破壞社會安全、安寧、秩序❸，我國及各國對信仰宗教自由均有適當的限制，如：

### ㈠信仰宗教自由不得妨害公共秩序或公務

宗教儀式、禮拜或傳教，不得違反警政、公共安寧、安全、集會遊行、交通秩序等公共秩序法令或妨害公務，否則，將受法律之禁止或制裁。

### ㈡信仰宗教自由不得妨害善良風俗

善良風俗為流行於社會之國民道德信念，信教自由自不得妨害。因此，於公共場所或公眾出入之場所，以假借宗教儀式任意裸體，為放蕩之姿勢或

❷ 薩孟武，前揭書，頁 112。另請參閱，張志偉，〈宗教自由與國家中立義務〉，《台灣法學雜誌》，第三三三期，民國一〇六年十二月，頁 114–117；〈國家宗教中立義務與基本權保護義務之衝突學術座談會報導〉，《台灣法學雜誌》，第三三三期，民國一〇六年十二月，頁 103–104。

❸ 相關爭議，請參閱，許炳華，〈宗教信仰自由之爭議——以美國最高法院 Burwell v. Hobby Lobby 案為探討核心〉，《憲政時代》，第四十一卷，第一期，民國一〇四年七月，頁 1–43。

以猥褻之言語、舉動或其他方法❷調戲異性者，均為社會秩序維護法第八十二、八十三條所定妨害善良風俗事項，應受法律之禁止或制裁。

## ㈢信仰宗教自由不得妨害他人自由、身體、財產權益

任何人不得假借宗教自由，進入他人居住處所，強制傳教或強迫他人信教，否則可成立妨害自由罪。又依社會秩序維護法第三編第四章之規定，任何人亦不得假借宗教自由，隨意將他人之動物放生，或污損他人之住宅題誌、店鋪招牌，或未經他人許可，張貼、塗抹或畫刻於他人之交通工具、圍牆、房屋或其他建築者。否則，將被處以三千元以下罰鍰或申誡。

值得注意的是，在公寓大廈內是否可以設置印度宗教神像神壇，作為宗教活動之用，最高法院則認有妨害其他住戶安寧，有違大樓住戶規約，判決負責其事之公司不得於大樓內從事宗教活動❷。

## ㈣信仰宗教自由不得妨害戒嚴治安

依戒嚴法第十一條第二款規定，戒嚴地域內，最高司令官得限制或禁止人民之宗教活動有礙治安者。

## ㈤信仰宗教自由不得妨害兵役義務

如上所述，大法官釋字第四九〇號解釋指出不能因為信仰宗教自由而拒服兵役。該號解釋之理由書中稱：「不可以宗教信仰為由而否定國家及法律之存在。因此，宗教之信仰者既為國家之人民，其所應負對國家之基本義務與責任，不得僅因宗教信仰關係而免除。」❷針對此一解釋，立法院已制定「替代役實施條例」。該條例第五條已容許人民因宗教因素申請服替代役，使若干人民因宗教之因素拒服兵役義務而遭刑罰之處境，獲得改善。

---

❷　詳請參閱，呂理翔，〈侵害宗教自由感受之行為與行使言論自由之劃分〉，《台灣法學雜誌》，第三三三期，民國一〇六年十二月，頁 118–124。

❷　參閱中時電子報，民國一〇三年五月十六日，網頁：http://www.chinatimes.com/newspapers/20140516000939-260106

❷　對大法官此號解釋，基於宗教信仰拒服兵役的「耶和華見證人」所屬的「守望台聖經書社」於民國八十八年十月一日時指出，當時約有二十四位信仰「耶和華見證人」之役男，因為拒絕接受戰鬥訓練而服刑。參閱《中國時報》，民國八十八年十月二日，第十一版，記者梁玉芳發自臺北之報導。

# 第九項　集會自由

## 一、集會自由之意義

　　集會依集會遊行法第二條第一項之規定，係指於公共場所或公眾得出入之場所舉行會議、演說或其他聚眾活動，而集會自由乃指三人以上有暫時集合一地開會，以表示思想、交換意見、聯絡情誼或為其他一定目的之自由。集會具有一定之目的，如政治、經濟、社會、教育、文化或情感交流目的，均無不可。但若多數人之偶然集合，並無一定目的者，則非集會，亦不在集會自由保障之範圍❶❷❼。

## 二、集會自由之功能

　　關於集會自由之功能，大法官釋字第七一八號解釋明白表示的是，人民可以集體行動之方式，和平表達意見、與社會各界進行溝通對話，以形成或改變公共意見，並影響、監督政策或法律之制定。這種促進思辯、尊重差異、實現憲法兼容並蓄精神的社會功能是憲法應予維護的。是以國家除了應提供適當集會場所，採取有效保護集會之安全措施外，並應在法律規定與制度設計上使參與集會、遊行者在毫無恐懼的情況下行使集會自由。

## 三、集會自由之保障

　　我國在憲法第十四條只規定人民有集會之自由，但對各種集會並未作詳細之規範。為保障人民集會自由，我國除制定集會遊行法外，並在刑法第一百五十二條規定，以強暴脅迫或詐術，阻止或擾亂合法之集會者，處二年以下有期徒刑。又集會遊行法第五條亦規定，對於合法舉行之集會，不得以強暴、脅迫或其他非法方法予以妨害。否則，依同法第三十一條之規定，可被

---

❶❷❼　如多數人聚集在電影院，佇立街頭欣賞音樂、雜耍、表演、看足球賽等，則為聚集，而非集會。李惠宗，《憲法要義》，頁197。

處以二年以下有期徒刑、拘役或科或併科新臺幣三萬元以下罰金。

又為請願目的之聚眾集會，如無脅迫、妨害秩序、妨害公務等其他不法情事者，為憲法第十六條及請願法所保障，而未為集會遊行法所明文禁止者。

在我國有法律效力的「公民與政治權利國際公約」第二十一條則更明確的界定了人民之集會權，亦即人民和平集會的權利應被承認。而對此和平集會權利的行使不得加以限制，除非法律有規定以及在民主社會中，為了維護國家安全、公共安全、公共秩序、保護公共衛生或道德或保護他人的權利和自由之所必要，才得加以限制。

## 四、集會自由之限制

為保障國家安全，維持社會秩序、衛生防疫及防止妨礙他人自由，集會遊行法及其他法律對集會自由亦有限制，茲分述於次：

1.室外集會事先應依集會遊行法第八、九條規定向主管機關申請許可，此因室外集會可聚集數量龐大之人群，影響公共安全、秩序。各國對之多採事先預防制，我國亦然❿。又室內集會如使用擴音器或其他足以形成室外集會者，依集會遊行法第八條第二項規定，亦以室外集會論。但室外集會如有下列情形者，則不必事先申請許可，如：

(1)依法令規定舉行者。

---

❿　大法官釋字第七一八號解釋之理由書更明白表示：「室外集會、遊行需要利用場所、道路等諸多社會資源，本質上即易對社會原有運作秩序產生影響，且不排除會引起相異立場者之反制舉措而激發衝突，主管機關為兼顧集會自由保障與社會秩序維持（集會遊行法第一條參照），應預為綢繆，故須由集會、遊行舉行者本於信賴、合作與溝通之立場適時提供主管機關必要資訊，俾供瞭解事件性質，盱衡社會整體狀況，就集會、遊行利用公共場所或路面之時間、地點與進行方式為妥善之規劃，並就執法相關人力物力妥為配置，以協助集會、遊行得順利舉行，並使社會秩序受到影響降到最低程度。在此範圍內，立法者有形成自由，得採行事前許可或報備程序，使主管機關能取得執法必要資訊，並妥為因應。此所以集會遊行法第八條第一項規定，室外之集會、遊行，原則上應向主管機關申請許可，為本院釋字第四四五號解釋所肯認。」

(2)學術、藝文、旅遊、體育競賽或其他性質相類似之活動。

(3)宗教、民俗、婚、喪、喜慶活動。

(4)緊急性及偶發性集會。

2.依集會遊行法第六條第一項規定，集會不得在總統府、行政院、司法院、考試院、各級法院❿、國際機場、港口、重要軍事設施地區、各國駐華使領館、代表機構、國際組織駐華機構及其館長官邸及其周邊範圍舉行，但經主管機關核准者，不在此限。

3.集會時不得以文字、圖畫、演講或他法，侮辱、誹謗公署、依法執行職務之公務員或他人。否則，依集會遊行法第三十條之規定，將被處二年以下有期徒刑、拘役或科或併科新臺幣六萬元以下罰金。

4.集會不得意圖實施強暴脅迫，妨害秩序——依我刑法第一百四十九條規定，公然聚眾，意圖為強暴、脅迫，已受該管公務員解散命令三次以上，而不解散者，在場助勢之人，處六月以下有期徒刑、拘役或三百元以下罰金。首謀者，處三年以下有期徒刑。又依刑法第一百五十條規定，公然聚眾，施強暴脅迫者，在場助勢之人，處一年以下有期徒刑、拘役或三百元以下罰金，首謀及下手實施強暴脅迫者，處六月以上，五年以下有期徒刑。

5.疫病地區得限制或禁止集會——傳染病流行時，衛生主管機關依傳染病防治法第三十七條第一項規定，得管制上課、集會、宴會或其他團體活動❿。

6.戒嚴地域內，最高司令官依戒嚴法第十一條第一款之規定，得停止集會，必要時並得解散之。

除了法律之外，大法官釋字第四四五號解釋，對於集會自由及其限制，有以下之宣示，即：憲法第十四條規定人民有集會之自由，此與憲法第十一條規定之言論、講學、著作及出版之自由，同屬表現自由之範疇，為實施民

---

❿ 生活實例請參閱，劉靜怡，〈我可以在法院前廣場抗議嗎？〉，《月旦法學教室》，第一六五期，民國一○五年七月，頁 6-8。

❿ 生活實例請參閱，林佳和，〈集會遊行上的警察權發動〉，《月旦法學教室》，第一六六期，民國一○五年八月，頁 9-11。

主政治最重要的基本人權。國家為保障人民之集會自由，應提供適當集會場所，並保護集會、遊行之安全，使其得以順利進行。以法律限制集會、遊行之權利，必須符合明確性原則與憲法第二十三條之規定。

另外，司法院大法官釋字第七一八號解釋對於集會遊行法有關緊急或偶發性集會遊行須聲請許可之規定，認為是違憲。該號解釋謂：「集會遊行法第八條第一項規定，室外集會、遊行應向主管機關申請許可，未排除緊急性及偶發性集會、遊行部分，及同法第九條第一項但書與第十二條第二項關於緊急性集會、遊行之申請許可規定，違反憲法第二十三條比例原則，不符憲法第十四條保障集會自由之意旨，均應自中華民國一〇四年一月一日起失其效力。本院釋字第四四五號解釋應予補充。」

# 第十項　結社自由

## 一、結社自由之意義

結社自由，乃人民有為一定目的，繼續性或永久性的組織團體之自由。所謂一定目的，有以營利為目的，有以不營利為目的，可分為營利性結社與非營利性結社。營利性結社主要在營謀私人利益，對於公共安全、秩序影響較小，各國多以民法、商事法等私法加以規範；非營利性結社，多在謀求公共利益，對社會、政治之層面影響頗大，各國多以行政法等公法加以規範。

非營利性結社又可分為政治性的結社與非政治性的結社。政治性的結社如政黨，非政治性的結社如律師、醫師、技師、會計師、建築師公會職業團體、紅十字會、後備軍人會等社會團體是。

營利性結社，現時有民法、公司法、銀行法、合作社法、信用合作社法、金融控股公司法等加以規範，主要在謀取個人、銀行、公司或合作社社員之個別經濟利益。

## 二、結社自由之保障

我國除於憲法第十四條保障人民之結社自由外,並分別制定民法、公司法、金融控股公司法、人民團體法、工業團體法、商業團體法、農會法、漁會法、工會法、有限合夥法❸,農田水利會組織通則、中華民國紅十字會法、後備軍人會組織通則,使人民得自由發起組織各種團體,並有在組成之團體內發表言論、進行表決,從事會務領導及服務,以成就、發展其人格。

又在我國有法律效力之公民與政治權利國際公約第二十二條除了重申人人有權享有與他人結社的自由以外,更特別規定,可因為維護國家安全、公共安全、公共秩序、公共衛生、公共道德或他人權利、自由之必要,依法律對結社自由加以限制,且不應禁止各國對軍隊或警察成員行使結社自由權利,加以合法的限制。

人民所組織之團體一經合法設立、登記,如無違法、犯罪情事,各類人民團體法律均規定,政府不得任意加以干涉或為解散之處分。一般人對他人之發起結社及參加結社之自由,亦不得侵害,自屬當然之事。

大法官釋字第三七三號解釋,認為工會法第四條,各級政府行政及教育事業、軍火工業之員工,不得組織工會之規定,已逾越憲法第二十三條之必要限度,侵害從事此項職業之人民在憲法上所保障之結社權。因此,自此號解釋公布後,人民之結社自由獲得更進一步之保障。

另外,大法官釋字第四七九號解釋,對於結社自由及其限制,有進一步之闡釋,即:憲法第十四條規定人民有結社自由,……就中關於團體名稱之選定,攸關其存立之目的、性質、成員之認同及其與其他團體之識別,自屬結社自由保障之範圍❸。

值得注意的是,民國九十七年六月二十日司法院大法官又作出釋字第六

---

❸ 此法公布於民國一○四年六月二十四日,對民法之合夥制度有重大的衝擊,其不在民法上規範,而以特別法之面貌出現,在立法體制上並非十分妥適。

❸ 相關論文請看,李東穎,〈職業公會之自治權限與法律保留原則〉,《台灣法學雜誌》,第三一一期,民國一○六年一月,頁 129–132。

四四號解釋，謂：「人民團體法第二條規定……乃使主管機關於許可設立人民團體以前，得就人民『主張共產主義，或主張分裂國土』之政治上言論而為審查，並作為不予許可設立人民團體之理由，顯已逾越必要之程度，與憲法保障人民結社自由與言論自由之意旨不符。」經由此一解釋，人民結社自由可獲得較大範圍之保障❸。

## 三、結社自由之範圍

　　關於結社自由之範圍，大法官釋字第七二四號解釋之解釋理由書明白表示，「憲法第十四條結社自由規定，不僅保障人民得自由選定結社目的以集結成社、參與或不參與結社團體之組成與相關事務，並保障由個別人民集合而成之結社團體就其本身之形成、存續及與結社相關活動之推展，免受不法之限制。……人民團體理事、監事之選任及執行職務，涉及結社團體之運作，會員結社理念之實現，以及理事、監事個人職業自由之保障。對人民之上開自由權利加以限制，須以法律定之或經立法機關明確授權行政機關以命令訂定，始無違於憲法第二十三條之法律保留原則。」

　　又大法官釋字第七三三號解釋對人民團體法第十七條第二項有關人民團體理事長產生方式之限制，認為是違憲。該號解釋謂：「人民團體法第十七條第二項關於『由理事就常務理事中選舉一人為理事長，其不設常務理事者，就理事中互選之』之規定部分，限制職業團體內部組織與事務之自主決定已逾必要程度，有違憲法第二十三條所定之比例原則，與憲法第十四條保障人民結社自由之意旨不符，應自本解釋公布之日起，至遲於屆滿一年時，失其效力。」❹

❸　相關論文請參閱，宮文祥，〈政黨結社自由與言論自由之再探〉，《政治科學論叢》，第七十五期，民國一〇七年三月，頁 1–42；孫金昱，〈政治正確「殺死」言論自由：真實憂慮還是話術陷阱？〉，《思想》，第三十五期，民國一〇七年五月，頁 115–132。

❹　生活實例請看，許育典，〈職業團體理事長不得直接選舉？〉，《月旦法學教室》，第一六三期，民國一〇五年五月，頁 9–11；論文請看，劉靜怡，〈職業團體理事長產生方式的憲法意涵──釋字第 733 號解析〉，《月旦裁判時報》，第五十四期，

## 四、結社自由之限制

結社對社會秩序及他人權益影響甚大，為防止妨礙他人自由與維持社會秩序，我國法律對人民結社自由亦有相當限制❸，其情形如次：

### (一)人民須依法律規定結社

民法第二十五條規定，法人非依本法或其他法律之規定，不得成立。又人民團體法第一條規定，人民團體之組織與活動，依本法之規定，其他法律有特別規定者，適用其規定。

### (二)人民不得參與犯罪之結社

刑法第一百五十四條第一項規定，參與以犯罪為宗旨之結社，處三年以下有期徒刑、拘役或五百元以下罰金。首謀者，處一年以上七年以下有期徒刑。

又為防制組織犯罪，政府制定公布了「組織犯罪防制條例」，以維護社會秩序，保障人民權益。依據該條例第二條、第三條分別規定，犯罪組織，係指三人以上，以實施強暴、脅迫、詐術、恐嚇為手段或最重本刑逾五年有期徒刑之刑之罪，所組成具有持續性或牟利性之有結構性組織。而所謂結構性組織，是指非為立即實施犯罪而隨意組成，不以具有名稱、規約、儀式、固定處所、成員持續參與或分工明確為必要。如參與此組織，將被處以六月以上五年以下有期徒刑，得併科新臺幣一千萬元以下罰金；如為發起、主持、操縱或指揮犯罪組織者，則處三年以上十年以下有期徒刑，得併科新臺幣一億元以下之罰金。

### (三)人民不得在戒嚴地域內結社

此乃因戒嚴法第十一條第一款規定，戒嚴地域內，最高司令官得停止結社，必要時並得解散之。

值得注意的是，人民如果違反法律規定而為結社行為時，效果如何？就此，大法官釋字第六五九號解釋，即曾對私立學校董事不依照私立學校法規

---

民國一○五年十二月，頁 5–10。

❸ 生活實例請看，李仁淼，〈結社自由之界限〉，《月旦法學教室》，第一六七期，民國一○五年九月，頁 6–8。

定而為不當行為，致全體理事遭教育部解除職務之爭議，作出不違憲的解釋。

# 第十一項　財產自由

　　我國憲法第十五條規定：「人民之生存權、工作權及財產權，應予保障。」國內學者對此條文所規定三種人權之性質，看法不一，有將此三種人權視為三位一體，以為要生存才需要工作；因工作才發生財產，並於「自由權」中，將此三權合併討論。但有學者認為生存權是個人對於國家有請求給予生活的權利，工作權則是個人對於國家有請求給予工作機會的權利，而財產權是個人對其財產有自由取得、使用、收益、處分的權利❸，故主張生存權及工作權是受益請求權，至於財產權則為自由權❸。

## 一、財產自由之意義

　　財產自由，乃人民對其財產得自由取得、使用、收益、處分，不受政府或其他人非法干涉、侵犯之意。而所謂財產，概念甚為廣泛❸，非僅指動產或不動產而已。財產包括物權、準物權、債權、智慧財產權等，可列表如次。

---

❸　學者謂，我國財產權之核心，係基於自由主義憲法之「財產的私有性」與「財產的私用性」。國家基於公益的必要，雖得對財產權內容加以形成，但無論如何，純粹共產式的「公有制」，絕非我國憲法所許。參閱，李惠宗，上揭書，頁249；蘇永欽，〈財產權的保障與大法官解釋〉，《憲政時代》，第二十四卷，第三期，民國八十七年十二月，頁 19/25 以下。

❸　薩孟武，上揭書，頁 117。

❸　參閱，劉建宏，〈財產權〉，《法學講座》，第二十九期，頁 1-16。

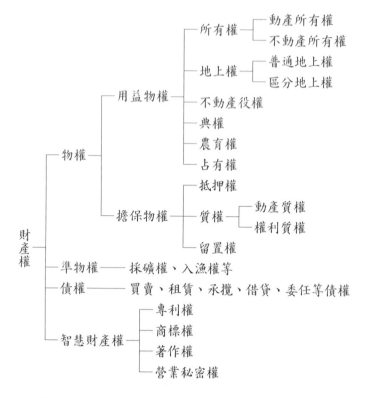

在十八世紀美國獨立、法國大革命時期，自由思想風行，認為財產所有權神聖不可侵犯，故不論持有或行使財產權之方式，均任個人自由，非他人所得干涉。此種思想固然可以激發人民奮鬥向上，使企業自由營運，累積財富，促進社會繁榮。但若私有財產過分發展、過分集中，將使大企業家、大地主等經濟上霸權者，壓榨勞工、消費者，或濫用財產自由，不為財產之使用，使土地廢耕、社會經濟利益受到損害。造成富者愈富、窮者愈窮，引發社會混亂與政治不安。因此，財產自由之觀念已由天賦人權性、無限制之絕對自由，演進為社會職務性之可限制之相對自由。個人之財產自由、使用、收益、處分權利均附帶有社會義務❿，除顧及個人私益外，也要為社會之公益而存在、而使用。這是財產自由意義的重要改變。這也是為什麼對富人可

---

❿ 德國聯邦憲法法院判決即曾明示：「財產權係基本權利，與人格之自由保障，固有內部關連性，惟在基本權利架構中，財產權具有義務性。」參閱，法治斌、董保城，《中華民國憲法》，頁 202–203；陳新民，上揭書，頁 291–292。

以課賦奢侈稅、空地稅之重要原因。

## 二、財產自由之保障

　　人民之財產權，如何加以保障❶？我憲法除於第十五條有規定外，並於憲法第一百四十三條規定，人民依法取得之土地所有權，應受法律之保障。其他法律如民法、專利法、商標法、著作權法對人民如何能自由擁有、使用、收益、處分其財產權，均有規定，茲簡述於下：

### ㈠人民得自由使用、收益、處分其財產，並排除他人之干涉

　　1.民法第七百六十五條規定，所有人於法令限制之範圍內，得自由使用、收益、處分其所有物，並排除他人之干涉。

　　2.專利法第六十二、六十五條規定專利權得讓與、信託、授權他人實施或設定質權。又專利權受侵害時，依專利法第九十六條各項之規定，得請求損害賠償並得請求排除其侵害，有侵害之虞者，得請求防止或提起訴訟。

　　3.商標法第三十三條、第三十七條、第四十三條、第四十四條分別規定，商標專用權之取得、分割、移轉、設定質權，或與其所註冊之商品之全部或一部授權他人使用。又同法第二十七條規定，因商標註冊之申請所生之權利，亦得移轉於他人。又商標法第六十九條規定商標專用權人對於侵害其商標專用權者，得請求損害賠償，並得請求排除其侵害，有侵害之虞者，得請求防止之。

　　4.著作權法第三十六、三十七、三十九條分別規定著作財產權得讓與、授權他人利用或設定質權。遇有侵害時，依著作權法第八十四條之規定，得請求排除之，有侵害之虞者，得請求防止之，並依第八十八、九十條之規定，

---

❶　學者謂有制度性保障 (Institutsgarantie) 與個別性保障 (Individualsgarantie)。詳請參閱，陳新民，上揭書，頁 282–283；另學者認財產權保障之範圍，從「所有權的存續保障」(Bestandsgarantie des Eigentums)，擴展到「財產權的價值保障」(Werts-garantie des Eigentums)。請參閱，李惠宗，上揭書，頁 249–254；另參閱，孫迺翊，〈年金改革、信賴保護原則與年金期待權之財產權保障——兼論不同職域年金制度之銜接〉，《月旦法學雜誌》，第二六八期，民國一〇六年九月，頁 84–109。

請求侵害人為損害賠償。

5.營業秘密法第六條第一項規定，營業秘密得全部或部分讓與他人或與他人共有。同法第十一條又規定，營業秘密受侵害時，被害人得請求排除之，有侵害之虞者，得請求防止之。

**㈡政府徵收❶、徵用人民財產須為公益，且應合理補償**

1.依土地法第二百零八至二百十條之規定，政府為公共事業之需要，得徵收私有土地及附著其上之名勝古蹟❷。但依同法第二百三十六條之規定，應給予合理之地價補償費及遷移費。土地徵收條例第三十條至第三十六條之一更有詳細規定。

2.依災害防救法第三十二條第一項規定，政府得徵用、徵購救災所需必要物資，而依同法第三十三條第一項規定，人民受徵用、徵購處分，致其財產受損失時，得請求補償。

3.依消防法第十九條第一項規定，消防人員在搶救火災時，得使用、損壞或限制土地、建築物、車輛及其他物品之使用，而依同條第二項之規定，對土地或建築物之使用、損壞或限制使用所致之損失，得視實際狀況酌予補償，但對應負引起火災責任者，不予補償。

4.依全民防衛動員準備法第二十八條至第三十三條規定主辦動員演習機關得因演習需要徵用人民財物，並依同法相關規定，補償人民之損失。

**㈢國家及其所屬公務員不得非法剝奪或侵害人民財產權，否則應負下列各項責任**

1.刑法第一百二十九條第一項規定，公務員對於租稅或其他入款，明知不應徵收而徵收者，處一年以上、七年以下有期徒刑，得併科七千元以下罰

---

❶ 政府徵收又有分為行政徵收 (Administrativenteignung) 與立法徵收 (Legalenteignung) 者，詳請參閱，法治斌、董保城，上揭書，頁 204–205；另參閱，陳新民，〈憲法財產權保障之體系與公益徵收之概念〉，氏著，《憲法基本權利之基本理論》上冊，民國八十一年三版，頁 285 以下。

❷ 相關論文請看，許育典、凌赫，〈私有古蹟保存與財產權保障〉，《台灣法學雜誌》，第三○九期，民國一○五年十二月，頁 35–50。

金。同條第二項規定，公務員對於職務上發給之款項、物品，明知應發給而抑留不發或剋扣者，亦同。

2.國家賠償法第二條第二項規定，公務員於執行職務、行使公權力時，因故意或過失不法侵害人民自由或權利者，國家應負損害賠償責任。公務員怠於執行職務，致人民自由或權利遭受損害者亦同。

## (四)私人不得非法侵害他人財產權，否則應負下列各項刑事及民事責任

1.刑法第三百五十二條第一項規定，毀棄、損壞他人文書，或致令不堪用，足以生損害於公眾或他人者，處三年以下有期徒刑、拘役或一萬元以下罰金。

2.刑法第三百五十三條規定，毀壞他人建築物、礦坑、船艦或致令不堪用者，處六月以上五年以下有期徒刑。

3.刑法第三百五十四條規定，毀棄、損壞刑法第三百五十二、三百五十三條以外之他人之物，或致令不堪用，足以生損害於公眾或他人者，處二年以下有期徒刑、拘役或五百元以下罰金。

4.刑法第三百五十五條規定，意圖損害他人，以詐術使本人或第三人為財產上之處分，致生財產上之損害者，處三年以下有期徒刑、拘役或五百元以下罰金。

5.刑法第三百五十六條規定，債務人於將受強制執行之際，意圖損害債權人之債權，而毀壞、處分或隱匿其財產者，處二年以下有期徒刑、拘役或五百元以下罰金。

6.刑法第三百五十八條規定，無故輸入他人帳號密碼、破解使用電腦之保護措施或利用電腦系統之漏洞，而入侵他人之電腦或其相關設備者，處三年以下有期徒刑、拘役或科或併科十萬元以下罰金。

7.刑法第三百六十條規定，無故以電腦程式或其他電磁方式干擾他人電腦或其相關設備，致生損害於公眾或他人者，處三年以下有期徒刑、拘役或科或併科十萬元以下罰金。

8.民法第一百八十四條規定，人民因故意或過失不法侵害他人之權利者，

負損害賠償責任，故意以背於善良風俗之方法，加損害於他人者亦同。

## 三、財產自由之限制

在現代社會裡，財產權已非如法國大革命時代口號所稱之神聖不可侵犯之權利。相反的，財產權負有社會義務 (Sozialpflicht des Eigentums)，應為社會公益而使用。我國憲法及法律對人民之財產自由，也如各國憲法一般，設有相當限制 [143]。茲列述於次：

### ㈠土地所有權之限制

憲法第一百四十三條第一項規定，人民依法取得之土地所有權，應受法律之保障與限制。同條第四項規定，國家對土地之分配與整理，應以扶植自耕農及自行使用土地人為原則，並規定其適當經營之面積。由此可見，對土地擁有及土地所有權之限制是合憲的。

### ㈡人民有使用其財產之義務

土地法第八十九條第一項規定，直轄市或縣（市）地政機關對於管轄區內之私有空地及荒地，得劃定區域，規定期限，強制依法使用。又同條第二項規定，前項私有荒地，逾期不使用者，該管直轄市或縣（市）政府得照申報地價收買之。由此可知，國家可以強制人民為公益而使用其財產。否則，可依法收買其財產。

### ㈢國家得限制人民不勞而增值之財產

憲法第一百四十三條第三項規定，土地價值非因施以勞力資本而增加者，應由國家徵收土地增值稅，歸人民共享之。

### ㈣國家得限制妨害國計民生之私有財產

憲法第一百四十五條第一項規定，國家對於私人財富及私營事業，認為有妨害國計民生之平衡發展者，應以法律限制之。民國一〇〇年六月一日施行之「特種貨物及勞務稅條例」，即是對造成房價暴漲之豪宅、汽車、遊艇等課以特種貨物及勞務稅，以免因類此之消費行為，妨害到國計民生。

---

[143] 參閱，王榆評，〈財產權之保障與限制——以耕地三七五減租條例為中心〉，《憲政時代》，第二十五卷第四期，民國八十九年四月，頁 141–163。

### ㈤國家得限制人民取得特定財產權

憲法第一百四十三條第二項規定，附著於土地之礦及經濟上可供公眾利用之天然力，屬於國家所有，不因人民取得土地所有權而受影響。

### ㈥人民使用其財產權應注意公、私權益

民法第一百四十八條第一項規定，權利之行使，不得違反公共利益，或以損害他人為主要目的。同條第二項也規定，行使權利，履行義務，應依誠實及信用方法。又同法第七百七十三條規定，土地所有權除法令有限制外，於其行使有利益之範圍內，及於土地之上下。如他人之干涉，無礙其所有權之行使者，不得排除之。由此可見，人民雖有使用其財產之自由，但仍應注意公共利益與私人權益，不得隨意侵犯，否則會受到法律之制裁。

### ㈦國家得限制財產之贈與、繼承

依遺產及贈與稅法第十三、十九條之規定，國家原可透過累進稅率，課徵遺產稅及贈與稅，以限制人民繼承或贈與財產之自由，但在民國九十八年一月二十一日總統令公布修正之第十三條、第十九條條文，則已放棄以累進稅率，課徵遺產稅及贈與稅，而改採依課稅遺產淨額百分之十及課稅贈與淨額之百分之十來課稅。此一規定或有助於海外臺商將資金匯回臺灣，但並不利於貧富差距之縮小。因此，遺產及贈與稅法於民國一〇六年四月二十五日修正時，又採行累進稅率。依遺產及贈與稅法第十三條規定，課稅遺產淨額在五千萬元以下，課徵百分之十；超過五千萬元至一億元者，課徵五百萬元，加超過五千萬元部分之百分之十五；超過一億元者，課徵一千二百五十萬元，加超過一億元部分之百分之二十。

### ㈧國家得限制人民提款、匯款、轉帳、付款、交付或轉讓通貨或其他支付工具

立法院於民國一〇五年七月十二日制定、並由總統於同年七月二十七日公布施行的「資恐防制法」第七條規定，經法務部依該法第四條第一項或第五條第一項指定制裁之個人、法人或團體，不得為下列行為：

一、對其金融帳戶、通貨或其他支付工具，為提款、匯款、轉帳、付款、交款或轉讓。

二、對其所有財物或財產上利益，為移轉、變更、處分、利用或其他足以變動其數量、品質、價值及所在地。

三、為其收集或提供財物或財產上利益。

除了上述法律外，其他法律或行政命令對財產自由之保障與限制是否均符合憲法，不無爭議。司法院大法官對各項法律之限制財產自由，是否違憲，作出許多解釋❿，分別指出：1.財產權限制應有必要；2.財產權限制應合比例；3.財產權限制應合目的；4.財產權限制應符合法律保留原則；5.財產權限制應符合具體明確原則；6.財產權限制應符合正當程序原則；7.財產權限制應符合不溯既往原則；8.財產權限制應符合信賴保護原則；9.財產權限制應符合一事不二罰原則；10.財產權限制應符合有徵收即補償原則；11.財產權限制應符合平等保護原則。

大法官對各項法律之限制財產自由，是否違憲，所作的重要解釋，可列述於此：

1.大法官釋字第五一六號解釋稱，國家因公用或其他公益目的之必要，雖得依法徵收人民之財產，但應給予合理之補償。此項補償乃因財產之徵收，對被徵收財產之所有人而言，係為公共利益所受之特別犧牲，國家自應予以補償，以填補其財產權被剝奪或其權能受限制之損失。故補償不僅需相當，更應儘速發給，方符憲法第十五條規定，人民財產權應予保障之意旨。

2.大法官釋字第五八一號解釋稱，「自耕能力證明書之申請及核發注意事項」（以下稱注意事項）係中華民國六十五年一月二十六日內政部為執行土地法第三十條之規定（八十九年一月二十六日刪除）所訂定。七十九年六月二十二日修正之注意事項第四點規定，公私法人、未滿十六歲或年逾七十歲之

---

❿ 詳請參閱，蘇永欽，〈財產權的保障與大法官解釋〉，氏著，《違憲審查》，學林文化事業有限公司，民國八十八年一月一版，頁 76–148；另參閱，王文宇，〈從財產權之保障論釋字第三四九號〉，劉孔中、李建良主編，《憲法解釋之理論與實務》，中央研究院中山人文社會科學研究所，民國八十七年六月，頁 421–456；林三欽，〈不動產使用限制與財產權之保障〉，收於中央研究院主辦，《第三屆「憲法解釋之理論與實務」學術研討會會議論文㈡》，民國九十年三月，頁 23–24。

自然人、專任農耕以外之職業者及在學之學生（夜間部學生不在此限），皆不得申請自耕能力證明書，致影響實質上具有自任耕作能力者收回耕地之權利，對出租人財產權增加法律所無之限制，與憲法第二十三條法律保留原則以及第十五條保障人民財產權之意旨不符，上開注意事項之規定，應不予適用。本院釋字第三四七號解釋相關部分應予變更。

3.大法官釋字第五八六號解釋稱，「財政部證券管理委員會（後更名為財政部證券暨期貨管理委員會），訂頒之『證券交易法第四十三條之一第一項取得股份申報事項要點』，第三條第二款：『本人及其配偶、未成年子女及二親等以內親屬持有表決權股份合計超過三分之一之公司或擔任過半數董事、監察人或董事長、總經理之公司取得股份者』亦認定為共同取得人之規定及第四條相關部分，則逾越母法關於『共同取得』之文義可能範圍，增加母法所未規範之申報義務，涉及憲法所保障之資訊自主權與財產權之限制，違反憲法第二十三條之法律保留原則。」

4.大法官釋字第六四一號解釋稱：「菸酒稅法第二十一條規定：『本法施行前專賣之米酒，應依原專賣價格出售。超過原專賣價格出售者，應處每瓶新臺幣二千元之罰鍰。』其有關處罰方式之規定，使超過原專賣價格出售該法施行前專賣之米酒者，一律處每瓶新臺幣二千元之罰鍰，固已考量販售數量而異其處罰程度，惟採取劃一之處罰方式，於個案之處罰顯然過苛時，法律未設適當之調整機制，對人民受憲法第十五條保障之財產權所為限制，顯不符妥當性而與憲法第二十三條之比例原則尚有未符，有關機關應儘速予以修正，並至遲於本解釋公布之日起屆滿一年時停止適用。」

5.大法官釋字第六五二號解釋理由書稱：「憲法第十五條規定，人民之財產權應予保障，故國家因公用或其他公益目的之必要，雖得依法徵收人民之財產，但應給予合理之補償。此項補償乃因財產之徵收，對被徵收財產之所有權人而言，係為公共利益所受之特別犧牲，國家自應予以補償，以填補其財產權被剝奪或其權能受限制之損失。故補償不僅需相當，更應儘速發給，方符憲法保障人民財產權之意旨。」

6.大法官釋字第六七三號解釋稱：「所得稅法第一百十四條第一款後段，

有關扣繳義務人不按實補報扣繳憑單者，應按應扣未扣或短扣之稅額處三倍
之罰鍰部分，未賦予稅捐稽徵機關得參酌之具體違章狀況，按情節輕重裁量罰
鍰之數額，其處罰顯已逾越必要程度，就此範圍內，不符憲法第二十三條之
比例原則，與憲法第十五條保障人民財產權之意旨有違，應自本解釋公布之
日起停止適用。有關機關對未於限期內按實補報扣繳憑單，而處罰尚未確定
之案件，應斟酌個案情節輕重，並參酌稅捐稽徵法第四十八條之三之規定，
另為符合比例原則之適當處置。」

7. 大法官釋字第七○九號解釋稱：「九十二年一月二十九日修正公布之都
市更新條例第十九條第三項前段（該條於九十九年五月十二日修正公布將原
第三項分列第三項、第四項）規定，並未要求主管機關應將該計畫相關資訊，
對更新單元內申請人以外之其他土地及合法建築物所有權人分別為送達，且
未規定由主管機關以公開方式舉辦聽證，使利害關係人得到場以言詞為意見
之陳述及論辯後，斟酌全部聽證紀錄，說明採納及不採納之理由作成核定，
連同已核定之都市更新事業計畫，分別送達更新單元內各土地及合法建築物
所有權人、他項權利人、囑託限制登記機關及預告登記請求權人，亦不符憲
法要求之正當行政程序。上開規定均有違憲法保障人民財產權與居住自由之
意旨。相關機關應依本解釋意旨就上開違憲部分，於本解釋公布之日起一年
內檢討修正，逾期未完成者，該部分規定失其效力。」

8. 大法官釋字第七一三號解釋稱：「財政部中華民國九十一年六月二十
日修正發布之稅務違章案件減免處罰標準第六條第一項第二款規定:『依所得
稅法第一百十四條第一款規定應處罰鍰案件，有下列情事之一者，減輕或免
予處罰：……二、扣繳義務人已於期限內補繳應扣未扣或短扣之稅款，未在
期限內補報扣繳憑單，於裁罰處分核定前已按實補報者，按應扣未扣或短扣
之稅額處一·五倍之罰鍰』（一○○年五月二十七日修正刪除），關於裁處罰
鍰數額部分，已逾越必要程度，就此範圍內，不符憲法第二十三條之比例原
則，與憲法第十五條保障人民財產權之意旨有違。」

9. 大法官釋字第七一六號解釋稱:「公職人員利益衝突迴避法第十五條規
定:『違反第九條規定者，處該交易行為金額一倍至三倍之罰鍰。』於可能造

成顯然過苛處罰之情形，未設適當之調整機制，其處罰已逾越必要之程度，不符憲法第二十三條之比例原則，與憲法第十五條保障人民財產權之意旨有違。」

10.大法官釋字第七二三號解釋稱：「中華民國八十九年十二月二十九日修正發布之全民健康保險醫事服務機構醫療服務審查辦法第六條第一項規定：『保險醫事服務機構申報醫療服務點數，逾前條之申報期限二年者，保險人應不予支付。』（該辦法於九十一年三月二十二日修正發布全文，該條項規定並未修正，一〇一年十二月二十四日修正刪除）有違法律保留原則，侵害人民之財產權，與憲法第十五條及第二十三條規定之意旨不符，應不予適用。」

11.大法官釋字第七三〇號解釋稱：「學校教職員退休條例施行細則第十九條第二項有關已領退休（職、伍）給與或資遣給與者再任或轉任公立學校教職員重行退休時，其退休金基數或百分比連同以前退休（職、伍）基數或百分比或資遣給與合併計算，以不超過同條例第五條及第二十一條之一第一項所定最高標準為限之規定，欠缺法律具體明確之授權，對上開人員依同條例請領退休金之權利，增加法律所無之限制，侵害其受憲法第十五條保障之財產權，與憲法第二十三條法律保留原則有違❶❹❺。」

12.大法官釋字第七三一號解釋稱：「中華民國八十九年二月二日制定公布之土地徵收條例第四十條第一項規定：『實施區段徵收時，原土地所有權人不願領取現金補償者，應於徵收公告期間內，檢具有關證明文件，以書面向該管直轄市或縣（市）主管機關申請發給抵價地。……』（該條於一〇一年一月四日修正公布，惟該項規定並未修正；下稱系爭規定）關於應於公告期間內申請部分，於上開主管機關依同條例第十八條規定以書面通知土地所有權人，係在徵收公告日之後送達者，未以送達日之翌日為系爭規定申請期間起算日，而仍以徵收公告日計算申請期間，要求原土地所有權人在徵收公告期間內為申請之規定，不符憲法要求之正當行政程序，有違憲法第十五條保障人民財產權之意旨，應自本解釋公布之日起一年內檢討修正。逾期未修正者，該部

---

❶❹❺　相關論文請參閱，蔡維音，〈老年給付之財產權保障——釋字第七三〇號解釋解析〉，《月旦裁判時報》，第四十一期，民國一〇四年十一月十五日，頁5–10。

分失其效力。」

13.大法官釋字第七三二號解釋稱：「中華民國九十年五月三十日修正公布之大眾捷運法（下稱九十年捷運法）第七條第四項規定：『大眾捷運系統……其毗鄰地區辦理開發所需之土地……，得由主管機關依法報請徵收。』七十七年七月一日制定公布之大眾捷運法（下稱七十七年捷運法）第七條第三項規定：『聯合開發用地……，得徵收之。』七十九年二月十五日訂定發布之大眾捷運系統土地聯合開發辦法（下稱開發辦法）第九條第一項規定：『聯合開發之用地取得……，得由該主管機關依法報請徵收……。』此等規定，許主管機關為土地開發之目的，依法報請徵收土地徵收條例（下稱徵收條例）第三條第二款及土地法第二百零八條第二款所規定交通事業所必須者以外之毗鄰地區土地，於此範圍內，不符憲法第二十三條之比例原則，與憲法保障人民財產權及居住自由之意旨有違❿。」

14.大法官釋字第七六三號解釋稱：「土地法第二一九條第一項規定逕以『徵收補償發給完竣屆滿一年之次日』為收回權之時效起算點，並未規定該管直轄市或縣（市）主管機關就被徵收土地之後續使用情形，應定期通知原土地所有權人或依法公告，致其無從及時獲知充分資訊，俾判斷是否行使收回權，不符憲法要求之正當行政程序，於此範圍內，有違憲法第十五條保障人民財產權之意旨，應自本解釋公布之日起二年內檢討修正。」

15.大法官釋字第七六五號解釋稱：「內政部中華民國九十一年四月十七日訂定發布之土地徵收條例施行細則第五十二條第一項第八款規定：『區段徵收範圍內必要之管線工程所需工程費用……，由需用土地人與管線事業機關

---

❿ 相關論文請參閱，廖義男、陳立夫、林明鏘、林家正，〈大眾捷運系統、都市計劃開發與土地徵收——釋字第七三二號解釋的相關問題〉，《月旦法學雜誌》，第二四七期，民國一○四年十一月五日，頁 5-20；胡博硯，〈比例原則於土地徵收之適用——評釋字第七三二號解釋〉，《月旦法學雜誌》，第二六三期，民國一○六年四月，頁 136-152；傅玲靜，〈大眾捷運系統土地開發徵收之公益性之探求——對於釋字第七三二號解釋的另一種觀察〉，《月旦裁判時報》，第五十期，民國一○五年八月，頁 49-58；范文清，〈土地徵收與比例原則——評釋字第七三二號解釋〉，《月旦裁判時報》，第五十期，民國一○五年八月，頁 59-66。

（構）依下列分擔原則辦理：……八、新設自來水管線之工程費用，由需用土地人與管線事業機關（構）各負擔二分之一。』（九十五年十二月八日修正發布為同細則第五十二條第一項第五款規定：『五、新設自來水管線之工程費用，由需用土地人全數負擔。』於適用於需用土地人為地方自治團體之範圍內）無法律明確授權，逕就攸關需用土地人之財政自主權及具私法人地位之公營自來水事業受憲法保障之財產權事項而為規範，與法律保留原則有違，應自本解釋公布之日起，至遲於屆滿二年時，不再適用。」

# 第六節　受益權

## 第一項　概　說

　　受益權乃人民為了自己之生存及生活利益，可以請求國家為一定行為，以享受個人力量所無法達成之利益的權利。它與自由權不同。因自由權是消極性的，主要在排除國家或其他社會成員之非法侵害。故有人說，自由權乃「自由於國家之外」的權利，是屬於人民的消極權利。但受益權則是人民以積極的身分，要求國家行為以享受其利益之權利，是屬於人民的積極權利。

　　十八世紀之憲法多注意平等權、自由權及財產權之規範保障而少及於受益權。二十世紀之憲法則對受益權之保障甚為重視。這主要是因為整個憲政思潮有了重大改變。在十八、十九世紀，個人主義與自由主義盛行，國家的任務主要在保國衛民，至於人民如何從事經濟活動，有無教育文化，只要不危及社會安全，國家均不聞問，也少干涉。故在當時，人們認為最少干涉的政府乃是最好的政府，人民自由權的範圍相當大。到了二十世紀，則因為產業革命所帶來的勞資對立及貧富差距問題愈來愈嚴重，社會上的強者、霸者每每壓榨社會上之弱者，引起政治、社會之不安。國家不得不積極管理、服務，以抑制強者、保護弱者。因此，在二十世紀時，團體監護主義與社會連帶思想盛行，人們認為最大服務的政府，才是最好的政府。各國政府也多仿

照德國一九一九年之威瑪憲法，規定人民有要求政府提供合理生存，便利生活之種種受益的權利。

受益權可分為經濟上受益權、司法上受益權、行政上受益權、教育上受益權、社會上受益權、文化上受益權、健康上受益權、環境上受益權、消費上受益權、發展上受益權、資訊上受益權等。茲依憲法條文次序及相關國際公約與法律，分項加以說明。

## 第二項　經濟上受益權[147]

德國一九一九年之威瑪憲法提倡生存權、工作權，扶助弱小分子，使國家負起保障人民經濟上生存、生活的權利。威瑪憲法第一百六十三條第二項規定：「對於一切德國人民，均應給予機會，使其從事經濟勞動，以取得生活資源。凡不能給予適當勞動機會者，應給予必要的生活費。」這就是經濟上受益權之濫觴。

經濟上受益權，在我國憲法上，除了第十五條外，憲法第十四章基本國策中，亦有許多規定。茲說明於次：

## 一、工作權

工作權乃人民可以請求國家給予適當工作就業機會，享受適當工作待遇的權利[148]。工作權之保障，淵源於德國威瑪憲法。世界人權宣言第二十三條更將工作權之理念，明文規定，即：

1.人人有權工作、自由選擇職業[149]、享受公平優裕之工作條件及失業之

---

[147] 學者有稱之為社會經濟基本權者，如陳慈陽，前揭書，頁 553–573；有稱之為經濟憲法上之基本權利者，法治斌、董保城，前揭書，頁 199–205。

[148] 學者有將工作權細分為職業自由權、工作能力及機會請求權、勞資結社權及協商權、勞動競爭權者。詳閱，陳慈陽，上揭書，頁 555–556；另參閱，李惠宗，上揭書，頁 223–233；黃越欽，〈憲法中工作權之意義及其演進〉，《法令月刊》，第五十一卷，第十期，民國八十九年十月，頁 34 以下。

[149] 學者謂此為「職業自由」，並依德國基本法第十二條之規定內含區分為：1.選擇

保障。

　2. 人人不容任何區別，有同工同酬之權利。

　3. 人人工作時，有權享受公平優裕之報酬，務使其本人及其家屬之生活足以維持人類尊嚴❿。必要時且應有他種社會保護辦法，以資補益。

　4. 人人為維護其權益，有組織及參加工會之權。

　我國憲法除在第十五條規定，人民之工作權應予保障外，並於憲法第一百五十二條明文規定，人民具有工作能力者，國家應予以適當之工作機會，以落實工作權之保障。此外，政府並公布就業服務法，以促進國民就業，保障國民之工作權。

　原住民族工作權保障法，則以特別法之方法保障了原住民族之工作權。另外，立法院也制定了性別工作平等法，以保障弱勢女性之工作權。而特殊境遇家庭扶助條例第十二條也規定提供特殊境遇家庭創業貸款補助，幫助其從業。又為了促進身心障礙者之就業，身心障礙者權益保障法第三十八條更規定，各級政府機關，公、私立學校，公、私營事業機構，應進用一定比例之有工作能力之身心障礙者。

　工作權雖受憲法及法律之保障，但並非不能限制。大法官釋字第五一○號解釋，受德國聯邦憲法法院所作職業自由限制三階段理論之影響，亦對職業自由採取三階段式之限制。此一理論依德國❺及我國學者❺之分析為：

---

職業之自由權 (Das Recht der freien Berufswahl)；2. 選擇工作場所之自由權 (Das Recht der freien Arbeitsplatzwahl)；3. 選擇職業教育場所之自由權 (Das Recht der freien Ausbildungo-stattenwahl)；4. 執行職業之自由權 (Das Recht der freien Berufs-ausübung)；5. 禁止強迫從事某特定工作；6. 消極職業自由，即不從事職業之自由。參閱，法治斌、董保城，上揭書，頁 200。

❿ 此即所謂像樣的工作，而不是牲畜般的工作。詳請參閱，沈雲驄，〈給我們像樣的工作〉，《中國時報》時論廣場，民國一○○年四月九日，A15 版。

❺ Rolf Stober, Allgemeines Wirtschaftsverwaltungsrecht, W. Kohlbammer Verlag, 12. Aufl. Stutlgart; Berlin; Köln, 2000, S. 244–245.

❺ 法治斌、董保城著，《中華民國憲法》，國立空中大學印行，民國九十一年十月，修訂三版，頁 200–202。

第一階段：職業執行自由之規範 (Regelungen der Berufsausübung)

此一階段乃國家對人民如何 (wie) 從事職業，執行職業自由之規範，例如法令規定修車廠不得在週日營業，或限制化工廠排放熱氣，計程車必須有安全帶之裝置，計程車車身必須黃色，營業時間之限制等，由於執行職業不涉及人民是否可以從事某一職業之問題，因而立法者若欲對從事某一職業之方式或內容有所規範時，只要符合公益考量，且合乎目的性時，立法者享有頗大限制之空間❸。

第二階段：職業選擇自由之主觀要件規範 (Regelungen der subjektiven Zulassungsvoraussetzungen der Berufswahl)

此一階段乃國家對人民之職業選擇，設定主觀許可要件，係指個人欲選擇從事某一職業之前，本身應具備之某些特別之專業能力或資格，依據工作自由之原則，人民雖有選擇各種職業的自由，然國家於特種事業，倘因其關係公共安全與秩序或因其關係人民之衛生或健康，規定須具有特殊資格者，始准加入該行業，例如當醫師須經考試、或有年齡之限制、或須曾接受過何種教育或訓練。立法機關在規定何種人具備何種主觀要件始得從事某種行業時，僅有在為維護重要公共利益，且有迫切必要時，始可對從事某一行業之資格作限制❹。因此，與上一階段之職業執行方式之規範相比，立法機關所能享有之立法自由空間較少。

第三階段：職業選擇自由之客觀要件規範 (Die objektive Zulassungsregelungen der Berufswahl)

此一階段與第二階段不同者，在於客觀要件之規範與從事職業之個人無關，而是受外界客觀因素之影響。例如限制某一地區藥房之家數、計程車數量、某條路段客運經營之家數、限制一定之廣播頻道等。由於和該地區之需求、國家壟斷性有關，因而立法機關欲對選擇職業自由客觀要件作規範，即必須要基於為保護特別重要之公益且有必要者，例如基於國民健康之理由而限制某地區藥房之家數（不能以為保護其他已設立開業藥房之理由而不准許

❸ 同上註，頁 200。

❹ 同上註，頁 201。

新設其他藥房）。因而立法機關對於選擇職業自由客觀條件有所規範時，必須有極為特別重大之公益理由，始可限制之，立法機關在此階段享有之立法限制空間更小❺。

## 二、其他經濟受益權

　　人民除了就業工作以外，亦有自行創立事業從事各類經濟活動者。對此些人民，國家亦可提供相當助益，以幫助其經濟事業之發展，憲法及若干法律，對此亦有保障規定。因此，可稱為人民之其他經濟受益權，例如：

　　1.經營公用事業及其他有獨占性企業之權，憲法第一百四十四條規定，公用事業及其他有獨占性之企業，以公營為原則。其經法律許可者，得由國民經營之。

　　2.經營合作事業依憲法第一百四十五條第二項之規定，有受國家之獎勵與扶助之權。

　　3.經營生產事業及對外貿易，依憲法第一百四十五條第三項之規定，有受國家之獎勵、指導及保護之權。

　　4.憲法第一百五十一條明文規定僑民經濟事業之扶助發展與保護。

　　5.憲法增修條文第十條第三項規定，國家對於人民興辦之中小型經濟事業，應扶助並保護其生存與發展。

　　6.憲法增修條文第十條第十二項規定，國家應依民族意願，保障原住民族之地位及政治參與，並對其教育文化、交通水利、衛生醫療、經濟土地及社會福利事業予以保障扶助並促其發展，其辦法另以法律定之。對於澎湖、金門及馬祖地區人民亦同。

　　在法律方面，如農業發展條例、產業創新條例、中小企業發展條例、生技新藥產業發展條例以及文化創意產業發展法等對人民從事農業、產業創新、中小企業、生技新藥產業及文化創意產業，均有優惠規定，人民可以利用它們來充實自己的經濟受益權。

　　除了上述產業優惠法律規定以外，值得注意的是，民國一〇五年十二月

---

❺　同上註。

二十八日由總統公布,在民國一〇六年十二月二十八日施行的「納稅者權利保護法」,更大幅提昇規定人民的經濟受益權。其第一條規定:「為落實憲法生存權、工作權、財產權及其他相關基本權利之保障,確保納稅者權利,實現公平及貫徹正當法律程序,特制定本法。」該法第四條更明白規定:「納稅者為維持自己及受扶養親屬享有符合人性尊嚴之基本生活所需之費用,不得加以課稅。」不過,這一個法律規定,似乎未被政府落實執行,作為納稅者之青年勞工,宜要求政府注意並依法施行。

工作權受憲法及法律之保障。若干法律違反憲法第十五條保障人民工作權之規定,即曾被大法官宣告為違憲,其中,較為明顯的,可列述於次:

1.大法官釋字第六四九號解釋謂:「中華民國九十年十一月二十一日修正公布之身心障礙者保護法第三十七條第一項前段規定:『非本法所稱視覺障礙者,不得從事按摩業。』(九十六年七月十一日該法名稱修正為身心障礙者權益保護法,上開規定之『非本法所稱視覺障礙者』,經修正為『非視覺功能障礙者』,並移列為第四十六條第一項前段,規定意旨相同)與憲法第七條平等權、第十五條工作權及第二十三條比例原則之規定不符。」

2.不過,汽車駕駛人拒絕酒測者,被吊銷駕照,對職業駕駛人之工作權影響甚鉅。但大法官釋字第六九九號解釋,則認為職業駕駛人應具備較一般駕駛人為高之駕駛道德,不得因工作權而受較輕之處罰,故認道路交通管理處罰條例第三十五條第四項、第六十七條第二項、第六十八條等規定與憲法第二十三條比例原則尚無牴觸,而與憲法保障人民行動自由及工作權之意旨無違❺❻。

3.大法官釋字第七〇二號解釋文謂:「中華民國九十八年十一月二十五日修正公布之教師法第十四條第一項規定,教師除有該項所列各款情形之一者外,不得解聘、停聘或不續聘,其中第六款(即一百零一年一月四日修正公布之同條第一項第七款)所定『行為不檢有損師道,經有關機關查證屬實』

---

❺❻ 相關論文請參閱,黃惠婷、陳英淙,〈拒絕酒測致吊銷駕照之研究——反思大法官釋字第六九九號解釋〉,《憲政時代》,第四十一卷,第一期,民國一〇四年七月,頁45–102。

之要件，與憲法上法律明確性原則之要求尚無違背。又依同條第三項（即一百零一年一月四日修正公布之同條第三項，意旨相同）後段規定，已聘任之教師有前開第六款之情形者，應報請主管教育行政機關核准後，予以解聘、停聘或不續聘，對人民職業自由之限制，與憲法第二十三條比例原則尚無牴觸，亦與憲法保障人民工作權之意旨無違。惟同條第三項前段使違反前開第六款者不得聘任為教師之規定部分，與憲法第二十三條比例原則有違。」

　　4.大法官釋字第七一一號解釋謂：「藥師法第十一條規定：『藥師經登記領照執業者，其執業處所應以一處為限。』未就藥師於不違反該條立法目的之情形下，或於有重大公益或緊急情況之需要時，設必要合理之例外規定，已對藥師執行職業自由形成不必要之限制，有違憲法第二十三條比例原則，與憲法第十五條保障工作權之意旨相牴觸。」

　　改制前之行政院衛生署（現已改制為衛生福利部）中華民國一〇〇年四月一日衛署醫字第一〇〇〇〇〇七二四七號函限制兼具藥師及護理人員資格者，其執業場所應以同一處所為限，違反憲法第二十三條法律保留原則。」

　　5.大法官釋字第七二六號解釋謂：「勞動基準法第八十四條之一有關勞雇雙方對於工作時間、例假、休假、女性夜間工作有另行約定時，應報請當地主管機關核備之規定，係強制規定，如未經當地主管機關核備，該約定尚不得排除同法第三十條、第三十二條、第三十六條、第三十七條及第四十九條規定之限制，除可發生公法上不利於雇主之效果外，如發生民事爭議，法院自應於具體個案，就工作時間等事項另行約定而未經核備者，本於落實保護勞工權益之立法目的，依上開第三十條等規定予以調整，並依同法第二十四條、第三十九條規定計付工資。」是以勞資雙方就工作時間另行約定，而未經主管機關核備者，即有礙於勞工工作權之保障。

　　6.大法官釋字第七四九號解釋對道路交通管理處罰條例限制計程車駕駛人於執業期中犯特定之罪者，三年內不得執業，且吊銷其持有之各級駕照，認為已逾越必要程序，不符憲法第二十三條比例原則，與憲法第十五條保障人民工作權之意旨有違。

## 第三項　司法上受益權

　　司法上受益權乃是人民之權利有爭執或受侵害時，得向行政法院、地方法院、智財法院或家事法院等提起訴訟，請求裁判之權利。憲法第十六條即明文規定人民有訴訟之權[157]。而此所謂之人民，包括受羈押之被告。大法官釋字第七二〇號解釋更補充了釋字第六五三號解釋，以保障受羈押被告之訴訟權，該號解釋謂：「羈押法第六條及同法施行細則第十四條第一項之規定，不許受羈押被告向法院提起訴訟請求救濟之部分，業經本院釋字第六五三號解釋，以其與憲法第十六條保障人民訴訟權之意旨有違，宣告相關機關至遲應於解釋公布之日起二年內，依解釋意旨，檢討修正羈押法及相關法規，就受羈押被告及時有效救濟之訴訟制度，訂定適當之規範在案。在相關法規修正公布前，受羈押被告對有關機關之申訴決定不服者，應許其準用刑事訴訟法第四百十六條等有關準抗告之規定，向裁定羈押之法院請求救濟。本院釋字第六五三號解釋應予補充。」

　　又法律扶助法，對無資力，或因其他原因，無法受到法律適當保護之人民提供：1.法律諮詢；2.調解、和解；3.法律文件撰擬；4.訴訟或仲裁之代理或辯護；5.其他法律上必要之服務及費用之扶助，使人民之司法受益權獲得更多之保障。不過，法律扶助法自民國九十三年施行至民國一〇六年，案件暴增了二十四倍，因為缺乏排富設計，給予扶助之審核機制也非常寬鬆，導致扶助無資力或特定弱勢族群之立法意旨，日漸消失[158]。

　　值得特別重視的是，在我國有法律效力的「公民與政治權利國際公約」

---

[157] 歐洲聯盟基本權利憲章第四十七條規定得更詳細。該條規定，有效救濟與受公平審判之權利 (Right to an effective remedy and to a fair trial)，意指人人均享有在法庭前獲得有效救濟之權利、人人均享有於適當合理時間在獨立且公正之法庭中獲得公平且公開審理之權利、人人均應有機會獲得律師建議、辯護與代理之權利、人人均有獲得司法扶助之權利。

[158] 請參閱，林騰鷂，〈讓法扶真正扶弱〉，《中國時報》，時論廣場，民國一〇六年七月二十四日，A15 版。

第十四條，詳細規定了人民有接受公正裁判之權利 (Right to a Fair Trial)，尤其對於刑事被告之司法上受益權❺有非常周全的程序保護規定。該條共有七項，每一個公民與憲法學習者應給予特別的重視，以保衛自己或他人之司法受益權。茲分述之。

一、受獨立、無偏倚法庭公正、公開審訊的權利。

二、受刑事控告之人，在未依法證實有罪之前，應有權被視為無罪。

三、被控刑事罪時，人人有權平等享受下列最低限度的審判保障：

1.迅速以一種被告之人懂得的語言詳細地告知對他提出的指控的性質和原因；

2.有相當時間和便利準備他的辯護並與他自己選擇的律師聯絡；

3.受審時間不被無故拖延；

4.出席受審並親自替自己辯護或經由他自己所選擇的法律援助進行辯護；如果被告沒有法律援助，要通知被告享有這種權利；在司法利益有此需要的案件中，為被告指定法律援助，而在被告沒有足夠能力償付法律援助的案件中，不要被告自己付費；

5.訊問或業已訊問對被告不利的證人，並使對被告有利的證人在與對被告不利的證人相同的條件下出庭和受訊問；

6.如被告不懂或不會說法庭上所用的語言，能免費獲得譯員的援助；

7.不被強迫作不利於被告自己的證言或強迫承認犯罪。此即為不自證己罪及不強迫認罪原則 (Not to be compelled to testify against himself or to confess guilt)。

四、對少年的案件，在程序上應考慮到他們的年齡和幫助他們重新做人的需要。

五、凡被判定有罪者，應有權由一個較高級法庭對其定罪及刑罰依法進行複審。此即享受審級保護之權利。

六、受冤獄賠償的權利，亦即在一人按照最後決定已被判定犯刑事罪而

---

❺　為維護刑事受判決人及其家屬有受正確刑事審判之權利，民國一〇五年十一月六日總統公布施行「刑事案件確定後去氧核醣核酸鑑定條例」，以避免無辜之人受冤抑。

其後根據新的或新發現的事實確實表明發生誤審，他的定罪被推翻或被赦免的情況下，因這種定罪而受刑罰的人應依法得到賠償，除非經證明當時不知道的事實的未被及時揭露完全是或部分是由於他自己的緣故。

七、任何人已依一國的法律及刑事程序被最後定罪或宣告無罪者，不得就同一罪名再予審判或懲罰。

另外，「公民與政治權利國際公約」第十五條也明文規定了「禁止溯及既往之刑罰」，這使原先僅在我國刑法上規定之原則，提昇為有國際間效力之原則，有助於司法受益權之國際化。

依照我國憲法規定，人民可為哪些訴訟呢？從憲法第七十七及一百三十二條合併以觀，人民有民事訴訟、刑事訴訟、行政訴訟、選舉訴訟、家事訴訟與智慧財產訴訟等司法上受益權。茲分述於次。

## 一、民事訴訟權

民事訴訟權乃人民之財產權、身分權、人格權等私權遭受侵害或發生爭執時，得依民事訴訟法之規定，提起給付之訴、確認之訴或形成之訴，請求法院保護其私權或解決其與他人紛爭之權。

我國民事訴訟法採行「當事人進行主義」，因此，人民若欲提起民事訴訟，應自行或委託律師、訴訟代理人等以訴狀提出於法院，而訴狀應表明當事人及法定代理人、訴訟標的及應受判決事項之聲明，並應依民事訴訟費用法之規定繳納裁判費。

民事訴訟原則上採三級三審制，例外採二級二審制。人民如不服第一審地方法院之判決可上訴於第二審之高等法院，如仍不服，可再上訴於第三審之最高法院。

## 二、刑事訴訟權

刑事訴訟權乃人民遭受他人犯罪侵害時，得依刑事訴訟法規定之程序，請求法院對犯罪者科以刑罰而保障自己之權利。

刑事訴訟可分公訴與自訴。公訴乃檢察官基於告訴、告發、請求、自首

或其他情事，展開偵察後，認為應加以起訴時，向法院提起之訴訟。自訴乃受犯罪侵害之被害人，不經檢察官而可逕向法院提起之訴。提起自訴，應提出自訴狀，並按被告之人數提出繕本，如不能提出自訴狀者，亦得以言詞提出自訴。自訴案件之自訴人與公訴案件之檢察官地位相同，一為自訴案件之原告，另一為公訴案件之原告。因此，檢察官於審判期日所得為之訴訟行為，於自訴程序，由自訴人為之。

　　刑事訴訟原則上採三級三審制，人民如有不服可逐級上訴，但對刑法第六十一條所列各罪之案件，採二級二審終結制，依刑事訴訟法第三百七十六條之規定，不得上訴於第三審法院。

　　又人民犯罪經三級三審判決確定後，如發見該犯罪案件之審判係違背法令者，最高法院檢察署檢察總長尚可依刑事訴訟法第四百四十一條之規定，向最高法院提起非常上訴。

　　值得注意的是，為了保護刑事被告之辯護權，民國一〇四年二月四日總統公布修正刑事訴訟法第三十一條及第九十五條。其中第三十一條第一項規定，被告因精神障礙或其他心智缺陷無法為完全之陳述者，被告具原住民身分或被告為低收入戶或中低收入戶或其他法定情形者，於審判中未經選任辯護人者，審判長應指定公設辯護人或律師為被告辯護。又為保障偵查中之羈押審查程序被告之刑事訴訟權❿，民國一〇六年四月二十六日總統令公布增訂刑事訴訟法第三十一條之一，第一項規定：「偵查中之羈押審查程序未經選任辯護人者，審判長應指定公設辯護人或律師為被告辯護。」同條第二項更規定：「前項選任辯護人無正當理由而不到庭者，審判長得設公設辯護人或律師。」透過這些規定，使被告在審判中或偵查中之羈押程序，均可以獲得選任律師或公設辯護人之輔助，可以專業的進行其訴訟。

　　第九十五條則規定，訊問被告，應先告知 1. 犯罪嫌疑及罪名。罪名經告知後，認為應變更者，應再告知。2. 被告得保持緘默，無須違背自己之意思

---

❿　大法官釋字第七三七號解釋明白指出：「偵查中之羈押審查程序，應以適當方式及時使犯罪嫌疑人及其辯護人獲知檢察官據以聲請羈押之理由……，並使其獲知聲請羈押之有關證據，俾利其有效行使防禦權。」

而為陳述。3.得選任辯護人。如為低收入戶、中低收入戶、原住民或其他法令得請求法律扶助者，得請求之。4.得請求調查有利之證據。又無辯護人之被告表示已選任辯護人時，應即停止訊問，除非被告同意續行訊問等，以保障被告之辯護權。

在刑事訴訟權之保障方面，大法官作出兩個對羈押被告及一個對偵查中之犯罪嫌疑人有利之解釋。茲列述於次：

1.大法官釋字第六五三號解釋稱，羈押法第六條及同法施行細則第十四條第一項之規定，不許受羈押被告向法院提起訴訟請求救濟之部分，與憲法第十六條保障人民訴訟權之意旨有違，相關機關至遲應於本解釋公布之日起二年內，依本解釋意旨，檢討修正羈押法及相關法規，就受羈押被告及時有效救濟之訴訟制度，訂定適當之規範。又在本號解釋理由書中，大法官並指出：「受羈押被告不服看守所之處遇或處分，得向法院提起訴訟請求救濟者，究應採行刑事訴訟、行政訴訟或特別訴訟程序，所須考慮因素甚多，諸如爭議事件之性質及與所涉刑事訴訟程序之關聯、羈押期間之短暫性、及時有效之權利保護、法院組織及人員之配置等，其相關程序及制度之設計，均須一定期間妥為規畫。惟為保障受羈押被告之訴訟權，相關機關仍應至遲於本解釋公布之日起二年內，依本解釋意旨，檢討修正羈押法及相關法規，就受羈押被告及時有效救濟之訴訟制度，訂定適當之規範。」

2.大法官釋字第六五四號解釋稱：「羈押法第二十三條第三項規定，律師接見受羈押被告時，有同條第二項應監視之適用，不問是否為達成羈押目的或維持押所秩序之必要，亦予以監聽、錄音，違反憲法第二十三條比例原則之規定，不符憲法保障訴訟權之意旨；同法第二十八條之規定，使依同法第二十三條第三項對受羈押被告與辯護人接見時監聽、錄音所獲得之資訊，得以作為偵查或審判上認定被告本案犯罪事實之證據，在此範圍內妨害被告防禦權之行使，牴觸憲法第十六條保障訴訟權之規定。前開羈押法第二十三條第三項及第二十八條規定，與本解釋意旨不符部分，均應自中華民國九十八年五月一日起失其效力。」

3.大法官釋字第七三七號❶解釋稱：「本於憲法第八條及第十六條人身自

由及訴訟權應予保障之意旨,對人身自由之剝奪尤應遵循正當法律程序原則。偵查中之羈押審查程序,應以適當方式及時使犯罪嫌疑人及其辯護人獲知檢察官據以聲請羈押之理由;除有事實足認有湮滅、偽造、變造證據或勾串共犯或證人等危害偵查目的或危害他人生命、身體之虞,得予限制或禁止者外,並使其獲知聲請羈押之有關證據,俾利其有效行使防禦權,始符憲法正當法律程序原則之要求。其獲知之方式,不以檢閱卷證並抄錄或攝影為必要。刑事訴訟法第三十三條第一項規定:『辯護人於審判中得檢閱卷宗及證物並得抄錄或攝影。』同法第一百零一條第三項規定:『第一項各款所依據之事實,應告知被告及其辯護人,並記載於筆錄。』整體觀察,偵查中之犯罪嫌疑人及其辯護人僅受告知羈押事由所據之事實,與上開意旨不符。有關機關應於本解釋公布之日起一年內,基於本解釋意旨,修正刑事訴訟法妥為規定。逾期未完成修法,法院之偵查中羈押審查程序,應依本解釋意旨行之。」依此解釋意旨,民國一〇六年四月二十六日總統令公布刑事訴訟法第三十三條之一,在其第一項中明文規定:「辯護人於偵查中之羈押審查程序,除法律另有規定外,得檢閱卷宗及證物並得抄錄或攝影。」透過此一規定,使被告及其辯護人不只在審判中,即使在偵查中之羈押程序,亦能獲得訴訟防禦所必要之卷宗及證物的抄錄或攝影。

　　4.大法官釋字第七五二號解釋針對刑事訴訟法第三百七十六條第一款及第二款所列案件,即 1.經第一審判決被告有罪,而第二審駁回上訴或撤銷原審判決並自為有罪判決,不得上訴於第三審法院;2.經第一審判決被告無罪,但第二審撤銷原審判決而自為有罪判決者,不得上訴於第三審法院等,均認為未能提供至少一次上訴救濟之機會,與憲法第十六條保障人民訴訟權之意旨有違,應自該解釋公布之民國一〇六年七月二十八日起,失其效力[162]。

　　5.大法官釋字第七五五號解釋,認監獄行刑法第六條及同法施行細則第

---

[161]　論文請參閱,李榮耕,〈試評釋字第七三七號解釋及二〇一七年新修正的刑事訴訟法〉,《月旦裁判時報》,第六十五期,民國一〇六年十一月,頁 13–23。

[162]　論文請參閱,蘇凱平,〈居於憲法訴訟權核心的冤罪防抑——評釋字第七五二號解釋〉,《月旦裁判時報》,第六十六期,民國一〇六年十二月,頁 88–100。

五條第一項第七款之規定，不許受刑人就監獄處分或其他管理措施向法院請求救濟，與憲法第十六條保障人民訴訟權之意旨有違。該號解釋謂：「監獄行刑法第六條及同法施行細則第五條第一項第七款之規定，不許受刑人就監獄處分或其他管理措施，逾越達成監獄行刑目的所必要之範圍，而不法侵害其憲法所保障之基本權利且非顯屬輕微時，得向法院請求救濟之部分，逾越憲法第二十三條之必要程度，與憲法第十六條保障人民訴訟權之意旨有違。相關機關至遲應於本解釋公布之日起二年內，依本解釋意旨檢討修正監獄行刑法及相關法規，就受刑人及時有效救濟之訴訟制度，訂定適當之規範。修法完成前，受刑人就監獄處分或其他管理措施，認逾越達成監獄行刑目的所必要之範圍，而不法侵害其憲法所保障之基本權利且非顯屬輕微時，經依法向監督機關提起申訴而不服其決定者，得於申訴決定書送達後三十日之不變期間內，逕向監獄所在地之地方法院行政訴訟庭起訴，請求救濟。其案件之審理準用行政訴訟法簡易訴訟程序之規定，並得不經言詞辯論。」

　　6.大法官釋字第七六二號解釋，以刑事訴訟法第三十三條第二項前段規定，未使被告得以適當方式適時獲知其被訴案件之卷宗及證物全部內容，係妨害被告防禦權之有效行使，與憲法第十六條保障訴訟權之正當法律程序原則不符。有關機關應於本解釋公布之日起一年內，依本解釋意旨妥為修正。逾期未完成修正者，法院應依審判中被告之請求，於其預納費用後，付與全部卷宗及證物之影本，以保障人民之刑事訴訟權。

## 三、行政訴訟權

　　行政訴訟權乃人民對中央或地方機關之違法行政處分，認為有損害其權利或法律上之利益，經依訴願法提起訴願而不服其決定，或提起訴願逾三個月不為決定，或延長訴願決定期間逾二個月不為決定者，得向高等行政法院提起行政訴訟，請求以判決變更或撤銷原機關違法處分之權利。

　　在我國，行政訴訟權之行使與歐洲大陸法制下的各國較相似。因我國與歐陸各國多採司法二元制，除有地方法院系統外，另設有行政法院，以受理行政訴訟事件。此點，與英美法制國家之採司法一元制者不同，因為在英美

法制國家並不另設行政法院。行政訴訟事件，仍由普通地方法院受理。至於哪些訴訟應由地方法院受理或哪些訴訟應由行政法院受理，經常引起推託爭議而影響人民權益。有鑑於此，行政訴訟法第十二條之二第二項乃規定，「行政法院認其無受理訴訟權限者，應依職權以裁定將訴訟移送至有受理訴訟權限之管轄法院。」又同條第三項更規定：「……受移送之法院認其亦無受理訴訟權限者，應以裁定停止訴訟程序，並聲請司法院大法官解釋」，以確定應該受理之法院及訴訟程序，保障人民之訴訟權。就此，大法官曾就人民承租國有林地發生爭議事件，作出釋字第六九五號解釋，明白表示：「行政院農業委員會林務局所屬各林區管理處對於人民依據國有林地濫墾地補辦清理作業要點申請訂立租地契約未為准許之決定，具公法性質，申請人如有不服，應依法提起行政爭訟以為救濟，其訴訟應由行政法院審判。」

行政訴訟法於民國八十七年全文修正公布後，行政訴訟制度改採高等行政法院與中央行政法院二級二審制，也增加人民可以提起行政訴訟之種類。亦即除可提起撤銷行政處分之訴訟外，更可以提起確認行政處分無效之訴，確認公法上法律關係成立或不成立之訴，確認已消滅行政處分為違法之訴，以及提起公法上給付訴訟，維護公益訴訟等❸，使人民提起行政訴訟對抗國家非法或懈怠行為之權利，獲得較為充實、完整之保障❹。

行政訴訟新制自民國八十九年七月一日開始實施後，分別於民國九十六年，九十九年及一百年修正。其中，對人民行政訴訟權較為重要的改變的有二，第一，即對行政訴訟原不徵收訴訟費用，改採酌徵裁判費及其他進行訴訟之必要費用。第二，即行政訴訟由二級二審制改為三級二審，所增加之一級為各地方法院所設之行政訴訟庭。依照司法院編印之《行政訴訟三級二審

---

❸ 行政訴訟法相關著作可參閱，吳庚，《行政爭訟法論》，自刊本，民國八十八年五月增訂版；陳清秀，《行政訴訟法》，自刊本，民國九十年二月二版；陳計男，《行政訴訟法釋論》，自刊本，民國八十九年一月；林騰鷂，《行政訴訟法》，三民書局，民國九十七年一月，增訂三版。

❹ 相關論文請參閱，陳清秀，〈憲法上人民行政訴訟權之保障〉，《法令月刊》，第六十六卷第九期，民國一〇四年九月，頁 1–31。

新制問答集》之說明有甚多便利 **⑯** 。

值得注意的是，為因應司法院大法官釋字第七〇八號及第七一〇號解釋，使外國人、大陸地區人民、香港、澳門居民對於入出國及移民署所作成之暫予收容處分，有立即聲請法院迅速審查決定之救濟機會，以及逾越暫予收容期間之收容，應由法院審查決定之意旨，民國一〇三年六月十八日又公布修正了行政訴訟法，增訂了該法第二編第四章之收容聲請事件程序，以落實保障憲法第八條及公民與政治權利國際公約第九條有關人身自由保障之規定。

又大法官歷年來亦作出許多影響深遠的解釋，以充實人民之行政訴訟權。例如，公務員依法辦理退休請領退休金或福利互助金，公務員依考績受免職處分，律師、會計師受懲戒處分，公務員受足以改變公務員身分或對於公務員有重大影響之懲戒處分，公務員俸給、考績以及公務員任用資格被認為不合格或被降低至對公務員服公職之權利受有重大影響時，在以往，都以國家與公務員有特別權力關係之理由，使任公務員職務之人民，沒有行政訴訟之權利，但大法官有許多號解釋，減輕特別權力關係對公務員之拘束，而使公務員行政訴訟權之標的範圍，更加擴大。對過去受特別權力關係支配之軍人、學生、教師及羈押被告等，不得提起行政訴訟之不法規定，大法官亦分別作

---

**⑯** 其中較重要的是人民可以就近訴訟。司法院在說明中指出，「民國八十九年七月一日行政訴訟二級二審施行後，受理行政訴訟第一審之高等行政法院仍僅有三所，民眾訴訟不便。地方法院設置行政訴訟庭後，與民眾食衣住行育樂息息相關之行政訴訟事件，例如：地方稅事件（地價稅、房屋稅、契稅、土地增值稅、印花稅、娛樂稅、使用牌照稅）；或違反食品衛生管理法、空氣污染防制法、消防法、傳染病防治法、醫療法、社會救助法、就業服務法等裁罰事件，因被告機關與民眾通常均在同縣市，且訴訟標的金額多為新臺幣 40 萬元以下而適用簡易訴訟程序，民眾對於行政處分不服，可以就近向被告機關所在地之地方法院行政訴訟庭提起行政訴訟，甚為便利。

例如，核課稅額在 40 萬元以下之地方稅事件，如果原處分機關為花蓮縣地方稅務局，依照舊制，係由臺北高等行政法院管轄，民眾須到臺北市訴訟。增設地方法院行政訴訟庭後，該等事件則由臺灣花蓮地方法院行政訴訟庭管轄，民眾能就近提起行政訴訟，更為便利。」

出違憲解釋而保障了這些人的行政訴訟權。可分別敘述於次：

(一)在軍人之行政訴訟權方面，大法官則作出下列重要的解釋，即：

1.釋字第四三○號解釋稱，軍人為廣義之公務員，與國家間具有公法上之職務關係，現役軍官依有關規定聲請續服現役未受允准，並核定其退伍，如對之有所爭執，既係影響軍人身分之存續，損及憲法所保障服公職之權利，自得循訴願及行政訴訟程序尋求救濟。

2.釋字第四五五號解釋稱，軍人為公務員之一種，自有依法領取退休金、退休俸之權利，或得依法以其軍中服役年資與任公務員之年資合併計算為其退休年資；其中對於軍中服役年資之採計並不因志願役或義務役及任公務員之前、後服役而有所區別。軍人自得提起行政訴訟，要求採計。

3.釋字第四五九號解釋稱，兵役體位之判定，係徵兵機關就役男應否服兵役及應服何種兵役所為之決定而對外直接發生法律效果之單方行政行為，此種決定行為，對役男在憲法上之權益有重大影響，應為訴願法及行政訴訟法上之行政處分。受判定之役男，如認其判定有違法或不當情事，自得依法提起訴願及行政訴訟。……至於兵役法施行法第六十九條係規定免役、禁役、緩徵、緩召應先經主管機關之核定及複核，……其對複核結果不服者，仍得依法提起訴願及行政訴訟。

(二)在教師、學生之行政訴訟權方面，大法官亦作出下列重要之解釋，即：

1.釋字第三八二號解釋稱，各級學校依有關學籍規則或懲處規定，對學生所為退學或類此之處分行為，足以改變其學生身分並損及其受教育之機會，自屬對人民憲法上受教育之權利有重大影響，此種處分行為應為訴願法及行政訴訟法上之行政處分。受處分之學生於用盡校內申訴途徑，未獲救濟者，自得依法提起訴願及行政訴訟，以符憲法保障人民受教育之權利及訴訟權之意旨。

2.釋字第四六二號解釋稱，各大學校、院、系（所）教師評審委員會關於教師升等評審之權限，係屬法律在特定範圍內授予公權力之行使，其對教師升等通過與否之決定，與教育部學術審議委員會對教師升等資格所為之最

後審定，於教師之資格等身分上之權益有重大影響，均應為訴願法及行政訴訟法上之行政處分。受評審之教師於依教師法或訴願法用盡行政救濟途徑後，仍有不服者，自得依法提起行政訴訟，以符憲法保障人民訴訟權之意旨。

3.釋字第五六三號解釋稱，大學學生退學之有關事項，八十三年一月五日修正公布之大學法未設明文。為維持學術品質，健全學生人格發展，大學有考核學生學業與品行之權責，其依規定程序訂定有關章則，使成績未符一定標準或品行有重大偏差之學生予以退學處分，亦屬大學自治之範疇❶；立法機關對有關全國性之大學教育事項，固得制定法律予以適度之規範，惟大學於合理範圍內仍享有自主權。國立政治大學暨同校民族學系前開要點規定，民族學系碩士候選人兩次未通過學科考試者以退學論處，係就該校之自治事項所為之規定，與前開憲法意旨並無違背。大學對學生所為退學之處分行為，關係學生權益甚鉅，有關章則之訂定及執行自應遵守正當程序，其內容並應合理妥適，乃屬當然。

4.釋字第六八四號解釋稱，大學為實現研究學術及培育人才之教育目的或維持學校秩序，對學生所為行政處分或其他公權力措施，如侵害學生受教育權或其他基本權利，即使非屬退學或類此之處分，本於憲法第十六條有權利即有救濟之意旨，仍應許權利受侵害之學生提起行政爭訟，無特別限制之必要。在此範圍內，本院釋字第三八二號解釋應予變更。

5.大法官釋字第七三六號解釋之理由書稱:「憲法第十六條保障人民訴訟權，係指人民於其權利或法律上利益遭受侵害時，有請求法院救濟之權利。基於有權利即有救濟之憲法原則，人民權利或法律上利益遭受侵害時，必須給予向法院提起訴訟，請求依正當法律程序公平審判，以獲及時有效救濟之機會，不得僅因身分或職業之不同即予以限制（本院釋字第四三〇號、第六五三號解釋參照）。教師法第三十三條規定:『教師不願申訴或不服申訴、再申訴決定者，得按其性質依法提起訴訟或依訴願法或行政訴訟法或其他保障法律等有關規定，請求救濟。』僅係規定教師權利或法律上利益受侵害時之

---

❶ 相關論文請參閱，李念祖，〈大學自治知多少——憲法解釋的神秘地帶〉，《台灣法學雜誌》，第三四二期，民國一〇七年四月二十八日，頁1–4。

救濟途徑，並未限制公立學校教師提起行政訴訟之權利，與憲法第十六條保障人民訴訟權之意旨尚無違背。教師因學校具體措施（諸如曠職登記、扣薪、年終成績考核留支原薪、教師評量等）認其權利或法律上利益受侵害時，自得如一般人民依行政訴訟法或民事訴訟法等有關規定，向法院請求救濟，始符合有權利即有救濟之憲法原則。至受理此類事件之法院，對於學校本於專業及對事實真象之熟知所為之判斷，應予以適度之尊重，自屬當然（本院釋字第三八二號、第六八四號解釋參照）。」❿

　　㈢在受羈押被告、受假釋處分人、受刑人、納稅義務人等之行政訴訟權方面，大法官也作出相關解釋，即：

　　1.大法官釋字第六五三號解釋稱:「羈押法第六條及同法施行細則第十四條第一項之規定，不許受羈押被告向法院提起訴訟請求救濟之部分，與憲法第十六條保障人民訴訟權之意旨有違。」;「受羈押被告不服看守所之處遇或處分，得向法院提起訴訟請求救濟者，究應採行刑事訴訟、行政訴訟或特別訴訟程序，所須考慮因素甚多，諸如爭議事件之性質及與所涉刑事訴訟程序之關連，羈押期間之短暫性、及時有效之權利保護、法院組織及人員之配置等，其相關程序及制度之設計，均須一定期間妥為規劃。……相關機關仍應至遲於本解釋公布之日起二年內，依本解釋意旨，檢討修正羈押法及相關法規，就受羈押被告及時有效救濟之訴訟制度，訂定適當之規範。」但此一適當規範歷經多年均未公布，乃有下述大法官釋字第七二〇號解釋之公布。

　　2.大法官釋字第六五四號解釋稱:「羈押法第二十三條第三項規定，律師接見受羈押被告時，有同條第二項應監視之適用，不問是否為達成羈押目的或維持押所秩序之必要，亦予以監聽、錄音，違反憲法第二十三條比例原則

---

❿　相關論文請看，吳志光，〈釋字第七三六號解釋對行政法院實務之影響〉，《月旦裁判時報》，第五十六期，民國一〇六年二月，頁 5-12；許育典，〈教師因學校措施受侵害的權利救濟爭議──兼評釋字第七三六號解釋〉，《月旦裁判時報》，第五十三期，民國一〇五年十一月，頁 5-13；黃舒芃，〈「特別權力關係」的隱晦終結──評司法院釋字第七三六號解釋〉，《月旦裁判時報》，第四十八期，民國一〇五年六月，頁 109-114。

之規定，不符憲法保障訴訟權之意旨；同法第二十八條之規定，使依同法第二十三條第三項對受羈押被告與辯護人接見時監聽、錄音所獲得之資訊，得以作為偵查或審判上認定被告本案犯罪事實之證據，在此範圍內妨害被告防禦權之行使，牴觸憲法第十六條保障訴訟權之規定。」

3. 大法官釋字第六六三號解釋稱：「稅捐稽徵法第十九條第三項規定，為稽徵稅捐所發之各種文書，『對公同共有人中之一人為送達者，其效力及於全體。』此一規定，關於稅捐稽徵機關對公同共有人所為核定稅捐之處分，以對公同共有人中之一人為送達，即對全體公同共有人發生送達效力之部分，不符憲法正當法律程序之要求，致侵害未受送達之公同共有人之訴願、訴訟權，與憲法第十六條之意旨有違。」

4. 釋字第六八一號解釋稱：「……受假釋人之假釋處分經撤銷者，依上開規定（即刑事訴訟法第四八四條規定），向法院聲明異議，須俟檢察官指揮執行殘餘刑期後，始得向法院提起救濟，對受假釋人訴訟權之保障尚非周全，相關機關應儘速予以檢討改進，俾使不服主管機關撤銷假釋之受假釋人，於入監執行殘餘刑期前，得適時向法院請求救濟。」

5. 釋字第六九一號解釋稱：「受刑人不服行政機關不予假釋之決定者，其救濟有待立法為通盤考量決定之。在相關法律修正前，由行政法院審理。」❶❻❽

6. 釋字第七二○號解釋稱：「羈押法第六條及同法施行細則第十四條第一項之規定，不許受羈押被告向法院提起訴訟請求救濟之部分，業經本院釋字第六五三號解釋，以其與憲法第十六條保障人民訴訟權之意旨有違，……。在相關法規修正公布前，受羈押被告對有關機關之申訴決定不服者，應許其準用刑事訴訟法第四百十六條等有關準抗告之規定，向裁定羈押之法院請求救濟。」

7. 住居在都市特定區域之人民，如因都市計畫變更，致權益被直接限制或增加負擔者，得否享有訴願或行政訴訟權？在過去，因將都市計畫擬定計

❶❻❽ 論文請參閱，劉育偉、李宗融，〈受刑人假釋制度救濟疑義之批判性思考──以釋字第六八一號及六九一號為核心〉，《軍法專刊》，第六十三卷，第五期，民國一〇六年十月，頁88-109。

畫機關依規定所為定期通盤檢討，對原都市計畫所作必要之變更事項，歸屬法規性，而非行政處分，以致都市區域內特定人或可得確定多數人之權益或增加負擔者，均不能提起訴願或行政訴訟。為免人民因權益受害而求訴無門，大法官釋字第七四二號解釋乃容許該些人民得以提起訴願或行政訴訟。該號解釋謂：「都市計畫擬定計畫機關依規定所為定期通盤檢討，對原都市計畫作必要之變更，屬法規性質，並非行政處分。惟如其中具體項目有直接限制一定區域內特定人或可得確定多數人之權益或增加其負擔者，基於有權利即有救濟之憲法原則，應許其就該部分提起訴願或行政訴訟以資救濟，始符憲法第十六條保障人民訴願權與訴訟權之意旨。」

　　8.大法官釋字第七五五號解釋認為，受刑人就監獄處分或其他管理措施，逾越達成監獄行刑目的所必要之範圍，而不法侵害其憲法所保障之基本權利且非顯屬輕微時，得依法向監督機關提起申訴而不服其決定者，得於申訴決定書送達後三十日之不變期間內，逕向監獄所在地之地方法院行政訴訟庭起訴，請求救濟。

　　9.大法官釋字第七六二號解釋認為，刑事訴訟法第三十三條第二項前段規定：「無辯護人之被告於審判中得預納費用請求付與卷內筆錄之影本」，未賦予有辯護人之被告直接獲知卷證資訊之權利；且未賦予被告得請求付與卷內筆錄以外之卷宗及證物影本之權利，妨害被告防禦權之行使，於此範圍內，與憲法第十六條保障訴訟權之正當法律程序原則意旨不符。

## 四、選舉或罷免訴訟權

　　選舉或罷免訴訟權乃人民對於選舉或罷免違法或當選違法情事，有請求法院判決選舉或罷免無效或當選無效之權。我國憲法第一百三十二條規定，選舉應嚴禁威脅利誘。選舉訴訟由法院審判之❶⓫，即在明示人民有提起選舉訴訟之權。憲法雖無明文規定罷免訴訟，但法理相同保障人民訴訟權益，自

---

❶⓫　行政訴訟法第十條規定，選舉罷免之爭議，除法律別有規定外，得依行政訴訟法提行政訴訟。是以，行政法院亦可審判選舉罷免之爭議。至於何者得依行政訴訟法第十條規定提起行政訴訟，請參閱，吳庚，《行政爭訟法論》，頁135。

應容許人民提起罷免訴訟。

選舉、罷免訴訟可分選舉無效之訴與當選無效之訴兩類，茲依公職人員選舉罷免法（以下簡稱選罷法）規定，說明其主要內容如下：

## (一)選舉無效之訴

選罷法第一百一十八條規定，選舉委員會辦理選舉、罷免違法，足以影響選舉結果，檢察官、候選人、被罷免人或罷免案提議人得自當選人名單或罷免投票結果公告之日起十五日內，以各該選舉委員會為被告，向管轄法院提起選舉或罷免無效之訴[170]。此訴如經法院判決確定者，選舉或罷免無效並定期重行選舉。如違法屬選舉或罷免之局部者，則局部之選舉或罷免無效，並就該局部無效部分，依選罷法第一百一十九條規定，定期重行投票。但局部無效部分不足以影響選舉結果者，則不再定期重行投票。

## (二)當選無效之訴

整個選舉雖然有效，但當選人若有違法情事者，依選罷法第一百二十條規定，選舉委員會、檢察官、或同一選舉區之候選人得以當選人為被告，自公告當選人名單之日起三十日內，向該管轄法院提起當選無效之訴[171]。

選舉訴訟影響候選人之權益，也影響公益，因此，選罷法第一百二十七條規定，選舉訴訟應設選舉法庭，採合議制審理，且應先於其他訴訟審判，以二審終結並不得提起再審之訴，而各審受理選舉訴訟之法院應於六個月內審結，以保障人民之參政權。

又關於選舉訴訟之特性，大法官釋字第四四二號解釋認為，選舉訴訟採二審終結不得提起再審之訴，係立法機關自由形成之範圍，符合選舉訴訟事件之特性，於憲法保障之人民訴訟權尚無侵害，且為增進公共利益所必要，與憲法第二十三條亦無牴觸。

---

[170] 民國九十三年三月二十日之總統、副總統選舉，連戰、宋楚瑜即對中央選舉委員會向高等法院提起選舉無效之訴。

[171] 連戰、宋楚瑜亦對陳水扁、呂秀蓮向高等法院提起當選無效之訴。

## 五、智慧財產訴訟權

智慧財產訴訟權，乃人民之智慧財產遭受他人侵害時，得向智慧財產法院請求依智慧財產案件審理法之程序，保護自己智慧財產利益之權利。

智慧財產權發生爭議之訴訟有為民事訴訟，有為刑事訴訟，亦有為行政訴訟者，如由當事人分別向地方法院之民事庭、刑事庭提起民事訴訟、刑事訴訟或向高等行政法院提起行政訴訟，則甚為勞煩且在時間上因稽延而影響其經濟上權益。為此，智慧財產法院組織法及智慧財產案件審理法乃為智慧財產權之爭議，提供了比較便捷的訴訟途徑與審理方法。自民國九十七年七月一日智慧財產法院成立後，有關智慧財產之民事訴訟、刑事訴訟及行政訴訟之審判事務均由智慧財產法院統一掌理。而關於智慧財產案件之審理，要先依智慧財產案件審理法之規定，而只在該法未規定之情形下，再分別適用民事、刑事或行政訴訟程序等應適用之法律。

## 六、家事訴訟權

由於社會結構激烈變遷，兩性社會關係日趨複雜，婚姻及家庭制度受到衝擊，導致家事紛爭層出不窮。在過去有所謂「法不入家門」、「清官難斷家務事」之俗諺，但在現時，國家與社會則不得不正視日益增多之家事問題，上述過去之俗諺，已應改為「清官要理家務事」。為了妥適、迅速及統合處理家事事件，維護人格尊嚴，保障性別地位平等，謀求未成年子女最佳利益，我國除了「少年及家事法院組織法」以外，並有「家事事件法」，將各類家事事件之訴訟，由民事訴訟審理範圍劃出，並於家事事件法第二條明文規定：「本法所定家事事件由少年及家事法院處理之；未設少年及家事法院地區，由地方法院家事法庭處理之。」

由於家事事件之倫理性、隱私性、專業性，家事事件法第三編，即家事事件法第三十七條至第七十三條，乃規定了家事訴訟程序，適用於家事事件法第三條所定甲類、乙類、丙類及其他家事訴訟事件，以確保民眾之家事訴訟權。是以有關婚姻事件、親子關係事件、繼承事件等訴訟程序，除民事訴

訟法或其他法律別有規定外，將適用家事事件法第五十二條至第七十三條之規定。

## 第四項　行政上受益權

行政上受益權乃人民得向國家有關機關，提出請願、訴願、申訴或陳情，以排除行政機關不法、不當處分，維護其利益之權利。

現代國家職能日益擴張，權力也日益增大，因其公務人員之故意、過失不法行為或其所設置之公共設施之欠缺，均有可能侵害到人民。又國家不積極從事提供設施與服務，人民之物質、精神生活也不能圓滿實現。因此，各國大都有請願、訴願、申訴或陳情之制度，使人民得以排除國家侵害，維護其利益。我國憲法第十六條規定，人民有請願、訴願之權，即與各國一樣，旨在保障人民之行政受益權。

然而，何者是請願？何者是訴願？何者是申訴？何者是陳情？又如何請願、訴願、申訴與陳情？一般國民均有認知之必要。我國亦制定請願法、訴願法、行政程序法及其他法律，以保障人民之請願權、訴願權、申訴權與陳情權。茲就各該法律之重要內容分述於次。

## 一、請願權

請願權乃人民對國家政策、公共利害或其權益之維護，得向職權所屬之民意機關或主管行政機關，陳述其願望的權利。

請願的事項限於國家政策、公共利害及請願人民本身權益之維護。至於牴觸憲法、干預審判或依法應提起訴訟或訴願之事項，依請願法第三、四條之規定，均不得請願。

請願的方式乃應備具請願書向受理請願之機關，即職權所屬之民意機關或主管機關，面遞或寄交請願書。又請願不得有聚眾脅迫、妨害秩序、妨害公務或其他不法情事，違者，除將依法被制止外，受理請願機關亦得不受理其請願。

又為保障人民之請願權，請願法第九條規定，受理請願機關或請願人所屬機關之首長，對於請願人不得有脅迫行為或因其請願而有所歧視。

## 二、訴願權

訴願權乃人民對於中央或地方機關之行政處分，認為違法或不當，致損害其權利或利益者，得在一定期間內，向有管轄權的機關，以訴願書，提出訴願，請求撤銷或變更原處分的權利。換言之，訴願權乃人民有向行政機關請求對其所為行政處分再為審查，以為撤銷或變更處置之權利。如此請求被駁回，則依新訴願法及新行政訴訟法之規定，則可向高等行政法院提起行政訴訟。

誰能提起訴願，訴願法第十八條至第四十五條中詳細規定了各種可以提起訴願之人，即自然人，法人，地方自治團體，非法人團體，共同訴願人，參加訴願人，訴願代理人及訴願之輔佐人等。除此之外，教師法第四十四條、大法官釋字第二四三號解釋、第三八二號解釋及陸海空軍懲罰法第三十二條，也分別規定公務員、學生、軍人可以提起訴願。

訴願的提起應於一定期間內為之，否則訴願會被程序駁回而不能獲得實體上之審議。訴願的期間依訴願法第十四條規定，乃是自中央或地方機關之行政處分書達到或公告期滿之次日起算三十日內。但訴願人因天災地變等不可抗力，致逾三十日期限者，得向受理訴願機關聲請理由，請求許可。

訴願應依訴願法第五十六條之規定具備訴願書，向有管轄權之機關為之。有管轄權的機關依訴願法第四條之規定為原處分機關的上級機關。又為了避免人民不知何者為原處分機關的上級機關，遲誤訴願期間而導致訴願權利之喪失，訴願法第十四條第四項乃特別規定：「訴願人誤向原行政處分機關或受理訴願機關以外之機關提起訴願者，以該機關收受之日視為提起訴願之日。」

訴願之決定，受理機關應自收受訴願書之次日起，三個月內為之，但在必要時得予延長一次。但不得逾二個月，且應通知訴願人及參加人。訴願之決定若為撤銷或變更原處分，人民之權益，當已獲得保障，但訴願之決定若為駁回或不為決定人民之訴願，人民若有不服，則可進一步提起司法性之行

政訴訟。訴願法第九十條條文規定：「訴願決定書應附記，如不服決定，得於決定書送達之次日起二個月內向行政法院提起行政訴訟。」此一規定課加了訴願受理機關之教示義務，有助於人民之司法受益權。

訴願之效力，依訴願法第九十五條之規定，在訴願之決定確定後，就其事件，有拘束各關係機關及受委託行使公權力之團體或個人之效力。

## 三、申訴權

對於行政機關之不法、不當行政處分或行政措施，近年來大法官作出了許多解釋，若干法律也保障了人民之申訴權。其中，最顯著的是教師、學生與公務員之申訴權，學者有將之歸類為特殊訴願程序者[172]，茲簡述之。

### ㈠教師之申訴權

教師法第四十二條第一項規定，教師對學校或主管教育行政機關有關其個人之措施，認為違法或不當致損害其權益者，得依法提出申訴。因此，各校皆設有「教師申訴評議委員會」，以承擔教師權益保障之事項。各校申評會之決定具相當於訴願決定之性質。各級教育行政機關，如直轄市、縣（市）教育局及教育部皆設有教師申評會。

教師若對各校措施認為其有違法或不當，須先向所屬學校或直轄市、縣（市）教師申評會提出申訴，對其決定再有不服，則可向教育部提出再申訴。若對再申訴結果不滿意，以原決定違法者為限，則可向行政法院提起行政訴訟。

### ㈡學生之申訴權

大法官釋字第三八二號解釋：「各級學校依有關學籍規則或懲處規定，對學生所為退學或類此之處分行為，足以改變其學生身分並損及其受教育之機會，自屬對人民憲法上受教育之權利有重大影響，此種處分行為應為訴願法及行政訴訟法上之行政處分。受處分之學生於用盡校內申訴途徑，未獲救濟者，自得依法提起訴願及行政訴訟。」為此教育部訓令各級學校訂定「處理學生申訴案件實施要點」，以供學生得以提起申訴，此種申訴，相當於訴願程

---

[172] 參引李惠宗，上揭書，頁 598–599。

序。大學法第三十三條第四項也明文規定：「大學應建立學生申訴制度，受理學生、學生會及其他相關學生自治組織不服學校之懲處或其他措施及決議之事件，以保障學生權益。」

### (三)公務員之申訴權[173]

公務人員保障法第七十七條第一項規定，公務人員對於服務機關所為之管理措施或有關工作條件之處置認為不當，致影響其權益者，得依本法提出申訴、再申訴。另公務人員離職後，接獲原服務機關之管理措施或處罰者，依公務人員保障法第七十七條第二項之規定，亦得提起申訴、再申訴。此即為公務人員之申訴及再申訴權，於此值得注意的是，公務人員之申訴、再申訴與教師法所規定之教師申訴，名稱雖然相同，但兩者性質卻不一致，對此，吳庚大法官亦有精闢分析[174]，可供參閱。

### (四)軍人之申訴權

民國一〇四年五月六日公布修正之陸海空軍懲罰法第三十二條第一項規定：「被懲罰人對懲罰處分，如有不服，均得向上級申訴。」這是在軍人洪仲丘受虐死亡，行政院成立「軍事冤案申訴委員會」後，另一修法措施，確立了軍人之申訴權。又依同法第三十三條第一項之規定：「悔過、檢束、禁足、罰勤及罰站之執行期間，遇有申訴、作戰、懷孕、罹患重大疾病或奉准請假時，應暫緩執行；遇有演訓、救災等特殊事故時，得暫緩執行。」另在軍中行之有年的「禁閉」制度，也因陸海空軍懲罰法將之改為「悔過制度」而走入歷史，悔過天數也從最長卅天縮短為十五天，且對悔過處分於執行期間，被懲罰人或他人認被懲罰人之人身自由受拘束者，得以言詞或書面敘明理由向法院或執行單位提出異議。

### (五)受刑人之申訴權

監獄行刑法第六條第一項規定：「受刑人不服監獄之處分時，得經由典獄長申訴於監督機關或視察人員，但在未決定以前，無停止處分之效力。」這是因為受刑人失去自由，但仍保有申訴權之特殊規定，與一般人民、公務員、

---

[173]　參閱，林騰鷂，《行政法總論》，頁 335–337。

[174]　吳庚，《行政法之理論與實用》，頁 245–248。

學生、軍人等之申訴規範不同。不過，為了避免受刑人之申訴不被受理，監獄行刑法第六條第二項乃明文規定：「典獄長接受前項申訴時，應即時轉報該管監督機關，不得稽延。」又為了避免典獄長隱匿不轉報，同條第三項乃又規定：「第一項受刑人之申訴，得於視察人員蒞監獄時逕向提出。」藉此規定，使受刑人之申訴權得以落實。

## 四、陳情權

陳情是人民對於行政事務，有不滿、請求或意見者，得向有關行政機關提出的一種意思表示，是一種非司法性之行政救濟，與訴願之為準司法性之行政救濟有別。行政程序法自第一百六十八條至第一百七十三條，分別規定了關於人民陳情權之重要制度，甚為實用，茲分述於下：

1. 陳情之事項──人民對於行政興革之建議、行政法令之查詢、行政違失之舉發或行政上權益之維護，得向主管機關陳情。

2. 陳情之方式──陳情得以書面或言詞為之；其以言詞為之者，受理機關應作成紀錄，並向陳情人朗讀或使閱覽後命其簽名或蓋章。陳情人對紀錄有異議者，應更正之。

3. 陳情之處理程序──行政機關對人民之陳情，應訂定作業規定，指派人員迅速、確實處理之。人民之陳情有保密必要者，受理機關處理時，應不予公開。

4. 陳情之處理決定──受理機關認為人民之陳情有理由者，應採取適當之措施；認為無理由者，應通知陳情人，並說明其意旨。受理機關認為陳情之重要內容不明確或有疑義者，得通知陳情人補陳之。

5. 陳情錯誤之告知、移送與教示義務──人民之陳情應向其他機關為之者，受理機關應告知陳情人。但受理機關認為適當時，應即移送其他機關處理，並通知陳情人。陳情之事項，依法得提起訴願、訴訟或請求國家賠償者，受理機關應告知陳情人。

6. 陳情之不予處理──行政程序法第一百七十三條規定，人民陳情案有下列情形之一者，得不予處理：

⑴無具體之內容或未具真實姓名或住址者。

⑵同一事由，經予適當處理，並已明確答覆後，而仍一再陳情者。

⑶非主管陳情內容之機關，接獲陳情人以同一事由分向各機關陳情者。

## 五、異議權及其他類似權利

憲法第十六條規定人民有訴願權，但因訴願法第一條但書規定，法律另有規定提起訴願前，必須先踐行一些前置程序後，如仍有不服，始得提起訴願。現行法律對此類訴願前置程序規定，可列示如次❻：

1. 稅捐稽徵法第三十五條規定之復查程序。

2. 關稅法第四十五條規定之復查程序。

3. 專利法第四十六條所規定之再審查程序。

4. 商標法第四十條規定之商標異議或第五十條之商標註冊評定程序。

5. 藥事法第九十九條規定之異議程序。

6. 貿易法第三十二條規定之異議程序。

7. 全民健康保險法第六條規定之爭議審議程序。

8. 政府採購法第七十四至第八十五條規定之異議與申訴制度。

以上這些法律之特別規定，人民應依規定先行提起復查、聲明異議等等救濟程序，仍有不服時始得提起訴願，未經此些先行救濟程序，不得逕提訴願，否則受理訴願機關不予受理。法律之所以作這些先行程序之規定，主要係針對這些類行政事件之特性，而與訴願法為不同之規定，其共同之特徵依學者之分析，為受理機關均為原處分機關、法定期間除聲明異議及復核較為縮短外，其餘均為三十日。先行程序通常由原處分機關，依一般作業程序處理，無須按照訴願審議方式作成決定，往往較能迅速發揮救濟功能，但其缺點則為實質上使行政救濟多一等級，所幸再訴願已經廢除，否則行政法院改為二級後，行政爭訟之全程救濟更為漫長。惟應經先行程序始得提起訴願者，以對行政機關已作成之行政處分不服為限,若違背作為義務之消極的不作為,

---

❻　請參閱，林騰鷂，《行政法總論》第三版，三民書局，民國一〇一年三月，頁638–639。

原則上固無所謂應經先行程序之問題。

另此類訴願之先行程序不僅名目繁多,且其救濟提起之期限亦任意訂定,例如藥事法第九十九條,規定訴願前之復核,應於處罰通知送達後十五日內提起。類似規定,若無法律人員協助,人民會比較難以享受到憲法所欲保障之行政上受益權。

## 第五項　教育上受益權

教育上之受益權,又稱人民之受教育權,意即人民有享受機會均等教育或獲得免費或獎助受教育之權利。**教育對個人而言,是人格發展的基礎**,是個人改變、提昇其經濟、社會地位之最佳捷徑。而**教育對國家而言,是無形的國防**,對於一國之知識、道德、文化水準、生活秩序均有深遠之影響,現代國家無不加以重視。我國憲法第二十一條規定:「人民有受國民教育之權利與義務」,即在表明,人民之受國民教育,一方面為其權利,一方面又為其義務[176],使國家之富強與國民人格之開展,均能顧全。教育基本法第一條也明白表示:「為保障人民學習及受教育之權利,確立教育基本方針,健全教育體制,特制定本法。」以充實人民之教育受益權。又性別平等教育法,亦有厚植性別平等教育資源與環境之功能,更加開拓人民之教育上受益權。另外,對於身心障礙及資賦優異之國民,政府更制定特殊教育法,以保障這些國民有接受適性教育之權利。另外,又分別制定家庭教育法、國民教育法、原住民族教育法、幼稚教育法、藝術教育法、補習及進修教育法及終身學習法等,構成一保障人民教育上受益權之法制體系。

我國憲法對於教育上受益權除上述第二十一條之規定外,另在第十四章第五節教育文化中,分別以數個條文保障人民教育上受益權,其內容如次:

---

[176]　請參閱,周志宏〈受教育是權利還是義務?〉,《月旦法學教室 (3) 公法學篇》,民國九十一年二月,頁 58-59。

## 一、保障教育機會均等

憲法第一百五十九條規定，國民受教育之機會，一律平等。這是個非常重要的條文。因為，教育機會均等是人格發展機會平等的基礎，也是一切平等的基點。德國為了促進其人民教育機會之均等，曾制定聯邦教育促進法 (Bundesausbildungsförderungsgesetz)，貧苦子弟讀大學，除了不必繳學費外，尚可獲得每月生活補助，以使其不用打工而能專心向學。我國雖無類似法律，但透過行政命令也給予軍公教子女教育補助。不過，此種以身分取向，而非以人民所得為標準依據的教育補助，違反了平等原則。將來應加以改變，即教育補助除應以法律規定外，並要改革目前以身分取向的依據標準，而改以人民所得高低為依據標準[177]。換言之，所得高的不管什麼身分，均不給予補助。相反的，所得低的，也不論其身分，均給予補助，這樣才能促進教育機會之均等，以避免現時軍公教等優勢族群子女都可獲得教育補助，就讀學費較低之國立大學，而農、工、商、攤等弱勢子女，則都未能獲得教育補助，且多就讀學費高昂之私立學校等異常不公的社會現象[178]。

特別值得關切的是，現時的教育補助款均是補助學校，而不是補助學生。以致私立學校董事會拿到補助款後，甚至有拿來當紅包以收買學生者[179]。是以，將來的教育補助款應用來補助學生而非補助學校，使獲得補助的學生有權選擇適合其性向、資質與學習能力的學校，並藉以淘汰不法運營、經費未受嚴格稽核，而至今仍可獲得教育部獎、補助款的惡質私校學店[180]。

---

[177] 參照拙著，〈改革身分取向的教育補助制度〉，《中國時報》，民國八十二年十月二十七日，第七版。

[178] 詳請參閱林騰鷂，〈私校不義，使青年淪為苦力〉，《蘋果日報》論壇，民國一〇五年五月十六日，A10版。另參閱，林騰鷂，〈蔡英文要除的教育三害〉，《自由時報》，民國一〇五年六月二十日，A14版。

[179] 詳請參閱，《商業周刊》〈獨家內幕，被拍賣的學生〉，第一四四二期，民國一〇四年七月六日至一〇四年七月十二日，頁 96–117。另請參閱，林騰鷂，〈防止私立大專院校的道德淪落〉，《台灣時報》，民國一〇四年十一月二十日，第四版。

[180] 參閱，林騰鷂，〈保障建教生的受教育權〉，《臺灣時報》專論，民國一〇〇年十

另外，為了實現教育機會均等，保障學生學習權及家長教育選擇權，提供學校型態以外之其他教育方式及內容，落實教育基本法第八條第三項及第十三條規定，又制定「高級中等以下教育階段非學校型態實驗教育實施條例」；而為了鼓勵教育實驗與創新，實施學校型態實驗教育，以保障人民學習及受教育權利，增加人民選擇教育方式與內容之機會，促進教育多元化發展，落實教育基本法第十三條之規定，也施行了「學校型態實驗教育實施條例」，以充實人民之教育上受益權。

## 二、基本教育一律免納學費

憲法第一百六十條第一項規定：「六歲至十二歲之學齡兒童，一律受基本教育，免納學費。其貧苦者，由政府供給書籍。」同條第二項規定：「已逾學齡未受基本教育之國民，一律受補習教育，免納學費，其書籍亦由政府供給。」

此一規定乃因基本教育是每一國民最低限度應接受之教育，帶有義務性質，屬於義務教育，自不應收學費，以保障人民教育上受益權。

民國五十六年，　先總統蔣中正先生依動員戡亂時期臨時條款第四條之規定，發布命令，把國民教育由六年延長為九年，對憲法第一百六十條之規定加以修補。隨後於民國五十七年公布「九年國民教育實施條例」，將免費的基本教育年限，由六年延長為九年。民國六十八年五月二十三日政府正式公布國民教育法，取代了九年國民教育實施條例，該法第二條第一項明文規定：「凡六歲至十五歲之國民，應受國民教育；已逾齡未受國民教育之國民，應受國民補習教育。」此對人民之教育受益權，顯有提升。

近來，各方人士主張國民教育延長為十二年，筆者甚為贊成，但對於實施前之課程及師資培養，認為應有周全之計畫與準備。可惜的是，民國一〇二年六月二十七日立法院三讀通過之十二年國教之相關法案卻有對較高所得家庭課繳基本教育學費等非常不公而違憲之情形❶⓮。

---

一月二十五日，第三版。

❶⓮　詳請參閱，林騰鷂，〈違憲的 12 年國教法案〉，《蘋果日報》論壇，民國一〇二年

## 三、教師學生之獎勵或補助

憲法第一百六十一條規定，各級政府應廣設獎學金名額，以扶助學行俱優無力升學之學生。又第一百六十七條第三、四款規定，國家對於學術或技術有發明者，或從事教育久於其職而成績優良者，可予以獎勵或補助。為此，教育部與行政院國科會均訂有甚多行政規章，以為獎勵或補助之依據。

## 四、教育事業之獎勵或補助

國家為普及教育，使人民獲得充分之教育機會，除了自辦公立學校外，也應盡力獎助私人創辦學校或其他教育事業。憲法第一百六十七條第一、二款對此即有規定，即國家對於國內私人經營之教育事業或僑居國外國民之教育事業，成績優良者，得予以獎勵或補助。

教育部對此亦根據私立學校法第五十九條規定訂定私立高級中等以上學校獎勵補助辦法，以作為獎助私立學校之依據。不過，因為只有獎助而無管理，以致私校問題叢生❶❽❷。民國一〇五年五月十六日，立法院教育及文化委員會舉行「私立學校法」修法公聽會時，筆者即提出「不義私校，斲傷國力，也使青年淪為苦力」之書面意見，對教育部之失職行為予以批判❶❽❸。

---

六月二十九日，A22 版。

❶❽❷　詳請參閱，林騰鷂，〈重建教育首要：私校改造〉，《中央日報》，全民論壇，民國九十二年七月二十六日，頁 9；林騰鷂，〈引爆私校董事爭奪戰？〉，《聯合報》，民意論壇，民國九十一年九月十四日，頁 15；林騰鷂，〈私人教育王國、正在教育七國〉，《聯合報》，民意論壇，民國九十年四月三日，頁 15；林騰鷂，〈大學歪風，請勇於依憲監督〉，《聯合報》，民意論壇，民國一〇三年七月三十一日，A17 版。另參閱，李仁淼，〈十二年國教多元入學之合憲性〉，《月旦法學教室》，第一六一期，民國一〇五年二月十五日，頁 9–11。

❶❽❸　詳請參閱，立法院教育及文化委員會舉行「私立學校法」修法公聽會會議紀錄，委 272 至 273；委 342 至委 349 等頁。

## 五、邊遠及貧瘠地區教育事業之補助

憲法第一百六十三條規定，國家應注重各地區教育之均衡發展，並推行社會教育，以提高一般國民之文化水準，邊遠及貧瘠地區之教育文化經費，由國庫補助之。而邊遠及貧瘠地區重要之教育文化事業亦得由中央政府辦理或補助之。為了落實這些規定，我國公布了「教育經費編列與管理法」，其中第五條規定，各級政府對於偏遠地區教育經費之補助，應依據教育基本法之規定，優先編列。民國一〇三年元月中旬修正此條文時更增列，由中央政府專案補助地方政府的偏遠及特殊地區教育。又為落實憲法第一百五十九條、第一百六十三條之規定，民國一〇六年十二月六日制定公布了「偏遠地區學校教育發展條例」，以因應偏遠地區學校教育之特性及需求。

憲法增修條文第十條第十二項更規定原住民族及居住於澎湖、金門及馬祖地區人民之教育文化應予以保障扶助並促其發展。就此，於民國八十七年制定公布了原住民族教育法，以保障原住民之教育文化權益。

## 第六項　社會上受益權[184]

社會上受益權就是國家要使每一個人都能受到社會群體所提供之社會保障與社會保護。就是一九四八年世界人權宣言第二十二條所說的：「人既為社會之一員，自有權享受社會保障。」該宣言第二十五條更進一步規定：「一、人人有權享受其本人及其家屬康樂所須之生活程度，舉凡衣、食、住、醫藥及必要之社會服務均包括在內；且於失業、患病、殘廢、寡居、衰老、或因不可抗力之事故致有他種喪失生活能力之情形時，有權享受保障。二、母親及兒童應受特別照顧及協助。所有兒童，無論婚生與非婚生，均應享受同等社會保護。」又聯合國一九六六年通過，我國立法院二〇〇二年議決通過之「經濟社會文化權利國際公約」第九條則規定：「本公約締約各國承認人人有

[184] 參閱，林騰鷂，《法學緒論》，元照出版有限公司，民國九十八年九月二版第一刷，頁 166–168。

權享受社會保障，包括社會保險。」

　　我國憲法之基本國策章中，非常重視對弱勢勞工、農民、婦女、兒童、原住民之社會保護，如憲法第一百五十三條第一項規定：「國家為改良勞工及農民之生活，增進其生產技能，應制定保護勞工及農民之法律，實施保護勞工及農民之政策。」而第二項又規定：「婦女兒童從事勞動者，應按其年齡及身體狀態，予以特別之保護。」

　　又為了使每一個人獲得社會保護，憲法第一百五十五條更明確規定：「國家為謀社會福利，應實施社會保險制度。人民之老弱殘廢，無力生活，及受非常災害者，國家應予以適當之扶助與救濟。」❶❽❺而第一百五十六條也規定：「國家為奠定民族生存發展之基礎，應保護母性，並實施婦女兒童福利政策。」

　　為了符合憲法、世界人權宣言及其他國際人權公約之規定，我國陸續制定了兒童及少年福利法、老人福利法、身心障礙者權益保障法、特殊境遇家庭扶助條例、社會救助法、全民健康保險法、勞工保險條例、農民健康保險條例、敬老福利生活津貼暫行條例、就業保險法、勞工退休金條例、原住民族基本法、長期照顧服務機構法人條例等許多法律，以保障弱勢人民、族群，提升他們的社會上受益權。

　　不過，因為行政的監守自肥行為❶❽❻，導致軍公教之退休年金、子女教育補助均遠遠優於勞工、攤販及小商人，而引發社會經濟之不安。民國一〇五年五月政黨輪替，蔡英文就任後，即首先成立年金改革委員會，以清理馬英九之施政災難❶❽❼。不過，年金改革之爭議極大，一直到民國一〇六年六月二十七日、二十九日、三十日，立法院始分別三讀通過「公務人員退休資遣撫

---

❶❽❺　此即學理上之「社會權利」。相關論文請參閱，Eberherd Eichenhofer 著，邵惠玲譯，〈附條件的社會給付請求權〉，《憲政時代》，第三十九卷，第四期，民國一〇三年四月，頁 71–88。

❶❽❻　請參閱，林騰鷂，〈台灣敗在行政監守自肥中〉，《臺灣時報》，民國一〇四年十月二十三日，第三版。

❶❽❼　參閱，林騰鷂，〈馬英九的六大歷史不義〉，《臺灣時報》，民國一〇五年五月二十七日，第三版。

卹法」、「公立學校教職員退休資遣撫卹條例」、「政務人員退職撫卹條例」。但直至八月九日才見總統明令公布。

特別值得重視的是二〇〇〇年之瑞士憲法第十二條所規定的，人民在憂鬱苦難時有受社會扶助之權 (Right to Aid in Distress)，意指人在憂鬱、苦難而不能照料自己時有受扶助、受幫助以及獲得維持尊嚴生活所不可或缺之資財。又歐洲聯盟基本權利憲章第三十四條也規定了人民可以享受下列值得我們重視之社會上受益權：

㈠歐洲聯盟依歐洲共同體法律、國內法律及措施之相關規定，確認並尊重於妊娠、疾病、工業意外、失依或年老及失業情況下提供保護之社會福利利益與社會服務之享有。

㈡任何人合法居住或遷移於歐洲聯盟境內，有權享有依歐洲共同體法律、國內法律及措施規定之社會安全福利及社會利益。

㈢為消除社會邊緣化及貧窮，歐洲聯盟確認並尊重依據歐洲共同體法律、國內法律及措施之相關規定之社會與居住補助之權利，以確保所有欠缺適足資源者能享有有尊嚴之生活。

## 第七項　文化上受益權🔢

一個人活下來，不只要免於飢餓寒冷，也要活得有人生歡樂。因此，每一個人在擁有經濟上、社會上、教育上之受益權以外，還應該有文化上受益權🔢。文化上之受益權是二十世紀第二次世界大戰以後所建構的新興人權，與十八、十九世紀的自由、平等人權，性質迥異，是人民非常重要的受益權。一九四八年世界人權宣言第二十七條明文宣示人民之文化參與權及享受文化創作利益之權，即：

㈠人人有權自由參加社會之文化生活，欣賞藝術，並共同襄享科學進步

---

🔢　參閱，林騰鷂，《法學緒論》，頁 170。

🔢　相關論文請參閱，林依仁，〈「文化」語彙之運用與理解——以評說德國實務為中心〉，《憲政時代》，第四十一卷，第二期，民國一〇四年十月，頁 239–313。

及其利益。

㈡人人對其本人之任何科學、文學或美術作品所獲得之精神與物質利益，有享受保護之權。

一九七六年之經濟社會文化權利國際公約第十五條也重申並擴大此文化上受益權之意涵，即：

㈢人人有權參加文化生活。

㈣人人有權享受科學進步及其應用所產生的利益。

㈤人人對其本人的任何科學、文學或藝術作品所產生的精神上和物質上的利益，享受被保護之權利。

我國憲法本文雖自第一百五十八條以下對教育文化之宏揚有一些規定，但多自國家本位觀點，而非自個人人權之擴展方面加以規定。換言之，國家推展有關文化之基本國策，附帶的給予人民「反射利益」，並沒有積極承認人民之文化上受益權。憲法增修條文第十條第十一項、第十二項才規定國家有積極維護發展原住民族語言，及文化之義務。為此，我國制定了「原住民族傳統智慧創作保護條例」，以落實原住民族之文化上受益權。此外，也制定了「財團法人原住民族文化事業基金會設置條例」，提供必要資金，以發展原住民族之文化事業。

「經濟、社會與文化權利國際公約」第十五條亦明確的表示人人有參加文化生活之權利。我國乃特別公布了「公民與政治權利國際公約及經濟、社會與文化權利國際公約施行法」，而該施行法第二條明文規定：「兩公約所揭示保障人權之規定，具有國內法之效力。」因此，政府今後應依「經濟、社會與文化權利國際公約」第十五條之規定，落實保障全體人民之文化上受益權。

又「文化部組織法」第一條規定：「行政院為辦理全國文化業務，特設文化部。」而何者為文化業務，該法第二條乃先明白列舉後再加以概括規定，即：「本部掌理下列事項：一、文化政策與相關法規之研擬、規劃及推動。二、文化設施與機構之興辦、督導、管理、輔導、獎勵及推動。三、文化資產、博物館、社區營造之規劃、輔導、獎勵及推動。四、文化創意產業之規

劃、輔導、獎勵及推動。五、電影、廣播、電視、流行音樂等產業之規劃、輔導、獎勵及推動。六、文學、多元文化、出版產業、政府出版品之規劃、輔導、獎勵及推動。七、視覺藝術、公共藝術、表演藝術、生活美學之規劃、輔導、獎勵及推動。八、國際及兩岸文化交流事務之規劃、輔導、獎勵及推動。九、文化人才培育之規劃、輔導、獎勵及推動。十、其他有關文化事項。」

## 第八項　健康上受益權[190]

　　人要活得有尊嚴、自由、平等，可以享受各種社會保障、社會保護之權以外，也要享有生病時，受到醫藥治療而得恢復健康之權，更要享有接受預防性健康照護之權，以避免罹患疾病。我國憲法參照德國威瑪憲法規定，在第一百五十七條規定，國家為奠定民族健康，應普遍推行衛生保健事業及公醫制度。間接使人民獲得健康上之受益權。不過，此一條文並未從個人的觀點著眼，與二十世紀中期以後的國際人權公約規定不同。例如，上述聯合國所通過之經濟、社會、文化權利國際公約第十二條，即從保障個人的健康權之觀點規定，人人有權享有能達到的最高的體質和心理健康的標準。同樣的，歐洲聯盟基本權利憲章第三十五條亦規定：「人人均享有依國內法律及措施確立之條件下，接受預防性健康照護與接受醫藥治療之權利[191]。歐洲聯盟所有政策與行為之解釋與實踐，均應確保高水準之人體健康保護。」

　　為了落實人民健康上的受益權，我國分別制定了醫療法、緊急醫療救護法、精神衛生法、藥事法、優生保健法、傳染病防治法、癌症防治法、動物傳染病防治條例、植物防疫檢疫法、全民健康保險法、農民健康保險條例及漢生病病患人權保障及補償條例等法律，才使個別人民可以獲得預防性之健

---

[190]　參閱，林騰鷂，《法學緒論》，頁 171–172。

[191]　此即為學理上之就醫權。相關論文請參閱，王富仙，〈平等就醫權〉（上）、（中）、（下），分別刊登於《法務通訊》，第二七七六期、二七七七期、二七七八期，民國一○四年十一月二十七日、十二月四日、十二月十一日之頁 3–4，3–6，3–6。

康照護以及在生病時獲得醫藥、治療及補償之受益權。

又對於藥害救濟法第十三條第九款有關常見且可預期之藥物不良反應，不得申請藥害救濟之規定，大法官釋字第七六七號解釋認為未違反法律明確性原則及比例原則，與憲法保障人民生存權、健康權之意旨，尚無牴觸。

## 第九項　環境上受益權

除了上述之經濟上、司法上、行政上、教育上、社會上、文化上及健康上之受益權之外，由於二十世紀七〇年代以後，經濟、社會生活蛻變，環境上受益權日益重要。因此，在二十一世紀出爐的國際人權公約，如歐洲聯盟基本權利憲章，即對環境上受益權有所規範。該憲章第三十七條規定：「高標準之環境保護及環境品質，必須納入歐洲聯盟之政策並符合永續發展原則。」透過這個規定與要求，來提升人民之環境上受益權。

有關環境上受益權，我國憲法增修條文第十條第二項僅大略的規定：「經濟及科學技術發展，應與環境及生態保護兼籌並顧。」而我國雖也訂有空氣污染防制法、水污染防治法、土壤及地下水污染整治法、海洋污染防治法、噪音管制法、毒性化學物質管理法、環境用藥管理法、廢棄物清理法、菸害防制法、資源回收再利用法、室內空氣品質管理法、溼地保育法等多種環境保護法律，但因行政機關執行法律不力，以致我國人民之環境上受益權，仍未受到良好之保障，而有待進一步之努力。

又為了因應全球氣候變遷，制定氣候變遷發展策略，降低與管理溫室氣體排放，落實環境正義，善盡共同保護地球環境之責任，並確保國家永續發展，我國制定了「溫室氣體減量及管理法」，以提升人民之環境受益權。

## 第十項　消費上受益權

我國憲法及憲法增修條文，均未對消費上受益權有明文規定，但卻訂有消費者保護法、金融消費者保護法、消費者債務清理條例等法律，以保護人

民消費上之受益權。將來或可參照歐洲聯盟基本權利憲章第三十八條規定，即：「歐洲聯盟之政策必須保障高標準之消費者保護」，在憲法增修條文中，明列保護消費上受益權之意旨。

又我國雖有上舉多個消費者保護法律之公布施行，但因行政機關執行不力、監控稽核機制形同虛設，以致民國一〇二年時連續爆發添加塑化劑、販售假油、劣油等黑心食品事件，引起社會大眾的恐慌，也造成人民消費上受益權的嚴重傷害。可見徒法不足以自行，而更需要行政機關對法律的徹底執行，以扮演人民的生活守護神[192]。

## 第十一項　發展上之受益權

發展上之受益權為新興人權，屬於第三代人權[193]。聯合國大會於一九八六年通過了「發展權宣言」(The Declaration on the Right to Development)，使發展權成為人權的新指標並在國際人權法體系中有了地位[194]。

依上述「發展權宣言」第一條第一項之規定，「發展人權是一項不可被剝奪之權利，由於每一個人類個人和所有種族都有資格參與，貢獻和享受經濟、社會、文化和政治的發展，所有人權和基本自由就能完滿地實現[195]。」

為保障此一發展人權，國家應對經濟、社會、文化和政治權利負有綜合發展之責任，而非單獨偏重經濟發展。國家必須使個人及種族獲得經濟、社

---

[192] 請參閱，林騰鷂，〈生活守護神的異常沉淪〉，《蘋果日報》論壇，民國一〇二年十月二十四日，A19版。另參閱，林騰鷂，〈行政鴕鳥、自肥心態不改，災難難了〉，《台灣時報》，民國一〇五年二月十二日，第三版。

[193] 依學者對人權的學理分類，第一代人權為公民權與政治權；第二代人權為經濟權、社會權與文化權；第三代人權為發展權、環境權、和平權。詳參，李永然，〈協助推動及監督兩大國際人權公約之落實〉，刊於《聯合國人權兩公約與我國人權發展》，永然文化出版公司印製，民國九十九年三月四日，頁6。

[194] 參閱，廖福特，《歐洲人權法》，學林文化事業有限公司，民國九十二年五月一版，頁337。

[195] 同上註，頁341。

會、文化和政治的發展，亦須使個人與種族得以參與發展政策之決定並收取發展之利益。為此，憲法增修條文第十條第七項對於身心障礙者，應……扶助其自立與發展；同條第十二項對於原住民族與澎湖、金門及馬祖地區人民，應扶助並促其發展等之規定，即在確立及促進身心障礙者、原住民族、離島地區人民之發展人權。民國一〇七年六月二十日公布修正的原住民族基本法第十八條第一項更規定，政府應設原住民族綜合發展基金，辦理原住民族經濟發展業務。

## 第十二項　資訊上之受益權

資訊上之受益權，包括學者所謂的「知的權利」，及「個人資料不被知的權利」。

知的權利是指人民有知悉公共事務資訊的權利。人民對公共事務資訊的知悉不只是個人人格成長之所需要，也是健全民主政治發展之所必要。為此，政府資訊公開法第一條乃規定：「為建立政府資訊公開制度，便利人民共享及公平利用政府資訊，保障人民知的權利，增進人民對公共事務之瞭解、信賴及監督，並促進民主參與，特制定本法。」我國憲法雖未明文列舉保障人民知的權利，但依憲法第二十二條之概括保障及政府資訊公開法之規定，人民已可獲得知的權利之保障，而在受到政府機關侵害時，得依政府資訊公開法第二十條、第二十一條之規定，請求法律救濟。除此之外，病人依據醫療法第七十一條可以請求提供病歷複製本之資訊，市民、縣民，也可依據地方制度法第十六條第五款規定，對於地方政府資訊，有依法請求公開之權。此種知的權利之規範亦在政府採購法上出現，使人民得以獲得必要資訊，參與公共採購之競標作業。另在行政機關之行政處分、行政規章、行政計畫、行政契約之作業上，依行政程序法之規定，均須履行一定之公開程序，使人民有知悉相關資訊之權利。

至於「個人資料不被知的權利」，即所謂的隱私權，是指個人在健康、醫療隱私或個人性向、精神狀態隱私資料有不被公開知悉的權利。為此，我國

分別制定了醫療法、教師法、精神衛生法、AIDS 防治條例、個人資料保護法⑲等，以保護病人、學生或一般民眾之隱私資料，避免在未經當事人同意之情況下，被錄音、錄影、攝影或公開展示、使用。

又在網路盛行的今日，當事人有無網路上「被遺忘權」，也成為民眾所關心並涉訟的事。如在日本有名男子因違反兒童買春禁止法被捕，他發現在「Google」搜尋引擎輸入自己名字後，都會跳出自己買春被捕的消息，乃向法院提出假處分和訴訟，要求 Google 刪除相關顯示。日本最高法院判他敗訴，並就網路「被遺忘權」，作出是否刪除的判斷基準，即一、報導的事實性質及內容；二、事實傳達的範圍及隱私受害程度；三、當事人的社會地位及影響力；四、報導的目的及意義；五、社會的狀況；六、報導中公開當事人真實姓名及住址的必要性。日本最高法院法官認為向兒童買春為社會強烈非難對象，而且涉及公共利害，故判決該買春男子敗訴。另歐洲法院在二〇一四年時也曾經作出網路「被遺忘權」之判決，認為民眾在某些情況下可請求刪除個人資訊的權利，而 Google 也提供申請表，讓用戶可以請求把有關個人的資訊在搜尋引擎上刪除⑲。不過，為了公共利益，保護人民知的權利，學者認為有些資訊是不該被刪除與遺忘的⑲。

---

⑲ 相關論文請參閱，程法彰，〈數位經濟時代下個人資料保護的衝突與歐盟個資保護規則顯示的意義〉，《月旦法學雜誌》，第二六四期，民國一〇六年五月，頁 229–244；實務論文請參閱，謝碩駿，〈行政機關蒐集個資之法律依據〉，《月旦法學教室》，第一九八期，民國一〇八年四月，頁 14–16。

⑲ 〈日最高院，首定義網路「被遺忘權」〉，請參閱，《自由時報》，民國一〇六年二月二日，國際版，http://news.ltn.com.tw/news/world/paper/1075022；另參閱，蘇慧婕，〈歐盟被遺忘權的概念發展〉，《憲政時代》，第四十一卷第四期，民國一〇五年四月，頁 473–516。另參閱，邱文聰，〈為什麼有時候我們應該被遺忘〉，〈蘋果大辯論：向 Google 要求「被遺忘權」，合理嗎？〉，《蘋果日報》，民國一〇七年九月十三日，A15 版。

⑲ 張永宏，〈保護知的權利，避免與公益衝突〉；劉昌德，〈公共事務需要公平辯論而非遺忘〉，均刊於上揭《蘋果日報》，民國一〇七年九月十三日，A15 版。

## 第十三項　休閒上之受益權

人不應該只是德國人所說的「工作的動物」(die Arbeitstiere)，人為了維持健康，亦應獲得充分的休息、休閒與休假等之休閒上之受益權。為此，一九四八年之世界人權宣言第二十四條乃特別規定：「人人有休息及閒暇之權，包括工作時間受合理限制及定期有給休假之權。」歐洲聯盟基本權利憲章第三十一條也規定：「勞工享有最高工時限制、每日每週休息時間與支薪年休期間之權利。」我國勞動基準法第四章自第三十條至第四十三條，即詳細規定勞工之工作時間、休息、休假。其中，第三十四條第一項規定：「勞工工作採輪班制者，其工作班次，每週更換一次。但經勞工同意者不在此限。」又民國一〇五年十二月六日修正之第二項規定：「依前項更換班次時，至少應有連續十一小時之休息時間。」另外，第三十五條規定：「勞工繼續工作四小時，至少應有三十分鐘之休息。但實行輪班制或其工作有連續性或緊急性者，雇主得在工作時間內，另行調配其休息時間。」此即為勞工之休息權[199]。

又同法第三十六條規定：「勞工每七日中應有二日之休息，其中一日為例假，一日為休息日。」第三十七條規定：「內政部所定應放假之紀念日、節日、勞動節及其他中央主管機關指定應放假日，均應休假。」第三十八條規定：「勞工在同一雇主或事業單位，繼續工作滿一定期間者，應依下列規定給予特別休假：一、六個月以上一年未滿者，三日。二、一年以上二年未滿者，七日。三、二年以上三年未滿者，十日。四、三年以上五年未滿者，每年十四日。五、五年以上十年未滿者，每年十五日。六、十年以上者，每一年加給一日，加至三十日為止。」此些即為勞工之休閒及休假權益。

除此之外，公務員亦有休息權與休假權。公務員服務法第十一條第二項

---

[199] 勞工休息權之爭議，在民國一〇六年初愈演愈烈，即所謂「一例一休」之爭議造成社會極大的不安。不過，筆者仍堅持勞工應有兩個例假日，而不是一個例假日及一個休息日。請參閱，林騰鷂，〈勞工應有休假平等人權〉，《蘋果日報》論壇，民國一〇五年十月二十八日，A23 版。

規定：「公務員每週應有二日之休息，作為例假。」此即為一般所稱之週休二日制。又公務員之休假權並不在公務員服務法中明文規定，而是在公務員服務法第十二條第二項所授權訂定之公務員請假規則中訂定。該規則第七條規定，依公務員之服務年資，每年給予七日至三十日不等之休假。

　　由於社會各界對於如何確保勞工之休息、休閒及休假權益有不同的意見，行政院於民國一〇五年六月三十日完成有重大影響及爭議性高的勞動基準法相關條文之審查，經立法院三讀通過，並於同年十二月二十一日由總統公布自民國一〇六年一月一日實施，但因勞資雙方認為修正過之勞基法，對勞工之休息人權規定，缺乏彈性，仍會產生過勞而有重大爭議❷⓪⓪，行政院乃又提出勞基法修正草案，並由立法院於民國一〇七年元月十日以不斷電方式表決，在若干立法委員睡夢中，三讀通過勞基法修正案，引發學界之反對與勞團之臥軌抗爭。監察院也對行政院勞動部無完整之法案影響評估，未衡酌對勞工及企業所造成衝擊的程度，提出糾正案❷⓪①。又總統府人權諮詢委員會「經濟社會文化權利公約小組」成員，對於勞基法修法草率，亦在平面媒體上提出批判建言❷⓪②。

---

❷⓪⓪　林騰鷂，〈一例一休的災難源頭〉，《中國時報》時論廣場，民國一〇六年十一月三日，A14 版；林騰鷂，〈行政缺德下的勞工苦難〉，《中國時報》時論廣場，民國一〇六年十一月十二日，A14 版；林騰鷂，〈遏止企業肥鼠吃掉勞工薪水〉，《聯合報》民意論壇，民國一〇六年十二月五日，A15 版。

❷⓪①　監察院糾正案文，民國一〇七年一月三日，字號 107 財正 0001 號。

❷⓪②　林子倫、孫友聯、劉梅君等八人，〈關於勞動人權，給政府的建言〉，《蘋果日報》焦點評論，民國一〇七年一月十三日，https://tw.appledaily.com/headline/daily/20180113/37902485/。

# 第七節 主政權

## 第一項 概 說

主政權乃是人民依主動的身分，行使國家統治權的權利。在憲政民主國家裡，只有人民直接、間接為統治權之行使，才算是主權在民。因此，主政權是人民極重要的人權，也是一個國家民主的象徵。過去學界之參政權之說法，略嫌消極被動。事實上，應該稱為「主政權」，較能彰顯「主權在民」的憲法精神[203]。

主政權與自由權、平等權、受益權不同，並非人人都可享有，而是具有公民資格或特定條件的國民才得享有。因此，主政權又被稱為公民權。至於，何謂公民，各國規定不一，有年滿十八歲即為公民者，亦有必年滿二十歲始得為公民者。民國一〇四年四月九日、四月十三日立法院修憲委員會分別召開的第一場及第二場公聽會，即針對投票年齡調降之議題，徵求學者專家與立法委員發表意見。多數與會者，都認同行使公民權之年齡，宜降到十八歲，因為全世界已有一百六十二個國家採行投票年齡為十八歲之制度[204]。又雖滿公民年齡，但如有褫奪公權或因精神異常受監護之宣告者，亦不得享有公民權。

主政權可分兩類，第一類為國民單單具有公民資格即得享有的權利，如選舉權、罷免權、創制權、複決權、公民投票權等是。第二類為國民除具有

---

[203] 學者另以「人民作為國家機關」的理論，闡述參政權，與本書之主張相近。詳請參閱，吳志光，〈參政權（上）〉，《法學講座》，第二十九期，民國九十三年九月，頁 17–25。吳志光，〈參政權（下）〉，《法學講座》，第三十期，民國九十三年十一月，頁 1–12。

[204] 參閱，黃國鐘律師書面意見，立法院修憲委員會編製，立法院修憲委員會公聽會報告，民國一〇四年四月二十二日，頁 40–41。

公民資格外，尚須有特定資格及條件，始得享有之權利，如應考試、服公職、被選舉之權等是。我國憲法第十七條即明文規定人民有第一類之公民權，憲法第十八條則規定第二類之公民權❷₀₅，茲分項簡要說明於次。

## 第二項　選舉權與候選權

選舉權乃具有公民資格之國民，有以投票的方法，選舉議會代表及行政官員之權。這種權利被稱為狹義的選舉權，加上公民自身可被選為議會代表或行政官員之被選舉權，兩者合稱廣義之選舉權。我國公職人員選舉罷免法中，不只規定選舉權，也規定被選舉權，顯然是採取廣義之見解。被選舉權又可稱為候選權。有關候選權之意義及要件，將在本書第十三章第三節中說明之。

選舉權是最早發生之參政權，也行使最頻繁，故為最重要之主政權。選舉權的性質為何？有認為是權利的，是為權利說，以選舉權為個人權利，國家不得任意剝奪或限制，而個人是否行使，也應任由個人自由決定。另有認為選舉權是一種公義務，以選舉權不是權利，而是個人應盡的社會義務。再有第三種說法，認為選舉權是權利也是義務，一方面有權可以投票方式選出議會代表或行政官員，另一方面則在履行作為國家社會成員為公共事務的參與義務。我國憲法第十七條規定，人民有選舉之權，顯採權利說。但筆者主張，選舉權應為權利兼公義務說。尤其在目前，選舉之投票率日益下降，且賄選頻傳，若干人民把選舉權當作人情、財物交換之籌碼，對於選舉風氣、民主理念之敗壞甚為嚴重。如兼採公義務說，使選舉變成公民應盡之社會職務，或能對當前之選風有所幫助。

行使選舉權，應具備哪些條件呢？除了憲法第一百三十條規定國籍、年齡條件外，依公職人員選舉罷免法第四、十四條、第二十六條各款及第二十七條第一項之規定，尚有居住期限條件及受監護之宣告尚未撤銷之消極要件，

---

❷₀₅　薩孟武教授認憲法第十八條之權利與其歸納於參政權之中，不如歸納於平等權之中。參閱，薩孟武，前揭書，頁 135。

才能行使選舉權，或有候選權。

選舉權如何行使呢？即用什麼方法來行使呢？依憲法第一百二十九條之規定，以普通、平等、直接及無記名投票之方法行之，但憲法別有規定者，從其規定。此外，選舉權之行使，依憲法第一百三十二條之規定，應嚴禁威脅利誘。

又民國一〇四年四月三十日、五月四日，立法院修憲委員會分別召開之第七場、第八場公聽會中，針對選舉權之行使採取不在籍投票制度徵求學者專家與立法委員之意見。與會學者雖多表贊同，但有以在憲法明文規定為佳者，但也有以在法律規定即可者。筆者以為不在籍投票制度是一世界潮流趨勢，亟應迅速採行，在憲法明定固然可以，在法律上規定亦無不可❷⁰⁶。

## 第三項　罷免權

罷免權乃人民對於不稱職之民意代表或行政官員，在其任期未滿之前，以投票方法，使其去職之權利。罷免權是一種收回以往對民意代表、行政官員信任、委任之權，故，英文稱 Recall，德文稱 Abberufung，與選舉權恰好相對，因選舉權算是一種人民對民意代表或行政官員之信任、委任。人民有了選舉權以後，必須輔以罷免權，否則將變成民意代表橫霸，行政官員濫權，人民會喪失作主之權利。　國父孫中山先生在民權主義第六講中，對此即有一良好之譬喻，他說：「在政治中專行一個選舉權是不夠的，它就好比舊式的機器只有前進，而不能後退。現在有一個新式的方法，不僅能使機器前進，亦能把它拉回來。這個新方法就是罷免權。人民有了這兩個權，對於政府之中的一切官吏，一方面可以放出去，又一方面可以調回來，來去都可以從人民自由。」由此可見罷免權之重要性。

罷免權如何行使？有何限制？憲法第十二章及公職人員選舉罷免法有詳細規定，將於本書第十三章「政權之行使」中說明。

---

❷⁰⁶　參閱，立法委員李貴敏之書面意見，立法院修憲委員會編製，立法院修憲委員會公聽會報告，民國一〇四年五月十四日，頁 38–43。

# 第四項　創制權

創制權乃一國之公民得以一定人數的連署提出法案，交由議會或以公民投票方式，決定是否成為法律之權。　國父孫中山先生曾說：「如果大家看到了一種法律，以為是很有利於人民的，便要有一種權自己決定出來，交到政府去執行的權利，這種權叫做創制權。」又稱「公民造法權」，目的在防止立法機關之怠惰失職或不制定人民所希望有的法律[207]。

人民享有創制權，除可收回立法之權，補救代議制度所生之流弊外，並可使法律切合民意，增進人民之法律知識及民主教育。因此，各國多有創制權之規定。我國憲法除於第十七條有規定外，另於憲法第一百二十三條規定，縣民於縣自治事項，有依法行使創制之權。

憲法第一百三十六條規定，創制、複決兩權之行使，以法律定之。但目前，因立法院尚未有創制、複決法之制定，故人民尚無名為創制、複決法之法律，可行使創制權。不過，民國九十二年之公民投票法第一條明示規定：「依據憲法主權在民之原則，為確保國民直接民權之行使」，特制定公民投票法，使人民可以透過全國性公民投票及地方性公民投票來行使創制權[208]。依公民投票法第二條第二項規定，我國公民可以全國性公民投票，為立法原則之創制、重大政策之創制。我國公民亦可以地方性公民投票，為地方自治法規立法原則之創制及地方自治事項重大政策之創制。對此權利之行使，如發生爭議，人民可依公民投票法第六章之規定，為公民投票爭訟，可以提起公民投票無效之訴、公民投票案通過或否決之確認之訴，以求救濟[209]。

---

[207]　匡克毅、呂宗麟，上揭書，頁 162。

[208]　公民投票法第二條第二項規定，全國性公民投票適用事項為：1.法律之複決；2.立法原則之創制；3.重大政策之創制與複決；4.憲法修正案之複決。同條第三項規定，地方性公民投票適用事項為：1.地方自治法規之複決；2.地方自治法規立法原則之創制；3.地方自治事項重大政策之創制或複決。

[209]　相關論文請參閱，吳志光，〈公民投票與司法審查──以德國法為借鏡〉；吳志光，〈論公民投票訴訟之基本問題──以行政爭訟程序為核心〉，刊於氏著，《比較違

## 第五項　複決權

　　複決權乃公民對於立法機關所通過之法律案或憲法修正案，以投票方式決定其是否成為法律或將憲法修正之最後決定權也。複決權與創制權性質相同，為人民重要之公權，常被稱為直接民權，以其行使可直接產生立法、制憲或修憲等直接行使政權之效果，故與選舉權、罷免權之行使，只能間接產生行政政權之效果者，並不相同。

　　我國憲法第一百三十六條規定，創制、複決兩權之行使，以法律定之。但如上所述，立法院現尚未制定創制、複決之法律，故我國人民目前尚無名為創制、複決法之法律，可行使複決權。不過，因公民投票法之制定施行，公民已可透過全國性公民投票或地方性公民投票，以行使複決權。依公民投票法第二條第二項之規定，我國公民可以全國性公民投票，為法律之複決、重大政策之複決與憲法修正案之複決。我國公民也可以地方性公民投票，為地方自決法規之複決、地方自治事項重大政策之複決。

　　至於憲法上之複決，則分別規定於憲法增修條文第一條第一項、第二條第九項、第四條第五項、第十二條等有關領土變更案、總統罷免案及憲法修正案等之複決。

## 第六項　公民投票權

　　民國九十四年六月七日任務型國民大會複決通過修正憲法增修條文第一條規定後，關於憲法修正案、領土變更案，將由公民投票複決。這就是所謂的公民投票入憲，使我國公民擁有了行憲數十年來所未曾有的直接民權❷❶⓪。

---

　　憲審查制度》，神州圖書出版有限公司，民國九十二年四月，頁 155–181、183–214。

❷❶⓪　參閱，林騰鷂，〈應建立「公民保留」的憲政機制〉，《聯合報》，民意論壇，民國八十九年四月十四日，第 15 版；林騰鷂，〈推動政治人權，朝積極方向邁進〉，

民國九十二年公佈之公民投票法，則完整的規定公民投票之程序及公民投票爭訟解決機制，以落實公民投票主權之實現。

學理上所謂的公民投票 (Plebiscite)，就廣義而言，包括超越憲法的主權公投或獨立公投及憲法下的創制複決；就狹義而言，則是指憲法下的複決 (referendum)⓫。本次修正憲法增修條文將公民投票限於領土變更案及憲法修正案之複決，比較接近狹義的意指憲法下的複決。

又就公民投票法第二條、第十七條關於投票事項之規定來看，也是學理上所謂的憲法下的複決，其種類、程序、爭訟事宜，將於本書第十三章「政權之行使」中，詳為說明。

## 第七項　應考試權

應考試權乃人民具有法律所定應考資格者，均得參加考試之權。換言之，人民不分男女、宗教、種族、階級、黨派，只要合乎考試法所定資格，就有應考試之權。因此，行政機關對應考資格及應試科目、錄取標準如增設法律所無之限制，即構成違憲。大法官釋字第二六八號解釋即採此見解。

至於考試院依其法定職權訂定考試規則及決定考試方式，大法官釋字第一五五號解釋則認為未逾越考試院職權之範圍，對人民應考試之權亦無侵害，故不違憲。同樣的，規定考試分區報名、分區錄取及分區分發，並規定錄取人員必須在原報考區內服務滿一定期間，也被大法官釋字第三四一號解釋，認為係因應基層機關人力需求及考量應考人員志願，所採之必要措施，而宣告其不違憲。

不過，大法官釋字第七一五號解釋，認為國防部預備軍士官班招生簡章規定，曾受刑之宣告者不得報考，是對應考試資格所為逾越必要程序之限制⓬，牴觸憲法第二十三條比例原則，且與憲法第十八條保障人民應考試、

---

《中國時報》，時論廣場，民國八十九年八月二十六日，第 15 版。

⓫　評閱，曹金增，〈公民投票之理論〉，《憲政時代》，第二十八卷，第二期，民國九十一年十月，頁 38–51。

服公職之權利意旨不符，而宣告其違憲。而保障了曾受刑之宣告者，得以報考預備軍士官之權利。

　　另大法官釋字第七五〇號解釋，認定以外國學歷應牙醫師考試者，主管機關規定應在其所認可之醫療機構先完成臨床實作訓練是合憲的，並未牴觸憲法第二十三條法律保留原則、比例原則，與憲法第十五條工作權及第十八條應考試權之保障，亦不違反憲法第七條平等權之保障。

# 第八項　服公職權

　　服公職權乃人民有擔任公職的權利，而所謂公職，依大法官釋字第四二號解釋謂：「憲法第十八條所稱之公職，涵義甚廣，凡各級民意代表，中央與地方機關之公務員，及其他依法令從事於公務者皆屬之。」因此，服公職權，乃人民達到法律所定之特定資格者，即有權利被選為中央或地方之民意代表或受任為中央或地方機關之公務員。

　　服公職權，除上述須有法定之積極資格者外，更須沒有法律所規定的消極資格。所謂消極資格是指國籍法第二十條第一項所規定之事項，即：「中華民國國民取得外國國籍者，不得擔任中華民國公職」。而若已擔任者，該項又規定：「除立法委員由立法院；直轄市、縣（市）、鄉（鎮、市）民選公職人員，分別由行政院、內政部、縣政府；村（里）長由鄉（鎮、市、區）公所解除其公職外，由各該機關免除其公職。」

　　由於國籍法之上述規定，曾爆發立法委員李慶安是否擁有美國國籍案，及在提名監察委員、考試委員時，也曾發生多位被提名人擁有外國國籍而被迫放棄的情事。

　　又主管機關規定服公職年齡並要求以可資採信之原始證件證明之措施，依大法官釋字第一七二號解釋，認為未逾越主管機關法定職權，對憲法所保

---

❷ 相關實務請看，陳靜慧，〈一般警察人員特考年齡限制之合憲性——評北高行一〇三年度訴字第一五七六號判決並借鏡歐盟法觀點〉，《月旦法學雜誌》，第二六一期，民國一〇六年一月，頁 237–252。

障之服公職權，亦無侵害。

至於各機關擬任之公務人員，經人事主管機關任用審查，認為不合格或降低原擬任之官等者，大法官釋字第三二三號解釋則認為對憲法所保障服公職之權利有重大影響，該擬任之公務人員如經依法定程序申請復審，對復審決定仍有不服時，得依法提起訴願，或行政訴訟，以保障其服公職之權。

另外，大法官釋字第四九一號解釋，對人民服公職權利之保障，有更進一步之界定。該號解釋稱：「憲法第十八條規定人民有服公職之權利，旨在保障人民有依法令從事於公務之權利，其範圍不惟涉及人民之工作權及平等權，國家應建立相關制度，用以規範執行公權力及履行國家職責之行為，亦應兼顧對公務人員之權益之保護。公務人員之懲戒乃國家對其違法、失職行為之制裁。此項懲戒得視其性質，於合理範圍內，以法律規定由其長官為之。中央或地方機關依公務人員考績法或相關法規之規定對公務人員所為免職之懲處處分，為限制人民服公職之權利，實質上屬於懲戒處分，其構成要件應由法律定之，方符憲法第二十三條之意旨。」

又為了確實保障人民服公職之權利，大法官釋字第五七五號解釋稱，憲法第十八條規定人民有服公職之權利，旨在保障人民有依法令從事於公務，暨由此衍生享有之身分保障、俸給與退休金等權利。機關因改組、解散或改隸致對公務人員之憲法所保障服公職之權利產生重大不利影響，應設適度過渡條款或其他緩和措施，以資兼顧。

值得特別注意的是，大法官對人民服公職權之保障非常重視，在釋字第五八三號解釋明示對公務員之懲戒權經過相當期間不行使者，即不應再予追究，以維護公務員之服公職權。該號解釋謂：「憲法第十八條規定人民有服公職之權，旨在保障人民得依法擔任一定職務從事公務，國家自應建立相關制度予以規範。國家對公務員違法失職行為應予懲罰，惟為避免對涉有違失之公務員應否予以懲戒，長期處於不確定狀態，懲戒權於經過相當期間不行使者，即不應再予追究，以維護公務員權益及法秩序之安定。公務員懲戒法第二十五條第三款規定，懲戒案件自違法失職行為終了之日起，至移送公務員懲戒委員會之日止，已逾十年者，公務員懲戒委員會應為免議之議決，即本

此意旨而制定。……」

　　另外，人民之服公職權是否包括任公職以後，晉敘陞遷之權，大法官釋字第六一一號解釋即明白表示：「憲法第十八條保障人民服公職之權利，包括公務人員任職後，依法令晉敘陞遷之權。晉敘陞遷之內容，應以法律定之。」我國保障公務員陞遷之權的法律為「公務人員陞遷法」。

　　由於各政府機關之考試規章之一些規定，每有剝奪人民的服公職權。就此，大法官釋字第七一五號解釋，乃明示：「中華民國九十九年國軍志願役專業預備軍官預備士官班考選簡章壹、二、㈡規定：『曾受刑之宣告……者，不得報考。……』與憲法第二十三條法律保留原則無違。惟其對應考試資格所為之限制，逾越必要程度，牴觸憲法第二十三條比例原則，與憲法第十八條保障人民服公職之權利意旨不符。相關機關就嗣後同類考試應依本解釋意旨妥為訂定招生簡章。」

　　值得特別注意的是，對服公職權之保障，並非漫無限制，大法官釋字第七一七號解釋，即對銓敘部、教育部所發布函令❷¹³表示之「有關以支領月退休金人員之每月退休所得，不得超過依最後在職同等級人員現職待遇計算之退休所得上限一定百分比之方式，減少其公保養老給付得辦理優惠存款金額之規定，尚無涉禁止法律溯及既往之原則。上開規定生效前退休或在職之公務人員及學校教職員對於原定之優惠存款利息，固有值得保護之信賴利益，惟上開規定之變動確有公益之考量，且衡酌其所欲達成之公益及退休或在職公教人員應受保護之信賴利益，上開規定所採措施尚未逾越必要合理之程度，未違反信賴保護原則及比例原則。」

　　又服公職權不應受到不利的差別待遇。就此，大法官釋字第七六〇號解釋表示：「警察人員人事條例第十一條第二項未明確規定考試訓練機構，致實

---

❷¹³　即銓敘部中華民國九十五年一月十七日增訂發布、同年二月十六日施行之退休公務人員公保養老給付金額優惠存款要點（已廢止）第三點之一第一項至第三項、第七項及第八項、教育部九十五年一月二十七日增訂發布、同年二月十六日施行之學校退休教職員公保養老給付金額優惠存款要點（已廢止）第三點之一第一項至第三項、第七項及第八項。

務上內政部警政署得將公務人員特種考試警察人員考試三等考試筆試錄取之未具警察教育體系學歷之人員，一律安排至臺灣警察專科學校受考試錄取人員訓練，以完足該考試程序，使一百年之前上開考試及格之未具警察教育體系學歷人員無從取得職務等階最高列警正三階以上職務任用資格，致其等應考試服公職權遭受系統性之不利差別待遇，就此範圍內，與憲法第七條保障平等權之意旨不符。行政院應會同考試院，於本解釋公布之日起六個月內，基於本解釋意旨，採取適當措施，除去聲請人所遭受之不利差別待遇。」

另外，大法官釋字第七六八號解釋認為，醫事人員人事條例第一條及公務人員任用法第二十八條第一項第二款本文及第二項，適用於具中華民國國籍兼具外國國籍之醫師，使其不得擔任以公務人員身分任用之公立醫療機構醫師，已任用者應予免職之部分，並未違背憲法第十八條保障人民服公職權之意旨。

在法律上，特別是公務人員保障法更對公務人員提供了申訴程序、調處程序、復審程序及相當周全之實體保障。尤其該法第十七條規定，公務人員認為長官之命令違法，經要求長官以書面下達命令而遭拒絕時，則可有免責之機會。由於此一規定，使公務人員不會成為違法長官之代罪羔羊。

# 第八節　人民權利之保障、限制

## 第一項　人民權利之保障

我國憲法對於人民權利之保障，所採立法方式則為列舉保障與概括保障之兩種方式。列舉保障方式是指自憲法第七至十八條以及第二十一條，將受保障之權利，具名列舉。概括保障方式是指憲法第二十二條之規定，凡人民之其他自由及權利，在不妨害社會秩序、公共利益者，均受憲法之保障❷❹。

---

❷❹　此即為學者所稱之其他基本權，請參閱，李惠宗，上揭書，頁 325-343。比較法上的論文請參閱，謝碩駿，〈憲法概括性權利保障條款之解釋——德國法的觀

　　由於人民之自由與權利，種類非常繁多，不可能一一列舉，為了避免掛一漏萬，乃又用概括方式，使人民之自由與權利，獲得周全之保障。尤其，自二十世紀以來，社會變遷非常激烈，人權之理念也不斷的擴大充實而與十八、十九世紀的人權理念大不相同。例如，一九四八年十二月十日聯合國大會所通過之世界人權宣言，除了有自由權、平等權、參政權、生存權、工作權、財產權之規定外，另增加了一些新的人權，如國籍權、婚姻權❷❺、成立

察〉，《月旦法學雜誌》，第二七三期，民國一○七年二月，頁 47–71；陳宗憶，〈憲法第二十二條之詮釋——以司法院釋字第 748 號解釋為例〉，《法令月刊》，第六十九卷，第四期，民國一○七年四月，頁 84–98。

❷❺ 傳統上婚姻權係指男女間之婚姻權，但同性是否有婚姻權，則引發很大的爭議，學者間也有很多的爭議。相關論文請參閱，陳惠馨，〈針對臺北市政府與祁家威先生聲請解釋一案提出鑑定意見〉，《月旦法學雜誌》，第二六四期，民國一○六年五月，頁 38–43；李惠宗，〈同性婚姻合法問題鑑定報告書〉，《月旦法學雜誌》，第二六四期，民國一○六年五月，頁 44–69；鄧學仁，〈同性婚姻法制化之調查研究〉，《月旦法學雜誌》，第二六四期，民國一○六年五月，頁 70–84；張文貞，〈會台字第一二七七一號聲請人臺北市政府及會台字第一二六七四號聲請人祁家威聲請解釋案：鑑定意見書〉，《月旦法學雜誌》，第二六四期，民國一○六年五月，頁 85–99；陳愛娥，〈會台字第一二七七一號聲請人臺北市政府及會台字第一二六七四號聲請人祁家威聲請解釋案：鑑定意見書〉，《月旦法學雜誌》，第二六四期，民國一○六年五月，頁 100–110；劉宏恩，〈民法親屬編規定「使同性別二人間不能成立法律上婚姻關係」違憲疑義解釋案鑑定意見書〉，《月旦法學雜誌》，第二六四期，民國一○六年五月，頁 111–122；官曉薇等人，〈憲法上婚姻家庭之制度性保障不應排除同性伴侶及其家庭，拒絕同性伴侶締結婚姻有害同性家庭子女之權益——法律學者法庭之友意見書〉，《月旦法學雜誌》，第二六四期，民國一○六年五月，頁 123–139；另有關學理請參閱，許育典，〈自我實現作為同性婚姻的憲法保障〉，《台灣法學雜誌》，第二九六期，民國一○五年五月，頁 5–30；曾品傑，〈為人抬轎的大法官解釋第七四八號〉，《月旦法學雜誌》，第二六六期，民國一○六年七月，頁 69–86；葉光洲，〈從破碎中修復：淺論大法官釋字第七四八號解釋〉，《月旦法學雜誌》，第二六六期，民國一○六年七月，頁 89–92；林更盛，〈釋字第七四八號解釋在方法論上的批判——大法官、大躍進〉，《台灣法學雜誌》，第三二八期，民國一○六年九月二十八日，頁 41–48；

家庭權、隱私權❷⓰、休息權、休閒權、休假權、健康權及文化權等。而一九七六年一月三日生效之經濟社會文化權利國際公約及一九七六年三月二十六日生效之公民及政治權利國際公約，更規定了人民有享受社會保障、社會保險權、不受酷刑權、不受奴隸權、離國權、返國權及人民有被承認為法律人格之權利。最值得注意的是，歐洲聯盟基本權利憲章第四十一條又規定了一個嶄新的人權❷⓱，那就是享受良好行政的權利 (The right to good administration)。該條規定：

1.人人均享有其事務受到歐洲聯盟機構及部門之公正、公平與適時處理之權利。

2.此一權利包括：人人均有在受到任何不利益之個別措施前接受通知之權利；人人均有於尊重機密與職業及商業秘密之合法利益下，取得自己所屬之個人檔案之權利；行政機關就行政決定應附理由之義務。

3.人人均有依會員國法律所共同之一般原則要求歐洲共同體就其機構或履行職務之公務員所導致之損害進行補償或賠償之權利。

4.人人均得以歐洲聯盟條約各條約規定之任一種語言文字函詢歐洲聯盟之機構，並應獲得使用相同語言文字之回覆。

此外，歐洲聯盟基本權利憲章第三十五條另規定人民有接受預防性健康照護 (The right of access to preventive health care) 及接受醫藥治療之權利 (The right to benefit from medical treatment)。

如上可見，如無概括方式規定，新的人權因憲法制定時未能列舉，將無從獲得保障。美國聯邦憲法增修條文第九條亦有類似規定，謂：「不因憲法列

---

許育典，〈釋字第七四八號解釋後同性婚姻的修法方向：民主與法治的憲法價值衡量〉，《台灣法學雜誌》，第三二八期，民國一〇六年九月二十八日，頁 72-80。

❷⓰ 參閱，葉俊榮，〈探尋隱私權的空間意涵——大法官對基本權的脈絡論證〉，《中研院法學期刊》，第十八期，民國一〇五年三月，頁 1-40；吳信穎，〈論合理之隱私期待的法律屬性〉，《司法周刊》，第一七九〇期，民國一〇五年三月十八日，頁 2-3。

❷⓱ 參閱，林騰鷂，〈新人權——不受「胡亂行政」禍害〉，《聯合報》，民意論壇，民國九十二年十二月十日，A15 版。

舉某種權利，而認為人民所保留之其他權利，可以被否認或輕忽。」換言之，乃明示對憲法列舉以外之人民其他自由或權利，均不得否認、輕忽或不加以保障❷⃝❶⃝❽。因此，民國一○三年三月十八日爆發之「太陽花學運」及民國一○四年七月二十三日高中生夜闖教育部之「高中生反課綱微調事件」，所主張之「抵抗權」、「公民不服從權」、「反抗暴政權」、「反抗濫政權」，我國憲法上雖無明文規定，但在憲政法理上❷⃝❶⃝❾，仍屬於應受概括保障之人權❷⃝❷⃝❽。

　　我國憲法增修條文，為免疑義滋生，乃在第十條明文列舉，增加類如環境權、文化權、醫療權、人格尊嚴權❷⃝❷⃝❶之保障規範。又現代社會上非常重要

---

❷⃝❶⃝❽　相關論文請參閱，宮文祥，〈以實質正當程序論非憲法明文之基本權——以同性婚為例〉，《台灣本土法學雜誌》，第三一七期，民國一○六年四月，頁 85–89。

❷⃝❶⃝❾　約翰・洛克 (John Locke,1632–1704) 之政府論，即曾指出，當行政或立法權試圖變更其統治為專制，試圖奴役或毀滅人民時，人民最後之手段便是藉由行使抵制或革命之權利，反對壓迫性的及否定了自然法之實證論，以此來維護自然法所賦予之權利。參閱，Edgar Bodenheimer 著，范建德、吳博文譯，《法理學》，漢興書局，民國八十六年元月，初版，頁 65；另參閱，廖元豪，〈以憲法之表現自由處理「公民不服從」爭議——評薛智仁教授〉，《中央研究院法學期刊》，第十九期，民國一○五年九月，頁 203–228。司法實務另參閱，廖元豪，〈今天佔立院，明天衝法院？——修辭多於論證的台北地方法院一○四年度囑訴字第一號判決〉，《台灣法學雜誌》，第三二三期，民國一○六年七月，頁 9–15；王乃彥，〈台北地方法院一○四年度囑訴字第一號刑事判決的時代意義〉，《台灣法學雜誌》，第三二三期，民國一○六年七月，頁 1–8。

❷⃝❷⃝❽　參閱，胡博硯，〈違憲秩序與抵抗權〉，《蘋果日報》，民國一○三年四月二十三日，http://www.appledaily.com.tw/appledaily/article/forum/20140423/35783781/ ；另參閱，德國基本法第二十條第四項規定。

❷⃝❷⃝❶　尊嚴人權也是二十世紀才被重視的新人權。德國聯邦基本法第一條第一項第一句明白宣示：「人之尊嚴不可侵犯。尊重及保護此項尊嚴為所有國家機關之義務。」將人性尊嚴視為最高的價值 (Menchenwürde als der oberste Wert)。瑞士在西元二○○○年公布之憲法第七條也規定：「人性尊嚴應受尊重及保護。」(Human dignity shall be respected and protected.) 又在我國有國內法效力的「公民與政治權利國際公約」第十條第一項規定：「自由被剝奪之人，應受合於人道及尊重其天賦人格尊嚴之處遇」。因此，不僅是一般人民之尊嚴人權要受保障，即使是受刑人之人

之隱私權、資訊權之保障，我國也分別制定了醫療法、教師法、精神衛生法、AIDS 防治條例、電腦處理個人資料保護法等，以保護病人、學生或一般民眾之隱私資料，避免在未經當事人同意之情況下，被錄音、錄影、攝影或公開展示、使用。而在積極方面，病人依據醫療法第七十一條可以要求提供病歷複製本，病歷摘要。市民、縣民，則可依據地方制度法第十六條第五款規定，對於地方政府資訊，有依法請求公開之權。此種資訊權之規範亦在政府採購法上出現，使人民得以獲得必要資訊，參與公共採購之競標作業。另在行政機關之行政處分、行政規章、行政計畫、行政契約之作業上，依行政程序法之規定，均須履行一定之公開程序，使人民獲得相關資訊。此即為「知悉權」，為從積極面來看資訊權。

　　立法院審議通過「公民與政治權利國際公約」及「經濟、社會與文化權利國際公約」後，馬英九總統於民國九十八年五月十四日正式簽署這兩大人權公約的中英文批准書，並在民國九十八年四月二十二日公布，「公民與政治權利國際公約及經濟社會與文化權利國際公約施行法」，規定自民國九十八年十二月十日生效。此施行法第二條規定：「兩公約所揭示保障人權之規定，具有國內法律之效力」，第四條規定：「各級政府機關行使其職權，應符合兩公約有關人權保障之規定，避免侵害人權，保護人民不受他人侵害❷，並應積極促進各項人權之實現」。又該施行法第八條規定：「各級政府機關應依兩公約規定之內容，檢討所主管之法令及行政措施，有不符兩公約規定者，應於本法施行後二年內，完成法令之制（訂）定、修正或廢止及行政措施之改進。」因此，各政府機關應就上述兩大公約規定之新人權，完成各項法令之制（訂）定、修正或廢止，並具體落實我憲法及憲法增修條文所未明白列舉之公民與政治人權，如：1.人民自決權 2.生命權 3.不受酷刑權 4.不受非人道醫藥試驗權 5.不受非人道科學試驗權 6.不受奴隸待遇權 7.不受強制勞役權 8.不因無力履約而被監禁權 9.離國權 10.返國權 11.受公平裁判權 12.榮譽和名譽不

格尊嚴亦應受到保障。

❷　生活實務請看，蕭淑芬，〈私人間人權侵害與基本權之國家保護義務〉，《月旦法學教室》，第一六九期，民國一〇五年十一月，頁 6–8。

受非法攻擊權 13.良心自由權 14.子女依己信仰接受宗教和道德教育之自由權 15.組織和參加工會權 16.婚姻和家庭受保護權 17.兒童權❷❷❸ 18.少數權。以及下列之經濟、社會與文化人權，如：1.享受公正和良好工作條件權 2.享受社會保險權 3.享受社會保障權 4.自己和家庭享有適當生活水準權 5.免於飢餓權 6.生理和心理健康權 7.受免費教育權 8.享受文化生活權 9.享受科技進步權 10.文藝、智財受保護權 11.休息權 12.休閒權 13.休假權。❷❷❹

　　對於這些新人權應否在憲法上明示規定？立法院修憲委員會在民國一〇四年五月七日所召開之第九場公聽會，即針對最應優先入憲的人權清單，徵求學者專家與立法委員們之意見。與會學者與立法委員多表，應將各項國際公約所規定之新人權入憲❷❷❺。筆者也應邀與會，並發表「修憲應充實的基本人權」，認為除了各國際公約之人權外，更要重視反抗權、享受良好行政權、享受優良私校權的入憲❷❷❻。

---

❷❷❸　為了落實兒童權之保障，立法院在民國一〇三年五月二十日三讀通過「兒童權利公約施行法」，該法第二條規定，聯合國一九八九年兒童權利公約所揭示保障及促進兒童及少年權利之規定，具有國內法之效力，且自民國一〇三年十一月二十日起施行。

❷❷❹　民國一〇六年初，勞動基準法施行細則修正之一例一休之勞工休假制度，在社會引起很大的風暴，造成勞工、產業、政府三輸的局面。相關論文請參閱，林騰鷂，〈勞工應有休假平等人權〉，《蘋果日報》論壇，民國一〇五年十月二十八日，A23 版；周兆昱，〈例假之法理探討與實務爭議釋疑〉，《台灣法學雜誌》，第三二一期，民國一〇六年六月，頁 141-155；林佳和，〈例假日休息原則與工作例外〉，《台灣法學雜誌》，第三二一期，民國一〇六年六月，頁 156-184；蔡瑞麟，〈特休未排假無清償可能！遑論工資？——評二〇一七年勞動基準法施行細則修正〉，《台灣法學雜誌》，第三二二期，民國一〇六年六月，頁 1-10；林良榮、王漢威，〈輪班制工作之「班次更換」與例假日之「一日」問題探討：國際規範比較、實務爭議與政策檢討〉，《台灣法學雜誌》，第三二二期，民國一〇六年六月，頁 11-36。

❷❷❺　請參閱李承志、施逸翔、廖福特等之書面意見，立法院修憲委員會公聽會報告，民國一〇四年五月二十一日，頁 52-53；頁 66-67；頁 68-70。

❷❷❻　同上報告，頁 57-60。

## 第二項 人民權利之限制

人民之自由權或其他權利並非是神聖不可侵犯的絕對權利，而是為了社會群體之安全秩序、福祉和他人之自由，得加以適當社會約制之相對權利。我國憲法第二十三條即規定：「以上各條列舉之自由權利，除為防止妨礙他人自由，避免緊急危難，維持社會秩序，或增進公共利益所必要者外，不得以法律限制之。」此從反面以觀，就是說立法機關得在下列所述四個理由之必要範圍內，得對人民之自由或其他權利加以限制。又雖有下列所述四個理由，但限制之程度，超過「必要」之範圍，則該法律仍屬違憲而無效。

因此，要限制人民之自由、權利一定要合乎「三要原則」，亦即，1.**要有理由**，即要有上述防止妨礙他人自由、避免緊急危難、維持社會秩序或增進公共利益任四個之一的理由。 2.**要有法律依據**，即要限制人民權利，必須要依法律，不可僅依行政命令。 3.**要有必要**，即限制之程度，不得超過必要，不得違反憲法第二十三條所寓含之比例原則。故如大法官釋字第六六九號解釋即對此表示：「倘人民僅出於休閒、娛樂等動機而改造合法之空氣槍……若其殺傷力甚微，對他人生命、身體、自由、財產等法益之危險甚低……系爭規定對犯（未經許可製造、販賣、運輸具殺傷力之空氣槍）之罪而情節輕微者，未併為得減輕其刑或另為適當刑度之規定，對人民受憲法第八條保障人身自由權所為之限制，有違憲法第二十三條之比例原則。」

## 一、為防止妨礙他人自由之理由

人民行使自由或其他權利如有妨礙他人自由，不僅不受憲法之保障，且須受法律之限制或制裁。例如，刑法第三百零二條對私行拘禁或以其他非法方法剝奪人之行動自由，第三百零四條以強暴迫使人行無義務之事或妨害人行使權利，第三百零五條以加害性命、身體、自由、名譽之事恐嚇他人，第三百零六條無故侵入他人住宅及第三百零七條違法搜索者，均可成立妨害自由罪而加以處罰。

## 二、為避免緊急危難之理由

國家或人民於遭受天災、地變、癘疫、或發生戰爭、叛亂等緊急危難之情形，為保護國家社會或個人之安全，自得依法限制人民自由及其他權利之行使。例如，戒嚴法、消防法、災害防救法、傳染病防治法、緊急醫療救護法、土壤及地下水污染整治法、環境用藥管理法、水污染防治法、海洋污染防治法及全民防衛動員準備法等對人民自由及財產權之行使，均有許多的限制規範。

## 三、為維持社會秩序之理由

經濟之繁榮，社會之發展，文化之進步及人民生活之安寧，均有賴良好之社會秩序。如有擾亂社會秩序之行使，法律自有必要加以限制。例如，社會秩序維護法，就是維護社會秩序之主要法律，凡是妨害安寧秩序，妨害善良風俗，妨害公務或妨害他人身體財產者，依該法第三編各條條文之規定，均可加以處罰。又如刑法第一百四十九條就聚眾不解散，第一百五十條對聚眾實施強暴脅迫，第一百五十一條對恐嚇公眾危害安全，第一百五十二條對妨害合法集會，第一百五十三條對公然煽惑違背法令，第一百五十四條參與犯罪結社等妨害秩序之行為，亦均有處罰之規定。

## 四、為增進公共利益之理由

社會之公共利益如與人民之自由權利發生衝突，不能並存時，究應以何者為先，為重？依憲法前言之規定順序來看，可知鞏固國權為先，保障民權為後以及奠定社會安寧為先，增進人民福利為後。由此可知，比較重大之公共利益應先受到憲法及法律之保障，至於較小之個人自由權利可以被犧牲，但國家社會對於受害及受有犧牲之人民應依法給予補償。因此，如國家因公共事業之需要，即得依土地法第二百零八、二百零九條之規定徵收私有土地並依法給予補償。同樣的在戰時或總動員時期，為了國家整體利益，亦可徵用人民財產，限制人民各項自由權利之行使。

　　如上所述，憲法允許立法機關以法律在此四項理由之必要範圍內，限制人民之自由權利，但各項法律之制定是否符合此四項理由以及是否逾越必要之程序，不無爭議。司法院大法官歷年來對此作出：

　　①釋字第三六六號解釋，認處刑不得易科罰金，為不必要之限制；

　　②釋字第三九九號解釋認姓名權為人格權之一種，如何命名為人民之自由，主管機關不得不當限制人民申請改名；

　　③釋字第六四一號解釋理由書稱：菸酒稅法第二十一條規定，……以單一標準區分違規情節之輕重並據以計算罰鍰金額，如此劃一之處罰方式，於特殊個案情形，難免無法兼顧其實質正義，尤其罰鍰金額有無限擴大之虞，可能造成個案顯然過苛之處罰，致有嚴重侵害人民財產權之不當後果，立法者就此未設適當之調整機制，其對人民受憲法第十五條保障之財產權所為限制，顯不符妥當性而有違憲法第二十三條之比例原則，有關機關應儘速予以修正；

　　④釋字第六六四號解釋理由書稱：少年事件處理法第二十六條第二款及第四十二條第一項第四款規定，使經常逃學或逃家而未觸犯刑罰法律之虞犯少年，收容於司法執行機構或受司法矯治之感化教育，與保護少年最佳利益之意旨已有未符。而上開規定對經常逃學或逃家之虞犯少年施以收容處置或感化教育處分，均涉及對虞犯少年於一定期間內拘束其人身自由於一定之處所，而屬憲法第八條第一項所規定之「拘禁」，對人身自由影響甚鉅，……是少年事件處理法第二十六條第二款及第四十二條第一項第四款規定，就限制經常逃學或逃家虞犯少年人身自由部分，不符憲法第二十三條之比例原則，亦與憲法第二十二條保障少年人格權，國家應以其最佳利益採取必要保護措施，使其身心健全發展之意旨有違，應自本解釋公布之日起，至遲於屆滿一個月時，失其效力；

　　⑤釋字第六七七號解釋文稱：監獄行刑法第八十三條第一項關於執行期滿者，應於其刑期終了之次日午前釋放之規定部分，使受刑人於刑期執行期滿後，未經法定程序仍受拘禁，侵害其人身自由，有違正當法律程序，且所採取限制受刑人身體自由之手段亦非必要，牴觸憲法第八條及第二十三條之

規定，與本解釋意旨不符部分，應自中華民國九十九年六月一日起失其效力。有關機關應儘速依本解釋意旨，就受刑人釋放事宜予以妥善規範。相關規定修正前，受刑人應於其刑期終了當日之午前釋放；

⑥釋字第六八五號解釋文稱：七十九年一月二十四日修正公布之稅捐稽徵法第四十四條關於營利事業依法規定應給與他人憑證而未給與，應自他人取得憑證而未取得者，應就其未給與憑證、未取得憑證，經查明認定之總額，處百分之五罰鍰之規定，其處罰金額未設合理最高額之限制，而造成個案顯然過苛之處罰部分，逾越處罰之必要程度而違反憲法第二十三條之比例原則，與憲法第十五條保障人民財產權之意旨有違，應不予適用，

⑦釋字第六九二號解釋謂：「……財政部八十四年十一月十五日臺財稅第八四一六五七八九六號函釋：『現階段臺灣地區人民年滿二十歲，就讀學歷未經教育部認可之大陸地區學校，納稅義務人於辦理綜合所得稅結算申報時，不得列報扶養親屬免稅額。』限縮上開所得稅法之適用，增加法律所無之租稅義務，違反憲法第十九條租稅法律主義，應自本解釋公布之日起不再援用。」

⑧釋字第六九四號解釋以所得稅法限制受扶養其他親屬或家屬年齡為減除免稅額要件之規定為違憲。該號解釋稱：「……所得稅法第十七條第一項第一款第四目『未滿二十歲成年或滿六十歲以上』規定，違反平等原則，應於一年內失效。」

⑨釋字第六九六號解釋稱：「……有關夫妻非薪資所得強制合併計算，較之單獨計算稅額，增加其稅負部分，違反憲法第七條平等原則，應自本解釋公布之日起至遲於屆滿二年時失其效力。」

⑩釋字第七〇五號解釋稱：「財政部……等號令，所釋示之捐贈列舉扣除額金額之計算依財政部核定之標準認定，以及非屬公共設施保留地且情形特殊得專案報部核定，或依土地公告現值之百分之十六計算部分，與憲法第十九條租稅法律主義不符，均應自本解釋公布之日起不予援用。」

⑪釋字第七〇七號解釋稱：「教育部於中華民國九十三年十二月二十二日修正發布之公立學校教職員敘薪辦法（含附表及其所附說明），關於公立高

級中等以下學校教師部分之規定，與憲法上法律保留原則有違，應自本解釋公布之日起，至遲於屆滿三年時失其效力。」這許許多多之解釋，對人權之保障，甚有助益。

⑫釋字第七一三號解釋稱：「財政部中華民國九十一年六月二十日修正發布之稅務違章案件減免處罰標準第六條第一項第二款規定：『依所得稅法第一百十四條第一款規定應處罰鍰案件，有下列情事之一者，減輕或免予處罰：……二、扣繳義務人已於期限內補繳應扣未扣或短扣之稅款，未在期限內補報扣繳憑單，於裁罰處分核定前已按實補報者，按應扣未扣或短扣之稅額處一‧五倍之罰鍰』（一○○年五月二十七日修正刪除），關於裁處罰鍰數額部分，已逾越必要程度，就此範圍內，不符憲法第二十三條之比例原則，與憲法第十五條保障人民財產權之意旨有違，應自本解釋公布之日起不再適用。」

⑬釋字第七一六號解釋稱：「公職人員利益衝突迴避法第十五條規定：『違反第九條規定者，處該交易行為金額一倍至三倍之罰鍰。』於可能造成顯然過苛處罰之情形，未設適當之調整機制，其處罰已逾越必要之程度，不符憲法第二十三條之比例原則，與憲法第十五條保障人民財產權之意旨有違，應自本解釋公布之日起，至遲於屆滿一年時失其效力。」

⑭釋字第七三四號解釋稱：「臺南市政府中華民國九十一年十二月九日南市環廢字第○九一○四○二三四三一號公告之公告事項一、二，不問設置廣告物是否有礙環境衛生與國民健康，及是否已達與廢棄物清理法第二十七條前十款所定行為類型污染環境相當之程度，即認該設置行為為污染行為，概予禁止並處罰，已逾越母法授權之範圍，與法律保留原則尚有未符。應自本解釋公布之日起，至遲於屆滿三個月時失其效力。」

⑮釋字第七四九號解釋，則以道路交通管理處罰條例第三十七條第三項規定，計程車駕駛人於執業中犯特定之罪，三年內不得執業，且吊銷其持有之各級駕照，為不符合憲法第二十三條規定之比例原則，且與憲法第十五條保障人民工作權之意旨有違。

# 第九節　人民權利之救濟

## 第一項　概　說

人民之自由或權利受有侵害時，國家應提供救濟途徑，使其所受侵害之自由或權利能恢復如未受侵害時之原狀，如不能恢復原狀，則給予金錢賠償。而對於實施侵害人民自由、權利者，如為一般人民可使其負刑事及民事責任，若為公務員，則依憲法第二十四條之規定，除依法律受懲戒外，並應負刑事及民事責任，被害人民就其所受損害，並得依法律向國家請求賠償。

因此，人民之自由、權利如受國家公務員之違法侵害時，人民可以追究公務員之刑事、民事、行政責任，並可要求國家負賠償責任或補償責任。茲分項說明其內容：

## 第二項　公務員之責任

在此所謂公務員責任，乃公務員違法侵害人民自由、權利所應負之民事、刑事、行政等三種責任。而此三種責任因性質並不相同，故公務員之違法行為，有時僅發生民事責任，有時則發生民事、刑事二種責任或最嚴重的發生民事、刑事、行政三種責任。

### 一、民事責任

此即民法第一百八十六條第一項所規定之責任。依該項規定：「公務員因故意違背對於第三人應執行之職務，致第三人之權利受損害者，負賠償責任；其因過失者，以被害人不能依他項方法受賠償時為限，負其責任。」國家賠償法實施後，學者認為被害人就可依國家賠償法請求賠償，而不必向公務員請求賠償，故此條規定已無實用[227]。

## 二、刑事責任

　　此即公務員侵害人民自由、權利之違法行為，如涉及刑法第四章各條之規定，將成立瀆職罪，而被科以刑事責任。又如涉及貪污治罪條例各條，懲治走私條例第十條之罪，則將受較重之刑事科罰。陸海空軍軍人戰時侵害人民生命、自由、權利者，依陸海空軍刑法第七十六條第三項之規定，刑責更重，得加重其刑至二分之一。

## 三、行政責任

　　此即公務員因違法、廢弛職務或其他失職行為致有損害人民自由、權利時，在行政上所應負之責任。此責任如依**公務員懲戒法**由司法院公務員懲戒委員會加以科處，則被稱為懲戒責任，如由一般機關依行政監督權，對於其所屬公務員依**公務人員考績法**規定，加以處分，如記過、免職等，則被稱為懲處處分，均係國家對於公務員違法失職所課加之行政責任❷❷❸。

## 第三項　國家之賠償責任

　　人民權利受侵害之救濟除可追究公務員之民事、刑事、行政責任外，並可依憲法第二十四條後段規定及依民國七十年七月一日施行之國家賠償法或其他法律如土地法、核子損害賠償法等相關規定，請求國家賠償。而此些法律中，以國家賠償法為一般法，最為重要，適用範圍也最廣，故就其內容敘述於次。

---

❷❷❼　錢國成，〈民法與國家賠償法〉，《行政院所屬各機關公務員國家賠償法講習師資研究班研習資料彙編》，法務部印行，民國七十年九月，頁 69。

❷❷❽　懲戒與懲處之差別，請參閱，李惠宗，《行政法要義》，五南圖書出版股份有限公司，民國九十一年十月二版一刷，頁 206–209。

## 一、國家賠償之原因

國家應賠償之原因，依國家賠償法第二、三、四及十三條之規定有四❷❷❾，即：

1.公務員執行職務行使公權力時，不法侵害人民自由或權利❷❸⓪，公務員怠於執行職務，致人民自由或權利遭受損害者亦同❷❸①。又公務員侵害人民自由、權利係有故意或重大過失時，國家於賠償後，對公務員有求償權。

至於何者為公務員怠於執行職務而有國家賠償之情形，大法官於釋字第四六九號解釋，明白指出法律規定之內容非僅屬授予國家機關推行公共事務之權限，而其目的係為保護人民生命、身體及財產等法益，且法律對主管機關應執行職務行使公權力之事項規定明確，該管機關公務員依此規定對可得特定之人所負作為義務已無不作為之裁量餘地，猶因故意或過失怠於執行職務，致特定人之自由或權利遭受損害，被害人得依國家賠償法第二條第二項後段，向國家請求損害賠償。

2.公有公共設施因設置或管理有欠缺，致人民生命、身體或財產受損害❷❸②。

3.受委託行使公權力之團體，其執行職務之人於行使公權力，不法侵害

---

❷❷❾ 此四條規定的就是國家賠償之構成要件。相關論文請參閱，楊智傑，〈國家賠償之構成要件及審級制度修正方向〉，《台灣法學雜誌》，第三二二期，民國一〇六年六月，頁67–78。

❷❸⓪ 生活實務請看，李惠宗，〈從法治國家觀點——論警察尾追酒駕肇禍的國賠責任〉，《月旦法學教室》，第二六三期，民國一〇六年四月，頁5–23。

❷❸① 臺北市國稅局即因延遲退稅而遭最高法院判決賠償遠東紡織公司六百零一萬元利息。參閱，記者王文玲臺北報導，《聯合報》，民國九十三年三月二十八日，A11版。

❷❸② 如臺中高分院認臺中縣政府管理路樹有欠缺致壓死路人，乃判縣政府賠償一百二十六萬元。參閱，記者馬瑞君臺中報導，《中國時報》，民國九十二年三月七日，第二十版。又如縣政府拆除路障太慢，曾被最高法院判定為對公共設施之管理有欠缺，而令縣政府賠償。詳參閱，項程鎮、何玉華，〈任地主封路半年，新北府國賠266萬〉，《自由時報》，民國一〇四年十月二十三日，A4版。

人民自由或權利。

4.有審判或追訴職務之公務員，因執行職務侵害人民自由或權利，就其參與審判或追訴案件犯職務上之罪，經判決有罪確定者。

## 二、國家賠償之請求權人

國家賠償之請求權人，是否限於本國人或其繼承人，依國家賠償法第十五條之規定，似應為如此解釋。該條規定：「本法於外國人民為被害人時，以依條約或其本國法令或慣例，中華民國人民得在該國與該國人民享受同等權利者為限，適用之。」是以國家賠償之請求權人，限於本國人或其繼承人，而在互惠原則所及之情形下，外國人亦可為國家賠償之請求權人。

至於大陸地區人民來臺旅遊者，是否亦適用國家賠償法而得為國家賠償之請求權人？此一問題在民國九十九年九月十九日的一場風災中，因蘇花公路坍方喪命的陸客，究竟是本國人或外國人，可否適用國家賠償法，引起學者之論辯。有認為，這是政治問題，目前暫時無解❷❸❸；有採否定說，認為陸客不是本國人，無國賠請求權❷❸❹；有採肯定見解，認為大陸地區人民，亦得請求國家賠償❷❸❺。

筆者認為宜採肯定說，應認陸客得為國家賠償請求權人。理由有五，即：

一、國家賠償法第二條、第三條及第十三條均規定為「人民」，而非規定為「國民」或「公民」。是以在概念上應採廣義見解，包括本國人、外國人或無國籍。陸客來臺旅遊，自應為「人民」的概念所含括。

二、依法務部八十二年八月五日㈡法律決字第一六三三七號函的函釋意見，謂參照兩岸人民關係條例第二條第二、四款規定之意旨，大陸地區人民

---

❷❸❸ 參閱，邱彰，〈陸客國賠純屬政治問題〉，《蘋果日報》，民國九十九年十一月四日，A17 版。

❷❸❹ 參閱，李明峻，〈哪個國家的賠償法〉，《自由時報》，民國九十九年十一月四日，A15 版。

❷❸❺ 參閱，黃維幸，〈務實尊嚴地看待陸客國賠〉，《蘋果日報》，民國九十九年十一月四日，A17 版；陳長文，〈陸客賠不賠？速解兩岸法治折騰〉，《聯合報》，民國九十九年十月二十五日，A15 版。

亦為中華民國人民；兩岸人民關係條例及國家賠償法，並無禁止大陸地區人民請求國家賠償之規定，故大陸地區人民應可適用國家賠償法，而得為國家賠償之請求權人。

三、依臺灣高等法院九十年度重上國字第九號民事判決及最高法院九十三年臺上字第一八〇四號裁定，對於榮民在大陸地區之繼承人請求國家賠償，並未將其視為外國人，且不適用國家賠償法第十五條互惠原則規定，而是將其視為本國人，直接予以受理其國賠請求。

四、依「公民與政治權利國際公約」第二十六條之規定：「所有的人在法律前平等，並有權受法律的平等保護」，不應受到「基於種族、膚色、性別、語言、宗教、政治或其他見解、國籍或社會出身、財產、出生或其他身分等任何理由的歧視。」由於此一公約，依「公民與政治權利國際公約及經濟社會文化權利國際公約施行法」第二條之規定，具有國內法律之效力，故在法律競合中，應以後法優先適用，是以上述兩公約所揭示保障人權之規定，應優先適用，並應認陸客亦應適用國家賠償法，而得為國家賠償之請求權人。

五、國家賠償法之立法宗旨，目的在排除公務員之不法，及排除公有公共設施因設置或管理不當所對人民之侵害，並課賦國家以賠償責任，以確保依法行使。是以，在法理上不應從嚴限制國家賠償責任❷㉝。因此，陸客應可適用國家賠償法而得為國家賠償之請求權人。

又公務員是否亦可為國家賠償之請求權人？答案是肯定的，因為公務人員保障法第二十一條第一項規定：「公務人員因機關提供之安全及衛生防護措施有瑕疵，致其生命、身體或健康受損時，得依國家賠償法請求賠償。」同條第二項又規定：「公務人員執行職務時，發生意外致受傷、失能或死亡者，應發給慰問金。」

## 三、國家賠償之義務機關

依國家賠償法第九條之規定，國家賠償之義務機關為：

---

❷㉝　參閱，林河名，〈陸客能不能國賠？〉，《聯合報》，民國九十九年十一月八日，A15版。

　　1.公務員不法侵害人民者，以該公務員所屬機關為賠償義務機關。

　　2.公有公共設施設置、管理有欠缺致侵害人民者，以該公共設施之設置或管理機關為賠償義務機關。

　　3.前二項賠償義務機關經裁撤或改組者，以承受其業務之機關為賠償義務機關。無承受其業務之機關者，以其上級機關為賠償義務機關。

　　4.不能依前三項確定賠償義務機關，或於賠償義務機關有爭議時，得請求其上級機關確定之。其上級機關自被請求之日起逾二十日不為確定者，得逕以該上級機關為賠償義務機關。

## 四、國家賠償之方法與範圍

　　國家賠償之方法依國家賠償法第七條之規定以金錢賠償為原則，但以回復原狀為適當者，得依人民之請求，回復損害發生前原狀，是為例外。又國家賠償法第五條規定，國家損害賠償，除依本法規定外，適用民法規定。因此，國家賠償之範圍，依民法第二百十六條規定，包括人民「所受損害」及「所失利益」。

## 五、國家賠償請求權之時效期間

　　人民受侵害後，請求國家賠償，是否有時間限制？其答案是肯定的，否則懸宕過久，不僅事證難以保全，亦難以編列預算支應。因此，國家賠償法第八條規定，人民自知有損害起二年間，自損害發生時起五年之內，一定要行使對國家之賠償請求權。否則，將因二年或五年時間之經過而喪失對國家之賠償請求權。國家賠償法第八條之規定乃現代法律所常有之時效規定，而所謂時效，乃是因時間之經過而發生一定法律效果之謂也，每一個國民均應注意遵守，否則會有失權之效果。

## 六、國家賠償請求權之程序

　　人民如何行使對國家之賠償請求權呢？依國家賠償法第十、十一條之規定為：

　　1.書面請求、協議。

　　2.賠償義務機關拒絕賠償，或自請求提出之日起逾三十日不與人民開始協議，或自開始協議之日起逾六十日協議不成立時，人民得向法院提起損害賠償之訴。此一損害賠償之訴，依國家賠償法第十二條規定，適用民事訴訟法規定。因此，人民如提此損害賠償之訴，應向各該管轄之地方法院為之。

## 七、大法官對國家賠償法之相關解釋

　　國家賠償法涉及人民權利之救濟甚鉅，引起之爭議也多。大法官歷年來對相關爭議之解釋，重要者有如下列，即：

　　1.大法官釋字第二二八號解釋稱，國家賠償法第十三條規定：「有審判或追訴職務之公務員，因執行職務侵害人民自由或權利，就其參與審判或追訴案件犯職務上之罪，經判決有罪確定者，適用本法規定。」係針對審判與追訴職務之特性所為之特別規定，尚未逾越立法裁量範圍，與憲法並無牴觸。

　　2.大法官釋字第四六九號解釋稱，「法律規定之內容非僅屬授予國家機關推行公共事務之權限，而其目的係為保護人民生命、身體及財產等法益，且法律對主管機關應執行職務行使公權力之事項規定明確，該管機關公務員依此規定對可得特定之人所負作為義務已無不作為之裁量餘地，猶因故意或過失怠於執行職務，致特定人之自由或權利遭受損害，被害人得依國家賠償法第二條第二項後段，向國家請求損害賠償。」

　　3.大法官釋字第四八七號解釋稱，冤獄賠償法為國家賠償責任之特別立法，憲法第二十四條規定：「凡公務員違法侵害人民之自由或權利者，除依法律受懲戒外，應負刑事及民事責任。被害人民就其所受損害，並得依法律向國家請求賠償」，立法機關據此有制定有關國家賠償法律之義務，而此等法律對人民請求各類國家賠償要件之規定，並應符合憲法上之比例原則。

　　在民國一〇〇年七月六日冤獄賠償法被修正為「刑事補償法」以前，如因冤獄，則可向國家請求賠償。但因冤獄一詞之認定不符合司法院大法官釋字第六七〇號解釋意旨，故現已無因冤獄而為國家賠償者，而是對國家刑罰權或為實施教化、矯治之公共利益，對特定人民為羈押、收容、留置、刑或

保安處分之執行，致其憲法保障之自由權利，受有超越一般應容忍程度之限制，構成其個人之特別犧牲時，則依新的「刑事補償法」，予以補償，而成為國家之補償責任。

除了國家賠償法以外，二二八事件受難者及其家屬亦可依二二八事件處理及賠償條例規定，申請給付賠償金。此條例在民國八十四年四月七日制定公布時原稱「二二八事件處理及補償條例」，但在第一次政黨輪替後，陳水扁擔任第七年總統時，補償條例名稱被改為「賠償條例」。值得非議的是，補償條例原有實施七年之落日條款，但卻被立法院一延再延它的施行期限。民國一○七年一月十七日此條例修正公布，受難者或其家屬因故未及申請賠償金者，申請期限又可延至一百一十一年的一月十六日，實為法制上的敗筆。

## 第四項　國家之補償責任

國家非法侵害人民固應依國家賠償法之規定，賠償人民之損害。但對人民之損害是因國家為公益之合法行為所致者，國家有何責任？學者認為，國家為公益之合法行為固為憲政法制所必要、所許可，但若使少數人承擔鉅額損害，亦非妥適公平。於是，國家補償責任之理論與法制乃日益增生❷❸❼。在目前我國法制上有下列事因之國家補償責任：

1.因公益徵收之補償責任，2.因災疫或特殊情事之補償責任，3.因法令廢止之補償責任，4.因歷史冤錯事件之補償責任，5.因軍事勤務致人民傷亡損害補償責任，6.因維護文化資產之補償責任，7.因慰撫受犯罪損害人民之補償責任，8.因行政處分之撤銷或廢止之補償責任，9.因排除危害而為即時

---

❷❸❼　參閱，李惠宗，《憲法要義》，頁 376–379；相關論文請參閱，宮文祥，〈從國家保護義務的角度論土壤及地下水污染整治法中行為責任承繼的範圍與界限──以國家到國家、國家到私人、私人到國家及私人到私人為例〉，《台灣法學雜誌》，第三二二期，民國一○六年六月，頁 79–91；徐良維，〈建構公害健康被害補償法制之可行性〉，《軍法專刊》，第六十四卷，第三期，民國一○七年五月，頁 142–169。

強制之補償責任，10.因迅速救災徵用民間物品所生之補償責任，11.因公益而特別犧牲之補償責任❷❸❽，12.因對特定人民為羈押、收容、留置，致其有特別犧牲情形之刑事補償責任❷❸❾。

# 第十節　人民之義務

## 第一項　概　說

　　國家是為人民共同的生活利益而創造，每一成員除享有以上各節所述之各項權利外，為求國家之生存、發展與繼續存在，也必須提供勞力、財物，使國家有充足的人力與財源，以處理公共的安全、經濟、教育和文化事務。因此，現代憲法除了規定人民的權利外，也明文規定人民之義務，並藉以表明國家對人民所能行使統治權之界限與範圍。此種權利、義務之一併規定，乃在扭轉十八、十九世紀風行之個人主義，因偏重個人權利，忽視個人對國家社會應盡義務❷❹❶，所生對國家社會之不良後果。

❷❸❽　參閱，林騰鷂，《行政法總論》，三民書局，民國九十一年十月增訂二版，頁795–801。

❷❸❾　司法院大法官釋字第六七〇號解釋稱，冤獄賠償法第一條第一項規定之……國家賠償，並非以行使公權力執行職務之公務員有故意或過失之不法侵害行為為要件。是冤獄賠償法於形式上為國家賠償法之特別法，然本條項所規定之國家賠償，實係國家因實現刑罰權或為實施教化、矯治之公共利益，對特定人民為羈押、收容、留置、刑或保安處分之執行，致其憲法保障之自由權利，受有超越一般應容忍程度之限制，構成其個人之特別犧牲時，依法律之規定，以金錢予以填補之刑事補償。根據大法官釋字第六七〇號解釋之意旨，立法院於民國一百年六月十三日全文修正冤獄賠償法，將之更名為刑事補償法，並定於民國一百年九月一日施行。

❷❹❶　雖然如此，法國人權宣言第十三條已指出為維持國家軍隊和支付政府的其他費用，社會成員應按能力平均分擔之。此即為人民納稅義務之源起。又法國一七九五年憲法中又規定，人民有保衛社會、服從社會的義務；人民有遵守法律的義務；

二十世紀以來重要的國際人權公約，主要雖在宣示人權之保障，但也宣示人民對國家社會應盡之義務。例如，一九四八年之世界人權宣言第二十九條第一項即明示，人人對於社會負有義務；個人人格之自由充分發展厥為社會是賴。一九七六年之經濟社會文化權利國際公約及同年之公民及政治權利國際公約之前文中，明認個人對他人及對其所隸屬之社會，負有義務。我國憲法第十九至二十一條也依各國憲法通例，明文規定人民之納稅、服兵役及受國民教育之義務，茲分項加以說明。

## 第二項　納稅義務

國家的施政建設，社會的生存與文明發展，均須有充分的人力與資財，才能進行，並以提供所有人民一個合適的生存空間與生活環境。而這些人力、資財就需要每一個國家之構成分子，即人民，來繳付，來提供。這就是國家有徵收租稅權及人民有繳納租稅義務之思想起源。故有人說租稅是我們人民對文明社會的奉獻。

在憲政國家保護私有財產之體制下，國家不可將人民的財產全部徵為稅收，法律如有此規定，亦為違憲。因此，租稅在現代文明國家裡的意義是，國家用公權力的方法，把人民手上的「部分」財產，強制移轉到政府機關手上。而所謂公權力的方法，就是要依法律所規定的方法，也就是「租稅法定主義」，或稱「租稅法律主義」。我國憲法第十九條規定：「人民有依法律納稅之義務」，即在明示此項意旨。

司法院大法官會議對此租稅法律主義也非常重視，多次作出解釋並加以界定。如釋字第三六七號解釋之理由書即謂：「憲法第十九條規定，人民有依法律納稅之義務，係指人民僅依法律所定之納稅主體、稅目、稅率、納稅方法及租稅減免等項目而負繳納義務或享受減免繳納之優惠，舉凡應以法律明定之租稅項目，自不得以命令作不同之規定，否則即屬違反租稅法律主義。」

---

人民有維繫法律秩序的義務；人民有保衛祖國與護衛國家自由平等的義務。參引，陳新民，《中華民國憲法釋論》，頁 174。

大法官釋字第二一七、二一〇號解釋亦有類此之宣示。

有謂，「中華民國萬萬稅」，此純屬誇張之說法，因為我國目前以法律規定之租稅不過二十餘種，如綜合所得稅、營利事業所得稅、地價稅、田賦、土地增值稅、房屋稅、契稅、證券交易稅、遺產稅、贈與稅、印花稅、貨物稅、營業稅、使用牌照稅、娛樂稅、工程受益費、教育捐、商港建設費、機場設施使用費、汽車燃料使用費、及證照費等。值得注意的是，除了上述法律之外，為維護租稅公平[241]，確保國家稅收，建立營利事業及個人所得稅負擔對國家財政之基本貢獻，「所得基本稅額條例」規定營利事業或個人所得超過一定額度者，應依該條例繳納所得稅。另為了避免社會奢華風氣以及貧富差距之過份擴大，政府亦制定了「特種貨物及勞務稅條例」及於民國一〇三年三月十六日由立法院三讀通過所得稅法修正案，課徵社會上一般所謂之「奢侈稅」[242]及「富人稅」[243]，而民國一〇三年五月二十日立法院三讀通過修正之房屋稅條例第五條，也提高了房屋稅稅率，藉以壓制房價之高漲。又臺北市於民國一〇三年二月十日宣布自同年三月一日起針對預售屋是否有紅單轉售的逃漏稅，實行「臺北市不動產交易資訊自由化措施」，亦有打壓房價之效果。不過被學界認為有違憲之虞[244]。

又人民之納稅義務，不限定在租稅性之法律，即在其他法律規定，亦無不可。如大法官釋字第三四六號解釋即謂：「憲法第十九條規定人民有依法律納稅之義務，係指有關納稅之義務應以法律定之，並未限制其應規定於何種法律。法律基於特定目的，而以內容具體、範圍明確之方式，就徵收稅捐所為之授權規定，並非憲法所不許[245]。國民教育法第十六條第一項第三款及財

[241] 相關論文請參閱，柯格鐘，〈論稅捐正義的追尋：從憲法平等原則到稅法量能課稅原則〉，《國立臺灣大學法學論叢》，第四十五卷特刊，民國一〇五年十一月，頁1229–1304。

[242] 所謂「奢侈稅」是對購置豪宅、汽車、遊艇、飛機、家具等高價特種貨物及特種勞務之稅。

[243] 所謂「富人稅」是指將年所得超過一千萬元的富人所得稅率增至百分之四十五。

[244] 詳請參閱，李永然，〈北市打房徵稅涉違憲〉，《稅務旬刊》，第二三〇五期，民國一〇四年十月十日，頁15–19。

政收支劃分法第十八條第一項關於徵收教育捐之授權規定，依上開說明，與憲法尚無牴觸。」依此解釋，則依商港法第十二條徵收之商港服務費；依民用航空法第三十七條徵收之航空站、飛行場、助航設備及相關設施之使用費、服務費或噪音補償金，依公路法第二十七和八十條徵收之汽車燃料使用費、證照費及依菸酒稅法徵收之酒稅、香菸健康捐，均屬合法、合憲。

地方制度法第六十七條第二項、第三項規定地方政府可以徵收地方稅及地方政府規費。地方稅法通則與規費法，則為賦課稅費之依據。不過，因地方政府以各種名目徵收地方稅或地方捐之「地方萬萬稅」作為，引起企業之批判與反彈❷❹❻。

另外規費法亦規定各級政府及所屬機關、學校得對人民徵收行政規費及使用規費。依此，人民對政府有繳納規費之義務。又為了抑制房價及奢侈用物，民國一百年五月四日公布了「特種貨物及勞務稅條例」，針對豪宅、高價進口小客車、遊艇、飛機、珊瑚、象牙、毛皮、家具等課以較重之稅負。

值得注意的是，針對稅法上對人民納稅義務有不合理之規定者，司法院大法官作出下列許多重要的解釋，如

1.釋字第六九二號解釋認為，子女滿二十歲於大陸地區未經認可學校就學，不得列報扶養親屬免稅額，以減免所得稅之規定為違憲。

2.釋字第六九四號解釋認為，所得稅法以扶養其他親屬或家屬未滿二十歲或年滿六十歲始得減除免稅額之規定為違憲。

3.釋字第六九六號解釋認為，所得稅規定有關夫妻非薪資所得強制合併計算，較之單純計算稅額，增加其稅負部分，違反憲法第七條平等原則；而關於分居之夫妻，依個人所得總額占夫妻所得總額之比率計算方式規定，與租稅公平有違，應不予適用。另如釋字第七○一號解釋認為，身心失能無力自理生活，須長期照護者之醫藥費，限以付給所得稅法所定醫療院所，始得

---

❷❹❺ 如環境污染稅課等。相關論文請參閱，王韻茹，〈環境公課的憲法基礎與限制〉，《月旦法學雜誌》，第二八三期，民國一○七年十二月，頁 112–125。

❷❹❻ 參閱，譚淑珍，〈地方萬萬稅，企業反彈〉，《中國時報》，民國九十二年三月七日，第六版。

列舉扣除之規定為違憲。

4.釋字第七一三號解釋理由書認為：「扣繳義務人之扣繳義務，包括扣繳稅款義務及申報扣繳憑單義務，二者之違反對國庫稅收及租稅公益之維護所造成之損害，程度上顯有差異。如扣繳義務人已於限期內補繳應扣未扣或短扣之稅款，僅不按實補報扣繳憑單者，雖影響稅捐稽徵機關對課稅資料之掌握及納稅義務人之結算申報，然因其已補繳稅款，所造成之不利影響較不補繳稅款為輕，乃系爭規定就此部分之處罰，與同標準第六條第一項第三款所定未於限期內補繳應扣未扣或短扣之稅款，於裁罰處分核定前已按實補繳者之處罰等同視之，一律按應扣未扣或短扣之稅額處一‧五倍之罰鍰，未許稅捐稽徵機關得參酌具體違章狀況，依情節輕重裁量罰鍰之數額，其處罰顯已逾越必要程度，不符憲法第二十三條之比例原則，與憲法第十五條保障人民財產權之意旨有違。」

5.釋字第七四五號解釋認為：「所得稅法第十四條第一項第三類第一款及第二款、同法第十七條第一項第二款第三目之二關於薪資所得之計算，僅許薪資所得者就個人薪資收入，減除定額之薪資所得特別扣除額，而不許薪資所得者於該年度之必要費用超過法定扣除額時，得以列舉或其他方式減除必要費用，於此範圍內，與憲法第七條平等權保障之意旨不符，相關機關應自本解釋公布之日起二年內，依本解釋之意旨，檢討修正所得稅法相關規定。」㊼

---

❼ 相關論文請參閱，陳清秀，〈薪資所得不准實額減除費用是否違憲──釋字第七四五號解釋評析〉，《月旦法學雜誌》，第二六三期，民國一○六年四月，頁200-205；黃俊杰，〈量能課稅原則之適用──釋字第七四五號解釋〉，《月旦裁判時報》，第五十九期，民國一○六年五月，頁5-12；蔡維音，〈綜所稅扣除額所涉及之憲法法益〉，《月旦裁判時報》，第五十九期，民國一○六年五月，頁13-18；張偉志，〈所得稅法基本生活費改革之憲法檢討〉，《稅務旬刊》，第二三六五期，民國一○六年六月，頁11-20；黃源浩，〈分類所得與量能課稅──評司法院大法官釋字第七四五號〉，《月旦裁判時報》，第五十九期，民國一○六年五月，頁19-26；鍾慶豐，〈世代對立與不公平的代價──從大法官解釋第七四五號談起㈠〉，《法務通訊》，第二八五二期，民國一○六年五月，頁7-10；〈世代對立與

6.釋字第七四六號解釋認為：「稅捐稽徵法第二十條規定：『依稅法規定逾期繳納稅捐應加徵滯納金者，每逾二日按滯納數額加徵百分之一滯納金；逾三十日仍未繳納者……。』及遺產及贈與稅法第五十一條第一項規定：『納稅義務人，對於核定之遺產稅或贈與稅應納稅額，逾第三十條規定期限繳納者，每逾二日加徵應納稅額百分之一滯納金；逾期三十日仍未繳納者……。』係督促人民於法定期限內履行繳納稅捐義務之手段，尚難認違反憲法第二十三條之比例原則而侵害人民受憲法第十五條保障之財產權。

遺產及贈與稅法第五十一條第二項規定：『前項應納稅款及滯納金，應自滯納期限屆滿之次日起，至納稅義務人繳納之日止，依郵政儲金匯業局一年期定期存款利率，按日加計利息，一併徵收。』就應納稅款部分加徵利息，與憲法財產權之保障尚無牴觸；惟就滯納金部分加徵利息，欠缺合理性，不符憲法比例原則，與憲法保障人民財產權之意旨有違。」

另民國一〇六年十二月二十八日施行之「納稅者權利保護法」，則不是從納稅義務之觀點去立法，而是從納稅者權利保護之觀點去立法。該法第一條第一項規定：「為落實憲法生存權、工作權、財產權及其他相關基本權利之保障，確保納稅者權利，實現課稅公平及貫徹正當法律程序，特制定本法。」

# 第三項　服兵役義務

國家對外抵禦外國侵略，對內防範分裂叛亂，保障領土、主權及人民之安全，或進而維護世界和平，均不能沒有武裝力量。而武裝力量的兵源，則來自人民之勞務勤役，也就是兵役。我國歷代均採募兵制，募集志願之人民從事兵役。現時則採徵兵制，人民合於兵役年齡者，不論貧富貴賤、宗教、階級、黨派，依法均有服兵役之義務，而無不服兵役之自由[248]。如無理由拒服兵役，將可依妨害兵役治罪條例加以處罰。值得注意的是，人民服兵役的

---

不公平的代價——從大法官解釋第七四五號談起㈡〉，《法務通訊》，第二八五三期，民國一〇六年六月，頁7–10。

[248] 參照管歐，《中華民國憲法論》，三民書局，民國七十九年十一月修訂五版，頁77。

義務，自民國一百年十二月二十八日修正公布兵役法後，已有重大改變。依兵役法第三十四條，國防部及內政部可辦理停止徵服常備兵役的時間及年次事宜，並公告八十三年次以後出生的經徵兵檢查合格役男，自民國一○二年起改接受四個月常備兵役訓練，若判定為替代役體位，則可轉服補充兵役。

　　憲法第二十條規定，人民有依法律服兵役之義務，這裡所謂人民，理應包括男人與女人，但現時何以只徵集男人當兵呢？這主要因憲法規定「依法律服兵役」，而現時規定服兵役之法律為兵役法。此一法律之第一條只規定，中華民國男子有依法服兵役之義務，以致女子依法並無服兵役之義務。不過，如果女子想當兵的話，可依「志願士兵服役條例」，申請志願役。

　　兵役法第一條只規定男子服兵役之義務而未及於女子，是否違反憲法男女平等之原則？不無疑義。大法官釋字第四九○號解釋，即曾表示：「立法者鑒於男女生理上之差異及因此種差異所生之社會生活功能角色之不同，於兵役法第一條規定：中華民國男子依法皆有服兵役之義務，係為實踐國家目的及憲法上人民之基本義務而為之規定」。但以目前女子受教育之機會、經濟、社會地位與政治參與權均與男子平等，何以服兵役義務可以不平等呢？又女子不必服一年之兵役，可專心就業、從事研究或參加考試，及早擔任公職累積年資，以致現時同年齡之男子不管是進入就業市場，參加各大學研究所考試或參加國家各種考試之機會，均因服兵役而受不能參加或不能充分準備參加而處於不利、不平等之地位。因此，將來兵役法修正時，應使女子也有服兵役之義務，以落實憲法上兩性平等之原則。又如認女子體力、生理機能不適於服兵役，則不妨考慮設社會役，使女子亦有義務為社會服勞役，以符合兩性權利對等、義務對等、發展機會對等之憲法原理❷⁴⁹。

　　民國八十九年兵役法修正案及「替代役實施條例」，規定替代役的類別包

---

❷⁴⁹　如前衛生署長楊志良提倡，讓臺灣 25 歲以下女性選擇一年服「照顧役」，也獲得女性學者之呼應，詳照，〈解決少子化，楊志良提「女性服一年照顧役」〉，《聯合報》即時報導，https://udn.com/news/story/7266/2755804；以及，邱伊瑤，〈女性服役？女性說法！〉，《自由時報》自由廣場，民國一○六年十月二十九日，https://talk.ltn.com.tw/article/paper/1147277。

括社會治安類之警察役和消防役以及社會服務類之社會役、環保役、醫療役、教育服務役或其他經行政院指定之類別等。其役期依該條例第七條第一項之規定:「替代役體位或以家庭因素申請服一般替代役之役期與常備役同;以常備役體位申請服一般替代役之役期,較常備兵役長六個月以內。」替代役已自民國八十九年七月起實施。民國九十二年、九十六年又陸續修正。現替代役之類別除一般替代役以外,尚有研發替代役。所謂研發替代役是指替代役實施條例第五條之一第一項的規定,即:「中華民國男子年滿十八歲之翌年一月一日起,經徵兵檢查為常備役體位或替代役體位,具國內或符合教育部採認規定之國外大學校院碩士以上學歷者,得申請並經甄選服研發替代役。」研發替代役之役期較長,依替代役實施條例第七條第二項之規定,較常備兵役長三年以內。

民國一○七年四月二十五日公布修正之替代役實施條例將替代役分為一般替代役、研發替代役、產業訓儲替代役等三大類。其中一般替代役更分為九小類,幾已造成「兵民不分」的現象。

除了一般兵役、替代役之外,民國一○四年九月三十日總統令公布之「推動募兵制暫行條例」,提供國人志願服役之法律依據及權益保障。此一條例自公布日施行,至民國一○九年十二月三十一日為止。又國防部表示,自民國一○七年一月一日起不再徵集役男入營。這是我國兵役制度之重大改變,將過去的徵兵制,改為募兵制。

## 第四項　受國民教育義務

受國民教育原為國民的受益權之一❷⁵⁰,但因國際情勢的變化,良好的國

---

❷⁵⁰ 很遺憾的是,因教育部未能依憲監督教育及文化機構,已致此一受益權,因私立學校之大幅擴充,非法亂紀,而受到很嚴重之傷害。詳請參閱,林騰鷂,〈大學歪風,請勇於依憲監督〉,《聯合報》民意論壇,民國一○三年七月三十一日,A17 版;林騰鷂,〈私校不義,使青年淪為苦力〉,《蘋果日報》論壇,民國一○五年五月十六日,A10 版;林騰鷂,〈私校董事會何以敗壞至此〉,《蘋果日報》,

民教育提供良好的兵役勞力而成為國防的重要部分。因此，各國基於國防及基於人民知識、品德、體能、技術之發展，自十九世紀後半期以來逐漸規定人民有受國民教育的義務。我國憲法第二十一條規定：「人民有受國民教育之權利與義務。」乃一方面規定受國民教育是人民的受益權，另一方面則規定受國民教育是人民的義務。

　　為了使人民盡其受國民教育之義務，我國亦訂定強迫入學條例，此條例第九條規定，凡兒童已達學齡而不入學、復學者，對其父母或監護人，先勸告，次罰鍰，並限期入學、復學，如未遵限入學、復學，得繼續處罰至入學、復學為止。

　　值得注意的是，為落實人民受國民教育義務之實現，民國一百年十一月三十日公布修正之強迫入學條例更增訂了第八條之一，以處理應到校而未到校學生之問題。該條規定：「國民小學及國民中學發現學生有未經請假或不明原因未到校上課達三天以上，或轉學生未向轉入學校報到者，應通報主管教育行政機關，並輔導其復學。」另為處理中輟生及長期缺課生問題，強迫入學條例第九條第一項更規定學校應報請鄉（鎮、市、區）強迫入學委員會派員作家庭訪問，勸告入學、復學，其因家庭清寒或家庭變故而不能入學，已入學而中途輟學或長期缺課者，報請當地直轄市、縣（市）政府，依社會福利法規或以特別救助方式，協助解決其困難。

　　另外，國民教育也因民國一〇二年七月十日公布修正之高等中等教育法及專科學校法，而延伸為十二年之國民教育。這是自民國一〇三年八月一日起開始施行的教育政策，由施行前的九年國教延長至十二年，但後三年採非強迫性入學、有排富性免學費㉕、公私立並行及免試為其特色。十二年國教

---

民國一〇七年十月十七日，A15版；林騰鷂，〈私校公共化不能再等〉，《聯合報》，民國一〇七年十月二十二日，A12版。

㉕　十二年國教原朝免學費，但因政府經費編列不足而告吹，最終以家戶所得在新臺幣一四八萬元以下的才免學費，是為有排富性的免學費，筆者認其為違憲。參閱，林騰鷂，〈違憲的十二年國教法案〉，《蘋果日報》論壇，民國一〇二年六月二十九日，A22版。

中的後期中等教育，包含高中高職及五專前三年。

## 第五項　人民之其他義務

納稅、服兵役、受國民教育是憲法明文列舉的義務，但並不意味人民沒有其他義務。依憲法第二十三條之規定，人民至少有受法律限制的義務。例如依水利法第十一條規定，各級主管機關為辦理水利工程得向受益人徵工。又如依消防法第二十八條至第三十二條規定，可將人民編組為義勇消防組織，接受訓練參加消防救災救難事宜。又如服從法律、遵守憲法乃國家憲政生存的基本條件，無須憲法明示。再如從憲法第二十二條之規定可看出，人民在行使自由及權利時，有不妨害社會秩序及公共利益之義務。

又如發生災害，各級政府可成立災害應變中心，依災害防救法第三十一條第一項第四款規定，徵調專門職業、技術人員及所徵用物資之操作人員，協助救災。這些都非憲法明定義務，但卻是依法合憲，人民有遵守的義務。

另如發生或將發生戰事或緊急危難時，依「全民防衛動員準備法」第二十六條、第二十八條、第三十四條等之規定，人民有參加動員之演習或動員實施時，人力、財物被徵用等等之義務。

再如民國一〇五年十二月二十八日總統公布之「納稅者權利保護法」第七條第五項，亦規定納稅者有依「納稅者權利保護法」及稅法規定所負之協力義務。

## 第十一節　人民義務之履行

在憲法上稱人民義務之履行，是指人民納稅、服兵役、受國民教育等公義務之履行，而非指私法上買賣、租賃、借貸契約等私義務之履行。私義務履行與否，對少數當事人雖會產生一定利害，但對社會大眾之影響不大。但公義務之履行與否，對國家、社會之影響至深且鉅。人民如有故意或過失不履行其公義務，通常會影響到國家安全、社會秩序與財政基礎等。因此，為

促使人民履行其義務，常有行政上之強制執行，行政上之處罰及刑事上之處罰，作為制裁方法，茲分別說明之。

## 一、行政上之強制執行

人民不履行其法定義務時，國家為達成行政上之目的，得依行政執行法或其他法律規定，強制人民履行，或以罰鍰代執行之方式促使達到與人民已履行義務之同一狀態，此謂之行政上之強制執行。例如強迫學齡兒童入學，強迫適齡役男入營等是。又如精神衛生法第四十一條也規定，嚴重精神病人如有明顯傷害他人或自己之虞，或有傷害行為時，經專科醫師診斷有全日住院治療之必要者，應辦理住院，如不接受，應由二位以上專科醫師進行強制鑑定，並依該條規定程序，決定是否許可強制其住院。去氧核醣核酸採樣條例第五條又規定，性犯罪或重大暴力犯罪案件之被告、犯罪嫌疑人，應接受去氧核醣核酸（即俗稱 DNA）之強制採樣。又如社會秩序維護法第五十二條規定，人民被裁定拘留確定，經通知執行，無正當理由不到場者，強制其到場。

除了上述特殊法律所規定之行政強制執行以外，行政執行法更非常完整的建立公法上給付義務之強制執行，「怠金」、「代履行」等間接強制執行制度以及「即時強制」之對人管束、物之扣留、進入住宅、建築物或其他處所等之強制制度。

又為了確保人民納稅義務之履行，我國稅法上常有一些稅捐保全措施，如限制納稅義務人財產之移轉或登記；稅捐機關得聲請法院就納稅義務人之財產為假扣押；限制納稅義務人住居或限制出境；應納稅捐之提前徵收等。這些措施的憲法界限為何？學者有深入之探討❷，值得參考。

## 二、行政上之處罰

人民不履行其法定之義務時，行政機關得依法律規定予以科罰，以迫使其履行法定義務。如人民違反社會秩序義務時，依社會秩序維護法第六十三

---

❷　請參閱，黃源浩，〈稅捐保全程序的憲法界限〉，《憲政時代》，第三十九卷，第三期，民國一〇三年一月，頁 79–107。

至九十一條之規定，分別科以妨害安寧秩序、妨害善良風俗、妨害公務及妨害他人身體財產之處罰。又如人民違反財政上納稅義務者，可依各種稅法之有關規定科處財政罰。同樣的，人民違反受國民教育義務者，可依強迫入學條例第九條第三項規定，對不遵限令其子女入學者科以罰鍰。值得注意的是民國九十四年之「行政罰法」，對違反行政法上義務而受罰鍰、沒入或其他種類行政罰之處罰，有非常詳細之規範，行政機關處罰人民時，必須遵守此一法律。

值得注意的是，一行為同時觸犯刑事法律及違反行政法上義務規定者，依刑事法律處罰之。但其行為應處以其他種類行政罰或得沒入之物而未經法院宣告沒收者，依行政罰法第二十六條第一項規定，立得裁處行政罰。這是否會涉及一行為被刑罰及行政罰之問題？大法官釋字第七五一號解釋，則認定依行政罰法第二十六條第二項規定，檢察官命應履行負擔之緩起訴處分確定後，行政機關若再處罰鍰，並未牴觸憲法第二十三條之比例原則，也與憲法保障人民財產權之意旨無違。

另外，行政處罰的態樣，在稅捐稽徵法第四十八條上，有了更精確細密的規範。未修正前之稅捐稽徵法僅有一項，規定：「納稅義務人逃漏稅捐情節重大者，……財政部應停止其享受獎勵之待遇。」此一規定態樣，過於寬鬆而無重大嚇阻稅捐逃漏功效。修正後之稅捐稽徵法第四十八條共分兩項，第一項在財政部除了可停止違章納稅義務人享受獎勵之待遇外，並可「追回其違章行為所屬年度享受租稅優惠之待遇。」又同條第二項更進一步規定：「納稅義務人違反環境保護、勞工、食品安全衛生相關法律且情節重大，租稅優惠法律之中央主管機關應通知財政部停止並追回其違章行為所屬年度享受租稅優惠之待遇。」透過此一種的行政處罰態樣，希望能有效嚇阻稅捐逃漏及重大違反環保、勞工、食品安全衛生等之非法行為。

## 三、刑事上之處罰

人民不履行其法定義務時，如構成刑法或其他行政法律所規定之犯罪行為時，國家得由法院依法科人民刑罰，以迫使其履行法定之兵役或遵守法律

之義務。如人民不履行應盡之兵役義務時，得依妨害兵役治罪條例，科以各種刑事上之處罰。又如人民違反外匯管理，以非法買賣外匯為常業者，依管理外匯條例第二十二條之規定，得處三年以下有期徒刑、拘役、或科或併科與營業總額等值以下之罰金，其外匯及價金沒收之。另如稅捐稽徵法第四十一條規定，亦有刑事上之處罰，該條規定：「納稅義務人以詐術或其他不正當方法逃漏稅捐者，處五年以下有期徒刑、拘役或科或併科新臺幣六萬元以下罰金。」

　　刑事上之處罰對促使人民履行義務之效果甚大，但對人民自由、權利的影響也大。因此，在法律上有刑法上刑名者，如死刑、無期徒刑、有期徒刑、拘役、罰金等主刑及褫奪公權、沒收等從刑名稱者，才是刑事上之處罰，會有前科之記錄。如法律上規定處以罰鍰、沒入者，則為行政罰，不會有前科之記錄。

# 第四章　國民大會

　　依憲法本文，國民大會原是依據　孫中山先生之遺教建構的，為非常設性的中央政權機關。但在民國八十三年修正通過第三階段憲法增修條文並據以修改國民大會組織法後，國民大會遂有常設化之趨勢，除自第三屆國民大會起開始設常設性之議長、副議長外，並可於集會時，聽取總統國情報告、檢討國是、提供建言。而在其集會方面，憲法增修條文亦規定，如一年內未集會，由總統召集會議為之，不受憲法第三十條之限制。且行使職權之程序，不再規定由立法院以法律定之，而是明定國民大會可自行訂定。就在此擴權與常設化的走向中，國民大會濫行修憲，延任自肥之情事在民國八十八年第五階段憲法增修條文修正通過時，達到最高峰。

　　由於國大代表以半夜趕工，非法程序修憲延任自肥，破毀憲法之舉，引起全民公憤❶。大法官作出釋字第四九九號解釋，國大代表延任自肥之意圖，乃告幻滅。

　　大法官釋字第四九九號解釋公布後，第三屆國大代表隨即連署召開第三屆國民大會第五次會議，進行第六階段修憲，終將國民大會非常設化，並建構了所謂任務性之國民大會。至此，國民大會已不再是憲法本文中所規定之

---

❶　參閱，林騰鷂，〈羞憲延任案，有法可解〉，《中國時報》，時論廣場，民國八十八年十月二十三日，第十五版；林騰鷂，〈政治搭售，埋下破壞憲政「詐」彈〉，《中國時報》，時論廣場，民國八十八年十一月一日，第十五版；林騰鷂，〈延任案釋憲風波，代表民意不等於「為人民作主」〉，《聯合報》，民意論壇，民國八十九年三月二十六日，第十五版。

❷　參閱，《聯合報》，「憲政的上升或沉淪座談會」筆者之發言，民國八十九年四月二十六日，第十三版。另參閱，《聯合報》社論：〈何謂比例代表制的任務型國大？〉，民國八十九年四月二十七日。

國民大會了❷。民國九十三年八月二十三日立法院臨時會中，又通過了修正憲法增修條文第一條第二項規定，停止適用憲法第二十五條至第三十四條及第一百三十五條規定之憲法增修條文修正案。任務型國大於民國九十四年五月產生，但卻「自我了斷」，於民國九十四年六月七日複決通過了立法院此一憲法增修條文修正案，而使國民大會無形化，不再有組織之運作與職權之行使❸。

---

❸　黃雅詩，〈先選三百名國代，再自我了斷〉，《聯合報》，民國九十三年八月二十四日，A4 版。

# 第五章　總　統

## 第一節　總統之類型

　　總統為共和國的國家元首，與君主國的國家元首稱為王或帝者不同。世界各國採行共和國總統制的國家不少，但因國情不同，乃衍生出許多不同的總統類型，有為美國式總統制的總統，有為德、奧式內閣制的總統，有為瑞士式合議制的總統，亦有為法國式雙重首長制的總統，類型不一❶。

　　我國總統制度，經民國八十三年憲法增修條文之修正規定後，總統改為由公民直選，權力也較擴增，比較接近雙重首長制的總統制度。民國八十六年修改憲法增修條文時，又增加總統任命行政院院長不須經立法院同意，以及可在立法院倒閣時經諮詢立法院院長後，宣告解散立法院。這些規定又使總統職權，擴增了許多❷，比法國式雙重首長制的總統，更有實權。不過，因為總統之產生仍採相對多數制，因此，產生陳水扁未達過半數就當選總統之情形，而被稱為少數總統，其與法國總統之產生方式不同。因法國總統之

❶　請參閱，丘宏達，〈總統直選不等於總統制〉，發表於《聯合報》，民國八十三年三月二十八日，第四版；丘宏達，〈總統制在美國也有許多問題〉，發表於《聯合報》，民國八十三年三月二十九日，第四版；另參閱，薩孟武，前揭書，頁 198–200；陳新民，《中華民國憲法釋論》，頁 399–405；李惠宗，《憲法要義》，頁 463–464。

❷　請參閱，林騰鷂，〈總統要管的是憲政大事〉，《中國時報》時論廣場，民國一〇六年六月二十八日，A15 版；林騰鷂，〈先談總統有權無責問題〉，《中國時報》時論廣場，民國一〇六年十月十二日，A16 版。Lin TERNG-YAW, Inter-Party talks should be broad, TAIPEI Times, Opinion, October 19, 2017, Page 8.

選舉如無人在第一輪過半，則要進行第二輪選舉。民國一〇六年五月十四日就任之馬克宏就是在第二輪以過半數票，當選法國歷史上最年輕的總統。

# 第二節　總統之產生

總統之產生，依憲法增修條文及總統副總統選舉罷免法之規定，其相關制度如下：

## 第一項　總統之選舉

### 一、總統、副總統候選人之資格

憲法第四十五條對總統、副總統候選人之資格，原僅有國籍與年齡的限制，亦即只要是具有中華民國國籍之國民、年滿四十歲者，就有為總統副總統候選人之資格。但總統副總統選舉罷免法第二十條第一項中另增設了一些資格限制，即須在中華民國自由地區繼續居住六個月以上且曾設籍十五年以上者，始得登記為總統、副總統候選人。同條第二項又反面作消極性規定，即回復中華民國國籍、因歸化取得中華民國國籍、大陸地區人民或香港、澳門居民經許可進入臺灣地區者，不得登記為總統、副總統候選人。至於總統、副總統候選人之資格取得，總統副總統選舉罷免法第二十二條、第二十三條及第二十六條又有下列之規定：

#### 1.總統、副總統候選人應經公民連署或政黨推薦

總統、副總統候選人應經政黨推薦或以下列方式辦理公辦連署，即候選人應於選舉公告發布五日內，向中央選舉委員會申請連署，並繳納一百萬元的保證金；中選會應定期公告被連署人，並函請各地選委會於公告之次日起四十五日內，受理連署；中華民國自由地區人民，年滿二十歲以上者，即可為連署人；連署人數應達最近一次立法委員選舉選舉人總數百分之一點五以上。

2.**總統、副總統候選人須繳交保證金**

依總統副總統選舉罷免法，每一組總統、副總統候選人應依該法第三十一條之規定繳納保證金。此一規定曾經引起違憲爭議，大法官乃於釋字第四六八號解釋，認為參選正副總統連署人數暨提供保證金規定與憲法無違。

3.**總統、副總統候選人應在中華民國自由地區居住及設籍一定年限**

依總統副總統選舉罷免法第二十條第一項規定，在中華民國自由地區繼續居住六個月以上且曾設籍十五年以上，年滿四十歲，始得登記為總統、副總統候選人。

4.**總統、副總統候選人須無總統副總統選舉罷免法規定之消極資格**

①依總統副總統選舉罷免法第二十六條規定，有下列情形之一者，不得登記為總統、副總統候選人：

一、動員戡亂時期終止後，曾犯內亂、外患罪，經判刑確定者。

二、曾犯貪污罪，經判刑確定者。

三、曾犯第八十四條第一項、第二項、第八十五條第一項第一款及其未遂犯、第八十六條第一項、第八十七條第一項第一款、第八十八條第一項、第八十九條第一項、公職人員選舉罷免法第八十九條第一項、第二項、第九十條第一項第一款及其未遂犯、第九十條之一第一項、第九十一條第一項第一款、第九十一條之一第一項、刑法第一百四十二條或第一百四十四條之罪，經判刑確定者。

四、曾犯組織犯罪防制條例之罪，經判刑確定者。

五、犯前四款以外之罪，判處有期徒刑以上之刑確定，尚未執行、執行未畢或於緩刑期間者。

六、受死刑、無期徒刑或十年以上有期徒刑之判決尚未確定者。

七、受宣告強制工作之保安處分或流氓感訓處分之裁判確定，尚未執行、執行未畢或執行完畢未滿十年者。

八、受其他保安處分之裁判確定，尚未執行或執行未畢者。

九、受破產宣告確定，尚未復權者。

十、依法停止任用或受休職處分，尚未期滿者。

十一、褫奪公權，尚未復權者。

十二、受監護或輔助宣告，尚未撤銷者。

②另依總統副總統選舉罷免法第二十條第二項規定，回復中華民國國籍、因歸化取得中華民國國籍、大陸地區人民或香港、澳門居民經許可進入臺灣地區者，不得登記為總統、副總統候選人。

## 二、總統、副總統候選人之登記

憲法增修條文第二條第一項規定，總統副總統候選人應聯名登記，兩個以上政黨也可共同推薦聯名登記，在選票上同列一組圈選。總統副總統選舉罷免法，對候選人登記後發生的一些狀況，明文規定處理方式，即候選人於登記後至投票前，若一組有總統候選人死亡❸，則即公告停止選舉，並定期重行選舉。

## 三、總統、副總統候選人之選舉

總統、副總統是由公民直選產生。所謂公民直選產生，乃依增修條文第二條第一項之規定，聯名登記之總統、副總統候選人，由中華民國自由地區全體人民及在國外之中華民國自由地區人民返國，行使選舉權，以得票最多之一組候選人為當選。此種制度被稱為「相對多數當選制」，曾經造成陳水扁執政八年的少數政府惡例，頗為學者所詬病而主張將總統選舉改採「絕對多數當選制」，以避免少數總統、少數政府之產生，引發政治之動盪。

哪些海外僑民有可以返國行使選舉權之資格呢？總統副總統選舉罷免法規定，海外僑民的投票資格以現在中華民國自由地區繼續居住六個月以上，現在國外，持有中華民國護照，並在規定期間內向其最後遷出國外時之原戶籍機關辦理選舉人登記者，才有投票資格。此一規定，學者認有違憲之虞❹。

---

❸ 只限於死亡事項過於狹窄，實應再包括死亡、失蹤、傷殘為植物人或其他重大變故事件。詳請參閱，《立法院修憲委員會修憲公聽會第六場會議紀錄》，林騰鷂發言，民國九十三年八月十八日，頁158。

❹ 參閱，陳新民，上揭書，頁418。

## 第二項　總統之宣誓

　　總統、副總統當選後，依我國憲法及總統副總統宣誓條例之規定，均應宣誓。憲法第四十八條甚至更將誓詞明文規定，總統應於就職時為下列誓詞之宣誓，即：「余謹以至誠，向全國人民宣誓，余必遵守憲法，盡忠職務，增進人民福利，保護國家，無負國民付託。如違誓言，願受國家嚴厲之制裁。謹誓。」

　　副總統之宣誓，雖未在憲法上明定，但規定於總統副總統宣誓條例第三條：「余謹以至誠，向全國人民宣誓，余必遵守憲法，效忠國家，如違誓言，願受國家嚴厲之制裁，謹誓。」

　　總統、副總統之宣誓，依總統副總統宣誓條例第四條之規定於中央政府所在地以公開儀式分別行之，由大法官會議主席為監誓人，而大法官會議主席，依司法院大法官審理案件法第十六條之規定，為司法院院長。是以，司法院院長為總統、副總統宣誓之監誓人。

## 第三項　總統之任期

　　總統的任期究應長或短？是一個見仁見智的問題。主張任期應短的，都以任期愈短，比較無法濫用權力；主張任期應長的，則以任期較長，比較可以穩定政局，使人積極有為，增進政府效能，否則，任期過短，選舉頻繁，對於政治的穩定，政策的持續，均會有不良的影響。

　　我國總統的任期，憲法第四十七條原規定為六年。但第二階段修憲時，憲法增修條文第十二條第三項規定：「總統、副總統之任期，自第九任總統、副總統起為四年，連選得連任一次，不適用憲法第四十七條之規定。」民國八十三年八月一日所公布之十條憲法增修條文，則將此一規定文字，移列於第二條之第六項中。因此，我國自民國八十五年第九任總統、副總統產生後，任期由六年改為四年。民國八十六年之憲法增修條文第二條第六項僅將民國

八十三年之憲法增修條文第二條第六項規定之「自第九任總統、副總統起」之文字刪除。總統之任期仍規定為四年。

## 第四項 總統之連任

我國憲法第四十七條原規定，總統連選得連任一次，但因大陸失陷，故在民國四十九年二月第一屆國民大會第三次會議時，國民大會代表以連任一次不足以適應當時動員戡亂時期之需要，乃修正動員戡亂時期臨時條款，增列：「動員戡亂時期，總統、副總統得連選連任，不受憲法第四十七條連任一次之限制。」民國八十年四月動員戡亂時期臨時條款被廢止，總統、副總統連選得連任，不受連任一次之規定，也隨之被廢止。

但現時憲法增修條文第二條第六項規定，總統、副總統連選只得連任一次。

## 第五項 總統之繼任、補選與職權代行

依憲法第三十五條規定，總統為國家元首，對內、對外均負重要職責，不能一日虛懸。因此，各國憲法對於總統在任內發生死亡、辭職、解職或因臥病、出國等原因而不能視事之情形，均有明文，規定處理方式。同樣的，我國憲法及增修條文對總統之繼任與代行也均有規定，茲分別敘述於下。

### 一、總統之繼任與補選

總統因發生死亡、辭職、被罷免或受彈劾、解職而缺位時，依憲法第四十九條規定，由副總統繼任。至於副總統缺位時，如何處理，憲法並未規定，憲法增修條文之第二條第七項乃規定，由總統於三個月內提名候選人，由立法院補選，繼任至原任期屆滿為止。又總統、副總統均缺位時，依憲法增修條文第二條第八項規定，由行政院院長代行其職權，並依第二條第一項規定辦理公民直選總統、副總統，繼任至原任期屆滿為止，不再適用憲法第四十

九條之有關規定。

## 二、總統職權之代行

　　總統、副總統因故不能視事時，究應由何人代行其職權？期間為多久？而所謂不能視事，又究何所指？均有必要加以規定。所謂不能視事，乃是指因臥病、出國等暫時不能處理事務、行使職權而言，與缺位之指因死亡、辭職、被罷免或受彈劾解職之無法再在任期內行使職權，有很大不同。憲法第四十九條後段乃特別規定，總統因故不能視事時，由副總統代行其職權。總統、副總統均不能視事時，由行政院院長代行其職權。另外，憲法第五十條規定總統於任滿之日解職，如屆期次任總統尚未選出，或選出後總統、副總統均未就職時，由行政院院長代行總統職權。

　　又行政院院長代行總統職權期間不宜過久，尤其在總統、副總統改為公民直選時。無民意基礎之行政首長，自不宜代行總統職權過久。憲法第五十一條對此也有規定，即行政院院長代行總統職權，其期間不得超過三個月。

## 第三節　總統之地位

　　我國總統之地位，因憲法及憲法增修條文之不同規定，有國家元首之地位，也有部分行政首長之實權，但就整體以觀，總統並未擁有全部行政實權，因此，我國總統之地位有點近似法國，又不盡全然相同❺，故有學者稱我國之憲政體制，既非內閣制，也非總統制，而為五院制者❻。但依憲政實況，實為形式內閣制、實質總統制之權責不易區分之體制❼，以致自二〇〇〇年

❺　董翔飛，前揭書，頁 231。

❻　謝秉鈞，〈內閣制、總統制與五院制的優劣〉，發表於《中央日報》，民國八十三年六月十五日，第四版。另有學者稱之為「修正式內閣制」。參閱，法治斌、董保城，《中華民國憲法》，頁 256。

❼　筆者稱之為「畸形總統制」，詳請參閱，林騰鷂，〈畸形總統制憲政亂源〉，《蘋果日報》論壇，民國一〇二年十月五日，A24 版。

以後即有異常的憲政乖離現象，有待全面性的改造❽。

# 第四節　總統之職權

## 第一項　概　說

　　我國總統有外交、軍事、行政、立法、司法等方面之職權❾。另外，憲法也規定了一些不屬於外交、軍事、行政、立法、司法方面之職權，因歸類為其他方面之職權，分別於下列數項說明之。

## 第二項　外交方面之職權

### 一、代表國家權

　　我國憲法第三十五條規定：「總統為國家元首，對外代表中華民國。」所謂代表中華民國乃是以中華民國之名義派遣駐外使節、接受外國使節或參與外國元首的就職典禮、喪禮，或參與國際組織名義、典禮，或為國際間的禮儀交往等。

---

❽　參閱，林騰鷂，〈全局思維的憲政改造〉，《中國時報》，時論廣場，民國九十八年十一月三日，A15 版；林騰鷂，〈憲政體制乖離與修憲應有的信念及作法〉，立法院修憲委員會編製，立法院修憲委員會公聽會報告，民國一〇四年四月二十二日，頁 114–120。

❾　不過，自蔡英文總統於民國一〇五年五月二十日就任以來，她仍如以往的把時間花在婚喪喜慶、拜廟、發紅包之小事上，筆者即為文加以批判。詳請參閱，林騰鷂，〈總統要管的是憲政大事〉，《中國時報》，時論廣場，民國一〇六年六月二十八日，A15 版。林騰鷂，〈拙於國事大政，卻勤於發紅包〉，《臺灣時報》專論，民國一〇六年一月二十七日，第三版；林騰鷂〈一錯二錯三錯四錯五錯的蔡英文〉，《臺灣時報》專論，民國一〇七年一月十九日，第三版。

## 二、締結條約權

　　條約為國與國之間軍事、外交、教育、經濟、財政、科技、環保、衛生等類事務行為之約定，涉及各該國人民之權益至深且鉅。因此，締結條約之權，均非該國國家元首或行政首長所能獨行決斷，有時還要有民意機關的參與才行。

　　我國憲法第三十八條即規定：「總統依本憲法之規定，行使締結條約……之權。」所謂依本憲法之規定，乃是條約之締結須先依憲法第五十八條之規定，經行政院會議之議決後，再依憲法第六十三條之規定，提交立法院議決之後，總統才能行使條約締結。又條約之內容如涉及領土變更時，依憲法增修條文第四條第五項之規定，尚須經公民總額之半數投票同意才行。

　　又為了規範條約與協定之締結程序及其法律效力，「條約締結法」第二條乃明文規定：「中央行政機關或其授權之機構、團體與外國政府、國際組織或外國政府授權之機構、團體締結條約或協定，依本法之規定。」

## 三、宣戰、媾和權

　　對外宣布戰爭、終止戰爭尋求和平，均為國家生死存亡大事，不能不慎重，各國憲法除規定由其元首宣布外，並有行政與立法機關之參與。我國亦然。憲法第三十八條規定：「總統依本憲法之規定，行使……宣戰、媾和之權」，而依本憲法之規定，乃是依憲法第五十八條之規定，先經行政院會議之議決後，再依憲法第六十三條之規定，提交立法院議決之後，總統才能行使宣戰、媾和之權。

# 第三項　軍事方面之職權

## 一、統率軍隊權

　　軍隊為保衛國家與人民之主要武力，必須有統一之號令、指揮，始能達

成任務。各共和國之憲法均規定，總統有統帥軍隊，為陸海空軍大元帥之權力。我國總統依憲法第三十六條之規定，有統帥全國陸海空軍之權。

## 二、宣布戒嚴權

憲法第三十九條規定：「總統依法宣布戒嚴，但須經立法院之通過或追認。立法院認為必要時，得決議移請總統解嚴。」然而，何謂依法宣布戒嚴呢？詳言之，即是戒嚴案依憲法第五十八條規定先由行政院會議議決，提請立法院議決後，再由總統宣布之。

# 第四項　行政方面之職權

## 一、任免文武官員權

憲法第四十一條規定：「總統依法任免文武官員。」所謂依法，乃除了依憲法之規定外，尚須依據公務人員任用法第九、二十五條，司法院組織法第四條，考試院組織法第四條，監察院組織法第三條之一等之規定，任免文武官員。

依照憲法及各個法律之規定，總統行使任免文武官員權，有須經立法院同意始能任命者，有須經其他機關之提請始能任命者，有須對合乎法定資格者，始能任命者，另有得自由任命、法律未設資格限制者等，情形不一，茲分述於下：

### ㈠總統之任免權，須經立法院同意者

總統之任免文武官員權，須經立法院同意者，依憲法增修條文第二條第二項之規定，無須經行政院院長之副署，茲再分別說明於下：

1.總統對中央官員之任免權，須經立法院同意者，有監察院之審計長。依憲法第一百零四條之規定，監察院之審計長，須由總統提名，經立法院同意，始得任命之。

2.憲法增修條文第五條第一項規定，司法院設大法官十五人，並以其中

一人為院長，一人為副院長，由總統提名，經立法院同意任命之。

　　3.憲法增修條文第六條第二項規定，考試院設院長、副院長各一人，考試委員若干人，由總統提名，經立法院同意任命之。

　　4.憲法增修條文第七條第二項規定，監察院設監察委員二十九人，並以其中一人為院長，一人為副院長，任期六年，由總統提名，經立法院同意任命之。

　㈡總統之任免權，須經其他機關提請任命者

　　如依憲法第五十六條之規定，行政院副院長、各部會首長及不管部會之政務委員，由行政院院長提請總統任命之。除此之外，依公務人員任用法第二十五條之規定，各機關初任簡任各職等職務公務人員，初任薦任公務人員，經銓敘機關審查合格後，呈請總統任命。

　㈢總統對合乎法定資格者，始得行使任命權者

　　如總統任命大法官、考試委員、監察委員、行政法院法官，須對具有司法院組織法第四條，考試院組織法第四條及監察院組織法第三條之一，行政法院組織法第十七條、第十八條等規定資格之人，始得加以任命，以合乎所謂依法任命之意旨。

　㈣總統之任命權因法律未限定資格而自由選擇人選者

　　如總統依中華民國總統府組織法第九條之規定，可自由選擇任命總統府秘書長❿。同樣的，總統依國家安全會議組織法第六條及國家安全局組織法第三條之規定，可自由選擇任命國家安全會議秘書長、國家安全局局長。

## 二、發布命令權

　　依憲法第三十七條之規定，總統有發布命令之權。然則命令者為何？依行政程序法第一百五十條、第一百五十九條規定，為行政機關行使公權力訂定具有抽象及一般性拘束力之法規命令或行政規則。中央法規標準法第三條

---

❿　蔡英文總統在民國一〇五年五月二十日就任後所任命的總統府秘書長林碧炤於十月二十日請辭生效後，直至民國一〇六年五月二十二日吳釗燮接任時，已虛懸了七個月，不利於政策之整合與協調。

對命令之名稱也加以明定，該條規定，各機關發布之命令，得依其性質稱規程、規則、細則、辦法、綱要、標準或準則等七種名稱。又命令依中央法規標準法第七條規定，可基於法定職權或基於法律授權訂定，前者稱為職權命令，後者稱為授權命令。所謂職權命令，是總統依憲法或法律規定職權所發布命令，如總統依總統府組織法第一條規定，總統依據憲法行使職權，設總統府。又依同法第十八條之授權，總統可以核定由總統府秘書長所擬定之總統府處務規程。而總統對這些編制或處務規程之核定，是否須要行政院院長之副署，法律未規定。依理而言，應不須副署。

另依預算法第七十一條規定，預算之執行，遇國家發生特殊事故而有裁減經費之必要，得經行政會議之決議，呈請總統以命令裁減之。

## 三、發布緊急命令權

總統在行政方面，除了可以發布職權命令與授權命令外，尚可發布緊急命令❶。憲法增修條文第二條第三項即規定，總統為避免國家或人民遭遇緊急危難或應付財政經濟上重大變故，得經行政院會議之決議，發布緊急命令。值得注意的是，憲法增修條文第二條第五項規定，總統可以解散立法院。在立法院解散後，緊急命令究應如何追認，乃成為一個問題而不能沒有規範。憲法增修條文第四條第六項乃規定：「總統於立法院解散後發布緊急命令，立法院應於三日內自行集會，並於開議七日內追認之。但於新任立法委員選舉投票日後發布者，應由新任立法委員於就職後追認之。如立法院不同意時，該緊急命令立即失效」。

## 第五項　立法方面之職權

## 一、公布法律權

總統在我國法律之形成產生過程中，扮演重要的角色。因憲法所稱之法

---

❶　緊急命令制度詳請參閱，陳新民，《中華民國憲法釋論》，頁 472–488。

律，依憲法第一百七十條之規定，乃經立法院通過，總統公布之法律。

## 二、覆議核可權

　　總統於收到立法院移送來之法律案，有依憲法增修條文第三條第二項第二款之規定，為覆議核可之權。換言之，行政院對於立法院決議之法律案，如認為有窒礙難行時，得經總統之核可移請立法院覆議。覆議核可權除針對法律案外，依憲法增修條文第三條第二項第二款之規定亦及於預算案、條約案。

# 第六項　司法方面之職權

　　犯罪的態樣、情節不一，且有些犯罪亦全非犯人之過錯，而有社會、政治之不得已因素，若對之一律科罰，則不免過苛，反使社會不能安定。因此，各國乃在憲法上也都設有國家元首可以行使赦免權之規定，以免除或減除國家刑罰權之嚴苛性。我國憲法亦在第四十條中規定：「總統依法行使大赦、特赦、減刑及復權之權」。於此所謂「依法」，乃是依憲法第五十八、六十三條及赦免法第六條之規定，行使大赦、特赦、減刑、復權等四種赦免權之意思。

## 一、大　赦

　　大赦乃對於在特定時期及特定種類之刑事犯罪，加以赦免之意思。大赦，依赦免法第二條規定，有使犯罪人之罪刑宣告無效之效力。如所犯之罪，尚未受罪刑之宣告時，因大赦，國家不可再對所犯之罪，行使追訴權。即國家對於該犯罪之追訴權歸於消滅。由此可知，大赦之效力甚大，可使犯罪者之罪、刑完全消滅，可恢復公權，且不管是在法院罪刑宣告前或宣告後。又因大赦為罪刑之全免，故再犯時，不以累犯論。

　　總統行使大赦權，不能自由任意為之，而是依憲法第五十八、六十三條之規定，須經行政院會議之決議後，提交立法院議決通過後，由總統宣告之。

## 二、特　赦

　　特赦乃對已受罪刑宣告之人，免除其刑之執行的意思。特赦，依赦免法第三條之規定，只有使犯罪人不再受刑之執行，但被宣告之罪並未消滅，所以須明令宣告復權，才能恢復公權，而犯罪人如再有犯罪時，仍以累犯論。由此可知，特赦之效力已比大赦為小。不過，總統對情節特殊者，依赦免法第三條後段，亦得為使罪、刑宣告均歸無效之特赦，是與一般之特赦不同，可稱為特別的特赦。

　　總統行使特赦權與行使大赦權略有不同。行使特赦不須經行政院會議及立法院之決議，而只是依赦免法第六條之規定，命令行政院轉令主管部會為特赦研議之後，可斟酌情形決定。

　　憲政實務上最值得注意的是，前總統陳水扁於民國一〇六年五月十九日出席凱達格蘭基金會之募款餐會，以播放錄影帶方式夾帶講演政治話題，違反臺中監獄不准進入會場、不上臺、不演講、不談及政治、不接受媒體採訪等「五不」之禁令，引發社會評議。臺南市長賴清德呼籲蔡英文總統能夠特赦陳水扁。不過因陳水扁已受罪刑之宣告，而依赦免法第三條，受罪刑宣告者，除非情節特殊得依赦免法第三條後段規定，將罪刑宣告為無效。否則，僅能免除刑之執行。由於陳水扁有多起案件尚未確定，且因陳水扁病況，尚處於停止審判狀態中。因此，蔡英文即使行使特赦權，也無法及於這些尚未確定的案件。又蔡英文總統如果將特赦用之於未確定的案件，則會產生以總統的赦免特權來取代法官的審判權，也寓含陳水扁有罪，而只是被總統特別赦免，這將違反無罪推定之原則。為此，民進黨試圖修正赦免法之相關規定。此種因人修法之舉措，對臺灣之法治尊嚴，有很大的傷害❷。

　　民國一〇七年十月上旬，陳水扁又在臉書上表示要為其子陳致中站台助選，顯為不合乎「保外醫治受刑人管理規則」之規定，而被台中監獄戒告，

---

❷　　請參閱，林騰鷂，〈阿扁踐踏了法治尊嚴〉，《中國時報》時論廣場，民國一〇六年五月二十二日，A15 版。另參閱，《中國時報》社論，〈民意轉向，多數反對特赦阿扁〉，民國一〇六年五月二十八日。

表示若違反，將要廢止其保外醫治許可❸。

## 三、減 刑

減刑乃對已受罪刑宣告之人，減輕其刑的意思。減刑，依赦免法第四條之規定，只有使犯罪者已受宣告之刑減輕的效力，至於所受宣告之罪與刑，則未被免除。故其效力比大赦、特赦均小，被褫奪之公權未因減刑而被恢復，如再犯罪，也會被以累犯計論。總統行使減刑權之程序與行使特赦權之程序相同。

## 四、復 權

復權乃對於被褫奪公權之人，恢復其公權的意思。而所謂公權，乃可為公務員、公職候選人及行使選舉、罷免、創制、複決之權。復權是四種赦免權效力最小的一種。其行使程序，與行使特赦、減刑權之程序相同，而與行使大赦權之程序不同。

為了維持法律秩序之安定，及依法執行而生之既成效果，特赦對於已執行之刑，不生溯及既往之效力，即不赦免的意思。而經宣告褫奪公權者，僅自赦免之日起，回復其公權。至因有罪判決確定而喪失之公職，有向將來回復之可能者，得由當事人申請主管機關，依有關法令處理之。

所謂有關法令乃是赦免法第五條之一條文。依此條規定，當事人申請回復之公職，如經准許者，溯自申請之日起回復。

## 第七項 其他方面之職權

## 一、解散立法院權

依憲法增修條文第二條第五項規定，總統解散立法院之權限可分述於下：

❸ 參閱，林騰鷂，〈法治零容忍！阿扁太超過〉，《中國時報》，民國一〇七年十月八日，A15 版。

1. 總統解散立法院之時機限於立法院通過對行政院院長之不信任案後十日內。

2. 總統解散立法院，須經諮詢立法院院長後，始得為之。但立法院院長之意見，並無拘束總統之效力，總統在履行諮詢手續後，仍可單獨決定是否解散立法院。如把諮詢立法院院長，當作解散立法院之先行程序，則應更明確規定，如立法院院長反對解散立法院時，應該進行何種程序才好。

3. 總統於戒嚴或緊急命令生效期限，不得解散立法院。

總統上述解散立法院之職權是配合立法院之倒閣權而設計的。所謂立法院之倒閣權乃是立法院有對行政院院長提出不信任案之權，是憲法增修條文第三條第二項第三款所規定之權。

## 二、授與榮典權

人民對於國家、社會有重大功勳者，各國憲法大都規定由國家元首授與榮典。我國憲法第四十二條亦規定，「總統依法授與榮典。」意即由總統以國家元首地位，代表國家頒授勳章、獎狀、褒令的意思。所謂依法，除依憲法第四十二條之規定外，另依「勳章條例」、「褒揚條例」之法律之規定，頒發勳章、褒狀、獎章、獎狀等。

## 三、咨請立法院開臨時會權

依憲法第六十九條第一項規定，立法院遇有總統之咨請時，得開臨時會❶❹。在何種情形下，總統會咨請立法院開會呢？如依憲法增修條文第二條第三項規定，總統發布緊急命令後十日內，應提交立法院追認。故在此情形下，立法院如在休會期中，則有咨請立法院召開臨時會之必要。

---

❶❹ 此處用「得」開臨時會，用字欠妥。因「得」開表示有可開、可不開之自由裁量餘地，但其實遇有總統之咨請或立法委員四分之一以上之請求，均為國家重大事故，應無裁量餘地，而應立即召開。故此字宜改為「應」或「召」較妥。

## 四、決定國家安全大政方針權

人民之生存保障、生活安寧繫於國家之安全。國家之安全如無保障，人民之生活幸福亦無所附麗。憲法增修條文第二條第四項因乃規定，總統為決定國家安全有關大政方針權，得設國家安全會議及所屬國家安全局。

## 五、提出國情報告權

憲法增修條文第四條第三項規定，立法院於每年集會時，得聽取總統國情報告。不過，這個規定，至今仍未落實過，造成總統可以行使很多職權，不僅每年不去立法院報告，並且是整個任期均不向立法院報告，使總統成為「有權無責」描述之最佳範例。

## 六、院際爭執調解權

憲法第四十四條規定：「總統對於院與院間之爭執，除本憲法有規定外，得召集有關各院院長會商解決之」。此即為總統對院際間爭執之處理權，而此所謂之院際間爭執係指政治上之爭議，至於院際間法律上之爭議，則依憲法第七十八條之規定，可由大法官會議解釋，加以解決❺。

在憲政實務上，憲法第四十四條所規定之總統對院際爭執調解權幾未使用過。不過，在民國一〇二年九月上旬時，最高檢察署特別偵查組在處理立法院長涉及司法關說案時，荒謬的引用憲法第四十四條所規定之院際爭執召集會商解決權，作為其向馬英九總統報告之依據，引發嘩然興論❻。此一案件，在政黨第三次輪替後，馬英九遭臺北地檢署依違反通訊保障及監察法等三罪起訴。其中教唆前檢察總長黃世銘洩密案，經臺北地方法院於民國一〇

---

❺　故學者稱，總統之院際爭執調解權行使機會不多，此權僅具有輔助及填補性質。參閱，陳新民，上揭書，頁 493–496。

❻　請參閱，林騰鷂，〈政黨法制定，速速啟動〉，《中國時報》時論廣場，民國一〇二年九月十六日，A14 版；另請參閱，楊仁壽，〈檢察總長依法不能向總統報告〉，《自由時報》，民國一〇二年九月十三日，A3 版。

六年八月二十六日宣判無罪，引起學界之非議與批判，認為總統不應有洩密特權。

## 七、聲請憲法法庭為機關爭議、職權行使違憲之判決權

民國一○八年元月四日，司法院大法官審理案件法改稱憲法訴訟法。該法第六十五條第一項規定，國家最高機關，因行使職權與其他國家最高機關發生憲法上權限之爭議，經爭議之機關協商未果者，得聲請憲法法庭為機關爭議之判決。我國現採類似法國之雙重首長制，總統為國家元首，自可視為最高機關，而可聲請憲法法庭為機關爭議之判決。又依同法第四十七條，亦得聲請憲法法庭為宣告違憲之判決。不過，因憲法訴訟法第四十七條第一項：「國家最高機關，因本身或下級機關行使職權，就所適用之法規範，認有牴觸憲法者，得聲請憲法法庭為宣告違憲之判決」之規定甚為怪異，將會產生國家最高機關因本身行使職權、適用法規範認有牴觸憲法而聲請憲法法庭為宣告違憲判決之怪異情事。

## 八、副總統缺位時之提名權

依憲法增修條文第二條第七項規定，副總統缺位時，總統應於三個月內提名候選人，由立法院補選，繼任至原任期屆滿為止。此一規定為總統職權，因法條規定有「應」字，是以總統於副總統缺位時，有義務於三個月內提名副總統候選人，以供立法院補選，避免副總統職位虛懸，影響憲法所定總統缺位或不能視事時之繼任、代行事宜。

# 第五節　總統之責任

總統為國家元首，地位尊崇，代表國家，須有一定之尊嚴，以便於行使職權，故各國憲法對於總統多有尊崇與保障的規定，使其免於受刑事上之訴究或審判。然而，總統之行為不免有違憲、違法或失職情事，此時在法律上，在憲法上究應負何種責任，不無探討之餘地，茲分私法上責任，刑法上責任，

憲法上責任等項分別說明之。

## 一、私法上責任

　　總統與一般人民會有一些行為在私法上產生法律效果，如買賣房地產、借貸、租賃、開立票據等發生財產法上效果之行為，或結婚、收養子女等發生親屬法上法律效果之行為。而從事財產或親屬行為如與人民發生糾紛時，人民自可依民法、商事法之規定，向法院提起訴訟，請求總統履行民、商事法上之義務或負損害賠償責任。

## 二、刑法上責任

　　如上所述，總統為國家元首，對外代表國家，故在職期間如受刑事上之訴究或審判，則如何代表國家，接見外國使節、參加國際會議呢？因此，各國憲法對總統之刑事責任，多有豁免或徵求國會同意之規定。我國憲法第五十二條規定，總統除犯內亂或外患罪外，非經罷免或解職，不受刑事上之訴究。所謂不受刑事上之訴究，是有條件式的，即限於在職期間，如經罷免或任期屆滿而解職，在刑事上之追訴時效仍未消滅時，檢察官仍可對總統追究其在刑法上之責任。此外，即使是在職期間，若所犯之罪為刑法上之內亂、外患罪，也得不到豁免，而會受到訴究。大法官釋字第三八八號解釋，認為總統為國家元首，對內肩負統率全國陸海空軍等重要職責，對外代表中華民國之特殊身分應有相當之尊崇與保障。現職總統競選連任時，其競選活動固應受總統副總統選舉罷免法有關規定之規範，惟其總統身分並未因參與選舉而變更，自仍有憲法第五十二條總統豁免權之適用。

　　值得注意的是，陳水扁前總統，因涉及貪污、洗錢罪嫌，在民國九十七年五月任期屆滿後，與其妻子、兒女一同被起訴，而受刑事責任之訴究。此亦為我國憲政史上第一個受刑事責任追訴之前總統。民國一〇五年五月，馬英九前總統任期屆滿後，因被告發、告訴的二十四件刑事案重啟偵辦，其中大巨蛋、馬習會洩密案、貓纜施工及驗收不實案、馬小九的特別費案、財產來源不明罪案、黨產侵占案、富邦銀併北銀案、國發會土地弊案等，均遭到

臺北地檢署及法院的偵辦及追訴。

## 三、憲法上責任

總統應宣誓遵守憲法，為我國憲法第四十八條所明定。如總統違背誓詞，不遵守憲法時，應負之責任，即為總統在憲法上之責任。如何使總統負憲法上之責任，依憲法之規定有二，即對總統之彈劾與對總統之罷免，茲分述之。

### ㈠總統之彈劾

總統為何可被彈劾，憲法並未規定其原因。學者薩孟武教授認為不外乎違法、失職❶或濫權違憲等情事❸。至於彈劾之機關與程序，因任務型國民大會於民國九十四年六月七日複決通過立法院於民國九十三年八月二十三日所提修憲案而有所改變。依複決通過之憲法增修條文第二條第十項之規定，「立法院提出總統、副總統彈劾案，聲請司法院大法官審理，經憲法法庭判決成立時，被彈劾人應即解職。」是以，將來彈劾案，不再由國民大會議決，而改由憲法法庭審理判決。除此之外，民國九十四年修正後之憲法增修條文尚有與總統、副總統之彈劾有關，亦即：

　　1.憲法增修條文第四條第七項規定：「立法院對於總統、副總統之彈劾案，須經全體立法委員二分之一以上之提議，全體立法委員三分之二以上之決議，聲請司法院大法官審理，不適用憲法第九十條、第一百條及增修條文第七條第一項有關規定。」

　　2.憲法增修條文第五條第四項規定：「司法院大法官，除依憲法第七十八條之規定外，並組成憲法法庭審理總統、副總統之彈劾……。」

上述憲法增修條文關於總統彈劾之規定，並不合理。因為經過全體立法

---

❶　薩孟武，前揭書，頁214；另參閱，左潞生，《比較憲法》，國立編譯館，一九六四年，頁457；任德厚，《比較憲法與政府》，自刊本，三民書局經銷，民國九十一年八月，頁362–367。

❸　學者主張彈劾總統之理由，有兩大類型，一為總統違反憲法，另一為總統未盡忠職守。詳閱，林昱梅，〈總統之罷免與彈劾〉，《憲政時代》，第二十九卷，第一期，民國九十二年七月，頁58–59。

委員三分之二以上決議所提出的總統彈劾案，是學理上所謂通過絕對多數的憲法議案，若還要經只有十五位總統面見後提名之大法官所組成之憲法法庭審理，並非妥適❶。這個規定方式比美國只有眾議院二分之一多數就可通過總統彈劾提案，而參議院最後只要三分之二多數參議員之同意，就可通過彈劾案，讓總統解職的規定，要差很多。

### (二)總統之罷免

　　總統為何可被罷免❷？憲法或總統副總統選舉罷免法均未規定其原因；而只規定其提案之機關與程序。憲法增修條文第二條第九項規定，「總統、副總統之罷免案，須經全體立法委員四分之一之提議，全體立法委員三分之二之同意後提出，並經中華民國自由地區選舉人總額過半數之投票，有效票過半數同意罷免時，即為通過。」此種規定幾等於剝奪了公民罷免之權利❸，尤其公民可以直選總統，且實務、技術上均無困難。那麼公民罷免總統為何還要透過立法委員去提案才交由公民行使罷免投票權呢？將來亟宜規定由公民直接連署提出總統罷免案並直接投票行使罷免權❹，以避免總統透過對政黨比例代表產生立法委員之控制，而使對總統罷免案無法提出。此一學者所疑慮的憲政缺失，果然發生在民國九十五年十月、九十五年十一月立法院兩

---

❶　參閱，林騰鷂，〈畸形總統制憲政亂源〉，《蘋果日報》論壇，民國一〇二年十月五日，A24 版。

❷　學者謂，罷免是針對政治責任，無須有具體違法之事由，即可發動罷免。因此對於總統之施政不滿，亦可提罷免案。參閱，林昱梅，上揭文，頁 39。

❸　請參閱，林騰鷂，〈選舉（罷免）制度，衍生憲政亂局〉，《蘋果日報》論壇，民國一〇二年九月二十三日，A16 版。

❹　學者亦認為，總統由人民直選，理應由人民來行使總統罷免權。蓋選舉與罷免乃屬人民之參政權，基於直接民權之法理，應由人民親自行使之。參閱，林昱梅，上揭文，頁 36、37；林騰鷂，《立法院修憲委員會修憲公聽會第六場會議紀錄》，民國九十三年八月十八日，頁 158–159；林騰鷂，〈憲政體制乖離與修憲應有的信念及作法〉，立法院修憲委員會編製，立法院修憲委員會公聽會報告，民國一〇四年四月二十二日，頁 114–120；林騰鷂，〈畸形總統制憲政亂源〉，《蘋果日報》論壇，民國一〇二年十月五日，A24 版。

度對陳水扁總統行使罷免投票權時發生。這兩度罷免投票,同意罷免的分別為一一六票及一一八票,均超過立法委員總額之半數,而不同意罷免的均各只有一票,致未達到全體立法委員三分之二的同意票數,而使對總統罷免案無法由全體公民行使罷免主權。此乃因民主進步黨不開放其黨員進場投票,而導致罷免總統案之不成立❷。

民國九十年初對陳水扁總統醞釀罷免案時,發生是否應該連同罷免呂秀蓮副總統之爭議。對此,學者依罷免之理論有深入之分析,謂:「人民之罷免權既然是與選舉權相對應之權利,是人民召回當選人之權利,則副總統是否應與總統一併罷免,應視選舉時,是否一起搭檔競選而定。總統由人民直選後,依憲法增修條文第二條第九項及新總統副總統選舉罷免法第二十一條之規定,總統副總統候選人應聯名登記,在選票上同列一組圈選,以得票最多之一組為當選。因此,對總統有罷免提案,應解為有一併罷免副總統之意,即使不聯名罷免,則總統一旦遭到罷免,副總統一職也將失所附麗,而有一併罷免之效果❷。

---

❷ 參閱《立法專刊》第 112 輯,立法院議事處編印,民國九十六年二月,頁 96–99。

❷ 參引自林昱梅,上揭文,頁 42–43。

# 第六章　行政院

## 第一節　概　說

　　我國中央政府為五權憲法制，憲法第五章起，即按行政、立法、司法、考試、監察之次序，規定治權機關之地位、組織、職權及其與政權機關——國民大會、總統和彼此相互間的法律關係。

　　行政院為五院之首，憲法第五十三條規定：「行政院為國家最高行政機關」，為行使國家最高行政權的機關，與行使立法權、司法權、考試權、監察權之機關均有不同。茲就行政院之地位、組織、職權、責任及其與總統、其他四院之關係，分節說明於次。

## 第二節　行政院之地位

　　關於行政院之地位，憲法第五十三條規定：「行政院為國家最高行政機關。」由此表現出行政院的地位有兩點要特別加以說明，即一為行政機關，一為最高這兩點特性。

　　由於我國中央政府之體制，依憲法之相關條文來看有總統制之色彩，也有內閣制之色彩，因此，行政院在某些方面來看，有些像西方國家之內閣。但在某些方面來看，卻又非如西方國家之內閣，而是五權憲法體系中之治權機關，且為治權機關中之核心中樞，這點是與西方國家不同的❶。

---

❶　詳細討論及大法官相關解釋請參閱，林子儀、葉俊榮、黃昭元、張文貞，上揭書，頁 105–170。

# 第三節　行政院之組織

　　行政院的組織有為憲法第五十四、五十五、五十八條等明文規定者，如行政院之院長，副院長，各部會首長，政務委員，行政院會議等是。又有為憲法第六十一條授權法律規定者，即由行政院組織法所規定之行政院幕僚機關等是。依中央行政機關組織基準法之規定，行政院機關依該法第二十九至三十二條之規定，部以十四個，委員會以八個，獨立機關以三個為限。各部之司以一百一十二個為限。

　　又依行政院組織法第三條、第四條、第七條至第九條之規定，行政院設有下列組織：

1. 行政院設下列各部：一、內政部。二、外交部。三、國防部。四、財政部。五、教育部。六、法務部。七、經濟及能源部。八、交通及建設部。九、勞動部。十、農業部。十一、衛生福利部。十二、環境資源部。十三、文化部。十四、科技部。

2. 行政院設下列各委員會：一、國家發展委員會。二、大陸委員會。三、金融監督管理委員會。四、海洋委員會。五、僑務委員會。六、國軍退除役官兵輔導委員會。七、原住民族委員會。八、客家委員會。

3. 行政院置政務委員七人至九人，特任。政務委員得兼任前條委員會之主任委員。

4. 行政院設主計總處及行政院人事行政總處。

5. 行政院設中央銀行。

6. 行政院設國立故宮博物院。

7. 行政院設下列相當中央二級獨立機關：一、中央選舉委員會。二、公平交易委員會。三、國家通訊傳播委員會。

　　另中央行政機關組織基準法第三十六條之規定，作為中央一級機關之行政院，為因應突發、特殊或新興之重大事務，得設臨時性、過渡性之機關，其組織以暫時組織規程定之，並應明定其存續期限。值得關切的是，蔡英文自民

國一〇五年五月二十日就任總統至民國一〇五年七月底，就在行政院設置六十二個任務編組，而被立法院預算中心評估該些組織，恐流於疊床架屋❷。

## 一、行政院院長

憲法第五十五條規定行政院院長之產生方式及代理人之來源。該條規定，行政院院長，由總統提名，經立法院同意任命之。憲法增修條文第三條第一項規定，行政院院長乃由總統任命之，不須經過立法院之同意❸。將立法院對行政院院長（稱閣揆）之任命同意權拿掉，李念祖教授認為是錯誤的，主張要將八十六年錯誤的修憲改回來。他說：「內閣制的行政院（似應為首）長來自國會，毫無疑問要獲得國會同意，總統制的國務卿也要獲得國會同意，即使採行雙首長制也要獲得國會同意。因此，不論走那一個制度，閣揆要經過立法院同意是最大公約數，這是進行修憲非修不可的項目。」❹對此問題，陳一新教授也以美國制度為例。他說：「依美國的制度，相當於司長以上的官員，都要接受國會同意權之行使，才能執行其任務，這也是行政部門對國會負責的一種表示。不只是政府官員中的政務官，司長層級以上的事務官，都要受到國會的監督及同意權之行使，甚而大使及大法官都要接受同意權之行使。有此制度設計後，不管國會有沒有閣揆同意權，或是施行何種制度，都可以被普遍接受及長治久安。如果政府官員未經國會行使同意權，而是只受總統任命，當然不會買國會的帳，眼中會視立法院為無物。除行使國會同意權外，還要經常被請來進行聽證會，任何官員如果拒絕參加國會聽證會，會被賦予藐視國會的罪名，後果相當嚴重，所以法律配套措施也很重要，否則一經同意任命後就不聽話了。若無行使同意權之設計，官員不參加國會聽證

---

❷　參閱，立法院預算中心，〈一〇六年度中央政府總預算案整體評估報告　（2 之 2）〉，民國一〇五年九月，頁 546-555。

❸　相關實務請看，吳信華，〈總統提名行政院長的憲法爭議問題〉，《月旦法學教室》，第一六四期，民國一〇五年五月，頁 54-61。

❹　參閱《立法院修憲委員會修憲公聽會第六場會議紀錄》，李念祖發言，民國九十三年八月十八日，頁 172。

會，不受國會請求調查權約束，常會犯了只看總統而不看國會的弊病。所以不管採取何種制度，我們都該極力避免這些情況。」❺

民國一〇四年四月九日立法院修憲委員會召開第一場公聽會時，恢復「行政院院長任命須經立法院同意」之議題，成為與會學者專家所聚焦之問題。有採取贊成恢復者，表示：「我們看到過去十五年來政府就是在那裡空轉，表面上看起來，憲法第五十三條規定，行政院是國家最高行政機關，事實上是如此嗎？當然不是！不管是藍營執政或綠營執政，行政院長幾乎都變成總統的執行長，也就是我們常常講『有權無責』或『有責無權』的現象❻。」；有反對恢復者，表示：「國民黨的修憲主張，值得商榷之處，不言自明。尤其閣揆同意權，涉及中央政府體制，與權責合一更無關聯，不可一黨之私，刻意操作此議題。」❼筆者在會上則表示贊同恢復❽。

## 二、行政院副院長、各部會首長及政務委員

憲法第五十六條規定，行政院副院長、各部會首長及不管部會政務委員之產生方式，即是由行政院院長提出適當人選，請求總統任命。

行政院副院長、各部會首長及政務委員之任命，不須經立法院之同意❾，而是由行政院院長提請總統就可任命，故有稱此為行政院院長之內閣組織權。

又行政院組織法第五條規定，行政院置政務委員七人至九人。此些政務委員即俗稱之「不管部部長」。不過，行政院組織法第五條第二項則規定，政

---

❺ 同上註，頁 165。

❻ 請參閱，謝政諭教授發言，立法院修憲委員會編製，立法院修憲委員會公聽會報告，民國一〇四年四月二十二日，頁 5。

❼ 林嘉誠顧問書面意見，〈兩黨修憲主張的評析〉，同上註，頁 39。

❽ 林騰鷂教授書面意見，同上註，頁 119。

❾ 為了防止：1.用人不依編制；2.花錢不依預算；3.做事不依法律；4.濫權不受監控；5.犯錯不負責任等種種「行政胡亂」現象，筆者在立法院修憲委員會修憲公聽會上更主張：「行政院各部會首長、政務官、所屬重要財團法人、社團法人、獨立機構、公營事業之首長，應仿照美國憲法第二條第二項第二款之規定，經立法院之同意任命之。」同上註，頁 159。

務委員得兼任第四條所規定委員會之主任委員。是以，政務委員已有非單純不管部會之政務委員。

## 三、行政院會議

憲法第五十八條規定行政院會議之組成方式，並規定重要之法案與決策均須經過行政院會議之議決，可見行政院會議為我國之最高行政決策會議，現時於每星期四集會一次，決定國家重要政策與施政方針。

行政院會議，依憲法第五十八條第一項之規定，是由行政院院長、副院長、各部會首長及不管部會之政務委員組織之，並以院長為主席。

行政院會議依憲法之規定，當有上述成員參加會議，但因行政院組織法第十一條規定：「行政院院長得邀請或指定有關人員列席行政院會議」。現時依行政院網址發布資料，列席之人員有行政院秘書長、副秘書長、主計長、人事長及院長指定之機關首長如中央銀行總裁、環保署長、海巡署長、十四個委員會主任委員及臺北市市長、新北市市長、桃園市市長、臺中市市長、臺南市市長、高雄市市長等。這些列席人員無表決權。

## 四、行政院之幕僚機關

行政院的幕僚機關依行政院組織法的規定，主要的有正、副秘書長、秘書室、訴願審議委員會、主計總處、人事總處及參事等法定機關。行政院組織法第十二條第二項又特別規定，行政院置發言人一人，處理新聞發布及聯繫事項，得由政務職人員兼任之。另為處理特定事務，依行政院組織法第十四條之規定，可在院內設專責單位，如法規委員會是。

# 第四節　行政院之職權

行政院之職權，憲法並未如總統、立法、司法、考試、監察各院之職權，有明文之列舉規定，其主要理由乃行政權之範圍較為廣泛，行政權之內容也較立法權、司法權、考試權、監察權之內容為龐多複雜，不容易涵括，如強

為列舉，恐不能周全。雖然如此，憲法之相關條文，仍對行政院及其成員、組織之重要職權加以規定。茲分別說明於次。

## 一、行政院之職權

### 1.向立法院提案權

依憲法第五十八條第二項規定，行政院有經行政院會議議決後，向立法院提出法律案、預算案、戒嚴案、大赦案、宣戰案、媾和案、條約案之權。

### 2.移請立法院覆議權

行政院移請立法院覆議權之行使，應依憲法增修條文第三條第二項第二款之規定，即：「行政院對於立法院決議之法律案、預算案、條約案，如認為有窒礙難行時，得經總統之核可，於該決議案送達行政院十日內，移請立法院覆議。立法院對於行政院移請覆議案，應於送達十五日內作成決議。如為休會期間，立法院應於七日內自行集會，並於開議十五日內作成決議。覆議案逾期未議決者，原決議失效。覆議時，如經全體立法委員二分之一以上決議維持原案，行政院院長應即接受該決議。」

### 3.預算提出權

依憲法第五十九條之規定，行政院有權於會計年度開始三個月前，將下年度預算案，提出於立法院。

### 4.決算提出權

依憲法第六十條之規定，行政院有權於會計年度結束後四個月內，將決算提出於監察院。

### 5.提出施政方針、施政報告權

依憲法第五十七條，現改為憲法增修條文第三條第二項第一款之規定，行政院有向立法院提出施政方針及施政報告之權。

## 二、行政院院長之職權

### 1.代行總統職權

依憲法增修條文第二條第八項之規定，總統、副總統均缺位時，由行政

院院長代行其職權。又依憲法第五十條之規定，總統於任滿之日解職，如屆期次任總統尚未選出，或選出後總統、副總統均未就職時，亦由行政院院長代行總統職權。

### 2.提請任命內閣首長權

行政院院長依憲法第五十六條之規定，有組織內閣權，即提出行政院副院長、各部會首長及不管部會之政務委員人選，請總統加以任命。

### 3.副署權

依憲法第三十七條之規定，行政院院長對總統依法公布法律、發布命令有副署之權。但因憲法增修條文之修正，現時總統發布行政院院長與依憲法經立法院同意任命人員之任免命令及解散立法院之命令，行政院院長無副署之權。

### 4.主持行政院會議之權

依憲法第五十八條第一項之規定，行政院設行政院會議，以行政院院長為主席。而依行政院會議議事規則第五條的規定，行政院院會的決議，行政院院長保有最後決定權。

### 5.綜理院務、監督所屬機關權

依行政院組織法第十條第一項規定，行政院院長有綜理行政院全院院務並指揮監督所屬機關及人員處理各項行政事務。

### 6.參與解決院際間爭執權

依憲法第四十四條之規定，行政院院長有應總統之召集參與解決中央政府五院之間之爭執權。

### 7.參與解決省自治法所生重大障礙權

依憲法第一百十五條之規定，行政院院長可參與以司法院院長為主席之五院院長組成之委員會，會商解決省自治法施行中所生之重大障礙。

此一規定，已因憲法增修條文第九條第一項之規定而失去效力。因省之自治地位消失，省長、省議員之選舉停止辦理，省只有承行政院之命，監督縣自治事項之權限而已，此時已無所謂省自治法施行中所生之重大障礙問題。

8. 呈請解散立法院之權

依憲法增修條文第三條第二項第三款規定：「立法院得經全體立法委員三分之一以上連署，對行政院院長提出不信任案。不信任案提出七十二小時後，應於四十八小時內以記名投票表決之。如經全體立法委員二分之一以上贊成，行政院院長應於十日內提出辭職，並得同時呈請總統解散立法院；不信任案如未獲通過，一年內不得對同一行政院院長再提不信任案。」

## 三、行政院副院長之職權

由於行政院院長之職位非常重要，因此憲法及行政院組織法對行政院院長辭職或出缺時，或不能視事時，究應如何代理，均加以明文規定，其主要情形有：

### 1. 行政院院長辭職或出缺時之代理

行政院院長辭職或出缺時，依憲法增修條文第三條第一項之規定，在總統未任命行政院院長前，行政院副院長有暫行代理之權。

### 2. 行政院院長因事故不能視事時之代理

依行政院組織法第十條第二項之規定，「行政院院長因事故不能視事時，由副院長代理其職務。」

## 四、各部會首長的職權

各部會首長有為部會之首長者，有為依行政院組織法第五條之規定，為政務委員。各部會首長有下列職權，即：

### 1. 出席行政院會議之權

依憲法第五十八條第一項之規定，各部會首長為行政院會議之組成成員，當然有出席行政院會議之權利。

### 2. 向行政院會議提案之權

依憲法第五十八條第二項之規定，各部會首長有將應行提出於立法院之法律案、預算案、戒嚴案、大赦案、宣戰案、媾和案、條約案及其他重要事項或涉及各部會共同關係之事項，提出於行政院會議之權。

### 3.綜理所管部會政務之權

依行政院組織法第十條之規定，各部會首長受行政院院長之監督，處理主管之行政事務。又依各部會之組織法或組織條例，各部會首長有依法令綜理所管部會政務，指揮監督所屬機關處理主管之各項行政事務。

## 五、政務委員之種類與職權

行政院內之政務委員有兩種，一種是兼任某一委員會之政務委員，另一種是不兼任任何委員會主任委員之政務委員。依行政院組織法第五條第一項之規定，政務委員有七至九人，其未兼任行政院組織法第四條所規定八個委員會中任一委員會主任委員之政務委員，地位相當於英國之不管部部長 (Minister of Without Portfolis)，其主要職權為：

### 1.出席行政院會議之權

依憲法第五十八條第一項之規定，政務委員為行政院會議之組成成員，自有出席行政院會議之權。

### 2.處理所兼任委員會事務之權

行政院組織法第五條第二項規定，政務委員得兼任第四條所規定八個委員會任一委員會之主任委員。依此，此些政務委員有處理各該兼任委員會事務之權。但不兼任上述八個委員會主任委員之政務委員，則無此項之權。

### 3.處理不屬於各部會事務或特定事務之權

依行政院組織法第十條之規定，行政院院長可以指揮監督不管部會政務委員以處理不屬於各部會之事務或處理涉及各部會之綜合事務。

## 六、行政院會議的職權

行政院所行使的行政職權非常繁多複雜，有常涉及各部會之職權，須要共同會商決定，以求周全完善，故有行政院會議之設置。依憲法第五十八條第二項之規定，行政院院長、各部會首長，須將應行提出立法院之法律案、預算案、戒嚴案、大赦案、宣戰案、媾和案、條約案及其他重要事項，或涉及各部會共同關係之事項，提出於行政院會議議決之。由此可知，行政院會

議的職權有三，即：

　　1.審議應行提出於立法院之法律案、預算案❿、戒嚴案、大赦案、宣戰案、媾和案、條約案。

　　2.議決重要行政事項。

　　3.議決涉及各部會共同關係之事項。

　　另依憲法增修條文第二條第三項之規定，行政院會議對總統所擬發布之緊急命令有議決之權。

# 第五節　行政院之責任

　　如上所述，行政院之地位有如國家行政中樞機關，擁有相當大的統治權力。而依憲政民主法理，統治權力之擁有及行使者，必須對其權力之賦予者，即人民及其選出代表所組成之立法院負責。然而，究應如何負責，憲法增修條文第三條第二項之規定，行政院不再依憲法第五十七條之規定，而是依下列規定，對立法院負責，即：

　　1.行政院有向立法院提出施政方針及施政報告之責，此一規定與憲法第五十七條規定相同。

　　2.行政院對於立法院之法律案、預算案、條約案，如認為有窒礙難行時，得經總統之核可，於該決議案送達行政院十日內，移請立法院覆議。立法院對於行政院移請覆議案，應於送達十五日內作成決議。如為休會期間，立法院應於七日內自行集會，並於開議十五日內作成決議。覆議案逾期未議決者，原決議失效。覆議時，如經全體立法委員二分之一以上決議維持原案，行政院院長應即接受該決議。另外依憲法第五十七條規定，立法院對於行政院之重要政策不贊同時，原可以決議移請行政院變更之，而行政院對於立法院此一決議，也可以提出覆議，但因民國八十六年七月憲法增修條文修正時，將立法院可對行政院重要政策以決議變更之職權剝奪了，是以立法院現時依憲

---

❿　行政院幾已無法在院會中整合各部會之預算案。詳請參閱，林騰鷂，〈政府幾已失去應有效能〉，《台灣時報》專論，民國一〇六年七月二十八日，第三版。

法增修條文第三條第二項第二款之規定，只能對法律案、預算案、條約案等行使覆議權，至於對行政院之重要政策，如不贊同，則無機會行使覆議權。無形中，使立法院之職權受到限縮。

3.行政院院長不獲立法院信任時應辭職。依憲法增修條文第三條第二項第三款規定，立法院得經全體立法委員三分之一以上連署，對行政院院長提出不信任案。不信任案提出七十二小時後，應於四十八小時內以記名投票表決之。如經全體立法委員二分之一以上贊成，行政院院長應於十日內提出辭職，以示負責，但行政院院長並得同時呈請總統解散立法院。又為免不信任案之隨意提出，憲法增修條文第三條第二項第三款乃進而規定，不信任案如未獲通過，一年內不得對同一行政院院長再提不信任案。此一規定在民國八十八年三月二日時，憲政史上第一個倒閣案，即對行政院蕭萬長院長之不信任案以一百四十二票反對，八十三票贊成而沒有成功，使蕭萬長至民國八十九年三月一日前不會再受倒閣之衝擊。憲政史上第二個倒閣案，即民國一〇一年九月二十二日對行政院長陳冲之不信任案，以六十六票反對對四十六票贊成，也沒有成功。而憲政史上第三個倒閣案，即民國一〇二年十月十六日對江宜樺院長之不信任案，也以六十七票反對，四十五票贊成，沒有成功。但憲政情勢經歷多次倒閣案而有日益動盪之不良效應。

# 第六節　行政院與總統及其他四院之關係

行政院為國家最高行政機關，其職權之行使，每與立法院、司法院、考試院、監察院等發生密切的關係[11]，憲法對此些關係的規定，非常零散，茲將之歸納、綜合說明於次。

---

[11] 相關論文請參閱，詹鎮榮，〈總統、政黨與國會之相互關係——以政黨影響國政之憲法基礎及界限為中心〉，《憲政時代》，第四十一卷第三期，民國一〇五年一月，頁 421–456。

## 一、行政院與總統之關係

行政院與總統之關係，相當密切，主要者有：

1. **任免關係**

憲法第五十五條原規定，行政院院長由總統提名，經立法院同意後任命。但憲法增修條文第三條第一項則規定行政院院長由總統任命之，不必再經立法院之同意。此一修正之不適當，前已有評論，可參閱之。又依憲法第五十六條規定，行政院副院長，各部會首長及不管部會之政務委員，由行政院院長提請任命之。顯示出行政院與總統之密切關係。

2. **副署關係**

依憲法第三十七條規定，行政院院長或行政院有關部會首長對總統依法公布法律或發布命令有副署之權。但對此副署之權，憲法增修條文第二條第二項規定已加以縮小，將總統發布行政院院長與依憲法經立法院同意任命人員之任免命令及解散立法院之命令，排除於行政院院長副署權之外。

3. **覆議核可關係**

依憲法第五十七條第二、三款之規定，行政院對立法院不同意其重要政策之決議，或對立法院決議之法律案、預算案、條約案，如認為不當或有窒礙難行時，得經總統之核可，移請立法院覆議。但如上所述，行政院與總統之覆議核可關係已重新規定在憲法增修條文第三條第二項第二款上。

4. **代行職權關係**

依憲法增修條文第二條第八項規定，總統、副總統均缺位時，由行政院院長代行其職權。又憲法第五十條也規定，總統於任滿之日解職，如屆期次任總統尚未選出，或選出後總統、副總統均未就職時，由行政院院長代行總統職權。

5. **對總統行使職權之先行決議關係**

總統依憲法第三十八、三十九、四十條及憲法增修條文第二條第三項之規定，得行使締結條約、宣戰、媾和、戒嚴、大赦及發布緊急命令權，但須先經行政院會議之決議。

### 6.呈請解散立法院關係

依憲法增修條文第三條第二項第三款之規定，立法院對行政院院長提出不信任案，如經全體立法委員二分之一以上贊成，行政院院長應於十日內提出辭職，但並得同時呈請總統解散立法院。

## 二、行政院與立法院之關係

### 1.人事同意關係

憲法第五十五條規定，行政院院長由總統提名，經立法院同意任命之。如上所述，此一規定已因憲法增修條文第三條第一項之規定而停止適用。現時，立法院已無行政院院長任命之同意權。不過，民國九十九年元月十二日修正之中央行政機關組織基準法第二十一條第一項但書規定，行政院所設相當二級機關之獨立機關，即行政院組織法第九條規定之中央選舉委員會、公平交易委員會、國家通訊傳播委員會成員中屬專任者，應先經立法院同意後任命之。是以，立法院對行政院所屬獨立機關專任委員卻反而有人事同意權。此在憲政法理上，甚有突兀❷。

### 2.報告關係

憲法第五十七條第一款規定，行政院有向立法院提出施政方針及施政報告之責。此一關係已改規定在憲法增修條文第三條第二項第一款上。

### 3.預算提出關係

憲法第五十九條規定，行政院應在會計年度開始三個月前，將下年度預算案提出於立法院。

### 4.質詢關係

憲法第五十七條第一款規定，立法委員在開會時，有向行政院院長及行政院各部會首長質詢之權。如上所述，此一關係已改規定在憲法增修條文第三條第二項第一款上。

---

❷　請參閱，林騰鷂，〈憲改非施政無能遮羞布〉，《中國時報》星期論壇，民國一〇六年十月七日，A14 版。

### 5. 覆議關係

依憲法增修條文第三條第二項第二款規定，對立法院決議之法律案、預算案、條約案，如認為不當或有窒礙難行時，得經總統核可，移請立法院覆議。

### 6. 法案提請審議關係

依憲法第五十八條規定，行政院會議議決之法律案、預算案、戒嚴案、大赦案、宣戰案、媾和案、條約案應由行政院呈由總統咨請立法院審議之。

### 7. 列席陳述意見關係

依憲法第七十一條規定，行政院院長及各部會首長得列席陳述意見。

### 8. 倒閣時之關係

憲法增修條文第三條第二項第三款規定了立法院得經立法委員三分之一以上連署，對行政院院長提出不信任案。此即一般所謂之倒閣。倒閣案如經全體立法委員二分之一以上贊成，行政院院長應於十日內提出辭職，並得同時呈請總統解散立法院；不信任案如未獲通過，一年內不得對同一行政院院長再提不信任案。

### 9. 依法律決定國家機關之組織、編制及員額

憲法增修條文第三條第三項規定，國家機關之職權，設立程序及總員額，得以法律為準則性之規定。因此，立法院得依法律對行政院所屬機關為準則性之規定。又依憲法增修條文第三條第四項之規定，行政院也應依此所述立法院通過之準則性法律，基於政策或業務需要決定其所屬機關之組織、編制及員額。此一憲法增修條文規定直至民國九十三年六月二十三日制定中央行政機關組織基準法，才獲得落實，但因相關行政院組織法修正案一直到民國九十九年元月十二日才在立法院三讀通過，而民國九十九年元月十二日修正之中央行政機關組織基準法第三十九條及民國九十九年元月十二日制定之中央政府機關總員額法第十一條分別規定由行政院或由行政院會同考試院定其各該之施行日期。

## 三、行政院與司法院之關係

### 1.行政爭訟裁決關係

依憲法第七十七條規定，因司法院掌理行政訴訟之審判，故行政院的違法行政處分或決定，要由司法院所屬的行政法院，依行政訴訟法相關程序加以裁決審判。

### 2.刑事訴訟裁決關係

如上所述，司法院依憲法第七十七條規定，掌理刑事審判，因此行政院法務部所屬檢察署偵結起訴之案件，要移送司法院所屬之地方法院、高等法院或最高法院審判。

### 3.懲戒關係

憲法第七十七條規定，司法院掌理公務員之懲戒，因此，行政院所屬的公務員，如有違法、失職情事，則由司法院所屬的公務員懲戒委員會負責審理懲戒。

### 4.法令解釋關係

依憲法第七十八條規定，司法院有統一解釋法律及命令之權，因此，行政院適用法律及命令有疑義時，由司法院大法官解釋之。

### 5.司法概算加註意見關係

依憲法增修條文第五條第六項規定，司法院所提出之年度司法概算，行政院不得刪減，但得加註意見，編入中央政府總預算，送立法院審議。

## 四、行政院與考試院的關係

### 1.人員考選關係

依憲法第八十五條規定，行政院所需的公務員，由考試院所屬的考選部，舉辦公開競爭考試選拔之。民國八十六年七月憲法增修條文修正通過後，此一關係已改規定在憲法增修條文第六條第一項第一款上，憲法第八十三條及第八十五條有關考試之規定，均停止適用。

## 2.人員銓敘關係

依憲法第八十三及八十六條規定，行政院所屬各機關公務人員的任用、銓敘、考績、級俸、陞遷、保障、褒獎、撫卹、退休、養老等事項，由考試院之銓敘部，負責辦理。民國八十六年七月憲法增修條文修正通過後，此一關係已改規定在憲法增修條文第六條第一項第二款及第三款上。而憲法第八十三條所規定，考試院掌理養老事項也在民國八十三年八月修正憲法增修條文時被刪除，公務人員退休養老制已由過去之恩給制，即全部由國家給付退休金制，改為由政府與公務人員共同撥繳費用建立之退休撫卹基金支付。這是與過去制度有很大不同的地方。

## 3.人員保障培訓關係

民國八十三年七月一日修正公布考試院組織法後，考試院除設考選部、銓敘部以外，另設公務人員保障暨培訓委員會，負責公務人員之保障與培訓事宜，故，行政院與考試院又多了一層公務人員保障與培訓之互動關係。

## 4.會同提出法律案

行政院職掌事項與考試院之職掌，如互有關涉時，特別是在公務員之考銓、任用、訓練等事項，得會同向立法院提出法律案，或會同制頒法規命令或行政規則。

# 五、行政院與監察院的關係

## 1.決算提出關係

依憲法第六十條規定，行政院於會計年度結束後四個月內，應提出決算於監察院。

## 2.調閱文件關係

依憲法第九十五條規定，監察院為行使監察權，得向行政院及其各部會調閱其所發布之命令及各種有關文件。此一關係依憲法增修條文第七條第四項之規定，亦適用在監察院對於監察院人員失職或違法之彈劾。

## 3.調查關係

依憲法第九十六條規定，監察院得按行政院及其各部會之工作，分設若

干委員會，調查其一切設施，注意其是否違法或失職。

### 4. 糾正關係

依憲法第九十七條第一項規定，監察院經各該委員會之審查及決議，得提出糾正案，移送行政院及其有關部會，促其注意改善。

### 5. 糾舉關係

依憲法第九十七條第二項規定，監察院對行政院所屬公務人員，認為有失職或違法情事，得提出糾舉案，依監察法第十九條規定，送交被糾舉公務人員之主管長官或其上級長官予以停職或其他處分。

### 6. 彈劾關係

依憲法增修條文第七條第三項規定，監察院對於行政院所屬公務人員，認為有失職或違法情事，得經監察委員二人以上之提議，九人以上之審查及決定，提出彈劾案。此一關係依憲法增修條文第七條第四項之規定，亦適用在監察院對於監察院人員失職或違法之彈劾。民國八十六年年初間，監察委員蔡慶祝涉有違法失職情事，即是依此規定，由監察院追究處理的。

### 7. 審計關係

依審計法第四條之規定，行政院及其所屬機關財務之審計，由監察院所屬之審計部辦理。

### 8. 財產申報關係

依公職人員財產申報法第二條第一項之規定，下列公職人員，均應依該法向監察院，申報其財產。即：1.總統、副總統。2.行政、立法、司法、考試、監察各院院長、副院長。3.政務人員。4.有給職之總統府資政、國策顧問及戰略顧問。5.各級政府機關之首長、副首長及職務列簡任第十職等以上之幕僚長、主管；公營事業總、分支機構之首長、副首長及相當簡任第十職等以上之主管；代表政府或公股出任私法人之董事及監察人。6.各級公立學校之校長、副校長；其設有附屬機構者，該機構之首長、副首長。7.軍事單位上校編階以上之各級主官、副主官及主管。8.依公職人員選舉罷免法選舉產生之鄉（鎮、市）級以上政府機關首長。9.各級民意機關民意代表。10.法官、檢察官、行政執行官、軍法官。11.政風及軍事監察主管人員。12.司法警

察、稅務、關務、地政、會計、審計、建築管理、工商登記、都市計畫、金融監督暨管理、公產管理、金融授信、商品檢驗、商標、專利、公路監理、環保稽查、採購業務等之主管人員；其範圍由法務部會商各該中央主管機關定之；其屬國防及軍事單位之人員，由國防部定之。13.其他職務性質特殊，經主管府、院核定有申報財產必要之人員。

### 9.處罰關係

依公職人員利益衝突迴避法第二十條第一項第一款、第二款規定，上述依公職人員財產申報法應向監察院申報財產之行政院官員如有違反公職人員利益衝突迴避法之規定者，由監察院、法務部或政風機構科以罰鍰。

# 第七節　行政院與所屬部會之關係

行政院與所屬各部會之關係，除了憲法第三十七、五十四、五十六、五十八條以及憲法增修條文第三條第二、三、四項之規定以外，行政院組織法、中央行政機關組織基準法、及同日公布制定之中央政府機關總員額法更進一步的規定了行政院與所屬部會之關係，其主要者為下列關係：

### 1.提請任命部會首長關係

憲法第五十六條規定，行政院各部會首長及不管部會之政務委員，由行政院院長提請總統任命之。

### 2.連帶負責關係

依憲法第三十七條及憲法增修條文第三條第二項之規定，行政院與所屬部會有兩個連帶負責關係，即：

(1)總統公布法律，發布命令，除有特別規定外，須經行政院院長及有關各部會首長之副署，是為院與部會在外表上連帶負責之關係。

(2)行政院提出於立法院之法律案、預算案、戒嚴案、大赦案、宣戰案、媾和案、條約案及其他重要事項，或涉及各部會共同關係之事項，應提出於行政院會議議決之，是為院與部會在內部上及實際上連帶負責之運用。

行政院與所屬部會之連帶負責關係，大法官釋字第三八七號解釋有具體

的說明，謂：「行政院對立法院負責，憲法第五十七條亦規定甚詳。行政院院長既須經立法院同意而任命之。且對立法院負政治責任，基於民意政治與責任政治之原理，立法委員任期屆滿改選後第一次集會前，行政院院長自應向總統提出辭職。行政院副院長、各部會首長及不管部會之政務委員係由行政院院長提請總統任命，且係出席行政院會議成員，參與行政決策，亦應隨同行政院院長一併提出辭職。」此一解釋，並不因憲法增修條文第三條之修正而有實質改變，因依憲法增修條文第三條之規定，行政院仍應向立法院負責。不過，行政院所屬獨立機關首長或委員而任期有法律明文規定者，則不受上述行政院總辭之影響，亦即不必隨同院長一併向總統提出辭職。

### 3.指揮監督關係

依行政院組織法第十條第一項規定：「行政院院長綜理院務，並指揮監督所屬機關及人員。」此乃基於行政院與其所屬各部會，在行政系統上既有上級與下級機關之隸屬關係，因之，行政院對於各部會有指揮監督之關係，從而各部會對於行政院之命令，有服從之義務，此種指揮監督關係，係對於各部會職權之行使，恆以指示、調查、核准、備案、備查、或核駁、變更、撤銷、廢止等方式行之，此與一般上級行政機關對於下級行政機關所有之指揮監督關係相同。

### 4.權責劃分與政策統合關係

依「中央行政機關組織基準法」第二十九條第一項之規定，行政院依下列各款劃分各部主管業務：

(1)以中央行政機關應負責之主要功能為主軸，由各部分別擔任綜合性、統合性之政策業務。

(2)基本政策或功能相近之業務，應集中由同一部擔任；相對立或制衡之業務，則應由不同部擔任。

(3)各部之政策功能及權限，應儘量維持平衡。

另依同法第三十一條規定，行政院得設八個以內之委員會，處理政策統合事項。

### 5.彈性調整各部會員額關係

依「中央政府機關總員額法」第四條第五項之規定，行政院為因應國家政治經濟環境變遷，或處理突變、特殊或新興之重大事務，於徵詢一級機關後，得在第一項員額總數最高限之下彈性調整第二項第三類人員以外之各類人員員額最高限。依此，行政院可依中央行政機關組織基準法第二條第二項之規定，即:「行政院為一級機關，其所屬各級機關依層級分為二級機關、三級機關、四級機關」，就各機關之員額為彈性調整。

另外，依中央政府機關總員額法第九條之規定，行政院應指定專責機關或單位，掌理各機關員額管理之規畫、調整、監督及員額評鑑等事項。

# 第七章　立法院

## 第一節　立法院之地位

憲法第六十二條規定，立法院為國家最高立法機關。此為立法院地位之明示規定。然而，所謂最高立法機關，是否意指立法院之上，更無其他行使立法權之機關，或其立法權之行使毫無限制可言？關於此立法院之地位，參酌學者之看法有如下列❶：

1.立法權之行使，不以立法院為限。不過，中央之立法權，由立法院行使之，與直轄市、縣（市）之立法權之分別由直轄市、縣（市）議會行使者，尚有不同。故在名稱上，中央之立法機關稱為立法院，為國家之最高立法機關，地位自與直轄市、縣（市）議會之地方立法機關不同。

2.立法院及直轄市、縣（市）議會，雖均為立法機關，但憲法所稱之法律，依憲法第一百七十條之規定，係經立法院通過，總統公布之法律。由此可知，立法院所通過之法律，始得稱為法律，至於直轄市、縣（市）、鄉（鎮、市）立法機關通過並由各該行政機關公布者，稱自治條例。自治條例與立法院通過之法律、條例不同，依地方制度法第二十六條第一項規定，應分別冠以各該地方自治團體之名稱，在直轄市稱直轄市法規，在縣（市）稱縣（市）規章，在鄉（鎮、市）稱鄉（鎮、市）規約。由此亦可見立法院為國家最高立法機關之地位。

3.立法院雖為國家最高立法機關，但直轄市、縣（市）之議會機關，並非立法院之隸屬機關。立法院及直轄市、縣（市）議會，均係各自代表民意，

❶　管歐，前揭書，頁 167–168。

行使其各自之立法權限，不發生指揮監督之關係。

4.立法院與直轄市、縣（市）議會相互間，雖無隸屬關係，不發生指揮監督問題。但因憲法第一百十六條、第一百二十五條分別規定，省法規與國家法律牴觸者無效，及縣單行規章與國家法律或省法規牴觸者無效，故立法院之法律制定，可對省縣市之規章產生影響，使立法院確立其國家最高立法機關之地位。地方制度法第三十條第一項至第三項就此也分別規定，地方之自治條例、自治規則與委辦規則，與立法院所制定之法律有牴觸者，均為無效。

# 第二節　立法院之組織

## 第一項　概　說

立法院之組織，除憲法有明文規定者外，因憲法第七十六條規定，立法院之組織，以法律定之，故亦應注意立法院組織法之規定。另憲法增修條文第四條規定立法委員之產生方式，也應一併研討。立法院除由立法委員組成外，設院長、副院長各一人。此外，另設有各種委員會及立法院會議，茲分項敘述於次。

## 第二項　立法委員

### 一、立法委員之產生

憲法增修條文第四條第一、二項，對於立法委員名額、任期與產生之方式有下列規定：

立法院立法委員自第七屆起一百十三人，任期四年，連選得連任，於每屆任滿前三個月內，依下列規定選出之，不受憲法第六十四條及第六十五條

之限制：

   1. 自由地區直轄市、縣市七十三人。每縣市至少一人。

   2. 自由地區平地原住民及山地原住民各三人。

   3. 全國不分區及僑居國外國民共三十四人。

前項第一款依各直轄市、縣市人口比例分配，並按應選名額劃分同額選舉區選出之。第三款依政黨名單投票選舉之，由獲得百分之五以上政黨選舉票之政黨依得票比率選出之，各政黨當選名單中，婦女不得低於二分之一。

上述憲法增修條文第四條第一項、第二項規定，即為學理上所謂之「單一選區並立式兩票制」，在我國已產生「立委地方化」、「票票不等值」、「小黨不易出頭」之選制弊病，故有學者主張修憲改為「單一選區聯立式兩票制」，以使人民之「票票等值」及掃除「立委地方化」、「走偏鋒」之選舉文化❷。另外，在民國一○三年五月當選民進黨主席的蔡英文，也以投書方式，在報紙輿論上主張修憲，要將立委之席次增加，並將立委選制改為「單一選區聯立式兩票制」❸。

不過，對上述「單一選區並立式兩票制」之立委選制，司法院大法官釋字第七二一號解釋卻認為是合憲的，該號解釋謂：「憲法增修條文第四條第一項及第二項關於單一選區兩票制之並立制、政黨比例代表席次及政黨門檻規定部分，並未違反現行憲法賴以存立之自由民主憲政秩序。公職人員選舉罷免法第六十七條第二項關於並立制及政黨門檻規定部分，與上開增修條文規定內容相同，亦不生牴觸憲法之疑義。」對於此一解釋，只有黃茂榮大法官提出不同意見書，認為民國九十四年由百分之二十三點三五投票率選出的任務型國大代表所複決的憲法修正案，並不能反映我國人民對民主政治之選擇

---

❷　參閱，陳長文，〈修憲改選制，就是馬總統的「歷史定位」〉，《中國時報》，時論廣場，民國一○一年二月二十七日，A12 版；林騰鷂，〈民主內涵，更要打拚〉，《中國時報》，時論廣場，民國九十八年十二月十五日，A14 版；林騰鷂，〈笨蛋，問題在法制〉，《蘋果日報》，論壇，民國一○一年一月三十一日，A17 版。

❸　參閱，蔡英文，〈我對憲政改革的主張〉，《蘋果日報》論壇，民國一○三年五月二十六日，A13 版。

與展現主權在民之國民意志。黃大法官也認為，現行立委單一選區兩票並立制，對於小黨的壓抑已超過必要之程度。對於黃大法官上述二項見解，筆者均表贊同。

又立法院修憲委員會於民國一〇四年四月二十日及四月二十七日分別召開的第四場與第六場之修憲公聽會中，也針對降低不分區立法委員政黨分配門檻之可行性，徵求學者專家之意見。筆者與多數學者認為應將不分區立法委員政黨分配門檻由百分之五降為百分之三❹，使多元民意得以在國會議事中展現。

## 二、立法委員之屬性

立法委員係由人民選出，且代表人民行使立法權，故其職務屬性為民意代表。不過，立法委員依公職人員選舉罷免法產生，亦屬於公職人員而受公職人員利益衝突迴避法、公職人員財產申報法之規範。又立法委員為依法令從事公共事務，而具有法定職務權限之人員，依刑法第十條第二項第一款規定，為屬於刑法上廣義之公務員，但與狹義之官吏或公務員不同，非監察權行使之對象，故監察院對於立法委員無行使糾舉權與彈劾權之餘地。雖然如此，監察院依上述公職人員財產申報法、公職人員利益衝突迴避法之規定，得對立法委員科處罰鍰，主要乃因立法委員有公職人員之屬性。

## 三、立法委員之任期

憲法第六十五條規定：「立法委員之任期為三年，連選得連任，其選舉於每屆任滿前三個月內完成之」，不過，憲法增修條文第四條第一項規定，立法委員任期自第七屆起，即民國九十七年二月一日立法委員就職日起，變更為四年。

---

❹ 請參閱，立法院修憲委員會編製，立法院修憲委員會公聽會報告，民國一〇四年五月一日，頁 69，71，75，77，79，85，88，91，93，94，95。

## 四、立法委員之保障

　　立法委員在任期內有何保障呢？依憲法之規定，有兩項保障，使立法委員能夠安心、自由的依其良知道德，自在的發言、投票及行使憲法上所賦予的職權。此兩項保障即：

### ㈠言論自由保障權

　　憲法第七十三條之規定：「立法委員在院內所為之言論及表決，對院外不負責任。」意何所指，大法官釋字第四三五號解釋文分四部分，分述於次：

　　1.第一部分是宣示憲法第七十三條之意旨，是在保障立法委員受人民付託之職務地位，並避免國家最高立法機關之功能，遭到行政、司法、監察等其他機關之干擾而受影響。

　　2.第二部分是解釋「院內」之涵義，及應予保障之「言論及表決」範圍。解釋文表示，為確保立法委員行使職權時能無所瞻顧，立法委員言論免責權之保障範圍，應作最大程度之界定。立法委員在院會或委員會之發言、質詢、提案、表決以及與此直接相關之附隨行為，例如院內黨團協商、公聽會之發言，均屬應予保障之範圍。又所謂應予保障，對院外不負責任的涵義，是指立委不因行使職權之言論及表決，而負民事損害賠償責任，也不受刑事追訴，若未違反立法院所訂之自律規則也不負行政責任。

　　3.第三部分是不予保障之範圍，是與立法委員行使職權無關的行為，例如蓄意之肢體動作，顯然不符意見表達之適當情節，致侵害他人法益者，則不在憲法保障之列❺。

　　4.第四部分是司法機關對立法委員行為依法行使偵查、審判之權限。即在具體個案中，立法委員行為是否已逾越保障範圍，在維持議事運作之限度內，應尊重議會自律之原則，但是，為了維護社會秩序及被害人權益，必要時，仍可依法行使偵查權及審判權。

　　至於所謂「不負責任」，應是指不負刑事及民事責任，若政治責任，則因

---

❺　此即大法官釋字第一二二、一六五號解釋所採之相對免責主義。參閱，法治斌、董保城，上揭書，頁 328。

憲法第一百三十三條規定：「被選舉人得由原選舉區依法罷免之。」故立法委員在院內所為之言論及表決對院外不負責任之意涵，並不包括對於選舉區所應負之政治責任。

### (二)未經許可不受逮捕或拘禁權

依憲法第七十四條之規定：「立法委員除現行犯外，非經立法院許可，不得逮捕或拘禁。」此條之立法目的在防止行政機關或司法機關無故以逮捕或拘禁方式妨害立法權之行使。但立法委員如為現行犯，則不受此保障，且因刑事訴訟法第八十八條第一項之規定，現行犯，不問任何人，得逕行逮捕之。

不過憲法增修條文第四條第八項規定，「立法委員除現行犯外，在會期中，非經立法院許可，不得逮捕或拘禁。憲法第七十四條之規定，停止適用。」將立法委員身體自由之保障，僅限於會期中，造成現時若干涉及違法事件之立法委員，在立法院會期外，不經立法院許可，有被逮捕或拘禁之可能。

## 五、立法委員之兼職限制

憲法第七十五條規定：「立法委員不得兼任官吏。」此條之意涵引起甚多爭議，司法院大法官會議也相應地作出許多解釋，加以闡明。茲條述於下：

#### 1.立法委員就任官吏視為辭職

釋字第一號解釋謂：立法委員依憲法第七十五條之規定不得兼任官吏，如願就任官吏，應即辭去立法委員，其未經辭職而就任官吏者，顯有不繼續任立法委員之意思，應於其就任官吏之時視為辭職。

#### 2.立法委員不得任駐國外代表

釋字第四號解釋謂：聯合國韓國委員會我國副代表，既係由政府派充，且定有一年任期，不問其機構為臨時抑屬常設性質，應認其係憲法第七十五條所稱之官吏。立法委員自不得擔任。

#### 3.立法委員不得兼任公營事業機關之董事、監察人及總經理與受有俸給之文武職公務員

釋字第二四號解釋謂：公營事業機關之董事、監察人及總經理與受有俸

給之文武職公務員，均適用公務員服務法之規定，應屬於憲法第一百零三條、第七十五條所稱公職及官吏範圍之內。監察委員、立法委員均不得兼任。

### 4.立法委員不得兼任省銀行之董事及監察人

釋字第二五號解釋謂：省銀行之董事及監察人，均為公營事業機關之服務人員。立法委員、監察委員不得兼任，已見本院釋字第二四號解釋。

民國八十八年制定之「立法委員行為法」第十一條規定：「立法委員不得兼任公營事業機構之職務」，把大法官上述相關之解釋，明白訂定。

其實，立法委員之兼職限制不應只限於官吏或公營事業之負責人。因為，依現代的經濟規模形勢，民營事業、財團法人、社團法人之力量及對國會之影響已遠超過憲法制定時之公營事業，為了避免「黑金」、「白金」妨害立法院之機能，「胡亂立法」❻，應比照美國憲政良好實例，禁絕立法委員之一切兼職，落實我國立法委員行為法第五章第十九條至第二十四條之利益迴避條款之執行，使立法委員專職於立法、監督行政胡亂❼、控管預算執行。

## 六、立法委員之行為規範

由於立法委員之非法、不當行為層出不窮，引發社會之惡感與不滿。因此，於民國八十八年公布實施了「立法委員行為法」，以確立立法委員之倫理規範及行為準則。該法不僅規範立法委員本人之行為，又依該法第二條規定，立法委員關係人，即立法委員之配偶及其直系親屬，以及立法委員之公費助理，亦有該法之適用。

依立法委員行為法之規定，對於立法委員之行為有下列之規範，即：

### ㈠立法委員之倫理規範

立法委員行為法第三條至第七條規定的是概括性的立法委員政治倫理規範，即：

---

❻　參閱，林騰鷂，〈立法胡亂，地方窮於應付〉，《聯合報》，民意論壇，民國九十一年七月三十一日，第十五版。

❼　參閱，林騰鷂，〈搶救憲法靈魂，控制行政胡亂〉，《聯合報》，民意論壇，民國九十三年八月二十二日，A15 版。

1.恪遵憲法、效忠國家。立法委員代表人民依法行使立法權，應恪遵憲法、效忠國家，增進全體人民之最高福祉。

2.貫徹政治倫理、擔負政治責任。立法委員應努力貫徹值得國民信賴之政治倫理，如有違反公共利益及公平正直原則，應以誠摯態度面對民眾，勇於擔負政治責任。

3.公正議事、理性問政。立法委員從事政治活動，應符合國民期待，公正議事，善盡職責，不損及公共利益，不追求私利。

4.應切實遵守立法院院會通過之決議。

5.應共同維護議場及會議室秩序，不得有下列行為，如有違反，主席得交紀律委員會議處。

⑴不遵守主席依規定所作之裁示。

⑵辱罵或涉及人身攻擊之言詞。

⑶發言超過時間，不聽主席糾正。

⑷未得主席同意，插言干擾他人發言而不聽制止。

⑸破壞公物或暴力之肢體動作。

⑹占據主席臺或阻撓議事之進行。

⑺脅迫他人為議事之作為或不作為。

⑻攜入危險物品。

⑼對依法行使職權議事人員做不當之要求或干擾。

⑽其他違反委員應共同遵守之規章。

## (二)立法委員之權義規範

立法委員行為法第八條至第十四條規定的是立法委員的權利、義務規範，即：

1.應依法公開宣誓，並遵守誓詞。未經依法宣誓者，不得行使職權。

2.擔任院會及委員會主席主持會議，應嚴守中立。

3.依法參加秘密會議時，對其所知悉之事項及會議決議，不得以任何方式，對外洩漏。

4.不得兼任公營事業機構之職務。

5.在院內依法行使職權所為之議事行為，依憲法規定，享有免責權。

6.因行使職權，而受他人強暴、脅迫或恐嚇，致其本人或關係人之生命、身體、自由、名譽或財產受有危害之虞時，得通知治安機關予以保護，治安機關亦應主動予以保護。其保護辦法，由行政院會同立法院定之。

7.待遇之支給，比照中央部會首長之標準。

### ㈢立法委員之遊說規範

立法委員行為法第十五條規定，立法委員受託對政府遊說或接受人民遊說，在遊說法制定前，依立法委員行為法之規定。不過，因為遊說法於民國九十七年八月七日施行後，立法委員之遊說規範，要以遊說法之規定為主。遊說法第十二條規定，各級民意代表不得為其本人或關係人經營或投資股份總額百分之十以上之事業進行遊說，亦不得委託其他遊說者為之。而所謂民意代表之關係人，其範圍如下：

1.民意代表之配偶或共同生活家屬。

2.民意代表之二親等以內親屬。

3.民意代表之公費助理。

4.民意代表或其配偶信託財產之受託人。

5.民意代表、第一款及第二款所列人員擔任負責人、董事、監察人或經理人之營利事業。

值得注意的是，因為遊說法多只規定遊說登記事項，且在其第九條只規定遊說者不得行求、期約或交付賄賂或其他不正利益，並無罰則，而在其第二十八條規定，依本法所為之處罰，不免除其依其他法律所應負之法律責任。因此，被遊說者如有行求、期約或收受賄賂或其他不正利益者，則有刑法及貪污治罪條例之適用。

又立法委員行為法第十六條、第十七條之禁限規定，即立法委員受託對政府遊說或接受人民遊說，不得涉及財產上利益之期約或授受；立法委員不得受託對進行中之司法案件進行遊說等實質規定，並不因遊說法之公布施行而失去效力。

不過，民國一〇二年九月爆發國民黨不分區立法委員，也是立法院院長的王金平涉及司法關說，案經檢察總長向馬英九總統舉報，由馬英九總統親

自召開記者會指責❽，並以中國國民黨主席的身分列席該黨考紀會，撤銷了王金平之黨籍，並使王金平喪失不分區立法委員之資格。為此，王金平乃向臺北地方法院民事庭提起「定暫時狀態假處分」，經臺北地方法院裁准其所請，王金平乃暫保有不分區立委及立法院院長之身分，但現時國會紀律法制對此關說司法案制裁方式之不妥適，乃充分顯現❾。

### ㈣立法委員收受政治捐獻之規範

立法委員行為法第十八條第一項規定，立法委員非依法律，不得收受政治捐獻。同條第二項又規定，立法委員收受政治捐獻，另以法律定之。由於政治獻金法第五條規定，個人或團體得接受政治獻金者，以政黨、政治團體及擬參選人為限，因此，對現任在職之立法委員而非擬參選人者，並無法律規定，其可以收受政治捐獻。將來恐得先依立法委員行為法第十八條第二項規定，制定立法委員收受政治捐獻法。否則，立法委員並無法律依據而得以收受政治捐獻。

### ㈤立法委員利益迴避之規範

立法委員行為法第十九條至第二十四條規定了立法委員利益迴避之規範，即：

#### 1.行使職權應迴避獲取利益

立法委員行為法第二十條規定，立法委員行使職權所牽涉或辦理之事務，因其作為獲取利益者，應行迴避。而所謂迴避，依同法第十九條之規定，乃指立法委員行使職權不當增加其本人或其關係人金錢、物品或其他財產上之價值者。

---

❽ 論文請參閱，黃丞儀，〈總統的政治行為不能使憲法萎縮至零〉，《台灣法學雜誌》，第二三二期，民國一〇二年九月十五日，頁 1–3。

❾ 請參閱，熊玠，〈關說案若在美國，會這樣處理〉，《中國時報》時論廣場，民國一〇二年九月十二日，A14 版；廖元豪，〈開除國會議長是違憲？〉，《聯合報》民意論壇，民國一〇二年九月十九日，A19 版；〈民事救濟不宜損傷既有憲政規則〉，《中國時報》社論，民國一〇二年九月十七日，A17 版；林騰鷂，〈政黨法制定，速速啟動〉，《中國時報》時論廣場，民國一〇二年九月十六日，A14 版。

### 2.行使職權不得承諾或給予差別對待

立法委員行為法第二十一條規定，立法委員行使職權時，不得為私人承諾，或給予特定個人或團體任何差別待遇。

### 3.行使職權應自行迴避或被請求迴避情事

立法委員行為法第二十二條規定，立法委員行使職權，就有利益迴避情事之議案，應迴避審議及表決。如立法委員有應自行迴避而不迴避時，依立法委員行為法第二十三條規定，利害關係人得向立法院紀律委員會舉發；紀律委員會亦得主動調查，若調查屬實者，得請該立法委員迴避。立法委員行為法第二十四條又規定，立法院紀律委員會處理有關利益迴避情事時，應要求立法委員列席說明，而立法委員也可主動向立法院紀律委員會提出說明。

## ㈥立法委員違反行為法時之懲戒規範

立法委員行為法第二十五條至第三十條規定了立法委員違反該法時之種種規定。其中重要者有如下列：

　1.立法院設紀律委員會負責審議立法委員之懲戒案。又為免委員會被把持，紀律委員會召集委員按月輪值。且於立法委員行為法第二十六條第二項明定，紀律委員會委員對關係其個人本身之懲戒案，應自行迴避。

　2.立法委員有違反立法委員行為法有關規定者，由立法院紀律委員會主動調查、審議，作成處分建議後，提報院會決定之。

　3.立法院紀律委員會審議懲戒案，得按情節輕重提報院會決定為下列之處分❿：

　⑴口頭道歉。

　⑵書面道歉。

---

❿　這些處分顯然過輕，特別是沒有如日本國會對違法議員之除名處分，以致我國之立法委員很容易成為「十天選戰奴隸，一千日民主皇帝」。請參閱，吳煜宗，〈日本議院自律權之研究〉，財團法人交流協會，民國九十五年三月，頁 15–16；林騰鷂，〈荒腔走板的立法院〉，《蘋果日報》論壇，民國一〇六年四月十七日，A12 版；林騰鷂，〈立法院的荒誕是臺灣民主的災難〉，《臺灣時報》專論，民國一〇六年二月二十四日，第三版。

⑶停止出席院會四次至八次。

⑷經出席院會委員三分之二以上同意，得予停權三個月至半年。

上項停權期間之計算及效力範圍，依立法委員行為法第二十八條第二項之規定為：

⑴停權期間自院會決定當日起算，不扣除休會及停會期間。

⑵停權期間禁止進入議場及委員會會議室。

⑶停權期間停發歲費及公費。

⑷停權期間不得行使專屬於立法委員之選舉權與被選舉權。

　4.立法院紀律委員會對應行審議之懲戒案，未能於三個月內完成審議並提報院會者，依立法委員行為法第二十九條之規定，懲戒案不成立。

## 七、立法委員之報酬或待遇

憲法增修條文第八條規定：「立法委員之報酬或待遇，應以法律定之。除年度通案調整者外，單獨增加報酬或待遇之規定，應自次屆起實施」，此一規定乃因立法委員之俸給，係依數十餘年前制定「立法委員暨監察委員歲費公費支給暫行條例」之規定，已與憲政實際情況不同，尤其監察委員已非民選產生，為求區分與明確而有以法律規定之必要。

又立法委員行為法第十三條雖規定：「立法委員待遇之支給，比照中央部會首長之標準」，但就實際情形來看，並非如此。由於上述關於立法委員之報酬與待遇，應以法律定之的規定早在民國八十三年八月一日總統公布之憲法增修條文第七條中即已有規定，而在其後第四次、第五次、第六次、第七次之憲法增修過程中，均予維持。不過，將近十七年來，立法院並未審議制定立法委員報酬或待遇之法律，而是透過自行編製預算，自行審查方式，除了編列每位立法委員比照部長每月可領本薪八萬九千七百六十元和公費八萬九千七百六十元，合計共十七萬九千五百二十元外，每年還支付每位立法委員一大堆的福利津貼和補助，如助理費、交通費補助、研究室租金補助等費用。據相關統計，每位立委每年總計領得八百七十四萬四千八百元，如以現有一百一十三位立委計算，國庫一年共支付立法委員九億八千八百一十六萬元❶，

若再加上實報實銷的交通補助費，則國庫每年至少要支付立法委員十億元以上之報酬及待遇。這是一個非常值得改革的問題。因此，落實憲法增修條文第八條，立法委員之報酬或待遇，應以法律定之的規定，讓人民可以公開檢視，並使立法委員不得變相獲得不當或不義之報酬和待遇，特別是立法委員每年幾乎只開會六個多月，且多有不敬業的荒唐情形時❷。

民國一百零一年「立法院組織法」修正後，明列立法委員辦公事務費項目，將原有的十五項減為電話費、文具費、油料費、國會交流事務費、服務處租金補助、健檢費、辦公事務費等七項，而刪除了住宿補助費、立法研究補助費、高速公路通行費、助理業務活動費、開會期間膳費、開會期間駕駛誤餐費、生日禮券、行動電話購置費等八項，並訂自民國一百零二年元旦起實施❸。

## 八、立法委員之罷免

憲法第一百三十三條規定，被選舉人得由原選舉區依法罷免之。所謂依法乃依公職人員選舉罷免法第七十五至九十二條之規定辦理。依此些條文規定，如要罷免立法委員，必須在其就職滿一年後才可以。又要罷免立法委員，非有原選舉區選舉人總數百分之二以上之提議，百分之十三以上之連署不得成立罷免案，而罷免案之投票人數如不足原選舉區選舉人數總數二分之一以上或同意罷免票數未超過有效票數二分之一以上者，罷免案即為否決罷免案。此外，罷免案如經否決，則在該罷免案立法委員之任期內，不得再為罷免案之提議❹。

---

❶ Rus Rule Financial Broadcasting，〈立委薪水知多少？〉取自 http://www.rusrule.com/rusrule/?p=511。閱覽日，民國九十九年十一月二十九日。

❷ 參閱，林騰鷂，〈荒唐立法機制該改了〉，《中國時報》，時論廣場，民國九十九年九月二十七日，A16 版；〈是立法院再改革的時候了〉，《中國時報》社論，民國一○三年一月十六日，A17 版。

❸ 參閱，〈立委津貼法制化〉，《中國時報》，民國一○一年十一月十日，A3 版；林騰鷂，〈立法院還有改革空間〉，《蘋果日報》，民國一○一年十一月十二日，A17 版。

❹ 參閱，李仁淼，〈國會議員之罷免與議會代表制〉，《月旦法學教室》，第一九一

上述立法委員罷免法制之缺失，可舉一例顯示，如大臺中市選區一百五十萬可投票人數，如要罷免該選區所選出，僅得八萬票就可當選之立法委員，則因公職人員選舉罷免法之罷免提議，連署及投票人數規定並不區分罷免對象是縣市長或是民意代表而一體適用。因此，也要如同上述比例的，有三萬人之提議，經二十萬人之連署，七十五萬人之出席投票及三十二萬五千人之同意，方能將該市所選出之立法委員加以罷免。

相形之下，罷免市長容易，但要罷免立法委員則要比其當選人數三倍多以上之公民數，才可將其罷免。如此罷免法制將使立法委員候選人只要作十天「競選期間之奴隸」，當選後卻可安穩的擔任「一千多天的民選皇帝」，不必太憂心選民能夠罷免他，使罷免法制之規定，有如具文。此一情形，就發生在民國一〇三年二月初，由憲法 133 實踐聯盟發起而罷免新北市第一選區立委吳育昇之行動上。經過選民多月的連署活動，卻仍達不到選區選舉總人數（二十八萬八千二百二十一人）之百分之十三，即三萬七千四百六十八人。總計收到三萬五千七百八十二份連署書，尚缺一千六百八十六份連署書，無法成立罷免案。這是當前罷免法制之重大缺失，很容易使人民成為變相的奴隸，亟待修正❶❺。

所幸，民國一〇五年十一月二十九日立法院三讀通過「公職人員選舉罷免法部分條文修正案」，除刪除罷免活動不得宣傳之限制規定外，並將罷免提出門檻由原選舉區選舉人總數百分之二降至百分之一；罷免連署門檻由原選舉區選舉人總數百分之十三降為百分之十，而罷免通過門檻則由投票人數達原選舉區選舉人數二分之一以上，同意罷免票數超過有效票數二分之一以上，修改為有效同意票數多於不同意票數，且同意票數達原選舉區選舉人總數四分之一以上。這個降低罷免提出門檻、罷免連署門檻及罷免通過門檻之修法，將有助於去除不良之民意代表，有利於民主之健全。

---

期，民國一〇七年九月，頁 6–9。

❶❺ 請參閱，林騰鷂，〈修憲使人不致淪為奴隸〉，《臺灣時報》專論，民國一〇四年五月二十九日，第三版。

## 第三項　立法院院長、副院長

憲法第六十六條規定，立法院設院長、副院長各一人，由立法委員互選之。院長、副院長之任期，依立法院組織法第十三條之規定均為至該屆立法委員任期屆滿之日為止。又依同條第三項規定，立法院院長因事故不能視事時，由副院長代理其職務。

值得注意的是，立法院組織法第三條第二項規定：「立法院院長、副院長不得擔任政黨職務，應本公平中立原則行使職權，維持立法院秩序，處理議事。」這是開展良好國會之重要起步。

由於立法院為合議制機關，由憲法賦予立法院之職權，均應由立法院會議方式議決。故立法院院長、副院長除對院內事務依立法院組織法第十三條第二項及第十四條之規定，得綜理院務，指揮秘書長處理立法院事務外，與其他立法委員並無不同。

不過，依憲法與立法院組織法之規定，立法院院長仍有下列重要權限，即：

### 一、參與院際爭執會商權

依憲法第四十四條規定，立法院院長有應總統之召集，參與會商解決中央政府各院間之爭執。

### 二、擔任立法院會議主席權

依立法院組織法第四條第一項規定，立法院會議，以院長為主席。同條第二項又規定，院長因事故不能出席時，以副院長為主席。院長、副院長均因事故不能出席時，由出席委員互推一人為主席。

### 三、維持會議秩序權

依立法院組織法第三條第二項規定，立法院會議時，擔任主席之立法院院長或副院長，應本公平中立原則，維持立法院秩序，處理議事。又立法委

員如有違反議場及會議室秩序，立法院院長或副院長如擔任院會主席，則可依立法委員行為法第七條及二十七條規定，得將立法委員交立法院紀律委員會議處。雖然有這些規定，但自民國八十九年政黨輪替以來，立法院院長大都未行使此項職權，以致立法院在議事過程中，常有霸占主席台、互相拉扯受傷之情事發生。

## 四、遴選秘書長、副秘書長之權

依立法院組織法第十四條第一項規定，立法院置秘書長一人，特任；副秘書長一人，職務列簡任第十四職等，均由院長遴選報告院會後，提請任命之。

## 五、綜理院務權

依立法院組織法第十三條第二項之規定，立法院院長有綜理院務之權，而立法院院長因事故不能視事時，由副院長代理其職務。

另外，值得非議的是，立法院自行訂定「立法院卸任院長副院長禮遇辦法」，對於曾任院長、副院長之現任立法委員提供下列禮遇：

一、立法院辦公室及其設備，但辦公室必要時得以大型委員研究室或承租方式代之。

二、交通工具及司機。

三、隨扈一名。

這是全世界少見的「立法自肥」，輿論應予譴責，否則立法委員每四年改選，由立法委員輪流擔任立法院院長、副院長時，人民將無力負擔幾乎每個都可能成為立法院院長、副院長之禮遇。而若各級地方議會也如法炮製，則人民不會是主人而是議員的奴僕了！

## 第四項　立法院之委員會

憲法第六十七條第一項規定：「立法院得設各種委員會。」而此各種委員會依同條第二項規定，得邀請政府人員及社會上有關係人員到會備詢。

　　立法院為什麼要設置這些委員會呢？主要是立法工作甚為錯綜繁雜，需要專門之知識與立法技術。因此，各國議會機關均分設各種委員會，就法案送請議會之大會討論前，均由相關之各種委員會事先透過法制局、預算中心、國會圖書館❻及立法委員助理❼之協助，做周詳的諮詢、研究、討論與審查，以供大會決議之用。我國立法院職權行使法第八條亦有類似規定，即政府機關提出之議案，應先經立法院程序委員會及有關委員會審查。

　　又立法院究竟設有哪些委員會呢？依立法院組織法第十條第一項之規定，設有：

　　1.內政委員會。

　　2.外交及國防委員會。

　　3.經濟委員會。

　　4.財政委員會。

　　5.教育及文化委員會。

　　6.交通委員會。

　　7.司法及法制委員會。

　　8.社會福利及衛生環境委員會。

　　立法院組織法第十條第二項另規定，立法院於必要時，得增設其他委員會或特種委員會。主要者有依立法院組織法第七條所設之程序委員會、第八條所設之紀律委員會及依據憲法增修條文第十二條與立法院組織法第九條規定得設之修憲委員會。

# 第五項　立法院會議

　　立法院為典型的合議制機關，應依集會方式，行使憲法所賦予之職權。但立法院會議，如何召開、何時集會、多少人出席始能開會、始能議決案件，均須有規定。

---

❻　立法院組織法第十五條規定立法院設置法制局、預算中心、國會圖書館。

❼　立法院組織法第三十二條規定，立法委員每人得置公費助理八人至十四人。

立法院之集會分為常會及臨時會兩種。憲法第六十八條明文規定常會之集會時間，即：「立法院會期，每年兩次，自行集會，第一次自二月至五月底。第二次自九月至十二月底，必要時得延長之。」另憲法第六十九條規定臨時會在總統之咨請或立法委員四分之一以上之請求時得召開之。

另遇有宣戰、戒嚴、國家重大事變，發布緊急命令或因發布緊急命令或因立法院通過行政院院長之不信任案，被總統宣告解散，於六十日內舉行立法委員改選後，依憲法第五十八條第二項及憲法增修條文第二條第三項、第五項規定及憲法增修條文第四條第六項之規定，亦有必要召集立法院臨時會。

立法院會議應有多少人出席始能開會？應有多少人參與表決始能決定議案？憲法未明文規定，而由立法院組織法分別加以規定。如立法院職權行使法第四條規定，立法院會議，須有立法委員總額❽三分之一出席，始得開會。又依同法第六條規定，立法院會議之決議，除法令別有規定外，以出席委員過半數之同意行之；可否同數時，取決於主席。此所謂法令別有規定者，如憲法增修條文第二條第九項關於總統、副總統之罷免案，規定須要出席委員三分之二之決議或憲法增修條文第四條第五項關於領土變更案規定，須全體立法委員四分之一之提議，全體立法委員四分之三之出席及出席委員四分之三之決議。

另立法院會議依立法院組織法第五條第一項規定，以公開為原則，必要時得開秘密會議。行政院院長或各部會首長依立法院組織法第五條第二項規定，亦得請開秘密會議。又依憲法第七十一條規定，立法院開會時，中央政府關係院院長及各部會首長得列席陳述意見。

由於時代之變遷，上述立法院常會每年只有八個月開議之時間，以及立法院會議，只要有立法委員總額之三分之一以上出席，就得開會之規定，已不符合民主常理，而有立即修改之必要❾。又立法院常會雖規定為八個月，

---

❽ 此一立法委員總額之計算，依立法院職權行使法第四條第二項規定，是以每會期實際報到人數為計算標準，所以人數是浮動的，每會期可能不同。又會期中辭職、去職或亡故者，應由立法委員之總額中減除之。

❾ 參閱，林騰鷂，〈荒唐立法機制該改了〉，《中國時報》，時論廣場，民國九十九年

但實際開會多僅有六個月二十天。因此，立法院現常召開臨時會。尤其是民國一〇六年夏天，即六月十四日至卅日；七月十二日至廿八日；八月廿一日到卅一日曾召開三次臨時會，以處理在社會上爭議很大，被各界菁英所嚴厲批評的「前瞻基礎建設特別條例」草案。筆者也為文提出嚴正批評❷。

　　又立法院會議之效率低落，自民國一百年以後，日益明顯，特別是立法院第八屆第一會期中，自民國一〇一年二月二十四日起至民國一〇一年七月二十六日為止，只增訂或修正十九個法律的少數條文，卻無制定任何新的法律。有學者認為立法院職權行使法第六十八條至第七十四條所規定之黨團協商制度有嚴重缺陷，要求予以廢除❷。

# 第三節　立法院之職權

## 第一項　概　說

　　立法院之職權依憲法第六十三條規定，有議決法律案、預算案、戒嚴案、大赦案、宣戰案、媾和案、條約案及國家其他重要事項之權❷。然而，立法

---

九月二十七日，A16 版；林騰鷂，〈國會改革，先從過時法制下手〉，《聯合報》民意論壇，民國一〇二年七月一日，A15 版。林騰鷂，〈立法院的荒誕是台灣民主的災難〉，《臺灣時報》專論，民國一〇六年二月二十四日，第三版；林騰鷂，〈荒腔走板的立法院〉，《蘋果日報》論壇，民國一〇六年四月十七日，A12 版；林騰鷂，〈立法院失能，只好來拚公投？〉，《臺灣時報》專論，民國一〇七年九月十四日，第三版。

❷　參閱，林騰鷂，〈前瞻建設最怕壞在一意孤行〉，《臺灣時報》，民國一〇六年六月二日，第三版。

❷　李訓民，〈廢掉黨團密室協商〉，《中國時報》時論廣場，民國一〇二年十月十日，A14 版。

❷　相關論文請參閱，黃丞儀，〈行政權一元制的浮現——從憲法第六十三條「國家其他重要事項」談行政立法關係之變革〉，《月旦法學雜誌》，第二一八期，民國

院之職權不僅限於此，憲法其他條文尚賦予立法院相當多的職權，如有對於總統發布之緊急命令行使同意權；有向行政院院長及行政院各部會首長質詢之權；有對於行政院院長提出不信任案之權；有對於總統提名之審計長行使同意之權；有提出憲法修正案之權；有議決補助各省經費之權及解決中央與地方權限分配爭議之權等是。

民國八十九年國民大會非常設化及任務化後，國民大會之許多職權也移轉到立法院身上，而使立法院新增了許多職權。茲分項說明於次。

## 第二項　議決法律權

議決法律為立法院最重要的職權❷。法律的名稱有四種，即法、律、條例、通則。均應由立法院通過，總統公布始有拘束人民之效力。

哪些事項應由立法院議決法律加以規範，除憲法有明文規定者外，中央法規標準法第五條規定，下列事項以法律定之：

　1.憲法或法律有明文規定，應以法律定之者。

　2.關於人民之權利義務者。

　3.關於國家各機關之組織者。

　4.其他重要事項之應以法律定之者。

我國法律如何產生？立法院之議決雖然重要，但如沒有提案或公布也不能成為法律。因此，我國法律之產生，共有三個階段，即提案、審議、公布，茲分述之：

---

　一○二年七月，頁 44–55。

❷　但是此一職權之行使，則因立法院法制作業之不良，而未能正常行使，使社會在勞基法一例一休的修正上，受到相當大的衝擊。詳請參閱，林騰鷂，〈立法院法制把關荒腔走板〉，《中國時報》時論廣場，民國一○六年六月二十三日，A15版；林騰鷂，〈法制作業不良，苦果不斷〉，《中國時報》時論廣場，民國一○六年一月十六日，A10 版。

## 一、提　案

　　法律案由何人提出？我國憲法只明文規定行政院、考試院有法律提案權。立法委員依立法院議事規則第八條之規定，亦可以十五人以上之連署，提出法律案。至司法院及監察院有無法律提案權，因憲法無明文規定，曾經引起爭議。司法院大法官會議乃分別作出釋字第三號及第一七五號之解釋，認為基於五權分治彼此相維之憲政體制，監察院、司法院就其所掌有關組織、職權行使事項，有向立法院提出法律案之權。

　　由上可知，我國法律之提案權只有行政院、考試院、監察院、司法院及立法委員十五人以上之連署等管道❷❹。總統、立法院本身或一般人民並無法律之提案權。不過，依公民投票法第二條第二項規定，人民已有立法原則之創制提案權。

## 二、審　議

　　立法院收到政府機關和立法委員之提案，如何審議呢？即如何審查並議決，可依立法院職權行使法及立法院議事規則說明於次。

　　1.依立法院議事規則第十四條第二項規定，由政府提出之議案及委員所提法律案，於付審查前，應先列入立法院議事日程之報告事項。

　　2.第一讀會之程序，依立法院職權行使法第八條第一項規定：「第一讀會，由主席將議案宣付朗讀行之」。同條第二項規定：「政府機關提出之議案或立法委員提出之法律案，應先送程序委員會，提報院會朗讀標題後，即應交付有關委員會審查。但有出席委員提議，二十人以上連署或附議，經表決通過，得逕付二讀」。

　　3.第二讀會之程序，依立法院職權行使法第九條第一項規定：「第二讀會，於討論各委員會審查之議案 ，或經院會議決不經審查逕付二讀之議案時行之」。同條第三項規定：「第二讀會，得就審查意見或原案要旨，先作廣泛討

---

❷❹　相關論文請參閱，黃士元，〈內耗抵消能量，回歸制憲本旨──法律提案權的歸屬〉，《法務通訊》，第二八四六期，民國一〇六年四月，頁 3-6。

論。廣泛討論後，如有出席委員提議，十五人以上連署或附議，經表決通過，得重付審查或撤銷之」。

同法第十條規定：「法律案在第二讀會逐條討論，有一部分已經通過，其餘仍在進行中時，如對本案立法之原旨有異議，由出席委員提議，二十五人以上連署或附議，經表決通過，得將全案重付審查。但以一次為限」。另外，立法院職權行使法第十條之一規定：「第二讀會討論各委員會議決不須黨團協商❷⑤之議案，得經院會同意，不須討論，逕依審查意見處理。」此一規定，意在提昇立法院之議事效率。

又同法第十二條第一項規定：「議案於完成二讀前，原提案者得經院會同意後撤回原案」。同條第二項規定：「法律案交付審查後，性質相同者，得為併案審查」。另同條第三項規定：「法律案付委經逐條討論後，院會再為併案審查之交付時，審查會對已通過之條文，不再討論」。

4.第三讀會，依立法院職權行使法第十一條規定，應於第二讀會之下次會議行之，但如有出席委員提議，十五人以上連署或附議，經表決通過，亦得於二讀後繼續進行三讀。在第三讀會時，應將法律案全案付表決，除發現法律案內容有互相牴觸，或與憲法及其他法律牴觸者外，只得為文字之修正。

依立法院職權行使法第七條規定，法律案應經三讀會議決之，始能完成第二階段之立法程序。

## 三、公　布

法律案經立法院會議三讀通過後，並非馬上發生效力，而須依照憲法第七十二條規定，移送總統及行政院，總統應於收到後十日內公布之，但總統得依照憲法增修條文第三條第二項第二款之規定辦理，即在行政院認為法律

---

❷⑤　立法院職權行使法第六十八條第一項規定：「為協商議案或解決爭議事項，得由院長或各黨團向院長請求進行黨團協商」。此一規定，學者認為會令立法院效率空前低落，主張廢掉。請參閱，李訓民，〈廢掉黨團密室協商〉，《中國時報》時論廣場，民國一〇二年十月十日，A14版。另參閱，林騰鷂，〈立法院法制把關荒腔走板〉，《中國時報》，時論廣場，民國一〇六年六月二十三日，A15版。

案有窒礙難行時，將法律案移請立法院覆議。

　　由此可知，法律如未覆議，則總統應於收到立法院送來之法律案十日內公布之。但如有覆議，則視立法院能否以全體立法委員二分之一之多數維持原案，如能，則在行政院院長接受決議時，亦能藉由總統之公布而生效，但如行政院院長不接受決議而辭職時，法律案究應如何處理？憲法並未規定，實為缺憾。將來宜規定，立法院通過之法律案立即生效。

　　又覆議與復議並不相同。覆議是依據憲法增修條文第三條及立法院職權行使法第三十二條規定，乃由行政院認立法院決議之法律案、預算案、條約案，有窒礙難行時，得經總統核可，移請立法院覆議之制度。

　　復議則是依立法院議事規則第四十二條之規定，由立法院內部之出席立法委員對原決議所提出復議之制度，且須具備下列各款要件，即：

　　1.證明動議人卻為原案議決時之出席委員，而未發言反對原決議案者，如原案議決時，係依表決器或投票記名表決或點名表決，並應證明為贊成原決議案者。

　　2.具有與原決議案不同之理由。

　　3.二十人以上連署或附議。

　　在憲政實務上發生的重大復議事件，為民國九十年四月下旬立法院二讀通過「個人資料保護法」修正法案後，引起輿論大譁與譴責❷⑥。立法院朝野黨團乃共同提出復議案，並修正四條文後，終由立法院院會在民國九十九年四月二十七日時完成三讀，以消除其弊害。

## 第三項　議決預算權

預算乃各政府機關依其施政計畫所編造之收支明細，為政府施政之準據。

---

❷⑥　參閱，許育典，〈個資修法，戕害法治〉，《中國時報》時論廣場，民國九十年四月二十三日，A18 版；〈這樣的法條恐怕只會讓惡棍稱慶〉，《聯合報》社論，民國九十九年四月二十三日，A2 版；〈惡劣個資法，會毀了台灣言論自由〉，《中國時報》社論，民國九十九年四月二十二日，A17 版。

政府施政用錢是否合乎人民權益，為各國議會審議預算之目的。我國憲法第六十三條亦規定，立法院有議決預算案之權。而預算案，依憲法第五十九條規定，應由行政院於每會計年度開始三個月前，向立法院提出。立法院在審議預算案時❷，依憲法第七十條規定，對於行政院所提預算案，不得為增加支出之提議。因此，立法院第八十四會期第二十六次會議：「請行政院在本(㈠)年度再加發半個月公教人員年終工作獎金，以激勵士氣，其預算再行增加」之決議，即被大法官會議釋字第二六四號宣告為違憲而無效。又為了避免立法委員在所提法律案中大幅增加歲出或歲入，預算法第九十一條乃明文規定，立法委員應先徵詢行政院之意見，指明彌補資金之來源。不過，此一規定，在憲政實務上並未認真貫徹，以致近年來，國家財政日益困窘❷。

　　立法院在審議國家總預算案時，依預算法第四十八條規定，由行政院主計長及財政部長列席，分別報告施政計畫及歲入、歲出預算編制之經過。而總預算案之審議依預算法第五十一條之規定，應於會計年度開始一個月前由立法院以三讀會程序議決，並於會計年度開始十五日前由總統公布之。不過，立法院在行使預算之審議，經常逾越法定期間❷，相當草率、也無效率，並未盡到為人民看緊荷包的責任❸。經常引起民眾之反感與輿論之批判❸。

❷　參閱，黃錦堂，〈論立法院之預算審議權〉，《臺大法學論叢》，第二十七卷第三期，一九九八年四月，頁 1–45。

❷　參閱，林騰鷂，〈珍惜民力，改善預算法制〉，《中國時報》，時論廣場，民國九十八年九月十八日，A18 版。

❷　如一〇六年度中央政府總預算案是在民國一〇六年一月二十日才三讀通過，已在會計年度開始後的第二十天。筆者即曾為文加以批判。請參閱，林騰鷂，〈預算虛空審，主人變奴隸〉，《蘋果日報》論壇，民國一〇六年八月二十九日，A13 版。

❸　如原列歲出預算一兆九千九百七十九億元，僅刪減二百四十億元，刪減率僅為1.2%。

❸　參閱楊毅，〈國營預算又當決算審〉，《中國時報》，民國一〇二年九月一日，A4 版；林騰鷂，〈國會改革，先從過時法制下手〉，《聯合報》民意論壇，民國一〇二年七月一日，A15 版；林騰鷂，〈荒腔走板的立法院〉，《蘋果日報》論壇，民國一〇六年四月十七日，A12 版。

另外，預算案之議決非常重要，故立法院職權行使法第七條明定，預算案與法律案相同，均應經立法院三讀會議決之。

## 第四項　決算審議權

立法院審議總預算為對於政府施政之事前監督。至於預算之是否被認真、適當的執行，立法院可透過聽取監察院審計長之決算報告，進行事後的監督。而審計長依憲法第一百零五條之規定，應於行政院提出決算後三個月內，依法完成其審核，並提出審核報告於立法院。另外，決算法第二十六條之一又特別規定：「審計長應於會計年度中將政府之半年結算報告，於政府提出後一個月內完成其查核，並提出查核報告於立法院。」

立法院審議決算時，審計長應答覆質詢，並提供資料。立法院則依決算法第二十七條規定，對審核報告中有關預算之執行、政策之實施及特別事件之審核、救濟等事項，予以審議。此種決算審核與審議分工不明的現象，頗為學者所詬病，認為職司最大宗預算執行之責的行政院僅負責提出決算於監察院，而毋須直接向立法院負責，此種間接的制度設計亦使立法院有無從監督的苦惱。是以，審核報告是否經立法院審議通過，對於預算過程之終結，僅具形式意義，而乏實質功能。因提出審核報告之審計部並非預算之主要執行者，而實際上執行預算並提出決算之行政院，反而無須直接對立法院負責❸❷。

另外，因立法院長期以來效率不彰，通常在每年九月至十二月的預算會期應完成的中央政府公務預算審查，多延到隔年一月延會期間或臨時會時，才完成二、三讀，以致國營事業相關預算，被迫延至隔年二月至五月的「法案會期」中審查，並於年中通過立法。民國一〇一年之國營事業預算案則拖到民國一〇一年十二月才通過三讀，造成「預算當決算審」的憲政惡例。民國一〇二年時也是如此，而被輿論所批判❸❸。第三次政黨輪替後，此一現象

---

❸❷　參照，蔡茂寅，〈預算法之原理〉，國立臺灣大學法學叢書 (176)，元照出版有限公司，民國九十七年五月出版第一刷，頁 343–344。

仍未改變。如一〇五年中央政府總預算案附屬單位預算營業及非營業部分，也是拖到民國一〇五年十二月三十日之一〇五年預算年度最後工作日，實在非常荒唐，使我國之代議民主蒙上非常不良之形象。

## 第五項　議決戒嚴權

戒嚴乃戰爭或叛亂發生時，對於全國或某一地域，加以特殊警戒的意思。由於戒嚴對於人民之自由、財產權益影響甚大，故憲法規定了嚴格程序。即，依憲法第三十九條規定，總統宣布戒嚴，須經立法院之通過或追認，而立法院認為必要時，得決議移請總統解嚴。

戒嚴案之議決，依立法院職權行使法第七條規定，只經立法院二讀會之議決，此與法律案與預算案之議決要經三讀會者，並不相同。

## 第六項　議決大赦、減刑之權

憲法第四十條雖規定，總統依法行使大赦、特赦、減刑及復權之權，但憲法第六十三條卻僅規定立法院之議決大赦案之權並未及於特赦及復權之議決權，此因特赦及復權多為個案，效力範圍不大，可授由國家元首單獨為之。而大赦案之效力範圍有全國性或一般性，故應特別慎重，須由立法院議決。又全國性之減刑，同樣的依赦免法第六條第二項之規定，亦得依大赦程序辦理，送由立法院審議。

又大赦案之議決，依立法院職權行使法第七條之規定，亦只經立法院二讀會之議決。依大赦程序辦理之減刑案，其議決因此亦只經立法院二讀會之議決。

---

❸❸　參閱，楊毅，〈立法怠惰國營預算又當決算審〉，《中國時報》，民國一〇二年九月一日，A4 版。

## 第七項　議決宣戰、媾和、條約案之權

宣戰、媾和、締結條約等雖為總統之外交權限，但因涉及國家的安全及人民之生命、自由、財產權益，故憲法第六十三條規定，這些案件，均須經過立法院之審議議決。不過這些議案，依立法院職權行使法第七條規定，只經立法院二讀會議決之。

值得注意的是，「條約締結法」第六條明定：「主辦機關於條約草案內容獲致協議前，得就談判之方針、原則及可能爭議事項，適時向立法院說明並向立法院相關委員會報告。」是以，立法院不只可在主辦締結機關訂好條約後有審議權，並且在事前有與聞條約談判之方針、原則及可能爭議事項。而更重要的，依同法第十條規定，立法院審議多邊條約案時，更有提出保留條款、決議修正權等❸❹。

## 第八項　議決國家其他重要事項之權

憲法第六十三條規定立法院除了可以議決法律案、預算案、戒嚴案、大赦案、宣戰案、媾和案、條約案之外，尚可議決國家其他重要事項之權，這是憲法為了避免掛一漏萬所為概括、抽象的規定，以使將來可能發生之其他國家重要事項，可由立法院加以掌控監督，以免妨害人民之安全或權益。然而，何者是國家其他重要事項呢？可舉一例說明，即如臺灣地區與大陸地區人民關係條例第九十五條規定之事項是。該條規定，主管機關關於實施臺灣地區與大陸地區通商、通航及大陸地區人民進入臺灣地區工作前，應經立法院決議，但立法院如於會期內一個月未為決議，視為同意。這種規定方式是，立法院雖已制定了「臺灣地區與大陸地區人民關係條例」的法律，但對於兩

---

❸❹　條約締結法第十條規定：「立法院審議多邊條約案，除該約文明定禁止保留外，得經院會決議提出保留條款。雙邊條約經立法院決議修正者，應退回主辦機關與締約對方重新談判。條約案未獲立法院審議通過者，主辦機關應即通知締約對方。」

岸通商及大陸地區人民進入臺灣地區等影響重大的事務，則再保留給立法院作決議。學理上也稱為「國會保留」，也就是說，不能任由行政機關為之，而是再保留給立法院作另一次的決議來決定。

又國家其他重要事項案之議決，依立法院職權行使法第七條之規定，只經立法院二讀會議決之。

## 第九項　人事任免同意權

憲法第五十五條第一項原規定，行政院院長由總統提名，經立法院同意任命之。由此，立法院獲得國家最高行政機關首長之人事任命同意權。但此一權力，卻因憲法增修條文第三條第一項之規定而消失了，已在第六章有關行政院院長之任命同意爭議中敘述，可資查照。至於行政院所屬相當二級機關之獨立機關，其合議制成員中屬專任者，依中央行政機關組織基準法第二十一條第一項但書之規定，應先經立法院同意後任命之。

另有一重要官員，即監察院審計長，須經立法院同意始能任命。我國審計部雖隸屬於監察院，但其首長並不稱為審計部長，而稱審計長，乃在彰顯審計長之超然地位與獨立行使職權之精神。不過，審計長於審核行政院提出之決算後，依憲法第一百零五條規定有提出審核報告於立法院之義務，故立法院透過對審計長之任命，行使同意權可達到對政府財政收支監控之效果。

民國八十九年修正通過之憲法增修條文又將非常設化、任務化後之國民大會職權，關於司法、考試、監察等首要人事任命同意權，移轉至立法院，使立法院之人事任命同意權，擴大了一些。就此，立法院職權行使法第二十九條至第三十一條乃規定了立法院行使人事任命同意權之程序及表決門檻為應超過全體立法委員二分之一之同意，即應有立法委員五十七人以上投同意票才行。民國九十七年七月四日被提名為監察院副院長之沈富雄先生即因未達此一門檻，而未能獲得同意為監察院之副院長。

在此值得一提的是，立法院之人事任免同意權，現時已被嚴重掏空。因為依憲法增修條文第三條第二項應對立法院負責之行政院院長，及其所提請

任命之各部會首長，是掌握全國最大行政權力之官員，但均不必經過立法院之同意。至於在憲政上比較小的，只有局部權力的司法院、考試院、監察院等之首長、大法官及各院之委員，卻全部要經過立法院之同意，這是一種本末倒置的憲政規範。民國一○五年，政黨第三次輪替後，蔡英文總統並未落實憲政改革，以致立法院之人事任免同意權，仍如以往的被掏空，筆者乃多次為文加以批判❸❺。

# 第十項　質詢權

立法院之質詢權，源自憲法第五十七條第一項規定。如上所述，現已改規定在憲法增修條文第三條第二項第一款之規定上。此即，行政院有向立法院提出施政方針及施政報告之責。立法委員在開會時，就此有向行政院院長及行政院各部會首長質詢之權。由此可知，立法院之質詢權，是由立法委員各別行使，但須在立法院開會中始得行使。又依立法院職權行使法第十八條規定，立法委員之質詢可分為口頭與書面質詢。而口頭質詢又可分為政黨質詢及立法委員個人質詢。而依同法第十九條第三項規定，代表政黨質詢之立法委員，不得提出個人質詢，以避免質詢時間之延宕，影響行政院政務之推動。

# 第十一項　提出憲法修正案之權

憲法第一百七十四條原規定，憲法之修改除由國民大會提出外，亦可由立法院提出，以避免國民大會之專擅。依該條第二款規定，憲法之修改，是由立法院立法委員四分之一之提議，四分之三之出席及出席委員四分之三之決議，擬定憲法修正案，提請國民大會複決，但此項憲法修正案，應於國民

❸❺　林騰鷂，〈民進黨毀憲敗法的任官行徑〉，《中國時報》星期論壇，民國一○七年五月十二日，A14 版；林騰鷂，〈行憲七十年，出現變種新黨國〉，《中國時報》時論廣場，民國一○六年十二月二十四日，A15 版；林騰鷂，〈變種新黨國不義，怎有轉型正義〉，《聯合報》民意論壇，民國一○七年九月十九日，A12 版。

大會開會前半年公告之。此一職權，立法院直至民國九十三年八月二十三日才行使，提出了憲法增修條文第一條、第二條、第四條、第五條、第八條及增訂第十二條條文之修正案。此一修正案經任務型國民大會於民國九十四年六月七日複決通過後，依憲法增修條文第十二條之規定，國民大會已消失而無修憲提案權，立法院現已成為唯一可提出憲法修正案之機關。現依憲法增修條文第四條第五項之規定，中華民國領土，依其固有疆域，須經全體立法委員四分之一之提議，全體立法委員四分之三之出席及出席委員四分之三之決議，才得提出領土變更案之憲法修正案。

## 第十二項 解決中央與地方權限分配爭議之權

依憲法第一百十一條之規定，中央與地方之立法與執行權限，在憲法第一百零七至一百十條未有列舉之事項發生時，如事務有全國一致之性質者屬於中央，有全省一致之性質者屬於省，有一縣之性質者屬於縣。遇有爭議時，由立法院解決之。

## 第十三項 解決自治事項爭議權

地方制度法第七十七條第一項規定，中央與直轄市、縣（市）間，權限遇有爭議時，由立法院會議決之。這是法律賦予立法院之新權利。

## 第十四項 對行政院院長提出不信任案之權

為使立法院對已經不須其同意而可由總統直接任命之行政院院長有所制衡，憲法增修條文第三條第二項第三款乃規定，立法院得經全體立法委員三分之一以上連署，對行政院院長提出不信任案，此即為所謂之倒閣權。而如上所述，憲政史上對蕭萬長、陳沖、江宜樺之倒閣案，均沒有成功。

值得注意的是，對行政院院長提出不信任案，是否得於「為其他特定事

項召開之立法院臨時會提出？」司法院大法官就此問題表示肯定之見解，釋字第七三五號解釋認為：「中華民國憲法增修條文第三條第二項第三款規定：『行政院依左列規定，對立法院負責，……三、立法院得經全體立法委員三分之一以上連署，對行政院院長提出不信任案。不信任案提出七十二小時後，應於四十八小時內以記名投票表決之。……』旨在規範不信任案應於上開規定之時限內，完成記名投票表決，避免懸宕影響政局安定，未限制不信任案須於立法院常會提出。憲法第六十九條規定：『立法院遇有左列情事之一時，得開臨時會：一、總統之咨請。二、立法委員四分之一以上之請求。』僅規範立法院臨時會召開之程序，未限制臨時會得審議之事項。是立法院於臨時會中審議不信任案，非憲法所不許。立法院組織法第六條第一項規定：『立法院臨時會，依憲法第六十九條規定行之，並以決議召集臨時會之特定事項為限。』與上開憲法規定意旨不符部分，應不再適用。如於立法院休會期間提出不信任案，立法院應即召開臨時會審議之。」

## 第十五項　文件調閱權

由於憲法將調查權劃歸監察院行使，使立法院難以具體掌握資訊❸❻、有效監督行政院，乃有要求調閱行政院及其所屬機關之文件，以求彌補無法有效監督行政院之缺失。此一要求，經大法官作出釋字第三二五號解釋，謂：「……立法院為行使憲法所賦予之職權，除依憲法第五十七條第一款及第六十七條第二項辦理外，得經院會或委員會之決議，要求有關機關就議案涉及事項提供參考資料，必要時並得經院會決議調閱文件原本，受要求之機關非依法律規定或其他正當理由不得拒絕。但國家機關獨立行使職權受憲法之保障者，如司法機關審理案件所表示之法律見解、考試機關對於應考人成績之評定、監察委員為糾彈或糾正與否之判斷，以及訴訟案件在裁判確定前就偵

❸❻ 相關論文請參閱，黃相博，〈從德國聯邦憲法法院「歐洲穩定機制」判決──試論我國《服貿協議》之國會參與權與資訊權〉，《憲政時代》，第四十卷，第四期，民國一〇四年四月，頁 441–490。

查、審判所為之處置及其卷證等，監察院對之行使調查權，本受有限制，基於同一理由，立法院之調閱文件，亦同受限制 ❸ 。」

　　為行使此項「文件調閱權」，立法院職權行使法第四十五條規定：「(I)立法院經院會決議，得設調閱委員會，或經委員會之決議，得設調閱專案小組，要求有關機關就特定議案涉及事項提供參考資料。(II)調閱委員會或調閱專案小組於必要時，得經院會之決議，向有關機關調閱前項議案涉及事項之文件原本。」是以此種「文件調閱權」仍屬立法委員之「集體行使之職權」，立法委員不得個別行使。

　　另外，大法官釋字第七二九號解釋理由書又特別明示立法院之文件調閱權與監察院調查權之不同，謂：「立法院與監察院職權不同，各有所司。立法院之文件調閱權，以調閱文件所得資訊作為行使立法職權之資料；而監察院之調查權，則係行使彈劾、糾舉、糾正等監察職權之手段，二者之性質、功能及目的均屬有別，並無重疊扞格之處。是立法院行使文件調閱權，自無侵犯監察院調查權之問題，檢察機關自不得執此拒絕調閱。」 ❸

## 第十六項　調查權

　　立法院依憲法本文及增修條文規定，並無調查權，但因大法官釋字第五八五號解釋，賦予立法院有限制性的調查權，與監察院未有限制之調查權不同 ❸ 。該號解釋對立法院調查權之權限、範圍、調查之方法、程序有相當完整的說明，成為憲政最新發展重點，值得特別注意。茲特引述重點於次：「立法院為有效行使憲法所賦予之立法職權，本其固有之權能自得享有一定之調

---

❸　相關論文請參閱，陳信安，〈立法、監察二院調查權爭議之再探〉，《憲政時代》，第四十一卷第二期，民國一〇四年十月，頁 315–356。

❸　相關論文請參閱，吳信華，〈「發生適用憲法爭議」的聲請釋憲——釋字第 729 號解釋評析〉，《月旦裁判時報》，第七十一期，民國一〇七年五月，頁 5–12。

❸　陳信安，〈立法、監察二院調查權爭議之再探〉，《憲政時代》，第四十一卷，第二期，民國一〇四年十月，頁 315–331；李寧修，〈論國會調查權之革新與展望〉，《政大法學評論》，第一五四期，民國一〇七年九月，頁 83–149。

查權，主動獲取行使職權所需之相關資訊，俾能充分思辯，審慎決定，以善盡民意機關之職責，發揮權力分立與制衡之機能。立法院調查權乃立法院行使其憲法職權所必要之輔助性權力，基於權力分立與制衡原則，立法院調查權所得調查之對象或事項，並非毫無限制。除所欲調查之事項必須與其行使憲法所賦予之職權有重大關聯者外，凡國家機關獨立行使職權受憲法之保障者，即非立法院所得調查之事物範圍。又如行政首長依其行政權固有之權能，對於可能影響或干預行政部門有效運作之資訊，均有決定不予公開之權力，乃屬行政權本質所具有之行政特權。立法院行使調查權如涉及此類事項，即應予以適當之尊重。如於具體案件，就所調查事項是否屬於國家機關獨立行使職權或行政特權之範疇，或就屬於行政特權之資訊應否接受調查或公開而有爭執時，立法院與其他國家機關宜循合理之途徑協商解決，或以法律明定相關要件與程序，由司法機關審理解決之。

　　立法院調查權行使之方式，並不以要求有關機關就立法院行使職權所涉及事項提供參考資料或向有關機關調閱文件原本之文件調閱權為限，必要時並得經院會決議，要求與調查事項相關之人民❹或政府人員，陳述證言或表示意見，並得對違反協助調查義務者，於科處罰鍰之範圍內，施以合理之強制手段，本院釋字第三二五號解釋應予補充。惟其程序，如調查權之發動及行使調查權之組織、個案調查事項之範圍、各項調查方法所應遵守之程序與司法救濟程序等，應以法律為適當之規範。於特殊例外情形，就特定事項之調查有委任非立法委員之人士協助調查之必要時，則須制定特別法，就委任之目的、委任調查之範圍、受委任人之資格、選任、任期等人事組織事項、特別調查權限、方法與程序等妥為詳細之規定，並藉以為監督之基礎。各該法律規定之組織及議事程序，必須符合民主原則。其個案調查事項之範圍，不能違反權力分立與制衡原則，亦不得侵害其他憲法機關之權力核心範圍，或對其他憲法機關權力之行使造成實質妨礙。如就各項調查方法所規定之程序，有涉及限制人民權利者，必須符合憲法上比例原則、法律明確性原則及

---

❹　相關實務請看，廖元豪，〈立法院能否處罰撒謊的人民？——立法院調查權的界限〉，《月旦法學教室》，第一六四期，民國一〇五年六月，頁 6-8。

正當法律程序之要求。」

## 第十七項　以法律對國家機關之職權、設立程序及總員額為準則性規定之權

憲法增修條文第三條第三項規定：「國家機關之職權、設立程序及總員額，得以法律為準則性之規定。」依此，立法院乃制定「中央行政機關組織基準法」，使行政機關得以依憲法增修條文第三條第四項之規定，基於政策或業務需要自行決定、調整組織、編制及員額，而不受各機關之設立均需有法律依據的拘束。民國九十九年元月十二日，立法院修正了中央行政機關組織基準法及制定中央政府機關總員額法，才確實落實了憲法增修條文第三條第三項之規定。

## 第十八項　憲法增修條文新增之職權

一、副總統補選權——憲法增修條文第二條第七項規定，副總統缺位時，總統應於三個月內提名候選人，由立法院補選，繼任至原任期屆滿為止。

二、總統、副總統罷免案之提出權——憲法增修條文第二條第九項規定，總統、副總統之罷免案，須經全體立法委員四分之一之提議，全體立法委員三分之二之同意後提出，並經中華民國自由地區選舉人總額過半數之投票，有效票過半數同意罷免時，即為通過。

三、聽取總統報告權——憲法增修條文第四條第三項規定，立法院於每年集會時，得聽取總統國情報告。

四、領土變更案提出權——憲法增修條文第四條第五項規定，中華民國領土，依其固有之疆域，非經全體立法委員四分之一之提議，全體立法委員四分之三之出席，及出席委員四分之三之決議，提出領土變更案，並於公告半年後，經中華民國自由地區選舉人投票複決，有效同意票過選舉人總額之半數，不得變更之。

五、總統、副總統彈劾案之提出權——憲法增修條文第四條第七項規定，立法院對於總統、副總統之彈劾案，須經全體立法委員二分之一以上之提議，全體立法委員三分之二以上之決議，聲請司法院大法官審理，不適用憲法第九十條、第一百條及增修條文第七條第一項有關規定。

六、司法院大法官、司法院院長、副院長之任命同意權——憲法增修條文第五條第一項規定，司法院設大法官十五人，並以其中一人為院長，一人為副院長，由總統提名經立法院同意任命之。

七、考試院院長、副院長、考試委員之任命同意權——憲法增修條文第六條第二項規定，考試院設院長、副院長各一人，考試委員若干人，由總統提名，經立法院同意任命之。

八、監察委員、監察院院長、副院長之任命同意權——憲法增修條文第七條第二項規定，監察院設監察委員二十九人，並以其中一人為院長，一人為副院長，任期六年，由總統提名，經立法院同意任命之。

# 第八章　司法院

## 第一節　司法權之由來

　　人與人相處，難免產生利益衝突，相互加害事件而造成社會生活秩序之不安。自古以來，解決這些衝突、加害事件，原先是由個人或其家族採取以眼還眼，以牙還牙之報復手段或要求賠償之方式，以懲罰行兇、加害者，來滿足受害人之是非心與公道觀念。後來，酋長、封建諸侯、國王、教皇逐漸出面，使用公權力，強迫加害者賠償受害之人，懲罰君王、教會或眾所認為不可饒恕之罪過，或對社群安全、生活秩序有妨害之行為。這種主持公道、維持秩序、懲罰不法之裁決權力，隨著君王權力之擴大，民族國家之形成，逐漸由家族、封建諸侯及教會手中移轉到國家手上，並成為一項國家獨占、壟斷之權力。此權力即今日所謂之司法權，也就是美國著名的法學家賴威爾所曾說的：「國家絕不可缺少一個有確定權利、懲罰罪惡、裁判是非、保護無辜者不受侵害的司法機關」❶。

　　我國憲法亦將司法列為國家之重要權力，並在憲法第七章中規定行使司法權之地位、組織、職權與特性❷，茲分節敘述於次。

---

❶　參考董翔飛，前揭書，頁 392；曾繁康，《比較憲法》，三民書局，民國七十四年九月五版，頁 496–497。

❷　學者謂司法權的特性具有被動性、消極性、積極性。李惠宗，上揭書，頁 539–541；其實，司法的特性尚可包括個案性、事後性、獨立性、拘束性，而與行政權、立法權之特性有別。其中拘束性乃禁止司法人員提供「諮詢意見」(advisory opinion) 甚為重要。民國九十三年八月中旬立法院議決「三一九槍擊事件真相調查委員會條例」之際，司法院翁岳生院長致函立法院長王金平，表示條例恐有「違憲之虞」，

# 第二節　司法院之地位

　　司法院之地位依憲法第七十七條之規定，為國家最高司法機關，掌理民事、刑事、行政訴訟之審判及公務員之懲戒。此一規定乃被學者質疑稱：「司法院既是最高司法機關，何以最高之下又有最高法院，而最高法院、行政法院、公務員懲戒委員會，甚至大法官會議竟成為司法院的隸屬機關，而受司法院院長的監督。」❸因此，司法院究竟是司法行政機關，或司法審判機關，乃成為爭議之問題。對司法院此一定位問題，司法院於民國八十八年十二月邀集實務界及法學界組成「司法院定位推動小組」，以全體會議及分組會議方式進行討論❹，擬議將最高法院、行政法院及公務員懲戒委員會併入司法院，而於司法院分設民事、刑事、行政訴訟庭、公務員懲戒庭及憲法法庭，以掌理憲法所定之職掌事項。如此，司法院之性質將由現行之司法行政機關性質，改為司法審判機關。不過，學者對此有甚多批判性的意見❺。又釋字第五三〇號解釋表示：「為期符合司法院為最高審判機關之制憲本旨，司法院組織法……應……檢討修正」，但此一解釋受到學界反彈以致司法院之定位一直未能成為「最高審判機關」。

　　　　即遭學者批判。詳閱，林世宗，〈違不違憲，應由大法官會議審理〉，《聯合報》，民意論壇，民國九十三年八月十九日，A15 版。

❸　薩孟武，前揭書，頁 263。

❹　詳閱，司法院編印，《司法院定位推動小組會議實錄㈠㈡㈢》，民國九十二年三月。

❺　蘇永欽，〈司法院審判機關化被「主義化」了〉，《聯合報》，民意論壇，民國八十八年五月十八日，第十五版；蘇永欽，〈金字塔的理念與迷思──何不以金字塔群來取代金字塔，大幅降低無謂的改革成本？〉；〈反思台灣司法改革的經驗〉；〈飄移在兩種司法理念間的司法改革──台灣司法改革的社經背景與法制基礎〉；〈憲法解釋方法上的錯誤示範──輕描淡寫改變了整個司法體制的第五三〇號解釋〉，均請參閱，氏著，《走入新世紀的憲政主義》，元照出版有限公司，民國九十一年十月初版第一刷，頁 295–400；林騰鷂，〈司法改革新面向〉，《中央日報》，全民論壇，民國九十二年六月二十四日，第九版。

　　由於對司法院定位之問題，各界爭議仍多。司法院乃於民國一百年二月中旬成立「司法院定位改革成效評估委員會」，重新釐清司法院審判機關化及體制金字塔化等改革理念背後之問題意識，以及是否仍有民國八十八年全國司改會議所未提出之其他隱藏性議題。此一評估委員會在民國一〇〇年七月八日第五次會議結束後，作出「民國八十八年全國司改會議做成司法院應朝審判機關化改制之結論，不宜繼續推動。」不過，在民國一〇六年四月的總統府司法改革國是會議中，司法院針對「司法院審判機關化」之問題，又提出研擬方案，對於司法院的定位提出可能改革方向，即先推行數個小金字塔式之改革，奠定以釋字第五三〇號解釋之藍圖為終極目標，即「司法院審判機關化」之基礎❻。

# 第三節　司法院之組織

## 第一項　概　說

　　司法院之組織，除憲法明文規定之司法院院長、副院長、大法官之外，尚可分為內部機關及所屬機關。

　　內部機關是指依司法院組織法所規定之秘書長、秘書處、大法官書記處、民事廳、刑事廳、行政訴訟及懲戒廳、少年及家事廳、司法行政廳、資訊處、人事處、會計處、統計處、政風處、法官學院、司法博物館❼等機關。

　　另民國一〇四年修正之司法院組織法第十七條又明文規定：「司法院院長

---

❻　相關論文請參閱，羅承宗，〈司法、考試與監察體制之改革與存廢：以民間新憲草案以及第 8 屆國會相關提案為中心〉，《開南法學》，第十期，民國一〇七年二月，頁 85–110。

❼　民國一〇四年二月四日修正之司法院組織法第二十條規定，由司法院來設置司法博物館，並非妥適，因司法院之人員並非博物館工作之專才。就此，筆者早在民國九十二年六月二十日中央日報全民論壇中所發表的「司法改革的新面向」一文中，反對司法院自設司法博物館。

為集思廣益，研商重要事項，得召開司法院會議；其會議規則，由司法院定之。」

司法院所屬機關則指依司法院組織法第七條規定，司法院所設之各級法院、行政法院及公務員懲戒委員會等。

關於司法院行政組織系統，司法院網址 http://www.judicial.gov.tw/left.htm 有一簡表，可以參考。

## 第二項　司法院院長、副院長

憲法增修條文第五條第一項規定：「司法院設大法官十五人，並以其中一人為院長、一人為副院長，由總統提名，經立法院同意任命之。」❽

憲法增修條文雖規定司法院院長之產生方式，但未規定其出缺、不能視事或去職的處理方式。這與憲法詳細規定行政院院長之任免、出缺、不能視事之情形，顯有不同。為免爭議，司法院組織法第八條對此乃加以規定，即：

1.司法院院長因故不能視事時，由副院長代理其職務。司法院院長出缺時，由副院長代理，其代理期間至總統提名繼任院長經立法院同意，總統任命之日為止。

2.司法院副院長出缺時，暫從缺，至總統提名繼任副院長經立法院同意，總統任命之日止。

3.司法院院長、副院長同時出缺時，由總統就大法官中指定一人代理院長，其代理期間至總統提名繼任院長、副院長經立法院同意，總統任命之日為止。

司法院院長、副院長之職權，依憲法及司法院組織法規定，主要有：

1.司法院院長綜理院務及監督所屬機關。

2.司法院院長因故不能視事時，由副院長代理其職務。

3.司法院院長以主席身分主持大法官會議。

---

❽　相關立法例論文請參閱，劉宗德，〈日本最高法院之功能及其法官任命之問題點〉，《月旦法學雜誌》，第二六三期，民國一〇六年四月，頁 78–99。

4.司法院院長依憲法第七十一條規定，有列席立法院，陳述意見之權。

## 第三項 大法官及憲法法庭

憲法第七十九條第二項規定，司法院設大法官若干人，掌理憲法第七十八條規定之解釋憲法，統一解釋法律及命令之權。由此可見，大法官職掌之重要性。由於憲法增修條文之修正，憲法第七十九條之規定已不適用。因此，目前大法官及憲法法庭之組成應依憲法增修條文第五條第一項、第四項之規定辦理。茲分別說明之。

## 一、大法官之任命、資格、地位及任期

憲法增修條文第五條第一項規定，司法院設大法官十五人，並以其中一人為院長，一人為副院長，由總統提名，經立法院同意任命之，自中華民國九十二年起實施，不適用憲法第七十九條之規定。

大法官職司憲法解釋及統一解釋法令案件，工作甚為重要，故司法院組織法第四條第一項規定了大法官應具有之資格，才能擔任。

大法官之地位與保障，憲法未明文規定，但司法院組織法第五條第一項規定，大法官須超出黨派以外❾，獨立行使職權，不受任何干涉。又為貫徹憲法第八十條規定之意旨及使大法官行使職權無所顧忌，司法院組織法第五條第二項乃又規定，實任法官轉任之大法官任期屆滿者視同停止辦理審判案件之法官，不計入機關所定員額，支領法官法第七十二條第一項及第二項所

❾ 非常遺憾的是，立法委員蘇盈貴於民國九十三年九月十三日接到大法官兼任司法院副院長城仲模對於「三一九真調會條例」覆議案之關切電話，爆發了大法官關說事件，有違大法官須超出黨派之規定。詳請參閱，王文玲記者，〈這樣的大法官，心中有憲法嗎？〉，《聯合報》，直言集，民國九十三年九月十七日，A2版。又大法官兼司法院院長翁岳生於民國九十三年八月十六日以個人身分署名，但在信中從頭到尾都自稱「本院」表達「三一九真調會條例」有違憲之虞，違背大法官不主動提供諮詢的規定；立法委員黃德福主張其應受彈劾。參閱，林敬殷、董智森記者臺北報導，《聯合報》，民國九十三年九月十七日，A2版。

定俸給總額之三分之二，並準用政務人員退職撫卹條例之規定。同條第三項另規定，實任檢察官轉任之大法官任期屆滿者，準用前項規定。但自民國九十二年十月一日起就任之大法官，依憲法增修條文第五條第一項規定，除法官轉任者外，不適用憲法第八十一條及有關法官終身職待遇之規定。

大法官之任期，憲法增修條文第五條第二項、第三項規定：「司法院大法官任期八年，不分屆次，個別計算，並不得連任。但並為院長、副院長之大法官，不受任期之保障。」但此一規定，卻在民國一〇六年時，受到了蔡英文總統「髮夾彎」式的違背。致使曾為大法官的許宗力，原僅要提名為司法院大法官兼副院長，因蔡英文考量其曾為大法官而不予提名，但在泛綠媒體的批判要脅下，蔡英文再次提名許宗力為大法官並兼任司法院院長，而形成一場憲政道德的災難❿。又「中華民國九十二年總統提名之大法官，其中八位大法官，含院長、副院長，任期四年，其餘大法官任期為八年。不適用前項任期之規定。」

---

❿ 此一規定之適用在民國一〇六年時發生極大爭議。蔡英文總統提名已卸任之許宗力大法官，再任大法官及司法院院長，被認為是憲政道德的災難。詳見林騰鷂，〈司法人事，一場憲政道德災難〉，《中國時報》時論廣場，民國一〇五年九月二十二日，A10版；相關論文請參閱，李念祖，〈也談再任大法官的憲法解釋問題〉，《台灣法學雜誌》，第三〇三期，民國一〇五年九月，頁 9-12；廖元豪，〈大法官難「再」「續」？──司法院院長任命的民主正當程序考量〉，《台灣法學雜誌》，第三〇三期，民國一〇五年九月，頁 13-17；李劍非，〈前任大法官再任之憲法問題〉，《台灣法學雜誌》，第三〇三期，民國一〇五年九月，頁 46-49；涂予尹，〈論大法官的提名與同意，從再任大法官的潛在爭議談起〉，《台灣法學雜誌》，第三〇三期，民國一〇五年九月，頁 29-43；陳英鈐，〈許宗力教授再任大法官的合憲性〉，《台灣法學雜誌》，第三〇五期，民國一〇五年十月，頁 1-4；吳信華，〈大法官任滿後的再任問題〉，《月旦法學教室》，第一七〇期，民國一〇五年十一月，頁 43-49；廖義銘，〈公正無私，反見從橫──當前司法改革與司法院長選任之威權邏輯及其檢討〉，《台灣法學雜誌》，第三〇三期，民國一〇五年九月，頁 18-28；劉幸義，〈適用法律與填補漏洞之區別──以大法官再任、回任爭議為例〉，《月旦法學雜誌》，第二六六期，民國一〇六年七月，頁 93-106。

　　自民國一〇八年元月四日，司法院大法官審理案件法改稱憲法訴訟法後，大法官將依該法第一條組成憲法法庭審理六大類事件。而依同法第二條規定，憲法法庭審理案件，以並任司法院院長之大法官擔任審判長；其因故不能擔任時，由並任司法院副院長之大法官任之。二人均不能擔任時，由參與案件審理之資深大法官任之；資同由年長者任之。同法第三十條又規定，憲法法庭之判決，除本法別有規定外，應經大法官現有總額三分之二以上參與評議，大法官現有總額過半數同意。另同法第三十一條規定，憲法法庭之裁定，應經大法官現有總額過半數參與評議，參與大法官過半數同意。

## 二、憲法法庭之組成及職權

　　憲法增修條文第五條第四項規定，司法院大法官，除依憲法第七十八條之規定外，並組成憲法法庭審理政黨違憲之解散事項。而所謂政黨違憲，依憲法增修條文第五條第五項之規定，乃政黨之目的或其行為，危害中華民國之存在或自由民主之憲政秩序者。目前，憲法法庭只審理政黨違憲解散事項，民國九十四年六月七日任務型國民大會複決通過之憲法增修條文第五條第四項修正案，增加了憲法法庭審理總統、副總統之彈劾權限。除此之外，民國一〇八年一月四日公布之憲法訴訟法第一條更詳細規定，司法院大法官組成憲法法庭，依本法之規定審理下列案件：一、法規範審查及裁判憲法審查案件。二、機關爭議案件。三、總統、副總統彈劾案件。四、政黨違憲解散案件。五、地方自治保障案件。六、統一解釋法律及命令案件。

# 第四項　最高法院、高等法院、地方法院

　　我國審理民事、刑事之法院採三級三審制，依法院組織法第一條之規定，稱為最高法院、高等法院、地方法院。

　　地方法院之設置，依法院組織法第八條之規定是在直轄市或縣（市）分別設一地方法院，但得視其地理環境及案件多寡，增設地方法院分院或合設地方法院，或將其轄區之一部劃歸其他地方法院或其分院，不受行政區劃之

限制。又在特定地區，因業務需要，得設置專業地方法院，其組織及管轄等事項以法律定之。地方法院依法院組織法第十條規定，尚得設簡易庭，其管轄事件則依法律之規定而定。

地方法院之管轄事件，依法院組織法第九條之規定有如下列，即：

1.民事、刑事第一審訴訟事件，但法律別有規定者，不在此限。所謂法律別有規定者是指刑事訴訟法第四條所規定的：「地方法院於刑事案件有第一審管轄權，但左列案件，第一審管轄權屬於高等法院：一、內亂罪。二、外患罪。三、妨害國交罪。」

2.其他法律規定之訴訟案件，即如依公職人員選舉罷免法第一百十八條至第一百二十九條所規定之選舉罷免訴訟，或依公平交易法第五章規定所提起之損害賠償訴訟，或依國家賠償法第十一條所提起之損害賠償之訴，或依少年事件處理法規定為少年刑事事件、少年保護事件之處理；或依社會秩序維護法規定為治安事件之處理；或依勞工法令為勞工事件之處理等是。

3.法律規定之非訟事件，即非訟事件法所規定之：一、民事非訟事件，如(1)法人之監督及維護事件；(2)意思表示之公示送達事件；(3)出版、拍賣及證書保存事件；(4)信託事件。二、登記事件：(1)法人登記；(2)夫妻財產制契約登記。三、商事非訟事件：(1)公司事件；(2)海商事件；(3)票據事件。

除此之外，地方法院亦設有公證處、提存所等以辦理公證法，提存法中所規定之公證事件與提存事件。

高等法院之設置，依法院組織法第三十一條之規定是在省、直轄市或特別區各設高等法院，但得視其地理環境及案件多寡，增設高等法院分院或合設高等法院或將其轄區之一部劃歸其他高等法院或其分院，不受行政區劃之限制。

最高法院只有一個，依法院組織法第四十七條之規定，設於中央政府之所在地。

## 第五項　最高行政法院、高等行政法院、地方法院行政訴訟庭

　　人民與其他人民之爭議，由地方法院、高等法院、最高法院加以裁決，但人民與國家之爭議，即行政訴訟事件則由行政法院裁決。行政法院掌理全國行政訴訟審判事務。所謂行政審判事務，乃指人民因中央或地方機關之違法行政處分，認為損害其權利，經依訴願法提起訴願而不服其決定，得向行政法院提起行政訴訟。

　　行政法院分為高等行政法院及最高行政法院等二審二級。其中，高等行政法院管轄之事件為不服訴願決定或法律規定視同訴願決定，提起之訴訟事件及其他依法律規定由高等行政法院管轄之事件；最高行政法院則管轄不服高等行政法院裁判而上訴或抗告之事件以及其他依法律規定由最高行政法院管轄之事件。

　　除了高等行政法院及最高行政法院以外，民國一百年十一月二十三日公布修正之行政訴訟法，將行政訴訟之審級改為三級二審制 ❶，三級即最高行政法院、高等行政法院及地方法院行政訴訟庭。地方法院行政訴訟庭依修正後之行政訴訟法第三條之一，亦為行政訴訟法所稱之行政法院，審理簡易行政訴訟程序事件之第一審、行政訴訟強制執行事件及交通裁決事件之第一審。

　　又行政法院的審判原則上採合議制組織。即行政法院組織法第三條規定，高等行政法院之審判，以法官三人合議行之，最高行政法院之審判，以法官五人合議行之。但行政訴訟法第二百二十九條至第二百三十七條規定之簡易訴訟程序，則以法官一人獨任行之。

---

❶　所謂「三級二審」，其中「三級」係指行政法院由上而下分為最高行政法院、高等行政法院及地方法院行政訴訟庭；「二審」則指所有行政訴訟事件均經二審終結，第一審為事實審，第二審為法律審。以行政法院受理的事件區分，簡易訴訟程序事件及交通裁決事件的第一審為地方法院行政訴訟庭，第二審（終審）為高等行政法院；通常訴訟程序事件的第一審為高等行政法院，第二審（終審）則為最高行政法院。

## 第六項　智慧財產法院

智慧財產法院組織法是相對於法院組織法、行政法院組織法之重要法院組織法律。根據此一法律使我國之司法體制從「司法二元制」變為「司法三元制」，意指除了有民事、刑事之普通法院與行政法院此二元之外，尚有智慧財產法院這第三元。

依智慧財產法院組織法第四條第一項規定：「智慧財產法院之設置地點，由司法院定之。」同條第二項又規定：「司法院得視地理環境及案件多寡，增設智慧財產法院分院。」

又依智慧財產法院組織法第六條第一項規定：「智慧財產法院審判案件，民事第一審訴訟程序，以法官一人獨任行之；民事、刑事第二審上訴、抗告程序及行政訴訟程序，以法官三人合議行之。」

## 第七項　少年及家事法院

民國九十九年十二月八日公布之少年及家事法院組織法又使我國司法體制從上述之「司法三元制」變為「司法四元制」，亦即除了民事、刑事之普通法院、行政法院、智慧財產法院以外，新增了少年及家事法院這第四元。

依少年及家事法院組織法第三條規定，少年及家事法院之設置地區，由司法院定之，並得視地理環境及案件多寡，增設少年及家事法院分院。又第二條規定，少年及家事法院，除法律別有規定外，管轄少年事件處理法案件、家事事件法之事件及其他法律規定由少年及家事法院、少年法院、地方法院少年法庭或家事法庭之事件等之第一審案件。民國一百零一年一月十一日公布之家事事件法更依家事事件之不同型態，分別規定了調解程序、訴訟程序、非訟程序等，以及少年及家事法院審理家事事件之準據。

另依少年及家事法院組織法第四條規定，「少年及家事法院審判案件，以法官一人獨任或三人合議行之。」

## 第八項　公務員懲戒委員會

司法院依憲法第七十七條，司法院組織法第六條之規定，設置公務員懲戒委員會，以掌理公務員之懲戒事宜。

依公務員懲戒委員會組織法第二條之規定，公務員懲戒委員會置委員長一人，特任，綜理委員會行政事務，並任委員；委員九人至十五人。公務員懲戒委員會委員長之資格在公務員懲戒委員會組織法第三條有詳細的規範，但對委員之資格則未如舊法有「委員應有三分之二以上曾任司法官或行政法院評事者」之規定，是以在將來採分庭審判之情形下，未有法官歷練之委員，是否能勝任其事，有待觀察。又公務員懲戒委員會組織法第四條第二項規定：「公務員懲戒案件之審理及裁判，以委員五人合議行之。」此與以往審議規定不同，是以審判方式進行，若以非法官之委員充任，實有違反「合法法官」之原則。

公務員懲戒委員會審議公務員之違法、廢弛職務或其他失職行為，應分庭審判，以委員五人合議行之。懲戒的處分依公務員懲戒法第九條之規定，有免除職務；撤職；剝奪、減少退休（職）金；休職；降級；減俸；罰款；記過；申誡等九種[12]。

## 第九項　司法院內部機關

司法院內部機關是指依司法院組織法所規定之秘書長、秘書處、大法官書記處、民事廳、刑事廳、行政訴訟及懲戒廳、司法行政廳、少年及家事廳、資訊處、人事處、會計處、統計處、政風處、法官學院及司法博物館等機關而言。這些機關中以民事廳、刑事廳、行政訴訟及懲戒廳、司法行政廳、少年及家事廳及資訊處較為特別，職責也較重。

---

[12]　相關實務及評論請參閱，馮惠平，〈公務員懲戒法理實務與兩罰問題之研究〉，《憲政時代》，第四十二卷第一期，民國一〇五年七月，頁57-90。

# 第四節　司法院之職權

## 第一項　司法院職權之擴增

　　司法院的職權，憲法明文規定的有第七十七條及第七十八條，依該二條規定，司法院的職權有六，即：

　　1.掌理民事訴訟之審判。

　　2.掌理刑事訴訟之審判。

　　3.掌理行政訴訟之審判。

　　4.掌理公務員之懲戒。

　　5.掌理憲法之解釋。

　　6.統一解釋法律及命令。

　　除此之外，自民國八十年五月一日，總統公布之憲法增修條文第十三條規定司法院大法官組成憲法法庭審理政黨違憲之解散事項後，司法院之職權擴增到七種之多。民國八十六年七月憲法增修條文修正通過後，司法院又增加了第八種之職權，即司法院可提出年度司法概算，並編入中央政府總預算案，送立法院審議之權。民國九十四年六月七日任務型國民大會複決通過憲法增修條文第五條第四項修正案，又增加了第九種之職權，即司法院大法官可組成憲法法庭審理總統、副總統之彈劾案。又大法官於釋字第五八五號解釋中，自認自己也有一般法庭或德國憲法法庭之暫時處分權。如此，司法又增加了第十種之職權──暫時處分權。又如上所述，民國九十六年三月二十八日分別制定公布之智慧財產法院組織法及智慧財產案件審理法，使司法院所屬之智慧財產法院可以獲有智慧財產訴訟之審判權。另外，民國九十九年十二月八日公布之「少年及家事事件法院組織法」以及民國一百零一年一月十一日公布之「家事事件法」，也使司法院所屬之少年及家事法院獲有家事訴訟之審判權。民國一〇八年元月四日公布之憲法訴訟法第五十九條規定，司法

院大法官所組成之憲法法庭就人民對於受不利確定終局裁判所適用之法規範或該裁判，認有牴觸憲法者，有宣告違憲判決之職權。

以下再就司法院之解釋憲法權，統一解釋法律及命令案件權，審理總統、副總統之彈劾案、政黨違憲解散權，司法行政監督權，司法預算獨立權，法律案提案權與暫時處分權分項敘述於次。

# 第二項　解釋憲法權

我國憲法第七十八條及第一百七十一條第二項分別規定，憲法之解釋及法律與憲法有無牴觸發生疑義時，均由司法院辦理。

司法院如何辦理上述事項呢？在過去是依「司法院大法官審理案件法」，並以大法官「會議」方式為憲法之解釋，但民國一〇八年元月四日公布修正「司法院大法官審理案件法」，並將名稱改為憲法訴訟法，並訂在民國一百一十一年元月四日開始施行。自此以後，司法院對於憲法之解釋及法律與憲法有無牴觸發生疑義，將由大法官組成憲法法庭審理之。茲分別說明於次。

## 一、憲法法庭審理解釋案件事項

憲法訴訟法第一條第一項第一款、第二款規定，司法院大法官組成憲法法庭，審理法規範憲法審查、裁判憲法審查及機關爭議事件。立法理由指出，此兩款規定是依憲法第七十八條及原司法院大法官審理案件法第四條第一項、第五條第一項，就大法官解釋權內涵關於法規範憲法審查、裁判憲法審查及機關爭議等職權規定之。是以將來一、關於適用憲法發生疑義之事項；二、關於法律或命令有無牴觸憲法之事項；三、關於省自治法、縣自治法、省法規及縣規章有無牴觸憲法之事項，由憲法法庭審理並為有無違憲之判決。

## 二、聲請憲法解釋而為法規範審查及裁判憲法審查之當事人

依憲法訴訟法第六條之規定，聲請解釋憲法而為法規範審查[13]及裁判審

---

[13]　相關論文請參閱，蘇永欽，〈立法不作為的憲法審查〉，《法令月刊》，第六十八

查❹之當事人，依憲法訴訟法第六條第一項第一款規定，是指聲請之最高國家機關、立法委員、法院及人民。

## 三、憲法解釋而為法規範審查、裁判審查之程序

由於憲法解釋不採大法官會議方式，而以大法官組成憲法法庭為法規範審查或裁判審查方式為之。故憲法訴訟法第三章從第四十七條至第六十四條分三節規定國家機關、立法委員聲請法規範審查、法院聲請法規範審查、人民聲請法規範憲法審查及裁判憲法審查之聲請程序。並於第二章詳細規定了審理程序。

## 四、憲法解釋而為法規範審查、裁判審查

大法官對憲法解釋而為法規範憲法審查及裁判憲法審查後，認有牴觸憲法所作的宣告違憲判決，依憲法訴訟法第三十八條規定，有拘束各機關及人民之效力；各機關並有實現判決內容之義務。另同法第三十九條規定，對於憲法法庭及審查庭之裁判，不得聲明不服。是以其效力強大，遠非一般法院可比。

## 第三項　統一解釋法律及命令案件權

依憲法訴訟法第八十四條規定，人民就其依法定程序用盡審級救濟之案件，對於受不利確定裁判適用法規範所表示之見解，認與不同審判權終審法院之確定終局裁判適用同一法規範已表示之見解有異，得聲請憲法法庭為統一見解之判決。依此，司法院大法官擁有統一解釋法律及命令案件權。

---

卷，第八期，民國一〇六年八月，頁 148–158。

❹ 相關論文請參閱，蘇永欽，〈大法官沒有做過裁判憲法審查〉，《月旦裁判時報》，第六十二期，民國一〇六年八月，頁 5–6。

## 第四項　審理總統、副總統彈劾案

因民國九十四年六月七日任務型國民大會複決通過憲法增修條文第二條第十項、第四條第七項、第五條第四項條文修正案，故司法院將擁有審理總統、副總統彈劾案之職權。

## 第五項　審理政黨違憲解散權

依憲法增修條文第五條第五項規定，政黨之目的或其行為，危害中華民國之存在或自由民主之憲政秩序者為違憲，由司法院大法官組成憲法法庭，審理其違憲之解散事項。

政黨違憲解散案件之審理，對憲政發展之影響甚大，故憲法訴訟法第五章第六十八至七十六條即詳細規定政黨違憲解散案件之審理。

民國一○八年元月四日公布修正司法院大法官審理案件法，改稱「憲法訴訟法」，並在該法第四十三條規定，憲法法庭得為保全程序之暫時處分。

## 第六項　司法行政監督權

憲法雖未明定司法院之司法行政監督權，但因司法院組織法第七條規定，司法院院長綜理司法院院務外，並監督所屬機關。故現時最高法院、高等法院、地方法院、行政法院、公務員懲戒委員會之行政監督歸由司法院行使之。司法院為此也設立民事廳、刑事廳、行政訴訟及懲戒廳，及司法行政廳等分別辦理各該事項之行政事宜。

如上所述，司法院依司法院組織法第七條規定，可監督所屬機關，但因司法界內保守、封閉及錯誤理解的「法官終身職」❶，使司法院之監督機制

---

❶　憲法第八十一條所規定之法官終身職，依該條整體文義來解釋，應是「職務終身」，而非「生理終身」，亦即在法官職務任內，不受各種人事干擾，以維持審判獨立

軟弱無力。民國九十九年七月間爆發之高等法院法官集體貪瀆案，導致司法院賴英照院長引咎辭職，而該年八月又爆發總統府前副秘書長陳哲男司法黃牛案、北海漁村邀宴案爭議❶，造成嚴重司法災難❶，而最高法院法官蕭仰歸為兒肇事逃逸關說案，引發司法官官相護事端，均使民眾對司法行政監督之虛空，感到不滿，而殷切要求加速司法改革❶。

## 第七項　司法預算獨立權

為貫徹司法獨立精神，確保司法審判之獨立行使，不受行政機關之預算掣肘，憲法增修條文第五條第六項乃規定，司法院所提出之年度司法概算，行政院不得刪減，但得加註意見，編入中央政府總預算案，送立法院審議。此一司法預算獨立權，將有助於司法改革之推動❶，是憲政發展之重要事件。

## 第八項　法律案提案權

除了上述憲法及憲法增修條文所規定之職權以外，依大法官釋字第一七五號解釋，司法院又有法律案提案權。該號解釋稱，司法院為國家最高司法

---

之意。參閱，林騰鷂，〈司法結構改造的方向〉，《蘋果時報》，論壇，民國九十九年八月三日，A15 版。

❶　參閱，《聯合報》社論：〈陳哲男在酒席上司法大閱兵〉，民國九十九年八月十五日，A2 版。

❶　參閱，林騰鷂，〈停止製造法條鸚鵡〉，《中國時報》，時論廣場，民國九十九年八月十三日，A18 版。

❶　參閱，蕭白雪，〈抓緊司法改革契機〉，《聯合報》，民國九十九年八月十五日，A15 版。

❶　當時之司法院院長施啟揚之貢獻乃被學者讚揚並被稱為「Mr. 獨立」。詳閱，呂太郎，〈台灣における司法權獨立と司法行政〉，林素鳳翻譯，《司法改革》No. 10 (*Journal of Judicial Reform in Japan,* July 2000)，頁 51–56；蘇永欽，〈反思台灣司法改革的經驗〉，上揭書，頁 326。

機關，基於五權分治彼此相維之憲政體制，就其所掌有關司法機關之組織及司法權行使之事項，得向立法院提出法律案。

## 第九項　暫時處分權

大法官釋字第五八五號解釋稱：「司法院大法官依憲法規定獨立行使憲法解釋及憲法審判權，為確保其解釋或裁判結果實效性之保全制度，乃司法權核心機能之一。不因憲法解釋、審判或民事、刑事、行政訴訟之審判而有異。」此一解釋又使司法院擴增了一項暫時處分權。這種國家權力之擁有並非來自於人民，來自於憲法，來自於法律的授予，而是由憲法解釋機關依自己認定的法理，解釋自己可以擁有，而別人不得加以制衡，加以否定之作法，即被批為司法自肥、擴權、破壞「權力分立」[20]憲法靈魂之作為。大法官在釋字第五八五號解釋理由書中牽強的為自己之擴權加以說明，謂：「保全制度固屬司法權之核心機能，惟其制度具基本權利與公共利益重要性，當屬法律保留範圍，應由立法者以法律明定其制度內容。於立法機關就釋憲程序明定保全制度之前，本院大法官行使釋憲權時，如因系爭憲法疑義或爭議狀態之持續、爭議法令之適用或原因案件裁判之執行，可能對人民基本權利或憲法基本原則造成不可回復或難以回復之重大損害，倘依聲請人之聲請於本案解釋前作成暫時處分以定暫時狀態，對損害之防止事實具有急迫性，且別無其他手段可資防免其損害時，即得權衡作成暫時處分之利弊，若作成暫時處分顯然利大於弊時，自可准予暫時處分之宣告。」

大法官此一解釋理由說明顯示，大法官明知保全制度，「當屬法律保留範圍，應由立法者以法律明定其制度內容。」那麼在「立法機關就釋憲程序明定保全制度之前」，大法官豈可自認有保全制度中之暫時處分權？這不是破壞大法官自己所說的「法律保留原則」嗎？大法官若可以自己釋憲擴權，那麼民國九十四年三月十四日司法院范光群秘書長特赴立法院司法委員會爭取支

---

[20]　臺北市長馬英九即認為，大法官的暫時處分可能會破壞「權力分立」原則。參閱，《聯合報》，記者范凌嘉金門隨行採訪，民國九十四年六月十二日，A4版。

持修正司法院大法官審理案件法，要求「明定憲法法庭對被聲請違憲解釋政黨在訴訟繫屬後，判決前，為保全程序之要件。」❷又有什麼必要呢？

大法官明知保全制度屬於「法庭」才能擁有，且要經立法院明定程序要件後，才能針對訴訟繫屬後之個案加以裁處。但大法官在釋字第五九九號解釋中，卻針對內政部依戶籍法第八條規定按捺指紋規定以及行政院全面換發身分證措施等作出不可進行的「暫時處分」，實在有違權力分立憲政法理，破壞行政權與司法權之分際。誠如學者指出，「大法官解釋憲法而為暫時處分，可能是一般性的處分，普通法院的保全處分，則必是個案性的處分。」❷大法官這種混淆司法不告不理、個案裁決與行政積極主動、全面及時處理生活事件之特性，也難怪有若干大法官反對對聲請人沒提出聲請部分，為「雞婆」的處理❷。何況立法缺漏之處理，依憲法增修條文第三條第二項第二款之規定，行政院可以提出覆議，而立法院也可修改法律，但行政院對按捺指紋規定從未表示「窒礙難行」而有必要覆議之處，且立法院也已提出戶籍法之修正案，司法院自應謹守憲政分際，尊重人民之立法院對人民權利義務分際之立法權。再者，國家、社會若有一般性、緊急事件要處理，也應由總統依憲法增修條文第二條第三項規定之緊急命令程序來處理，哪可以由大法官在個案爭議未出現前，即預為一般性的「暫時處分」！

為了解決此爭議，民國一○八年元月四日公布修正了司法院大法官審理案件法，並將法規名稱改為「憲法訴訟法」，並在該法第四十三條第一項規定，得為暫時處分之裁定。

---

❷ 參閱，《司法周刊》，第一二二八期，民國九十四年三月二十四日，第一版。

❷ 李念祖，〈大法官與暫時處分〉，《中國時報》，我見我思專欄，民國九十四年六月十四日，A4版。

❷ 記者王文玲，〈大法官主動補條缺漏，擴權還是本於職權？〉，《聯合報》，民國九十四年六月十一日，A2版。

# 第五節　司法官之地位

憲法第八十條規定：「法官須超出黨派以外，依據法律，獨立審判，不受任何干涉。」此在彰顯司法官之地位及獨立性。所謂不受任何干涉，乃不受下列情形之干涉，如：

## 一、不受任何機關之干涉

法官的考選、養成、銓定及依立法院制定的法律審判，但並不受行政院、立法院、司法院、考試院、監察院等機關的干涉。此為薩孟武教授所稱的司法之對外獨立。又薩教授所稱的司法之對內獨立乃指，法官開庭審理案件，不受司法首長或上級法院的干涉，而上級法院也不得對個別之案件有任何的指示❷❹。上級法院對下級法院之審判絕對不能干涉，只能於判決宣告之後，在上訴程序中，變更其判決。

## 二、不受人民請願之干涉

如人民依請願法得向職權所屬之民意機關或主管行政機關請願，但請願法第三條規定，人民請願事項，不得干預審判。故司法官得不受人民請願壓力之影響而依法審判。

## 三、不受黨派之干涉

憲法第八十條規定，法官須超出黨派以外，是以法官不得參與黨派之任何活動已日漸成為社會之共識。而由此規定反面推論，法官也不應受黨派之干涉。

## 四、依據法律獨立審判

法官雖不受機關、人民、黨派之干涉，但仍應依法審判，而依法審判並不損及法官之獨立，且法官如不依人民以民主程序制定之法律審判，則將成

---

❷❹　薩孟武，前揭書，頁 278；曾繁康，上揭書，頁 499–500。

為恣意審判，成為太上皇了，這是萬萬不可以的。然而，什麼叫做依法審判呢？司法院大法官會議對此曾作出下列解釋，即：

（一）**釋字第三八號解釋**（依有效規章審判亦為依法審判）

所謂依據法律者，係以法律為審判之主要依據，並非除法律以外，與憲法或法律不相牴觸之有效規章，均行排斥而不用。

（二）**釋字第一三七號解釋**（依法審判不可逕行排斥不用行政命令）

法官於審判案件時，對於各機關就其職掌所作有關法規釋示之行政命令，固未可逕行排斥而不用，但仍得依據法律表示其合法適當之見解。

（三）**釋字第二一六號解釋**（依法審判乃可引用行政命令為審判）

法官依據法律獨立審判，憲法第八十條載有明文。各機關依其職掌就有關法規為釋示之行政命令，法官於審判案件時，固可予以引用，但仍得依據法律，表示適當之不同見解，並不受其拘束。本院釋字第一三七號解釋即係本此意旨；司法行政機關所發司法行政上之命令，如涉及審判上之法律見解，僅供法官參考，法官於審判案件時，亦不受其拘束。惟如經法官於裁判上引用者，當事人即得依司法院大法官會議法第四條第一項第二款之規定聲請解釋。

（四）**釋字第三七一號解釋**（依法公布施行之法律，法官應以其為審判之依據，不得認定法律為違憲而逕行拒絕適用……，應先行聲請解釋憲法，以為解決）

依法公布施行之法律，法官應以其為審判之依據，不得認定法律為違憲而逕行拒絕適用。惟憲法之效力既高於法律，法官有優先遵守之義務，法官於審理案件時，對於應適用之法律，依其合理之確信，認為有牴觸憲法之疑義者，……得以之為先決問題裁定停止訴訟程序，並提出客觀上形成確信法律為違憲之具體理由，聲請本院大法官解釋。

（五）**釋字第五七二號解釋**（法官應提出客觀上形成確信法律為違憲之具體事由，聲請解釋憲法。對釋字第三七一號解釋為補充解釋）

按法官於審理案件時，對於應適用之法律，依其合理之確信，認為有牴觸憲法之疑義者，各級法院得以之為先決問題，裁定停止訴訟程序，並提出客觀上形成確信法律為違憲之具體理由，聲請大法官解釋，業經本院釋字第三七一號解釋在案。其中所謂「先決問題」，係指審理原因案件之法院，確信

系爭法律違憲，顯然於該案件之裁判結果有影響者而言；所謂「提出客觀上形成確信法律為違憲之具體理由」，係指聲請法院應於聲請書內詳敘其對系爭違憲法律之闡釋，以及對據以審查之憲法規範意涵之說明，並基於以上見解，提出其確信系爭法律違反該憲法規範之論證，且其論證客觀上無明顯錯誤者，始足當之。如僅對法律是否違憲發生疑義，或系爭法律有合憲解釋之可能者，尚難謂已提出客觀上形成確信法律為違憲之具體理由。本院釋字第三七一號解釋，應予補充。

㈥**釋字第五九○號解釋**（法官聲請釋憲必須裁定停止訴訟或非訟程序，並為必要之保全程序。對釋字第三七一號及第五七二號解釋為補充解釋）

　　法官於審理案件時，對於應適用之法律，依其合理之確信，認為有牴觸憲法之疑義者，各級法院得以之為先決問題，裁定停止訴訟程序，並提出客觀上形成確信法律為違憲之具體理由，聲請本院大法官解釋。此所謂「法官於審理案件時」，係指法官於審理刑事案件、行政訴訟事件、民事事件及非訟事件等而言，因之，所稱「裁定停止訴訟程序」自亦包括各該事件或案件之訴訟或非訟程序之裁定停止在內。裁定停止訴訟或非訟程序，乃法官聲請釋憲必須遵循之程序。惟訴訟或非訟程序裁定停止後，如有急迫之情形，法官即應探究相關法律之立法目的、權衡當事人之權益及公共利益、斟酌個案相關情狀等情事，為必要之保全、保護或其他適當之處分。本院釋字第三七一號及第五七二號解釋，應予補充。

# 第六節　司法官之保障

## 第一項　一般司法官之保障

　　憲法第八十一條規定：「法官為終身職，非受刑事或懲戒處分或禁治產之宣告，不得免職，非依法律，不得停職、轉任或減俸」。由此可知，法官之免職依司法人員人事條例第三十二條之規定，限於下列三種情形，即：

1.因觸犯刑法而受刑事處分者，如貪污有據被宣告罪刑者是。

2.因違法、失職，經司法院公務員懲戒委員會科以撤職之處分者。

3.因心神喪失或精神耗弱經法官為監護宣告者。

除了免職以外，停職、轉任或減俸對法官之地位、生活，亦有不良影響，妨害司法之獨立，故憲法第八十一條規定，須有法定之原因且須依法定程序，才能對法官停職、轉任或減俸。

另法官為終身職，雖為憲法所明定以保障司法官之獨立地位。但此所謂之終身職，並非生理終身，而應是職務終身❷。換言之，是法官在任職期間，不得隨意免職、調任之意，並非終其一輩子不退休之意思。因如法官一輩子終身不退休，則司法無新陳代謝，將不能隨時代的改變而更新進步。

目前，我國司法官的優遇制度，即司法人員人事條例第四十條所規定之實任司法官任職十五年以上年滿七十歲者，停止辦理案件、從事研究工作或滿六十五歲者，減少辦理案件但均可以支領司法官之給與。這種不必辦案件又可領薪水之「優遇制度」已日漸引起社會之不滿。如八十二年第二屆立法院第一會期時即作成附帶決議，要求司法院應請年老臥病優遇司法官每年辦理體檢，如經醫院證明身體衰弱，不能勝任職務者，應請其辦理退休，以促成人事之新陳代謝。

因此，憲法第八十一條規定之法官終身職，主要是保障法官能依法獨立審判，使法官不必擔心被任意遷調職位、職務而曲意奉承上司，偏私執法❷，但此並不意指法官之職務可以「死而後已」，可以排除公務員法上法定「限齡退休」或「及齡自願退休」之規定❷。

---

❷ 從比較憲法學上來看，德意志聯邦共和國基本法第九十七條第二項：「……法律得規定終身職法官退休之年齡。」之規範比較合理得宜。

❷ 法律實務請看，王韻茹，〈審判獨立與身份保障〉，《月旦法學教室》，第一七二期，民國一○六年二月，頁 6–8。

❷ 日本的法官並沒有終身職，都是 65 歲退休（最高法院法官任期十年，七十歲退休），請參閱，高佳芳，〈奇怪的終身職〉，《自由時報》，自由廣場，民國一○六年五月七日。

## 第二項　大法官之保障

　　大法官之地位與保障，憲法並無明文規定，但司法院組織法第五條第一項規定，大法官須超出黨派以外，獨立行使職權，不受任何干涉。又為貫徹憲法第八十條規定之意旨及使大法官行使職權無後顧之憂，司法院組織法第五條第二項又規定，實任法官轉任之大法官任期屆滿者，視同停止辦理審判案件之法官。意即大法官視為停止辦理案件法官，而可獲得優遇❷⑧。此一優遇規定在民國八十九年四月二十四日修正通過之憲法增修條文第五條第一項後段中被明文排除。該項規定：「司法院大法官除法官轉任者外，不適用憲法第八十一條及有關法官終身職待遇之規定。」

　　現時有關大法官之優遇規定，在民國一〇四年司法院組織法全文修正時，在第五條第二項、第三項規定，實任法官、檢察官轉任之大法官任期屆滿者，視同停止辦理審判、偵查案件之法官、檢察官，不計入機關所定員額，支領法官法第七十二條第一項及第二項所定俸給總額之三分之二，並準用政務人員退職撫卹條例之規定。

　　又大法官是否為法官，在第五屆立法院，以大法官非法官之理由，刪掉了大法官支領了多年的專業加給預算後，引發了爭議。輿論❷⑨與學者有傾向於認定大法官不是法官之看法❸⓪。不過，民國九十四年七月二十二日作出之大法官釋字第六〇一號解釋，則仍表示：「司法院大法官……為憲法第八十條規定之法官。」

---

❷⑧　此之優遇，是指這些轉任大法官之實任法官，可支領法官法第七十二條第一項及第三項所定俸給總額之三分之二，並準用政務人員退職撫卹條例之規定；而由實任檢察官轉任之大法官者，亦準用此優遇。

❷⑨　參閱，《聯合報》民國九十四年一月三十一日社論：〈解開大法官的薪事與心事〉，A2版。

❸⓪　李復甸，〈大法官是法官？〉，《聯合晚報》，聯合論壇，民國九十三年一月二十三日，第二版；李念祖，〈證明大法官是法官的方法〉，《新新聞週刊》，第934期，2005/1.27–2.2，頁40。

# 第九章　考試院

## 第一節　考試院之地位

憲法第八十三條規定，考試院為國家最高考試機關。表現了考試院之地位。此一條文雖已因憲法增修條文第六條第一項之規定而不適用，但憲法增修條文第六條第一項仍規定考試院為國家最高考試機關，而與行政院之其他治權機關有別。

由於憲政情勢丕變，學者有日益質疑考試院之憲政地位。民國一〇四年四月二十三日，立法院修憲委員會召開第五場公聽會時，針對「我國現行五權分立改採三權分立之探討」議題，許多學者專家紛紛表示，考試院應廢除或大量減少考試委員數量至三人之意見❶。

---

❶ 請參閱，立法院修憲委員會編製，立法院修憲委員會公聽會報告，民國一〇四年五月七日，頁 11，13，17，18，23，26，27；另參閱學者施能傑教授之書面意見，同上報告，頁 60–61。另參閱，林騰鷂，〈滿朝政務官，做事有幾人？〉，《中國時報》時論廣場，民國一〇六年五月三十一日，A15 版；羅承宗，〈司法、考試與監察體制之改革與存廢：以民間新憲草案以及第 8 屆國會相關提案為中心〉，《開南法學》，第十期，民國一〇七年二月，頁 85–110。

# 第二節　考試院之組織

## 第一項　概　說

憲法第八十九條規定，考試院的組織，以法律定之。故現時考試院之組織，多依考試院組織法之規定組成之。依據該法，考試院的組織可分考試委員、考試院院長、副院長、考試院會議、考選部、銓敘部、公務人員保障暨培訓委員會等分別說明之。

## 第二項　考試委員

依考試院組織法第三條規定，考試委員之名額定為十九人。依憲法增修條文第六條第二項規定，由總統提名，經立法院同意任命之。

又考試委員之任期為六年，出缺時，繼任人員之任期至原任期屆滿之日為止。

考試委員之職權主要為出席考試院會議，並依考試院組織法第七條第一項規定，對憲法所定考試院職掌事項之政策及其重大事項之決定。

由於考試委員之職責重大，宜公正無私辦理考試，選拔人才，故憲法第八十八條規定，考試委員須超出黨派以外，依據法律獨立行使職權。此一規定，與憲法第八十條所規定對法官之要求與保障規定相同，旨在保障考試獨立，不受干涉之意思。

## 第三項　考試院院長、副院長

憲法增修條文第六條第二項規定，考試院設院長、副院長各一人，由總統提名，經立法院同意任命之。不再適用憲法第八十四條所規定的由總統提

名經監察院同意後任命之方式。考試院院長、副院長之資格，憲法及法律未有任何規定，此點與考試委員之訂有資格者不同。

考試院院長、副院長之任期與考試委員同為六年，出缺時，繼任人員之任期至原任期屆滿之日為止。

考試院院長依考試院組織法第八條規定，綜理院務、並監督所屬機關。考試院院長因事故不能視事時，由副院長代理其職務。

考試院院長除依上述規定綜理院務，監督所屬機關外，並依憲法第四十四條規定，可參加總統所召集的解決院際間爭執之五院院長會議。此外，考試院院長，依考試院組織法第七條第二項規定，為考試院會議開會時之主席。

## 第四項　考試院會議

考試院會議不是憲法明定的機關，此點與行政院會議、立法院會議為憲法所明定者不同。但考試院會議仍為重要機關，故由考試院組織法第七條明文規定，考試院設考試院會議，由考試院院長、副院長、考試委員、考選部部長、銓敘部部長及將成立之公務人員保障暨培訓委員會之首長組成，以院長為主席。院長因事不能出席時，由副院長代理之，院長、副院長均因事不能出席時，由出席委員互推一人代理主席。

考試院會議每星期舉行一次，院長或其他法定出席人三分之一以上認為有必要時，得改開秘密會議或召集臨時會議，或停止舉行會議。

另有關考銓之法律案，依憲法第八十七條規定，由考選部或銓敘部擬定呈院，經考試院會議議決通過後，得向立法院提出，以完成立法手續。

## 第五項　考選部及銓敘部

依考試院組織法第六條規定，考試院設考選部及銓敘部。此兩部的職掌，考試院組織法未規定而授權以法律再行訂定。因此，立法院又制定考選部組織法及銓敘部組織法以明定考選部、銓敘部之職掌。

依考選部組織法之規定，考選部置部長一人，特任，綜理部務。另設政務次長、常務次長各一人，輔助部長處理部務。下設五個司，題庫管理處、資料管理室等。

依銓敘部組織法之規定，銓敘部置部長一人，特任，綜理部務。另設政務次長、常務次長各一人，輔助部長處理部務。下設六個司及一銓敘審查委員會。

銓敘部之職掌較考選部為廣，因考選部只掌管考試一項，而銓敘部則掌管考試院十項職掌中之九項，即掌管銓敘、保障、撫卹、退休、任免、考績、級俸、陞遷、褒獎等事項。

## 第六項　公務人員保障暨培訓委員會

考試院組織法第六條規定，考試院除設考選部、銓敘部外，另設公務人員保障暨培訓委員會，表示重視公務人員之培訓與保障。公務人員保障暨培訓委員會組織法第三條、第四條等之規定，公務人員保障暨培訓委員會置主任委員一人，副主任委員二人，委員十人至十四人，其中五人至七人專任，餘五人至七人兼任，任期均為三年，任滿得連任。又為使公務人員保障暨培訓委員會免受一黨操控，公務人員保障暨培訓委員會組織法第四條第二項乃明確規定：「前項專任委員具有同一黨籍者，不超過其總額二分之一。」

公務人員保障暨培訓委員會（以下簡稱本會）掌理下列事項：

一、關於公務人員保障與培訓政策、法制之研擬、訂定及其執行事項。

二、關於公務人員身分、工作條件、官職等級、俸給與其他公法上財產權等有關權益保障之研議及建議事項。

三、關於公務人員保障事件之審議、查證、調處及決定事項。

四、關於公務人員保障業務之宣導、輔導及協調聯繫事項。

五、關於高階公務人員之中長期培訓事項。

六、關於公務人員考試錄取、升任官等、行政中立及其他有關訓練事項。

七、關於人事人員訓練、進修之研擬規劃及委託事項。

八、關於公務人員終身學習推動事項。

九、關於培訓機關（構）之資源共享、整合之協調事項。

十、關於公務人員訓練評鑑方法與技術之研發、各項培訓需求評析及績效評估事項。

十一、關於公務人員保障與培訓之國際交流合作事項。

十二、其他有關公務人員之保障及培訓事項。

# 第三節　考試院之職權

## 第一項　概　說

憲法增修條文第六條第一項以列舉方式規定了考試院之職權，並使憲法第八十三條之規定不被適用。依此項規定，考試院之職權為：

　1.考試。

　2.公務人員之銓敘、保障、撫卹、退休。

　3.公務人員任免、考績、級俸、陞遷、褒獎之法制事項。

此外，依考試院組織法第七條第三項之規定，考試院就其掌理或全國性人事行政事項，得召集有關機關會商解決之。

由上所述，可知考試院之職權，除掌理考試外，並掌理公務人員之銓敘、保障、撫卹、退休、任免、考績、級俸、陞遷、褒獎等人事行政事項。茲分項說明於次。

## 第二項　考試權

依憲法第八十五條規定，「公務人員之選拔，應實行公開競爭之考試制度，並應按省區分別規定名額，分區舉行考試。非經考試及格者，不得任用」。又憲法第八十六條規定，下列資格應經考試院依法考選銓定之，即：

1.公務人員任用資格。

2.專門職業及技術人員執業資格。

由上所述，可知應經考試院依法考選銓定資格者有三類人員，即公務人員、專門職業人員、技術人員等。公務人員一般經由高等考試、普通考試、初等考試等三種國家考試公開錄取之。高等考試及普通考試及格人員不足或不能適應需要時，得舉行特種考試。特種考試分一、二、三、四、五等，分別舉行之。錄取名額依憲法第八十五條規定，原應按省區分別規定名額錄取之，但因行憲後國家發生重大變故，如仍按行憲當時各省人口比例規定錄取名額，則自由地區人民將因錄取名額之限制，而較大陸各省區之人民更難錄取而無法擔任公務人員。因此，憲法增修條文第六條第三項特別規定：「憲法第八十五條有關按省區分別規定名額，分區舉行考試之規定，停止適用」。透過此一規定，自由地區之人民考選錄取之機會將增加許多，才不會受到不合理的限制。

又對專門職業及技術人員執業資格之考選銓定方面，大法官也作出許多解釋，其中較主要的解釋，例如：

1.釋字第三五二號解釋稱，土地登記專業代理人係屬專門職業，依憲法第八十六條第二款規定，其執業資格應依法考選銓定之。

2.釋字第四五三號解釋稱，「商業會計記帳人」既在辦理商業會計事務，係屬專門職業之一種，依憲法第八十六條第二款之規定，其執業資格自應依法考選銓定之。

3.釋字第五四七號解釋稱，關於中醫師考試，醫師法對其應考資格已定有明文，至於中醫師檢覈之科目、方法、程序等事項，則授權考試院會同行政院依其專業考量及斟酌中醫師之傳統醫學特性，訂定中醫師檢覈辦法……符合醫師法與專門職業及技術人員考試法之意旨。

4.釋字第六五五號解釋稱，記帳士係專門職業人員，依憲法第八十六條第二款規定，其執業資格應經考試院依法考選之。記帳士法第二條第二項之規定，使未經考試院依法考試及格之記帳及報稅代理業務人取得與經依法考選為記帳士者相同之資格，有違上開憲法規定應經考試院依法考選之意旨❷。

又為了順應實際需要，公務人員考試法第八條第一項規定，高科技或稀少性工作類科之技術人員，經公開競爭考試，取才仍有困難者，得另訂考試辦法辦理之。不過，同條第三項則規定，前項考試及格人員，僅取得申請考試機關有關職務任用資格，不得轉調原分發任用機關以外之機關任職，以杜絕投機取巧，迴避應行參加之考試。

## 第三項　掌理銓敘、保障、撫卹、退休之權

憲法增修條文第六條第一項第二款規定，考試院掌理公務人員之銓敘、保障、撫卹、退休事項。茲列述於次：

### 一、銓　敘

乃指具有任用資格之考試及格人員，應依公務人員任用法第十六、二十五條規定，由銓敘部審查資格、敘官等、敘職級、敘俸級之意思。而經銓敘合格者，由銓敘部依公務人員任用法第十二條之規定，分發各有關機關任用。不過，行政院所屬各級機關之分發機關為行政院人事行政局，但其分發辦法，因須由考試院會同行政院定之，故銓敘部亦有相當影響力。

### 二、保　障

乃對於公務人員之身分加以保障之謂也。換言之，公務人員非因法定原因及依法定程序，不受撤職、休職或免職之處分。我國目前除對於法官、考試委員、審計人員有特別保障之規定外，對於一般公務人員之身分保障，也有一般性之法律規定，即公務人員保障法，使公務人員可以透過復審、申訴、再申訴等程序，保障其身分、工作條件、官職等級、俸給等有關權益。

至對於非經公務員懲戒程序所為之降級或減俸，大法官於釋字第四八三

---

❷　相關論文請看，林子傑，〈專門職業及技術人員資格取得之憲法問題──以司法院釋字第六五五號解釋為中心〉，《世新法學》，第四十七期，民國一〇五年五月，頁 405–465。

號解釋，認係違反憲法保障人民服公職權利之作法，該號解釋謂：「公務人員依法銓敘取得之官等俸級，非經公務員懲戒機關依法定程序之審議決定，不得降級或減俸，此乃憲法上服公職權利所受之制度性保障」。

值得注意的是，民國一〇六年六月十四日，總統令公布修正「公務人員保障法」，提供了更多對公務員保障制度。其中最重要的是公務員有辭職權，有依法定情形，無服從長官命令之權，有在國家機關提供安全、衛生防護措施有瑕疵，致生命、身體或健康受損時，得依國家賠償法請求賠償之權。

## 三、撫　卹

依公務人員退休資遣撫卹法第五十一條至第五十三條等之規定，公務人員在職或於休職、停職或留職停薪期間病故或意外死亡，或因公死亡者，給與其遺族一次撫卹金。任滿十五年者發給一次撫卹金與月撫恤金以及殮葬補助費，使公務人員不必擔心家事後顧而能安心工作。此項遺族領受撫卹金之權利及未經遺族具領之撫卹金，不得扣押、讓與或供擔保。

## 四、退　休

乃依公務人員退休資遣撫卹法第十九條之規定，使公務人員在任職五年以上，年滿六十五歲者，屆齡退休。同法第二十條第一項及第二項又規定，公務人員由其服務機關申辦命令退休之事由及提供公務員比照身心障礙者職業重建之服務。若公務人員任職五年以上，年滿六十歲者或任職滿二十五年自願退休者，有公務人員退休資遣撫卹法第十七條第一項規定之情形者，亦應或得准其自願退休。公務人員退休時，支給一次退休金、月退休金、兼領二分之一之一次退休金與二分之一之月退休金，公務人員請領退休金之權利，依公務人員退休資遣撫卹法第二十六條之規定，亦不得扣押、讓與或供擔保。

憲政動態上與公務人員退休法制有關之事項是因民國一百零一年十月九日由行政院勞委會所公布之精算報告，指出勞保基金將於民國一百零六年出現收支逆差，於一百一十六年面臨破產之消息❸，引爆出軍人退撫基金將於

---

❸　參閱，《中國時報》社論：勞保信任危機，應速拆除引信，民國一百零一年十月

民國一百零七年轉負值，教職退撫基金將於民國一百一十六年變紅字，公職退撫基金將於民國一百一十八年破產等讓民眾「退」不安全，「老」不安全之一連串消息，而促動了軍公教退休法制改革之要求❹。

　　公務人員退休法制之老化、僵化，產生非常不公之現象。尤其是軍公教、公控公營金融行庫退休人員可分別領到百分之十八或百分之十三之利息補貼，造成國庫沈重負擔，也引起社會輿論的批判。曾任衛生署署長的葉金川先生撰文表示：「許多五十、六十歲的退休軍公教的養老金，比社會新鮮人的起薪高出二倍以上，那年輕人對於社會、政府會怎麼想呢❺？」考試院就此雖也提出改革方案，但筆者認為其改革信念不對，改革方法不當，乃為文加以批判❻。又公務員退休法制之修改因非妥適且涉及軍公教人員之既得利益，牽動選票動向，以致至民國一〇三年中，仍未通過立法院之審議。民國一〇四年七月五日希臘公投否決歐盟紓困方案後，希臘老年男子因領不到年金存款而坐在地上嚎啕大哭的情景，社會輿論乃又有加速公正進行年金改革之呼聲❼。

　　為了呼應社會要求年金改革之呼聲，蔡英文總統於民國一〇五年五月二十日就任後，隨即設立「總統府國家年金改革委員會」，經過將近一年的開會後，於民國一〇六年五月二十日前將各類年金改革法案，如「公務人員退休撫卹法草案」、「公立學校教職員退休撫卹條例草案」、「政務人員退職撫卹條

───────────────

二十二日，A3 版。

❹　參閱，葉金川，〈改革退休制，避免希臘化〉，《中國時報》，時論廣場，民國一百零一年二月二十九日，A15 版；林騰鷂，〈別再忽視世代間分配正義〉，《中國時報》，時論廣場，民國一百零一年三月六日，A15 版。

❺　葉金川，上揭文。

❻　林騰鷂，〈年金改革應有堅實信念〉，《蘋果日報》蘋論，民國一〇二年一月二十五日，A31 版；林騰鷂，〈勿以假改革，延續真貪腐〉，《蘋果日報》論壇，民國一〇二年四月二十四日，A17 版；林騰鷂，〈生存保障應優先於信賴保護〉，《中國時報》時論廣場，民國一〇二年六月二十七日，A16 版。

❼　林騰鷂，〈應速公正進行年金改革〉，《臺灣時報》專論，民國一〇四年七月十日，第三版。

例修正草案」、「公教人員保險法修正草案」、「勞工保險條例部分條文修正草案」等送進立法院審議。立法院只分別於六月二十七日、二十九日、三十日三讀通過「公務人員退休資遣撫卹法」、「公立學校教職員退休資遣撫卹條例」及「政務人員退職撫卹條例」。但直至八月九日才見總統明令公布❽。而涉及軍人及法官的「陸海空軍軍官士官服役條例」、「法官法」，則將於完成法制作業後，送立法院審議❾。

值得注意的是，總統於民國一○五年五月十日公布「公職人員年資併社團人員年資計發退離給予處理條例」，規定公務、政務、軍職、教育、公營事業及民選首長等人員，於退休（職、伍）時，採認中國國民黨各級黨部、中華民國民眾服務總社及其分社、中國青年反共救國團、中國童子軍總會、中國大陸災胞救濟總會、世界反共聯盟中國分會、亞洲人民反共聯盟中國總會、三民主義大同盟等社團專職人員年資併計核發退離給予，要重行核計退離給予之範圍與標準，溢領退離給予要返還及重行核計遺族撫慰金之給與。

---

❽ 這三個法律對公教人員的退休生活影響頗大，甚多公教人員、監察院、立法院等紛紛提出釋憲聲請案。大法官在民國一○八年八月二十三日分別作出釋字第七八一、七八二、七八三等三號解釋，宣告除公校教師退休再任私校教職限制領取雙薪之規定，不符平等原則違憲外，這三個法律有關退休金削減之大部分的條文均合憲，理由是，由於少子化、物價指數變動，為顧及公共利益，軍公教退休金也應適時調整，三個法律之相關規定，並沒有違背「法律不溯既往」之信賴保護原則及比例原則。相關評論請參閱，林世宗，〈年改釋憲出爐，踐踏信賴保護，摧毀不溯及既往〉，《聯合報》民意論壇，民國一○八年八月二十六日；蘇永欽，〈年改釋憲出爐：法治原則又崩壞一大塊〉，《聯合報》民意論壇，民國一○八年八月二十五日。

❾ 參閱，總統府國家年金改革委員會，〈年金改革一年的回顧〉，民國一○六年五月十九日。

## 第四項　掌理任免、考績、級俸、陞遷、褒獎之法制事項權

由於公務人員之任用、免職、考績、級俸、陞遷、褒獎之業務，實際上由行政院人事行政局掌理，故憲法增修條文第六條第一項第三款特別規定，考試院只掌理公務人員之任免、考績、級俸、陞遷、褒獎等之法制事項，此與憲法第八十五條之規定有所不同。茲再分述其內涵於次。

## 一、任　免

是指依公務人員任用法第二十四、二十五條規定各機關擬任簡任、薦任、委任職公務人員時，在先派代理之三個月內送請銓敘機關審查，經審查合格後，由各機關任命之。各機關任用人員，違反公務人員任用法規定者，銓敘機關應通知該機關改正；情節重大者，得報請考試院依法逕請降免，並得核轉監察院依法處理。

## 二、考　績

是指依公務人員考績法之規定，對公務人員之工作、操行、學識、才能加以考核的意思。各機關辦理考績，應依公務人員考績法第十四條規定，組織考績委員會辦理初核，由機關長官執行覆核後，送銓敘機關核定。但長官僅有一級或因特殊情形不設置考績委員會時，得逕由其長官考核。公務人員考績分數及獎懲，銓敘機關如有疑義，應通知該機關詳覆事實及理由，或通知該機關重加考核，必要時得調卷查核或派員查核。

## 三、級　俸

是指依公務人員俸給法之規定，按公務人員之職等職階而支付俸給的意思。公務人員之俸給分為本俸、年功俸及加給三種，均以月計之。

經銓敘機關敘定之俸給，非依公務人員考績法、公務員懲戒法之規定，

不得晉敍或降敍。又俸給不依銓敍機關核定數額支給者，審計機關應不准核銷，並予追繳。

## 四、陞　遷

是指對服務成績優良之公務人員予以提昇職等或按公務人員工作性質及辦事能力，予以遷調調整職務的意思。為免主管人員恣意，公務人員陞遷法第二條乃規定：「公務人員之陞遷，應本人與事適切配合之旨，考量機關特性與職務需要，依資績並重、內陞與外補兼顧原則，採公開、公平、公正方式，擇優陞任或遷調歷練，以拔擢及培育人才。」

## 五、褒　獎

是指對於國家有功之公務人員，由總統依據憲法第四十二條，褒揚條例第二條，勳章條例第六條等之規定，加以褒獎的意思。

## 第五項　考銓法律提案權

考試院除了上述憲法增修條文第六條規定之職權外，憲法第八十七條另規定，考試院關於所掌事項，得向立法院提出法律案。因此，考試院就其職掌考試與銓敍之事項，得向立法院提出法律案。這是憲法所明定的，除行政院以外，尚有考試院有法律提案權。不過，憲法進一步規定，行政院所提出但被立法院議決通過之窒礙難行法律案，有覆議之權。但考試院所提之法律案，如被立法院修改通過而有窒礙難行時，卻未規定考試院有覆議權，是為缺漏。依五權分立平等之精神來看，行政院有覆議權，考試院也應有覆議權才對。

# 第十章　監察院

## 第一節　監察院之地位

憲法第九十條規定，監察院為國家最高監察機關，意指監察院之地位為行使監察權之治權機關，與行政、立法、司法、考試四院，平行分立。不過，因憲法增修條文第七條第一項規定不適用憲法第九十條及第九十一條至第九十三條有關監察委員產生之規定，第九十四條有關同意權之規定，故監察院之地位已非中央民意機構，而為一與西方國家準司法性質之機構一樣的準司法機關❶。特別是與創始於瑞典，風行於歐美各國之監察長 (Ombudsman) 制度，有異曲同工之妙❷。

由於曾任監察院院長的王建煊，在第四屆監察委員任期即將屆滿時，高喊「監察院關門、國家大吉」，表示臺灣監察制度有缺失，監察院走上關門之路，才有助國家❸。這一發言又引發監察院的存廢爭議。民國一○四年四月二十三日，立法院修憲委員會召開第五場公聽會時，針對「我國現行五權分立改採三權分立之探討」議題時，許多學者專家及立法委員，即紛紛表示監察院應廢除、大量減少監察委員名額至七人或改制為中央人權委員會之意見❹。

❶ 參閱，《聯合報》，民國八十一年十二月二十八日社論，〈監察院改制後的功能定位〉。

❷ 參閱，法治斌、董保城，上揭書，頁 399；城仲模，〈行政救濟制度之新展望——行政監察使・Ombudsman 制度——〉，氏著，《行政法之基礎理論》，三民書局，民國六十九年九月，頁 681–712；廖福特，〈歐洲聯盟監察使〉，氏著，《歐洲人權法》，頁 437–480；黃越欽主編，《國際監察組織——一九九四年研討會論文集》，五南圖書出版公司，民國八十五年六月初版一刷。

❸ 參閱，東森新聞雲，http://www.ettoday.net/news/20140725/382441.htm

❹ 請參閱，立法院修憲委員會編製，立法院修憲委員會公聽會報告，民國一○四年

# 第二節　監察院之組織

## 第一項　概　說

　　監察院之地位與性質，因憲法增修條文之修改，監察院已非中央民意機關，監察委員也非由選舉產生，故監察院之組織已和以往不同。茲就憲法增修條文及監察院組織法之規定分項說明之。

## 第二項　監察委員

　　憲法增修條文第七條第二項之規定，監察院設監察委員二十九人，任期六年，由總統提名，經立法院同意任命之。立法院在民國一○三年七月二十九日行使此一規定之同意權時，並未像往昔一樣，全數通過總統所提名之監察委員人選，而是在提名的二十九名監察委員人選中，刷掉了十一名，成為憲政史上之重大事例。

　　監察委員已不由民選，但因其職司風憲，責任更大，故其成員素質有必要嚴格限制，故監察委員之資格亦如大法官、考試委員之資格，由法律加以明定。

　　監察委員依憲法第一百零一及一百零二條之規定，原有言論免責權及非經監察院許可，不受逮捕或拘禁之特權，但因憲法增修條文第七條第六項之規定，監察委員現時已不能再享有這些特權。

　　監察委員雖不再享有一般國會議員之特權，但因職司風憲，故憲法增修條文第七條第五項規定，監察委員須超出黨派以外，依據法律獨立行使職權。

五月七日，頁9，12，13，17，20，23，26，56，57。另參閱，羅承宗，〈司法、考試與監察體制之改革與存廢：以民間新憲草案以及第8屆國會相關提案為中心〉，《開南法學》，第十期，民國一○七年二月，頁85-110。

此一規定方式與法官、考試委員獨立行使職權之規定相似，以確保監察委員得獨立行使職權，不受非法或不當之干涉。另外，大法官釋字第五八九號解釋也表示，為維護監察權之獨立行使，充分發揮監察功能，我國憲法對監察委員之任期明定六年之保障，並對該擔任監察委員之領取政務官退職酬勞金，給予擇領月退酬勞金之保障。

監察委員要行使彈劾、糾舉、審計、調查、糾正之職權，故應專職，也不可以有利益之掛鉤或牽扯，故憲法第一百零三條規定，監察委員不得兼任其他公職或執行業務。而何謂公職或執行業務，歷來爭議不少，司法院大法官會議曾對此作出多號解釋，可供參考，即：

## 一、釋字第一九號解釋

憲法第一百零三條所稱不得兼任其他公職，與憲法第七十五條之專限制兼任官吏者有別，其含義不僅以官吏為限。

## 二、釋字第二○號解釋

醫務人員，既須領證書始得執業，且經常受主管官廳之監督。其業務與監察職權顯不相容，應認係同條所稱之業務，公立醫院為國家或地方醫務機關，其院長及醫生並係公職，均在同條限制之列。

## 三、釋字第二四號解釋

公營事業機關之董事、監察人及總經理，與受有俸給之文武職公務員，均適用公務員服務法之規定，應屬於憲法第一百零三、七十五條所稱公職及官吏範圍之內。監察委員、立法委員均不得兼任。

## 四、釋字第八一號解釋

民營公司之董事、監察人及經理人所執行之業務，應屬於憲法第一百零三條所稱執行業務範圍之內。

## 五、釋字第一二〇號解釋

新聞紙雜誌發行人執行之業務，應屬於憲法第一百零三條所稱業務範圍之內。另監察委員出缺時，依監察院組織法第六條第四項之規定，其繼任人之任期，至原任者任期屆滿之日為止。

## 六、釋字第五八九號解釋

此為對監察委員退職酬勞金之保障，該號解釋謂：「憲法增修條文第七條第五項規定：『監察委員須超出黨派以外，依據法律獨立行使職權。』為維護監察權之獨立行使，充分發揮監察功能，我國憲法對監察委員之任期明定六年之保障（憲法第九十三條及憲法增修條文第七條第二項規定參照）。查第三屆監察委員之任期六年，係自中華民國八十八年二月一日起，至九十四年一月三十一日止。該屆監察委員開始任職時，七十四年十二月十一日修正公布之政務官退職酬勞金給與條例尚無落日條款之規定，亦即第三屆監察委員就任時，係信賴其受任期之保障，並信賴於其任期屆滿後如任軍、公、教人員年資滿十五年者，有依該給與條例第四條擇領月退職酬勞金之公法上財產權利。惟為改革政務人員退職制度，而於九十三年一月七日另行制定公布政務人員退職撫卹條例（以下簡稱『退撫條例』），並溯自同年月一日施行。依新退撫條例，政務人員與常務人員服務年資係截然區分，分段計算，並分別依各該退休（職）法規計算退休（職）金，並且政務人員退撫給與，以一次發給為限，而不再有月退職酬勞金之規定。雖該退撫條例第十條設有過渡條款，對於新退撫條例公布施行前，已服務十五年以上者，將來退職時仍得依相關退職酬勞金給與條例，選擇月退職酬勞金。但對於受有任期保障以確保其依法獨立行使職權之政務人員於新退撫條例公布施行前、後接續任年資合計十五年者，卻無得擇領月退職酬勞金之規定，顯對其應受保護之信賴利益，並未有合理之保障，與前開憲法意旨有違。有關機關應即依本解釋意旨，使前述人員於法律上得合併退撫條例施行前後軍、公、教年資及政務人員年資滿十五年者，亦得依上開政務官退職酬勞金給與條例及八十八年六月三十日修

正公布之政務人員退職酬勞金給與條例之規定擇領月退職酬勞金，以保障其信賴利益。」

## 第三項　監察院院長、副院長

　　憲法增修條文第七條第二項規定，監察院院長、副院長由立法院同意任命之。不過在民國九十四年間因藍綠政黨爭議，監察院院長、副院長以及監察委員之任命程序不能依憲執行。大法官釋字第六三二號解釋乃表示：「為使監察院之職權得以不間斷行使，總統於當屆監察院院長、副院長及監察委員任期屆滿前，應適時提名繼任人選咨請立法院同意，立法院亦應適時行使同意權，以維繫監察院之正常運行。」

　　監察院院長、副院長之任期與其他監察委員相同，均為六年。院長出缺時，依監察院組織法之規定，係由副院長代理，其代理期間至總統提名繼任院長經國民大會同意，總統任命之日為止。監察院院長、副院長同時出缺時，由總統就監察委員中指定一人代理院長，其代理期間也是至總統提名繼任院長、副院長經國民大會同意，總統任命之日為止❺。

　　又監察院院長、副院長出缺時，其繼任人之任期，依監察院組織法第六條第四項之規定，乃至原任者任期屆滿之日為止。

　　監察院院長之職責在綜理院務，並監督所屬機關；監察院院長因事故不能視事時，由副院長代理其職務。

　　監察院院長之職權除了上述之綜理院務外，尚有主持監察院院會，參加總統所召集之解決院際間爭執會議。

---

❺　民國九十四年修正憲法增修條文時，有關國民大會組織與職權之條文已停止適用。但直至民國九十七年六月底，因監察院組織法第六條第二項條文仍未修正，以致有些唐突之規範存在，也顯現憲政亂象從民國九十四年持續到了民國九十七年。依憲法增修條文規定，此處規定之國民大會，實應修改為立法院。

## 第四項 監察院會議

依監察院組織法第七條規定，監察院會議由院長、副院長及監察委員組織之，以院長為主席。

監察院會議每月舉行，院長或全體委員四分之一以上認為有必要時，得召集臨時會議。會議應有應出席委員二分之一以上之出席，方得開會，以出席過半數之同意，方得決議。

監察院會議所要討論之事項，依監察院會議規則第三條之規定為：

1. 關於提出立法院之法律案。
2. 關於監察法規之研議事項。
3. 關於審議中央及地方政府總決算之審核報告事項。
4. 關於彈劾權、糾舉權及審計權行使之研究改進事項。
5. 關於提出糾正案之研究改進事項。
6. 關於各委員會報告事項。
7. 院長交議事項。
8. 委員提案事項。
9. 其他重要事項。

## 第五項 監察院各委員會

監察院依憲法第九十六條之規定，得按行政院及其各部會之工作，分設若干委員會，調查一切設施，注意其是否違法或失職。因此，監察院乃依監察院各委員會組織法第二條之規定，設有一、內政及少數民族委員會；二、外交及僑政委員會；三、國防及情報委員會；四、財政及經濟委員會；五、教育及文化委員會；六、交通及採購委員會；七、司法及獄政委員會等。

## 第六項　審計長

憲法第一百零四條規定，監察院設審計長，由總統提名，經立法院同意任命之。

審計長依憲法第一百零五條規定，應於行政院提出決算後三個月內，依法完成其審核，並提出審核報告於立法院。其職務在現行中央五院體制下，甚為特殊，故與一般應隨執政黨更迭或政策變更而進退之政務官不同，故大法官釋字第三五七號解釋即認審計部組織法第三條關於審計長任期為六年之規定，目的在確保審計長職位之安定，使其能在一定任期內，超然獨立行使職權，故與憲法並無牴觸。

# 第三節　監察院之職權

## 第一項　概　說

憲法增修條文第七條第一項規定，監察院為國家最高監察機關，行使彈劾、糾舉及審計權，不適用憲法第九十及九十四條有關同意權之規定。因此，監察院目前得以行使之權限❻，除了彈劾、糾舉、審計權外，尚有憲法第九十七條所規定之糾正權及憲法第九十五條、第九十六及九十九條等規定之調閱命令、文件及各種設施之調查權。

關於監察權究竟是事後監察權或事前監察權，在民國九十九年爆發了爭議。爭議之源起乃因教育部原本訂於民國九十九年九月實施免費營養午餐，但有監察委員在政策尚未實施前，卻以未訂排富條款的理由，兩度糾正教育

---

❻　又反貪腐是否應成為監察院之重要權限，相關評論請參閱，陳新民，〈監察院能否做為獨立的反貪腐機構？〉，《台灣法學雜誌》，第九十五期，民國九十六年六月，頁 1–4。

部，致使免費營養午餐政策喊停。有立法委員因此研擬修法，明確定位監察權為事後監察，而引發部分監察委員之反彈❼。

筆者認為，監察院之監察職權已有重大質變，而與行憲時不同。尤其，近年來新頒之政治獻金法、公職人員財產申報法、公職人員利益衝突迴避法、遊說法等又增訂監察院對公職人員之科處罰鍰權。是以其職權已有歐美國家監察長之職權，而非僅是事後監督而已。中央研究院院士胡佛教授也有類似看法，主張監察院應發揮防肅的功能❽。茲就監察院之各個職權說明於次。

## 第二項　彈劾權

監察院為行使彈劾權之機關。過去依憲法第九十八條規定，只要有監察委員一人以上之提議，九人以上之審查或決定，就可對中央及地方之公務人員進行彈劾。自民國八十年五月一日憲法增修條文第十五條第三項對此加以修正，已有改變，故現時彈劾案之提出，依現時憲法增修條文第七條第三項之規定，至少須有監察委員二人以上才可。茲依憲法增修條文及監察法之規定，說明彈劾之原因、對象及程序如下。

### 一、彈劾的原因

依監察法第六條之規定，監察委員對於公務人員，認有違法或失職之行為者，得經二人以上之提議向監察院提彈劾案。是以彈劾之原因，為公務人員之違法或失職情事。違法情事可由客觀法律判斷之，至於失職情事，則分政務官失職與事務官失職兩類情事。事務官失職是指其違反公務員服務法，不盡其應盡的義務，是屬於事務性質的失職。而政務官失職，多為政策的錯誤疏失❾。

---

❼　參閱，王健壯，〈請胡佛教授替監委上一堂課〉，《中國時報》，民國九十九年十二月九日，A16 版。

❽　胡佛，〈監察院制度的展望，系列三──發揮防肅的功能〉，《中國時報》時論廣場，民國一〇三年二月八日，A14 版。

## 二、彈劾的對象

依憲法增修條文第七條之規定，受監察院彈劾的對象有二大類，即：

1.中央、地方公務人員❿，包括中央及其所屬機關或派駐地方機關之公務人員、武官，以及國營事業人員，至於民意代表如立法委員、縣議員，因係以選民為監督機關，且依大法官會議釋字第一四號及第三三號之解釋，不在彈劾權行使對象之列。

2.司法院、考試院及監察院人員⓫。

另監察院對軍人亦可提出彈劾案，但依司法院大法官釋字第二六二號解釋，應移送公務員懲戒委員會審議。至於軍人之過犯，除上述彈劾案外，其懲罰仍依陸海空軍懲罰法行之。

## 三、彈劾的程序

彈劾的程序，依憲法增修條文第七條第三、四項之規定程序乃是對中央、地方公務人員彈劾的程序，即：對中央、地方公務人員及司法院、考試院、監察院人員之彈劾，須經監察委員二人以上之提議，九人以上之審查及決定，始得向司法院公務員懲戒委員會提出。

在彈劾權的行使上，引起社會矚目的是，民國九十九年一月十九日監察院以八比三懸殊比數通過了對首任檢察總長陳聰明的彈劾案。監察院同時並依監察法第十四條規定為「急速處分」，要求法務部即刻把陳聰明調離檢察總長之職務，而陳聰明於同日下午也請辭了檢察總長之職務。這是憲政司法史上所未發生的大事⓬。

---

❾　薩孟武，前揭書，頁 461。

❿　民國一〇四年八月四日，監察院以七票比二票通過彈劾臺南市長賴清德就是顯例。

⓫　詳閱，陳怡如，〈監察權對司法權監督界限之分析與建構——以第二‧三屆監委為中心〉，《憲政時代》，第二十九卷，第二期，民國九十二年十月，頁 211–247。

⓬　參閱，《聯合報》社論：「陳聰明的重傷不在彈劾而在失去社會信任」，民國九十八年一月二十日，A2 版。

## 第三項 糾舉權

憲法第九十七條第二項規定，監察院對於中央及地方公務人員，認為有失職或違法情事，得提出糾舉案。這就是監察院之糾舉權。

糾舉權之行使，依監察法第十九條之規定，乃監察委員對於公務人員認為有違法或失職之行為，應先予以停職或其他急速處分時，得以書面糾舉，經其他監察委員三人以上之審查及決定，由監察院送交被糾舉人員之主管長官或其上級長官，其違法行為涉及刑事或軍法者，應逕送各該管司法或軍法機關依法辦理。

## 第四項 糾正權⓭

憲法第九十六條規定，監察院得按行政院及其各部會之工作，分設若干委員會，調查一切設施，注意其是否違法或失職。而依監察法第二十四條之規定，監察院於調查行政院及其所屬各機關之工作及設施後，經各有關委員會之審查及決議，得由監察院提出糾正案，移送行政院或有關部會，促其注意改善⓮。

行政院或有關部會接到糾正案後，依監察法第二十五條規定，應即為適當之改善與處置，並應以書面答覆監察院，如逾二個月仍未將改善與處置之事實答覆監察院時，監察院得質問之。

由上述憲法及監察法之規定，可看出糾正權之行使有下列特色，即：

1.**糾正權之行使對象**，為行政院及所屬機關之工作及一切設施，因此是

---

⓭ 學者認此為監察院對行政機關「抽象的外律監督」，有準司法權與準行政權之作用。李惠宗，上揭書，頁 587–588。

⓮ 如行政院轄下的大批基金會酬庸退休高官，即遭監察院之糾正。參閱，黃雅詩記者臺北報導，〈基金會酬庸退休高官，政院遭糾正〉，《聯合報》，民國九十三年八月五日，A10 版。

對事而非對人，故與彈劾權、糾舉權之行使是對人而非對事者不同。

2.**糾正權行使之內容**，以對於違法失職之工作及設施，加以糾正，促其注意、改善為限，與彈劾權、糾舉權之行使是要使被彈劾、被糾舉之人受到懲戒處分者不同。

3.**糾正權之行使範圍**，是以行政院及其所屬之行政機關為限，而彈劾權及糾舉權之行使範圍，則不以行政院為限，而及於司法院、考試院人員，或依憲法增修條文第七條第四項規定甚至及於監察院人員。

4.**糾正權之行使程序**，係向行政院或有關部會提出；彈劾權之行使程序係向公務員懲戒委員會提出；糾舉權之行使程序則係向被糾舉人員之主管長官或其上級長官提出之。

5.**糾正權之行使效力**，乃是行政院或有關部會接到糾正案後，應即為適當之改善與處置，並應以書面答覆監察院，如逾二個月仍未將改善與處理之事實，答覆監察院時，監察院得質問之。而彈劾權、糾舉權之行使效力則在使被彈劾人、被糾舉人受到懲戒之處分。

由於行政胡亂現象頻生，監察院糾正權之行使亦非常頻繁。民國九十九年元月二十日，監察院在調查後，認為中國石油公司的浮動油價機制行政措施有不當超收油價現象，因此通過糾正經濟部案❶。另外，對於醫院醫師看診超量、工作超時、病患就診時間超短的「三超」現象，衛生署明明知情，卻未解決問題，監察院也於民國九十九年五月中旬時通過糾正衛生署案❶。

# 第五項　調查權

我國憲法關於調查權之規定，列於第九章之「監察」中。憲法第九十六條規定：「監察院得按行政院及其各部會之工作，分設若干委員會，調查一切

---

❶　參閱，林如昕、黃馨儀臺北報導，監委：〈中油 A 75 億〉，《中國時報》，民國九十九年一月二十一日，A9 版。

❶　相關論文請參閱，黃達夫，〈台灣醫療奇觀，肇因醫院管理不當〉，《聯合報》，民意論壇，民國九十九年五月二十一日，A19 版。

設施，注意其是否違法或失職」，此即為調查權之來源依據。又憲法第九十五條規定：「監察院為行使監察權，得向行政院及其各部會調閱其所發布之命令及各種有關文件」。此即為調閱權之來由。

關於上述監察院之調查權、調閱權在憲法增修條文公布實施後是否有改變，司法院大法官釋字第三二五號解釋稱：「本院釋字第七六號解釋認監察院與其他中央民意機構共同相當於民主國家之國會，於憲法增修條文第十五條規定施行後監察院已非中央民意機構，其地位及職權亦有所變更，上開解釋自不再適用於監察院。惟憲法之五院體制並未改變，原屬於監察院職權中之彈劾、糾舉、糾正權及為行使此等職權，依憲法第九十五、九十六條具有之調查權，憲法增修條文亦未修改，此項調查權仍應專由監察院行使。……但國家機關獨立行使職權受憲法之保障者，如司法機關審理案件所表示之法律見解、考試機關對於應考人成績之評定、監察委員為糾彈或糾正與否之判斷，以及訴訟案件在裁判確定前就偵查、審判所為之處置及其卷證等，監察院對之行使調查權，本受有限制。」經過此一解釋，可知監察院之調查權並非毫無限制❶。

又監察院之調查權與立法院有限制性的調查權有何不同，大法官釋字第五八五號解釋有詳細的說明，可參照本書第七章第三節第十六項之說明。除此之外，大法官釋字第七二九號解釋理由書，也特別表明監察院之調查權與立法院文件調閱權之不同，謂：「立法院與監察院職權不同，各有所司。立法院之文件調閱權，以調閱文件所得資訊作為行使立法職權之資料；而監察院之調查權，則係行使彈劾、糾舉、糾正等監察職權之手段，二者之性質、功能及目的均屬有別，並無重疊扞格之處。是立法院行使文件調閱權，自無侵

---

❶ 監察院曾於民國九十三年八月四日行使調查權，提出調查報告，指出九十三年度中央政府總預算編列，行政院有嚴重疏失。參閱，黃雅詩記者臺北報導，《聯合報》，九十三年八月四日，A4版。另參閱，陳愛娥，〈監察院行使調查權聲請釋憲要件說明會意見〉，《月旦法學雜誌》，第二八〇期，民國一〇七年九月，頁133-141；李建良，〈監院聲請釋憲權限爭議——關於監察院聲請釋憲的若干方法論問題〉，《月旦法學雜誌》，第二八〇期，民國一〇七年九月，頁122-132。

犯監察院調查權之問題，檢察機關自不得執此拒絕調閱。」

## 第六項　審計權

審計權依民國一〇四年六月十七日修正公布之審計法第二條規定，是指下列事務，即：一、監督預算之執行。二、核定收支命令。三、審核財務收支、審定決策。四、稽察財務及財政上之不法或不忠於職務之行為。五、考核財務效能。六、核定財務責任。七、其他依法律應行辦理之審計事項。

依憲法第六十條規定，行政院應於會計年度結束後四個月內將決算提出於監察院，由審計部審核之，而審計部則依審計法第三十四條規定之審核中央政府年度總決算並提出審核報告於立法院。對於地方政府年度總決算之編送及審核，依審計法第三十四條第四項規定行之。審計部行使上述審計權後，依憲法第一〇五條規定，審計長應於行政院提出決算後三個月內，依法完成其審核，並提出審核報告於立法院，而總決算最終審定數額表，依決算法第二十八條規定，由監察院咨請總統公告。

特別值得注意的是，審計法於民國一〇四年六月十七日修正公布時，於第七十九條規定：「審計機關於公私合營之事業，及受公款補助之私人團體應行審計事務，得參照本法之規定執行之。」這是前所未有之規定，應由審計部迅速落實，以防止公庫資金流入「假民營、真公辦」之企業及私法人。

## 第七項　監試權

考試機關舉行考試時，除檢覈外，依監試法第一條至第五條之規定，應請監察院派員監試。凡組織典試委員會辦理之考試，由監察委員監試；凡考試院派員或委託有關機關辦理之考試，得由監察機關派員監試。監試人員之任務，如試卷之彌封，彌封姓名冊之固封保管，試題之繕印封存及分發，試卷之點封，彌封姓名冊之開拆及對號，應考人考試成績之審查，及格人員之榜示公布等事項是。監試時如發現有潛通關節，改換試卷或其他舞弊情事者，

由監試人員報請監察院依法處理之。

## 第八項　法律案提出權

　　監察院關於所掌事項，是否得向立法院提出法律案，憲法無明文規定，此與行政院及考試院有權向立法院提出法律案明定於憲法者不同。惟依照司法院大法官釋字第三號之解釋，認為基於五權分治平等相維之體制，參以憲法第八十七條、第七十一條之制定經過，監察院關於所掌事項，得向立法院提出法律案。

　　監察院關於所掌事項，雖有向立法院提出法律案之權；但對於立法院決議之法律案，監察院如認為有窒礙難行時，則不得移請覆議。此種法律案雖係監察院所提出，惟行政院對於立法院決議之法律案，如認為有窒礙難行時，則反得移請覆議，因憲法第五十七條第三款關於移請覆議之規定，乃為貫徹行政院對立法院負責之意旨，移請覆議之權，應認為乃行政院所專獨享有。

## 第九項　聲請解釋憲法權

　　依大法官審理案件法第五條第一項第一款規定，監察院為中央機關，亦可聲請大法官解釋憲法。司法院大法官會議在過去總統、行政院、監察院所聲請大法官為法律違憲審查、挑戰立法權的作為，分別作出釋字第五二○號、釋字第五三○號及釋字第六二七號解釋。不過，在民國一○七年十月時卻對監察院就《不當黨產條例》之釋憲聲請案作出不受理之解釋，引發五位大法官提出不同意見書。學者認為，大法官之不受理，以聲請解釋黨產條例不在監察院職權範圍，是不適當的。因監察院在行使職權時因適用憲法而發生黨產條例違憲的爭議，大法官依法應無理由不受理❶⑧。

---

⑱　參閱，李念祖，〈發動法律違憲審查是責任也是義務〉，《中國時報》時論廣場，民國一○七年十月十四日，A15 版；陳長文，〈程序屢拒釋憲，大法官棄守憲法制衡？〉，《中國時報》名家觀點，民國一○七年十月十五日，A14 版；另請參閱

## 第十項　受理公職人員財產申報權及處罰權

除了憲法規定之監察院職權以外，因公職人員財產申報法之規定，監察院又有受理公職人員財產申報權。依該法第四條之規定，上至總統、副總統，下至五院院長、副院長、政務人員及十職等以上之高級文官或軍事單位少將編階以上之各級主管均應向監察院申報財產，使政風得以端正，並確立公職人員清廉之作為。公職人員如違法不申報或申報不實，監察院依公職人員財產申報法第十四條規定，亦有權科處罰鍰。

## 第十一項　受理政治獻金申報權及處罰權

政治獻金法第四條第一項規定：「受理政治獻金申報之機關為監察院。」同條第二項又規定：「監察院得委託直轄市、縣（市）選舉委員會辦理（政治獻金法）第十二條第一項第四款所定擬參選人之政治獻金申報與專戶許可、變更及廢止事項。」又違反政治獻金法，違法收受、募集政治獻金或利用職權或以生計利害妨害政治獻金捐贈者，依政治獻金法第三十三條規定，監察院可科處違反者以罰鍰、沒入或追徵其價額等種種之行政罰。

## 第十二項　公職人員違反利益衝突迴避之處罰權

公職人員如有公職人員利益衝突迴避法第五條規定之利益衝突，即指公職人員執行職務時，得因其作為或不作為，直接或間接使本人或其關係人獲

<hr>

〈蘋果大辯論：監院有權對黨產年改案聲請釋憲嗎？〉，【反方說法】，林明昕，〈監院聲請釋憲是在行使職權嗎？〉，【正方說法】，李念祖，〈勿漠視監院聲請釋憲的制度功能〉，《蘋果日報》，民國一〇七年十月十八日，A15 版；另請參閱，胡博硯，〈監察權的行使應該要自制〉，《蘋果日報》，民國一〇七年十月二十二日，A15 版。

取利益時，如不自行迴避或有違反公職人員利益衝突迴避法第十二條假借職權圖利、第十三條關說請託圖利或第十四條不當交易行為者，監察院、法務部或政風機構依公職人員利益衝突迴避法第二十條之規定，有罰鍰權。

## 第十三項　對公職人員違反遊說法之調查與處罰權

遊說法第二十九條第一項第一款規定，監察院對於具有總統、副總統、立法委員或屬於依政務人員退職撫卹條例第二條第一項所定人員身分者，違反遊說法之相關規定者，得科處罰鍰。同條第二項又規定，監察院為裁處遊說法之罰鍰，有主動調查權。

# 第十一章 中央與地方之權限

## 第一節 概 說

關於中央與地方權限之劃分，為憲法上重要問題。民國成立以來，我國學者對此一問題之爭論頗多。 孫中山先生衡酌國情，為鞏固中央政府權力，並顧及地方自治之推行，順應世界傾向地方分權之趨勢，乃主張採行均權制度，如在建國大綱第十七項中主張：「在此時期，中央與省之權限，採均權制度，凡事務有全國一致之性質者，劃歸中央，有因地制宜之性質者，劃歸地方，不偏於中央集權或地方分權。」

由上可知，憲法第十章，中央與地方之權限是根據 孫中山先生之均權主張而來的。

## 第二節 中央與地方之關係

依我國憲法及法律之規定，中央與地方之關係❶，約有下列數端，即監督關係、補助關係、協助關係、爭議關係，其詳細內涵可列述於次。

### 一、監督關係

中央對地方可行使各種監督權，此即為中央與地方之監督關係。其監督方式約有：

---

❶ 相關論文請看，林明鏘，〈國家與地方自治團體之關係〉，《法令月刊》，第六十七卷，第七期，民國一○五年七月，頁 1–24。

## (一)立法監督

因憲法增修條文第九條第一項之規定，省、縣地方制度已有變動，而憲法第一百零八條第一項第一款、第一百十二至一百十五條及第一百二十二條對省縣自治之限制，已被解除，而以新制定之地方制度法之規定為準。地方制度法實施後，大法官就中央機關對地方自治團體之立法監督事宜❷，曾作出釋字第五二七號解釋，針對「臺中市議會對內政部案」表示了看法。認為就相關業務有監督自治團體權限之中央各級主管機關對各級地方立法機關決議事項或自治法規是否牴觸憲法、法律或其他上位規範有疑義，而未依地方制度法第三十條第四項逕予函告無效，得向司法院大法官聲請解釋。地方自治團體對函告無效之內容持不同意見時，應視受函告無效者為自治條例抑自治規則，分別由該地方自治團體之立法機關或行政機關，就事件之性質聲請本院解釋憲法或統一解釋法令。此即為中央與地方立法監督上之爭議互動時重要解決機制，以避免紛爭。

不過，中央與地方立法監督上之爭議，仍時有發生。例如，民國一〇四年六月十日雲林縣政府所公布的「雲林縣工商廠場禁止使用生煤及石油焦自治條例」規定在公布實施一年後，雲林縣內產業不得使用石油焦，公布實施二年後，不得使用生煤。此一自治條例，在民國一〇四年九月七日，被行政院環保署，以與「地方制度法」及「空氣污染防制法」部分條文有所牴觸，而宣告無效。雲林縣長李進勇則批評環保署逾越權限，所做宣告無效，雲林縣政府仍將會持續實施該自治條例。

## (二)行政監督

依憲法第一百零八條，中央政府對於委辦行政事項有監督的權限，另對憲法第一百零九、一百十條之地方自治行政，也有監督之權。故我國中央政府透過考試院對地方公務人員的考試、任用、銓敘、考績、陞遷、保障、退休等加以掌控，又透過監察院對地方公務人員之失職、違法情事加以糾舉、彈劾等，均可在人事上有效監督地方政府❸。民國八十八年制定公布之地方

---

❷ 相關實務請看，周佳宥，〈自治規則與法律保留〉，《月旦法學教室》，第一六六期，民國一〇五年八月，頁 6-8。

制度法對於中央與地方間之關係有全盤性之調整，中央對地方之行政監督關係有如下列：

### 1. 省政府受行政院指揮監督

地方制度法第八條規定，省政府受行政院指揮監督，辦理下列事項：

一、監督縣（市）自治事項。

二、執行省政府行政事務。

三、其他法令授權或行政院交辦事項。

另依地方制度法第七十五條第一項規定，省政府辦理第八條事項違背憲法、法律、中央法令或逾越權限者，由中央各該主管機關報行政院予以撤銷、變更、廢止或停止其執行。

### 2. 中央對直轄市政府辦理自治或委辦事項之監督

地方制度法第七十五條第二項規定，直轄市政府辦理自治事項違背憲法、法律或基於法律授權之法規者，由中央各該主管機關報行政院予以撤銷、變更、廢止或停止其執行。同條第三項又規定，直轄市政府辦理委辦事項違背憲法、法律、中央法令或逾越權限者，由中央各該主管機關報行政院予以撤銷、變更、廢止或停止其執行。就此，臺北市政府因決定延期辦理里長選舉時與內政部發生爭議。**大法官釋字第五五三號解釋**乃就中央政府對地方自治或受委辦事項之監督，明示其分際，謂：「地方自治團體處理其自治事項與承中央主管機關之命辦理委辦事項不同，前者中央之監督僅能就適法性為之……後者除適法性之外，亦得就行政作業之合目的性等實施全面監督。本件既屬地方自治事項，又涉及不確定法律概念，上級監督機關為適法性監督之際，固應尊重該地方自治團體所為合法性之判斷，但如其判斷有恣意濫用及其他違法情事，上級監督機關尚非不得依法撤銷或變更。」

### 3. 中央對縣（市）政府辦理自治事項或委辦事項之監督

地方制度法第七十五條第四項規定，縣（市）政府辦理自治事項違背憲法、法律或基於法律授權之法規者，由中央各該主管機關報行政院予以撤銷、

---

❸　相關論文請看，程明修，〈地方自治人事權之探討〉，《法令月刊》，第六十七卷，第七期，民國一〇五年七月，頁54–74。

變更、廢止或停止其執行。

縣（市）政府辦理委辦事項違背憲法、法律、中央法令或逾越權限者，由委辦機關予以撤銷、變更、廢止或停止其執行。

### 4.中央對地方政府違法不作為時之代行處理

地方制度法第七十六條詳細規定了中央對地方政府違法不作為時代行處理制，其要點為：

(1)代行處理之要件——直轄市、縣（市）、鄉（鎮、市）依法應作為而不作為，致嚴重危害公益或妨礙地方政務正常運作，其適於代行處理者，得分別由行政院、中央各該主管機關、縣政府命其於一定期限內為之；逾期仍不作為者，得代行處理。但情況急迫時，得逕予代行處理。

(2)代行處理之函知及權限移轉——行政院、中央各該主管機關、縣政府決定代行處理前，應函知被代行處理之機關及該自治團體相關機關，經權責機關通知代行處理後，該事項即轉移至代行處理機關，直至代行處理完竣。

(3)代行處理之變更或撤銷——直轄市、縣（市）、鄉（鎮、市）對代行處理處分如認為窒礙難行時，應於期限屆滿前提出申訴。行政院、中央各該主管機關、縣政府得審酌事實變更或撤銷原處分。

(4)代行處理之費用——代行處理所支出之費用，應由被代行處理之機關負擔，各該地方機關如拒絕支付該項費用，上級政府得自以後年度之補助款中扣減抵充之。

(5)代行處理處分之救濟——直轄市、縣（市）、鄉（鎮、市）對於代行處理之處分，如認為有違法時，依行政救濟程序辦理之。

### 5.中央對地方政府首長違法時之停止職務權

地方制度法第七十八條規定，直轄市長、縣（市）長、鄉（鎮、市）長、村（里）長，有該條所列情事之一者，分別由行政院、內政部、縣政府、鄉（鎮、市、區）公所停止其職務，不適用公務員懲戒法第三條之規定。

又停止職務之人員，如經改判無罪時，或經撤銷通緝或釋放時，於其任期屆滿前，得准其先行復職。另予以停止其職務之人員，經依法參選，再度當選原公職並就職者，不再適用該項之規定。而予以停止其職務之人員，經

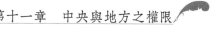

刑事判決確定，非第七十九條應予解除職務者，於其任期屆滿前，均應准其復職。直轄市長、縣（市）長、鄉（鎮、市）長，於地方制度法公布施行前，非因第一項原因被停職者，於其任期屆滿前，應即准其復職。

### 6. 中央對地方政府首長或民意代表之解除職務權

直轄市議員、直轄市長、縣（市）議員、縣（市）長、鄉（鎮、市）民代表、鄉（鎮、市）長及村（里）長有地方制度法第七十九條所列情事之一者，直轄市議員、直轄市長由行政院分別解除其職權或職務；縣（市）議員、縣（市）長由內政部分別解除其職權或職務；鄉（鎮、市）民代表、鄉（鎮、市）長由縣政府分別解除其職權或職務，並通知各該直轄市議會、縣（市）議會、鄉（鎮、市）民代表會；村（里）長由鄉（鎮、市、區）公所解除其職務。應補選者，並依法補選。

不過，如有法定情事之一者，而地方政府首長或民意代表之原職任期未滿，且尚未經選舉機關公告補選時，則上述解除職權或職務之處分均應予撤銷。

### 7. 中央對地方政府首長罹患重病之解除職務權

地方制度法第八十條規定，直轄市長、縣（市）長、鄉（鎮、市）長、村（里）長，因罹患重病，致不能執行職務繼續一年以上，或因故不執行職務連續達六個月以上者，應依前條第一項規定程序解除其職務；直轄市議員、縣（市）議員、鄉（鎮、市）民代表連續未出席定期會達二會期者，亦解除其職權。

### 8. 中央對地方政府首長辭職、去職或死亡時之派員代理權

地方制度法第八十二條規定，直轄市長、縣（市）長、鄉（鎮、市）長及村（里）長辭職、去職、死亡者，直轄市長由行政院派員代理；縣（市）長由內政部報請行政院派員代理；鄉（鎮、市）長由縣政府派員代理；村（里）長由鄉（鎮、市、區）公所派員代理。

同條第二項又規定，直轄市長停職者，由副市長代理，副市長出缺或不能代理者，由行政院派員代理。縣（市）長停職者，由副縣（市）長代理，副縣（市）長出缺或不能代理者，由內政部報請行政院派員代理。鄉（鎮、市）長停職者，由縣政府派員代理，置有副市長者，由副市長代理。村（里）

長停職者，由鄉（鎮、市、區）公所派員代理。

又地方政府首長之辭職，應以書面為之，直轄市長應向行政院提出並經核准；縣（市）長應向內政部提出，由內政部轉報行政院核准；鄉（鎮、市）長應向縣政府提出並經核准；村（里）長應向鄉（鎮、市、區）公所提出並經核准，均自核准辭職日生效。

上述各級地方自治團體對上級監督機關之監督處分，認為違法或不當，致損害其權利或利益者，依訴願法第一條第二項規定，得依訴願法提起訴願救濟。除此之外，如合於司法院大法官審理案件法第五條第一項第二款規定，於窮盡訴訟之審級救濟後，聲請司法院大法官解釋，以求獲得救濟。但若無關地方自治團體決議事項或自治法規效力問題，亦不屬得提起行政訴訟之事項，而純為中央與地方自治團體間或上下級地方自治團體間之權限爭議，則依**大法官釋字第五二七號解釋**，應循地方制度法第七十七條規定，由立法院院會議決之，尚不得向司法院聲請解釋。另外，**大法官釋字第五五○號解釋**，亦提供了臺北市政府對中央健保局請求行政強制執行之處分，提起行政爭訟請求救濟之途徑❹。同樣的，**大法官釋字第五五三號解釋**亦稱臺北市政府對行政院撤銷市政府延期辦理里長選舉之決定，亦可循行政爭訟程序請求救濟。

## 二、補助關係

依據憲法第一百四十七條規定，中央為謀省與省間之經濟平衡發展，對於貧瘠之省，應酌予補助，此即為中央對地方之補助關係。此一補助關係在財政收支劃分法第三十一條也被明確的予以規範。

關於中央對地方之補助關係，**大法官釋字第三○七號解釋**謂，「……省警政及縣警衛之實施，依憲法第一百零九條第一項第十款、第一百十條第一項第九款規定，則屬省縣之權限，省縣得就其業務所需經費依法定程序編列預算，如確屬不足時，得依警察法第十六條第二項規定呈請補助，省（直轄市）

---

❹　參閱，王文玲記者臺北報導，〈健保欠費爭議，北市抗告有理〉，《聯合報》，民國九十三年七月十六日，A6 版；另參閱，陳清秀，〈健保債務，中央灌水轉嫁地方〉，《聯合報》，民意論壇，民國九十三年六月二十一日，A15 版。

由中央補助，縣（市）由省補助。」

對此補助關係，**大法官釋字第四九八號解釋**又謂，「……立法院所設各種委員會，依憲法第六十七條第二項規定，雖得邀請地方自治團體行政機關有關人員到會備詢，但基於地方自治團體具有自主、獨立之地位，以及中央與地方各設有立法機關之層級體制，地方自治團體行政機關公務員，除法律明定應到會備詢者外，得衡酌到會說明之必要性，決定是否到會。於此情形，地方自治團體行政機關之公務員未到會備詢時，立法院不得因此據以為刪減或擱置中央機關對地方自治團體補助款預算之理由，以確保地方自治之有效運作，及符合憲法所定中央與地方權限劃分之均權原則。」

## 三、協助關係

憲法對此關係未明文規定，但財政收支劃分法第三十三條規定，各上級政府為適應特別需要，對財力較優之下級政府得取得協助金，此即為地方對中央之協助關係，恰與中央對地方之補助關係，為方向相反之關係，一為上對下之補助，一為下對上之協助。

## 四、爭議關係

中央與地方的爭議關係可分成兩種，憲法第一百十一及一百十七條另規定其解決方法，即中央與地方之權限發生爭議時，由立法院解決之，而中央法律與地方法規有無歧異牴觸發生爭議時，則由司法院解決之。茲再分析於次：

### ㈠權限爭議的解決

中央與地方權限之分配，憲法第一百零七、一百零八、一百零九及一百十條均明文列舉，但若有事項不在這些條文列舉範圍內時，如何解決呢？憲法第一百十一條乃規定：「如有未列舉事項發生時，其事務有全國一致之性質者屬於中央，有全省一致之性質者屬於省，有一縣之性質者屬於縣。」

地方制度法第七十七條第一項，對於中央與地方之權限爭議，有進一步之規定，即中央與直轄市、縣（市）間，權限遇有爭議時，由立法院院會議決之；縣與鄉（鎮、市）間，自治事項遇有爭議時，由內政部會同中央各該

主管機關解決之。

同條第二項又規定，直轄市間、直轄市與縣（市）間，事權發生爭議時，由行政院解決之；縣（市）間，事權發生爭議時，由中央各該主管機關解決之；鄉（鎮、市）間，事權發生爭議時，由縣政府解決之。

（二）法令爭議的解決

關於中央與地方之間法令爭議的解決，地方制度法第四十三條規定：

1.直轄市議會議決自治事項與憲法、法律或基於法律授權之法規牴觸者無效；議決委辦事項與憲法、法律、中央法令牴觸者無效。

2.縣（市）議會議決自治事項與憲法、法律或基於法律授權之法規牴觸者無效；議決委辦事項與憲法、法律、中央法令牴觸者無效。

3.鄉（鎮、市）民代表會議決自治事項與憲法、法律、中央法規、縣規章牴觸者無效；議決委辦事項與憲法、法律、中央法令、縣規章、縣自治規則牴觸者無效。

4.前三項議決事項無效者，除總預算案應依第四十條第五項規定處理外，直轄市議會議決事項由行政院予以函告；縣（市）議會議決事項由中央各該主管機關予以函告；鄉（鎮、市）民代表會議決事項由縣政府予以函告。

5.第一項至第三項議決自治事項與憲法、法律、中央法規、縣規章有無牴觸發生疑義時，得聲請司法院解釋之。

# 第三節　中央與地方權限之劃分

如上所述，我國係依均權主義之原則去對中央與地方之權限加以劃分。憲法自第一百零七至一百十一條即分：一、由中央立法並執行之事項。二、由中央立法並執行之或交由省縣執行之事項。三、由省立法並執行之或交由縣執行之事項。四、由縣立法並執行之事項。五、未列舉之事項。五種情形來規定中央與地方權限之劃分。茲分述於下：

## 一、由中央立法並執行之事項

憲法第一百零七條規定，下列事項，由中央立法並執行之：

一、外交。

二、國防與國防軍事。

三、國籍法及刑事、民事、商事之法律。

四、司法制度。

五、航空、國道、國有鐵路、航政、郵政及電政。

六、中央財政與國稅。

七、國稅與省稅、縣稅之劃分。

八、國營經濟事業。

九、幣制及國家銀行。

十、度量衡。

十一、國際貿易政策。

十二、涉外之財政經濟事項。

十三、其他依本憲法所定關於中央之事項。

以上所列舉之十三款事項，其中第一至十二款均屬全國一致性質者，故明文列舉，由中央立法並執行之。換言之，中央有立法權及執行權，是屬於中央之專屬權。而第十三款之規定乃怕掛一漏萬，故以概括之方式加以規定。例如標準、核能應用、國土計劃❺、太空等事項自應也是中央立法並執行之事項。

## 二、由中央立法並執行之或交由省縣執行之事項

憲法第一百零八條規定，下列事項，由中央立法並執行之或交由省縣執行之：

一、省縣自治通則。

---

❺　「國土計劃法」乃是確保國土安全，強化國土整合管理機制之由中央政府立法並執行之法律。

二、行政區劃。

三、森林、工礦及商業。

四、教育制度。

五、銀行及交易所制度。

六、航業及海洋漁業。

七、公用事業。

八、合作事業。

九、二省以上之水陸交通運輸。

十、二省以上之水利、河道及農牧事業。

十一、中央及地方官吏之銓敘、任用、糾察及保障。

十二、土地法。

十三、勞動法及其他社會立法。

十四、公用徵收。

十五、全國戶口調查及統計。

十六、移民及墾殖。

十七、警察制度。

十八、公共衛生。

十九、振濟、撫卹及失業救濟。

二十、有關文化之古籍、古物及古蹟之保存。

前項各款，省於不牴觸國家法律內，得制定單行法規。

因憲法增修條文第九條第一項規定，省、縣地方制度，……以法律定之，不受憲法第一百零八條第一項第一款之限制。故中央政府不再制定省縣自治通則，而是以制定地方制度法之方式來規範省、縣地方制度。詳可參閱本書第十二章「地方制度」之說明。

## 三、由省立法並執行之或交由縣執行之事項

憲法增修條文第九條第一項明文規定限制憲法第一百零九條之適用，故省已無憲法第一百零九條所定事項之立法與執行權。

## 四、由縣立法並執行之事項

憲法第一百十條規定，下列事項，由縣立法並執行之：

一、縣教育、衛生、實業及交通。

二、縣財產之經營及處分。

三、縣公營事業。

四、縣合作事業。

五、縣農林、水利、漁牧及工程。

六、縣財政及縣稅。

七、縣債。

八、縣銀行。

九、縣警衛之實施。

十、縣慈善及公益事業。

十一、其他依國家法律及省自治法賦予之事項。

前項各款，有涉及二縣以上者，除法律別有規定外，得由有關各縣共同辦理。

## 五、未列舉之事項

憲法第一百十一條規定，除第一百零七、一百零八、一百零九及一百十條列舉事項外，如有未列舉事項發生時，其事務有全國一致之性質者屬於中央，有全省一致之性質者屬於省，有一縣之性質者屬於縣。遇有爭議時，由立法院解決之。

## 第四節　　大法官對中央與地方權限之劃分的解釋

一、針對中央地方立法權限衝突與法規競合問題，學者從司法院大法官釋字第六六六號解釋，認為下列問題，有待釐清，即：「宜蘭縣娼妓管理自治條例對於性販售行為僅僅有所管制，而非全面禁止，是否與社會秩序維護法

第八十條牴觸？宜蘭縣娼妓管理自治條例規範位階為何？是否為法律？宜蘭縣娼妓管理自治條例與社會秩序維護法效力關係又為何？中央地方權限劃分對宜蘭縣娼妓管理自治條例效力影響為何？是否可直接逕依中央法律，亦即依據社會秩序維護法處行政罰？有無侵犯宜蘭縣政府地方自治權限空間疑慮？處罰之理由或相關理論基礎為何？中央地方法規衝突對憲法上性工作者之工作權保障程度及影響為何？」❻

二、大法官釋字第七三八號解釋，認為臺北市、臺北縣、桃園縣遊戲業營業場所距離限制案，皆未違反憲法中央與地方權限劃分原則。該號解釋謂：「臺北市電子遊戲場業設置管理自治條例第五條第一項第二款規定：『電子遊戲場業之營業場所應符合下列規定：……二　限制級：……應距離幼稚園、國民中、小學、高中、職校、醫院、圖書館一千公尺以上。』臺北縣電子遊戲場業設置自治條例第四條第一項規定：『前條營業場所（按指電子遊戲場業營業場所，包括普通級與限制級），應距離國民中、小學、高中、職校、醫院九百九十公尺以上。』（已失效）及桃園縣電子遊戲場業設置自治條例（於中華民國一〇三年十二月二十五日公告自同日起繼續適用）第四條第一項規定：『電子遊戲場業之營業場所，應距離國民中、小學、高中、職校、醫院八百公尺以上。』皆未違反憲法中央與地方權限劃分原則、法律保留原則及比例原則。惟各地方自治團體就電子遊戲場業營業場所距離限制之規定，允宜配合客觀環境及規範效果之變遷，隨時檢討而為合理之調整，以免產生實質阻絕之效果。」

---

❻　高永光、楊泰岳，〈中央地方立法權限爭議問題研究〉，政治大學行政管理碩士學程學位論文，民國九十九年。

# 第十二章　地方制度

## 第一節　概　說

憲法在第十一章中，分別規定了省、縣、市三種地方制度及蒙古、西藏等自治制度。憲法增修條文公布後，省縣地方制度已有重大變革。尤其憲法增修條文第九條排除了憲法第十一章一些條文之適用，使憲法原先設計的地方制度與在臺灣地區所施行的地方制度，已有不同。憲法增修條文第九條規定：「省、縣地方制度，應包含左列各款，以法律定之，不受憲法第一百零八條第一項第一款、第一百十二至一百十五條及第一百二十二條之限制」。民國八十八年一月二十五日制定公布地方制度法後，我國地方制度乃進入一個新的篇章。以下就憲法增修條文及地方制度法制定後之情形❶，分節說明之。

## 第二節　省　制

### 第一項　省之地位

關於省之地位，大法官於釋字第四六七號解釋，謂：「中華民國八十六年七月二十一日公布之憲法增修條文第九條施行後，省為地方制度層級之地位仍未喪失，惟不再有憲法規定之自治事項，亦不具備自主組織權，自非地方

---

❶　相關論文請參閱，陳慈陽，〈從憲法垂直分權之精神與規定論地方制度法若干條文之憲法爭議問題〉，《台灣法學雜誌》，第三一六期，民國一〇六年三月，頁1–16。

自治團體性質之公法人。符合上開憲法增修條文意旨制定之各項法律，若未劃歸國家或縣市等地方自治團體之事項，而屬省之權限且得為權利義務之主體者，於此限度內，省自得具有公法人資格。」

這一號解釋雖然化解了省之憲政地位爭議，但省既無自主組織權，也不再有憲法規定之自治事項，權力乃大為萎縮而失去功能。因此，民國一○四年四月二十三日，立法院修憲委員會召開之第五場公聽會中，就有學者認為「省政府是一個發炎的盲腸」，主張應該割掉❷。立法委員尤美女也指出「目前省政府已經是無政可施、無公可辦，對國家而言，並沒有任何有效作為，……大部分上主張應該廢掉。」❸筆者認為在行政院及各部會紛紛設立中、南部辦公室時，省之功能及地位應在下次修憲中考慮廢除，以避免地方制度組織之重疊設置、浪費民脂民膏。

## 第二項　省之組織與職權

依憲法增修條文第九條第一項第一款、第二款之規定，省的組織只有省政府及省諮議會。

### 一、省諮議會

憲法增修條文第九條第一項第二款之規定設省諮議會，置省諮議會議員若干人，由行政院院長提請總統任命之。地方制度法第十一條進一步規定了省諮議會之組織，即省諮議會置諮議員，任期三年，為無給職，其人數由行政院參酌轄區幅員大小、人口多寡及省政業務需要定之，至少五人，至多二十九人，並指定其中一人為諮議長，綜理會務，均由行政院院長提請總統任命之。

另地方制度法第十條規定了省諮議會之職掌，即省諮議會對省政府業務提供諮詢及興革意見。又省諮議會之預算，依地方制度法第十二條規定，由行政

---

❷　參閱，陳茂雄發言，立法院修憲委員會公聽會報告，民國一○四年五月七日，頁8。

❸　同上註，頁25。

院納入中央政府總預算，而其組織規程，依同法第十三條規定，由行政院定之。

## 二、省政府

　　憲法增修條文第九條第一項第一款規定，省設省政府，置委員九人，其中一人為省主席，均由行政院院長提請總統任命之。又依同條第二項規定，臺灣省政府之功能、業務與組織之調整，得以法律為特別之規定。因此，地方制度法第九條進一步規定了省政府之組織，即：省政府置委員九人，組成省政府委員會議，行使職權，其中一人為主席，由其他特任人員兼任，綜理省政業務；其餘委員為無給職，均由行政院院長提請總統任命之。

　　又省政府之預算，由行政院納入中央政府總預算，其預算編列、執行及財務收支事項，依地方制度法第十二條之規定，均依預算法、決算法、國庫法及其他相關法令辦理。另省政府之組織規程，依地方制度法第十三條規定，由行政院定之。

# 第三節　縣　制

## 第一項　縣之地位

　　憲法增修條文對地方制度之規定有了重大改變，特別是省的地方自治法人地位被「凍結」。因此，在憲法上之地方自治制度只剩下縣這個層級了。縣之地位大幅提昇。依地方制度法第十四條之規定，為地方自治團體，依地方制度法辦理自治事項，並執行上級政府委辦事項。

## 第二項　縣之組織與職權

　　現時之縣制，依憲法增修條文及地方制度法之規定，只有兩種組織，即縣議會及縣政府。依地方制度法第五條之規定，縣議會為縣之立法機關，縣

政府則為縣之行政機關，茲分述於次。

## 一、縣議會

1.依照地方制度法第三十三條第一項、第二項之規定，縣設縣議會，由縣民依法選舉縣議員組織之。縣議員之任期為四年，連選得連任。目前縣議員總額之計算，凡縣人口在一萬人以下者，不得超過十一人；人口在二十萬人以下者，不得超過十九人；人口在四十萬人以下者，不得超過三十三人；人口在八十萬人以下者，不得超過四十三人；人口在一百六十萬人以下者，不得超過五十七人；人口超過一百六十萬人者，不得超過六十人。又縣有平地原住民人口一千五百人以上者，於前目總額內應有平地原住民選出之縣議員名額。有山地鄉者，於前目總額內應有山地原住民選出之縣議員名額。有離島鄉且該鄉人口在二千五百人以上者，於前目總額內應有該鄉選出之縣議員名額。

2.縣議會設議長、副議長各一人，依民國一○五年六月二十二日公布修正之地方制度法第四十四條第一項規定，由縣議員以記名投票互選或罷免之。但就職未滿一年者，不得罷免之。又縣議會議長、副議長之罷免案，由議員三分之一以上之簽署，向內政部提出。罷免案在有議員總額過半數之出席，及出席總數三分之二以上之同意罷免為通過。

3.縣議員依地方制度法第五十條之規定，享有於開會時，對於有關會議事項所為之言論及表決，對外不負責任。而同法第五十一條也規定，縣議員除現行犯外，在會期內，非經縣議會之許可，不得逮捕或拘禁。

4.縣議會之職權依地方制度法第三十六條之規定為：

一、議決縣（市）規章。

二、議決縣（市）預算。

三、議決縣（市）特別稅課、臨時稅課及附加稅課。

四、議決縣（市）財產之處分。

五、議決縣政府組織自治條例及所屬事業機構組織自治條例。

六、議決縣（市）政府提案事項。

七、審議縣（市）決算之審核報告。

八、議決縣（市）議員提案事項。

九、接受人民請願。

十、其他依法律或上級法規賦予之職權。

　5.地方制度法實施後，縣議會行使職權，有一值得特別引述的是，民國八十八年十二月十日時，宜蘭縣議會三讀通過「宜蘭縣樹木保護自治條例」，規定凡是經縣政府公告納入保護的樹木，民眾不得任意砍除，違者處以五萬元以上、十萬元以下罰鍰，勒令立即停止砍除行為，限期改善而未改善，得按次連續重罰，直到改善為止，開創了全國第一個由地方政府自訂法規保護珍貴樹木的先例❹。

## 二、縣政府

　地方制度法第五十六條對於縣政府之組織有如下之規定：

　1.縣政府置縣長一人，對外代表該縣，綜理縣政，縣長並指導監督所轄鄉（鎮、市）自治。縣長均由縣民依法選舉之，任期四年，連選得連任一次。置副縣長一人，襄助縣長處理縣政，職務比照簡任第十三職等；人口在一百二十五萬人以上之縣，得增置副縣長一人，均由縣長任命，並報請內政部備查。

　2.縣政府置秘書長一人，由縣長依公務人員任用法任免；其一級單位主管或所屬機關首長，除主計、人事、警察、稅捐及政風之主管或首長，依專屬人事管理法律任免，其總數二分之一得列政務職❺，其職務比照簡任第十二職等，其餘均由縣長依法任免之。

　3.副縣長及職務比照簡任第十二職等之主管或首長，於縣長卸任、辭職、去職或死亡時，隨同離職。

　縣政府之職權為依地方制度法辦理縣自治事項並執行上級政府委辦事項。

---

❹　參閱，《聯合報》，民國八十八年十二月十一日，第八版。

❺　政務人員逾半，已排擠了事務文官晉升管道，有害文官制度之鞏固，參閱，林騰鷂，〈滿朝政務官，做事有幾人？〉，《中國時報》時論廣場，民國一〇六年五月卅一日，A15版。

## 第三項　縣政府與縣議會之關係

由於憲法增修條文第九條規定縣之制度以法律定之。依此制定之地方制度法乃詳細的規範縣之制度，而對縣政府與縣議會之關係，有下列規定：

### 一、施政報告、列席說明與接受質詢關係

地方制度法第四十八條第一項規定，縣議會定期會開會時，縣市長應提出施政報告；縣政府各一級單位主管及所屬機關首長，均得應邀就主管業務提出報告。同條第二項又規定，縣議員於縣議會開會時有向縣長或單位主管就其主管業務質詢之權；其質詢分為施政總質詢與業務質詢，業務質詢時，由相關業務主管備詢。又依同法第四十九條第一項、第二項分別規定縣議會、縣議會委員會開會時，對特定事項有明瞭必要者，得邀請縣長、有關業務機關首長或單位主管列席說明。

### 二、縣規章、預算、稅課、財產處分、組織條例及提案事項之議決與覆議關係

依地方制度法第三十六條規定，縣議會有議決縣之規章、預算、稅課、財產處分、縣政府組織自治條例及所屬事業機構組織自治條例與縣政府提案事項。而依地方制度法第三十九條第二項規定，縣政府對縣議會上述事項之議決案以及縣議會就其他依法律或上級法規賦予職權所作之議決案，如認為窒礙難行時，應於該議決案送達縣政府三十日內，就窒礙難行部分敘明理由送請縣議會覆議。而縣議會對於縣政府所移送覆議案，依地方制度法第三十九條第四項規定，應於送達十五日內作成決議。如為休會期間，應於七日內召集臨時會，並於開議三日內作成決議。覆議案逾期未議決者，原決議失效。覆議時，如有出席議員、代表三分之二維持原議決案，縣政府應即接受該決議。但有第四十條第五項或第四十三條第一項至第三項規定之情事者，不在此限。

另依地方制度法第三十九條第五項規定，縣總預算案之覆議案，如原決

議失效，縣議會就縣政府原提案重行議決，並不得再為相同之決議，各該行政機關亦不得再提覆議。

## 三、縣議會議決案之執行關係

地方制度法第三十八條規定，縣政府對縣議會之議決案應予執行。如延不執行或執行不當，縣議會得請縣政府說明理由，必要時得報請內政部邀集各有關機關協商解決之。又地方制度法第三十九條第二項規定，縣政府對縣議會有關縣議員提案事項及接受人民請願之議決案，如執行有困難時，應敘明理由函復縣議會。

## 四、縣總預算案之提出與審議關係

地方制度法第四十條第一項規定，縣總預算案，縣政府應於會計年度開始二個月前送達縣議會。縣議會應於會計年度開始一個月前審議完成，並於會計年度開始十五日前由縣政府發布之。

又縣總預算案在年度開始後三個月內未完成審議，則依地方制度法第四十條第四項之規定，縣政府得就原提總預算案未審議完成部分，報請內政部邀集各有關機關協商，於一個月內決定之；逾期未決定者，由內政部逕為決定之。

另外，依地方制度法第四十條第五項規定，縣總預算案經覆議後，仍維持原決議，或依前條第五項重行議決時，如對歲入、歲出之議決違反相關法律、基於法律授權之法規規定或逾越權限，或對維持政府施政所必須之經費、法律規定應負擔之經費及上年度已確定數額之繼續經費之刪除已造成窒礙難行時，準用前項之規定。

## 五、縣決算案之提出與審議關係

地方制度法第四十二條第一項規定，縣決算案，應於會計年度結束後四個月內，提出於該管審計機關，審計機關應於決算送達後三個月內完成其審核、編造最終審定數額表，並提出決算審核報告於縣議會。縣議會審議此報告時，得邀請審計機關首長列席說明。

## 六、縣政府與縣議會之爭議關係

縣政府與縣議會之爭議關係，主要有二，即：

1.縣政府對縣議會之議決案延不執行或執行不當所生之爭議關係。此時可依地方制度法第三十八條之規定解決之。

2.縣議會對縣總預算案未在年度開始後三個月內完成審議所生之爭議關係。此時可依地方制度法第四十條第四項規定解決之。

# 第四項　縣民之權利與義務

## 一、縣民之權利

依地方制度法第十五條規定，設籍在縣地方自治區域內者，為縣民，依同法第十六條規定，有下列權利：

一、對於地方公職人員有依法選舉、罷免之權。

二、對於地方自治事項，有依法行使創制、複決之權。

三、對於地方公共設施有使用之權。

四、對於地方教育文化、社會福利、醫療衛生事項，有依法律及自治法規享受之權。

五、對於地方政府資訊，有依法請求公開之權。

六、其他依法律及自治法規賦予之權利。

## 二、縣民之義務

依地方制度法第十七條規定，縣民有下列義務：

一、遵守自治法規之義務。

二、繳納自治稅捐之義務。

三、其他依法律及自治法規所課之義務。

# 第四節　市　制

## 第一項　市之地位

　　憲法關於市之制度有二，一種在憲法第十一章第一節第一百十八條之省的制度中規定：「直轄市之自治，以法律定之」，另一種則在憲法第一百二十八條之縣的制度中，規定：「市準用縣之規定。」由此可見，市的地位有與省相當者，稱為直轄市或院轄市，有的則與縣相當者，稱為省轄市。憲法增修條文第九條對省轄市並無明文規定，但因地方制度法第三條第一項將地方劃分為省、直轄市，而在同條第二項又將省劃分為縣、市。而此之市即為過去通稱的省轄市，亦即現時之基隆市、新竹市、臺中市、嘉義市、臺南市。依地方制度法第十四條規定，為地方自治團體，依地方制度法之規定辦理自治事項，並執行上級政府委辦事項。民國九十九年十二月二十五日起因臺中市與臺中縣合併成立為臺中院轄市，而臺南市與臺南縣則合併成立為臺南院轄市，故僅基隆市、新竹市、嘉義市仍如過去之省轄市，而有縣之地位與職權。

　　除了憲法上規定之直轄市及省轄市外，地方制度法第五條又規定了縣轄市之自治，此一縣轄市之地位則相當於鄉、鎮。同樣的，自民國九十九年十二月二十五日起，新北市、臺中院轄市、臺南院轄市及併入高雄院轄市內之高雄縣屬鄉鎮，均因改制為區而不再存在。另桃園縣已於民國一〇三年年底，成為桃園直轄市，故其所屬鄉鎮，也都改制為區，而不再稱為鄉鎮。

　　由上所述可知，依我憲法及地方制度法之規定，市共分為三種，即直轄市、縣（市）、縣轄市，茲分項說明於次。

## 第二項　直轄市

### 第一款　直轄市之意義與地位

　　直轄市，顧名思義，乃直接隸屬於行政院管轄之市。故又稱為院轄市，地位與省相當。依地方制度法第四條規定，人口聚居達一百二十五萬以上，且在政治、經濟、文化及都會區域發展上，有特殊需要者，得設直轄市。直轄市原僅有臺北市與高雄市。民國九十八年四月十五日修正地方制度法時，增訂第七條之一，規定：「內政部基於全國國土合理規劃及區域均衡發展之需要，擬將縣（市）改制或與其他直轄市、縣（市）合併改制為直轄市者，應擬訂改制計劃，徵詢相關直轄市政府、縣（市）政府意見後，報請行政院核定。相似的，縣市擬改制為直轄市或縣（市）擬與其他直轄市、縣（市）合併改制為直轄市亦可依地方制度法第七條之一第二項、第三項之規定辦理。」由於此一修正規定，臺北縣報請改為新北市之直轄市；臺中縣、臺中市合併改制為臺中直轄市；臺南縣、臺南市合併為臺南直轄市；高雄縣、高雄市則合併為高雄直轄市；而桃園縣也於民國一○三年年底成為桃園直轄市。

　　直轄市為法人，依地方制度法第十四條之規定辦理自治事項，並執行中央委辦事項。直轄市辦理自治事項時，受行政院之監督。

　　直轄市以下設區。區以內之編組為里，里以內之編組為鄰。區設區公所，里設里辦公處，而形成一市一區一里一鄰之行政層級體系。

　　地方制度法第五十八條原規定直轄市置區長一人，由市長依法任用，承市長之命綜理區政，並指揮監督所屬人員。不過，因民國九十九年元月十八日立法院召開臨時會，修正地方制度法，增訂第五十八條第二項，對直轄市之區長有異於民主常規之規定❻，即：

　　1.直轄市之區由鄉（鎮、市）改制者，改制日前一日仍在職之鄉（鎮、

---

❻　參閱，《聯合報》社論：地制改變切勿演成「五都亂台」，民國九十九年一月二十日，A2版。

市）長，由直轄市長以機要人員方式進用為區長，其任期自改制日起，為期四年。但有下列情事之一者，不得進用：一、涉嫌犯第七十八條第一項第一款及第二款所列之罪，經起訴者。二、涉嫌犯總統副總統選舉罷免法、公職人員選舉罷免法、農會法或漁會法之賄選罪，經起訴者。三、已連任二屆者。四、依法代理者。

　　2.前項以機要人員方式進用之區長，有下列情事之一者，應予免職：一、有前項第一款、第二款或第七十九條第一項各款所列情事者。二、依刑事訴訟程序被羈押或通緝者。

　　3.直轄市之區由山地鄉改制者，其區長以山地原住民為限。

　　同樣怪異的是，民國九十九年元月十八日立法院修正地方制度法時，增訂了第五十八條之一，在直轄市內增訂了區政諮詢委員，亦與民主常軌不符❼，其規定為：

　　1.鄉（鎮、市）改制為區者，改制日前一日仍在職之鄉（鎮、市）民代表，除依法停止職權者外，由直轄市長聘任為區政諮詢委員，其任期自改制日起，為期四年，期滿不再聘任。

　　2.區政諮詢委員職權如下：一、關於區政業務之諮詢事項。二、關於區政之興革建議事項。三、關於區行政區劃之諮詢事項。四、其他依法令賦予之事項。

　　3.區長應定期邀集區政諮詢委員召開會議。

　　4.區政諮詢委員為無給職，開會時得支出席費及交通費。

　　5.區政諮詢委員有下列情事之一者，應予解聘：一、依刑事訴訟程序被羈押或通緝者。二、有第七十九條第一項各款所列情事者。

　　由於直轄市之改制過於荒唐、急促，致所衍生之問題非常繁多，前臺北縣長受訪問談到臺北縣、臺中縣、臺南縣、高雄縣之升格，認為「至少亂一年」❽。但荒唐的是，時至民國一〇六年五月，嘉義縣市、新竹縣市又有合

❼　參閱，郭正亮，〈地方改制凸顯了什麼問題〉，《中國時報》，民國九十九年一月十八日，A14 版。

❽　參閱，〈五都升格大考驗合併問題篇〉，《中國時報》，民國九十九年十二月十二日，A4 版。

併升格之議，筆者認為這可能有政治人物之選舉生涯生計，非常不利臺灣區域結構的健全發展❾。而學者也認為嘉義縣市相加人口不到八十萬人，並不符合改制為直轄市的要件❿。

## 第二款　直轄市之組織與職權

直轄市之組織主要有二，即市議會及市政府，分別為直轄市之立法機關及行政機關。

## 一、直轄市議會

1.直轄市市議會由市民依法選舉市議員組織之。市議員任期四年，連選得連任。直轄市議員總額：㈠區域議員名額：直轄市人口扣除原住民人口在二百萬人以下，不得超過五十五人；超過二百萬人者，不得超過六十二人。㈡原住民議員名額：有平地原住民人口在二千人以上者，應有平地原住民選出之議員名額；有山地原住民人口在二千人以上或改制前有山地鄉者，應有山地原住民選出之議員名額。

2.直轄市議會置議長、副議長各一人，由直轄市議員，以記名投票分別互選或罷免之。直轄市議會議長、副議長之罷免案，由議員三分之一以上之簽署，向行政院提出，但就職未滿一年者，不得罷免。直轄市議會議長、副議長之罷免案，經由議員總額過半數之出席，及出席總數三分之二以上之同意為通過。

3.直轄市市議會之職權，依地方制度法第三十五條之規定，有如下列：

一、議決直轄市法規。

二、議決直轄市預算。

三、議決直轄市特別稅課、臨時稅課及附加稅課。

❾　參閱，林騰鷂，〈六都再加竹、嘉，選舉算計？〉，《聯合報》民意論壇，民國一○六年五月二十五日，A14版。

❿　參閱，王皓平，〈嘉縣市合併，沒事找事〉，《中國時報》時論廣場，民國一○六年五月二十五日。

四、議決直轄市財產之處分。

五、議決直轄市政府組織自治條例及所屬事業機構之組織自治條例。

六、議決直轄市政府提案事項。

七、審議直轄市決算之審核報告。

八、議決直轄市議員提案事項。

九、接受人民請願。

十、其他依法律或中央法規賦予之職權。

## 二、直轄市政府

直轄市之另一組織，即是直轄市市政府。依地方制度法第五十五條之規定，直轄市市政府置市長一人，綜理市政，由市民依法選舉之，任期四年，連選得連任一屆。直轄市市政府另置副市長二人，襄助市長處理市政；人口在二百五十萬人以上之直轄市，得增置副市長一人，職務比照簡任第十四職等，由市長任命，並報請行政院備查。副市長於市長卸任、辭職、去職或死亡時，隨同離職。

值得質疑的是，地方制度法第五十五條第二項規定，直轄市一級單位主管或所屬一級機關首長除主計、人事、警察及政風之主管或首長，依專屬人事管理法律任免外，其餘職務均比照簡任第十三職等，由市長任免之。此一規定比對縣（市）政府主管之規定，更為寬鬆，容易造成「政治雞犬」升天，阻塞常任文官晉升管道問題。因為地方制度法第五十六條第二項規定，縣（市）政府一級單位及所屬一級機關首長，除主計、人事、警察、稅捐及政風之主管或首長，依專屬人事管理法律任免，其總數二分之一得列政務職，職務比照簡任第十二職等，其餘均由縣（市）長依法任免之。這就產生直轄市長可隨意任免簡任十三職等之直轄市政府一級主管，但縣（市）長只能任免二分之一簡任十二職等之縣（市）政府一級主管。

直轄市政府之職權為依地方制度法辦理直轄市之自治事項，並執行上級政府委辦事項。除此之外，地方制度法第二十一條規定，地方自治事項涉及跨直轄市、縣（市）、鄉（鎮、市）區域時，由各該地方自治團體協商辦理；

必要時，由共同上級業務主管機關協調各相關地方自治團體共同辦理或指定其中一地方自治團體限期辦理。

值得注意的是，民國九十九年二月三日修正公布的地方制度法，增訂了第二十四條之一至第二十四條之三等三個條文，規定了直轄市與其他自治團體，如縣（市）、鄉（鎮、市）等跨區自治事務之合作事宜。這是我國地方自治事務上使用行政契約方式的重要的新紀元，值得擇其重要者各別分述之。

　　1.地方制度法第二十四條之一第一項規定：「直轄市、縣（市）、鄉（鎮、市）為處理跨區域自治事務、促進區域資源之利用或增進區域居民之福祉，得與其他直轄市、縣（市）、鄉（鎮、市）成立區域合作組織、訂定協議、行政契約或以其他方式合作，並報共同上級業務主管機關備查。」

　　2.為了避免各直轄市、縣市政府、鄉鎮市公所濫用行政契約，傷害人民權益，地方制度法第二十四條之一第二項乃規定：「前項情形涉及直轄市議會、縣（市）議會、鄉（鎮、市）民代表會職權者，應經各該直轄市議會、縣（市）議會、鄉（鎮、市）民代表會同意。」

　　3.為了避免行政契約發生其他流弊，乃於地方制度法第二十四條之二，明定行政契約應視事務之性質，載明下列事項：

　⑴訂定行政契約之團體或機關。

　⑵合作之事項及方法。

　⑶費用之分攤原則。

　⑷合作之期間。

　⑸契約之生效要件及時點。

　⑹違約之處理方式。

　⑺其他涉及相互間權利義務之事項。

　　4.又為了處理行政契約發生爭議，不被履行之情形發生，地方制度法第二十四條之三，乃又規定：「直轄市、縣（市）、鄉（鎮、市）應依約定履行其義務；遇有爭議時，得報請共同上級業務主管機關協調或依司法程序處理。」

## 第三款　直轄市政府與直轄市議會之關係

　　直轄市政府與直轄市議會之關係，有如縣政府與縣議會之關係，其詳可參閱第三節「縣制」中第四項之說明。不過，比較值得注意的是，地方制度法第四十條第一項規定，直轄市總預算案應於會計年度開始三個月前送達直轄市議會，而縣總預算案應於會計年度開始二個月前送達縣議會。兩者間有一個月之差距不同。

## 第四款　直轄市市民之權利與義務

　　直轄市市民之權利、義務與縣民同，規定於地方制度法第十六條、第十七條，可參閱上節第四項之說明。

# 第三項　市

　　市為直接隸屬於省地方範圍內之市，乃憲法第一百二十八條所稱「準用縣之規定」之市，其地位與縣相當。

　　市之設置標準，依地方制度法第四條之規定，凡人口聚居地區，在政治、經濟及文化上地位重要，且人口在五十萬人以上未滿一百二十五萬人者，得設市。地方制度法施行前已設之市如新竹市、嘉義市，其人口數得不適用上述規定。

　　市之地位、組織與職權自治事項，其與市議會之關係以及市民之權利義務均與縣相似，故請參閱本章第三節「縣制」之說明，在此不再贅述。

# 第四項　縣轄市、鄉、鎮

## 第一款　縣轄市、鄉、鎮之意義與地位

　　縣轄市為直接隸屬於縣政府管轄之市，其地位與鄉、鎮相當。

　　縣轄市之設置標準，依地方制度法第四條之規定，凡人口聚居地區，工商業發達，自治財源充裕，交通便利及公共設施完備，且人口在十萬人以上

未滿五十萬人者，得設縣轄市。地方制度法施行前已設之縣轄市，其人口數得不適用超過十萬人之規定。

縣轄市之地位與鄉、鎮相當，其組織、職權與自治事項均與鄉鎮相似，故地方制度法第二十條、第三十三條、第三十七條及第五十七條等一併規定了鄉、鎮、市之自治、組織與職權等事項，而未將鄉、鎮、市分別規定，可見鄉、鎮、市是非常相似的，而為最基層之自治組織。

如上所述，自民國九十九年十二月五日起，原臺北縣、臺中縣、臺南縣、高雄縣、桃園縣均因分別合併改制為新北直轄市、臺中直轄市、臺南直轄市、高雄直轄市、桃園直轄市。故各該縣所轄市、鄉、鎮也改制為區，而無原有市、鄉、鎮之地位、組織與職權。

## 第二款　縣轄市、鄉、鎮之組織與職權

縣轄市、鄉、鎮分別有各自之立法機關與行政機關，縣轄市及鄉、鎮之立法機關為市、鄉、鎮民代表會，行政機關則為市、鄉、鎮公所。

## 一、縣轄市、鄉、鎮民代表會

1.市、鄉、鎮民代表會由市、鄉、鎮民依法選舉市、鄉、鎮民代表組織之。市、鄉、鎮民代表任期均為四年，連選得連任。

2.市、鄉、鎮民代表會置主席、副主席各一人，由市、鄉、鎮民代表以記名投票分別互選或罷免之。但就職未滿一年者，不得罷免。市、鄉、鎮民代表會主席、副主席之罷免案，經有市、鄉、鎮代表三分之一以上之簽署，向縣政府提出，在有代表總額過半數之出席，及出席總數三分之二以上之同意票為通過。

3.市、鄉、鎮民代表會之職權，依地方制度法第三十七條之規定，有如下列：

一、議決鄉（鎮、市）規約。

二、議決鄉（鎮、市）預算。

三、議決鄉（鎮、市）臨時稅課。

四、議決鄉（鎮、市）財產之處分。

五、議決鄉（鎮、市）公所組織自治條例及所屬事業機構組織自治條例。

六、議決鄉（鎮、市）公所提案事項。

七、審議鄉（鎮、市）決算報告。

八、議決鄉（鎮、市）民代表提案事項。

九、接受人民請願。

十、其他依法律或上級法規、規章賦予之職權。

## 二、縣轄市、鄉、鎮公所

縣轄市及鄉、鎮之行政機關，稱為市、鄉、鎮公所，依地方制度法第五十七條之規定，置鄉（鎮、市）長一人，對外代表該鄉（鎮、市），綜理鄉（鎮、市）政，由鄉（鎮、市）民依法選舉之，每屆任期四年，連選得連任一屆；其中人口在三十萬人以上之縣轄市，得置副市長一人，襄助市長處理市政，以機要人員方式進用，或以簡任第十職等任用，以機要人員方式進用之副市長，於市長卸任、辭職、去職或死亡時，隨同離職。又山地鄉鄉長以山地原住民為限。另地方制度法第五十七條第三項規定，鄉（鎮、市）公所除主計、人事、政風之主管，依專屬人事管理法律任免外，其餘一級單位主管均由鄉（鎮、市）長依法任免之。此一級主管任免規定，比直轄市一級主管任免規定，少了警察主管，比縣（市）一級主管任免規定，少了警察與稅捐主管，顯示鄉（鎮、市）並無警察及稅捐職權。

縣轄市、鄉、鎮公所之職權為依地方制度法規定辦理縣轄市、鄉、鎮自治事項，並執行上級政府委辦事項。

## 第三款　縣轄市、鄉、鎮公所與縣轄市、鄉、鎮代表會之關係

縣轄市、鄉、鎮公所與縣轄市、鄉、鎮代表會之關係，有如縣政府與縣議會之關係，其詳請參閱第三節「縣制」中第三項之說明。

## 第四款　縣轄市、鄉、鎮民之權利與義務

縣轄市、鄉、鎮民之權利、義務與縣民、直轄市市民相同，規定於地方制度法第十六條、第十七條，可參閱前述說明。

# 第五節　大法官對地方制度之解釋

地方制度法於民國八十八年一月二十五日制定施行後，大法官針對地方制度，作出了下列重要的解釋：

一、**大法官釋字第四九八號解釋**，對於中央政府對於地方自治團體之自主與獨立地位，應予以尊重。該號解釋謂：「地方自治為憲法所保障之制度。基於住民自治之理念與垂直分權之功能，地方自治團體設有地方行政機關及立法機關，其首長與民意代表均由自治區域內之人民依法選舉產生，分別綜理地方自治團體之地方事務，或行使地方立法機關之職權，地方行政機關與地方立法機關間依法並有權責制衡之關係。中央政府或其他上級政府對地方自治團體辦理自治事項、委辦事項，依法僅得按事項之性質，為適法或適當與否之監督。地方自治團體在憲法及法律保障之範圍內，享有自主與獨立之地位，國家機關自應予以尊重。」因此，就中央對地方之補助關係，應依此原則處理，是以該號解釋更明白表示：「立法院所設各種委員會，依憲法第六十七條第二項規定，雖得邀請地方自治團體行政機關有關人員到會備詢，但基於地方自治團體具有自主、獨立之地位，以及中央與地方各設有立法機關之層級體制，地方自治團體行政機關公務員，除法律明定應到會備詢者外，得衡酌到會說明之必要性，決定是否到會。於此情形，地方自治團體行政機關之公務員未到會備詢時，立法院不得因此據以為刪減或擱置中央機關對地方自治團體補助款預算之理由，以確保地方自治之有效運作，及符合憲法所定中央與地方權限劃分之均權原則。」

二、**大法官釋字第五二七號解釋**分別就地方自治團體之自主組織權、對自治事項有制定規章並執行之權限與中央機關對地方之立法監督事宜分別表示：

　　1.「地方自治團體在受憲法及法律規範之前提下，享有自主組織權及對自治事項制定規章並執行之權限。地方自治團體及其所屬機關之組織，應由地方立法機關依中央主管機關所擬訂之準則制定組織自治條例加以規定，復為地方制度法第二十八條第三款、第五十四條及第六十二條所明定。在該法公布施行後，凡自治團體之機關及職位，其設置自應依前述程序辦理。惟職位之設置法律已有明確規定，倘訂定相關規章須費相當時日者，先由各該地方行政機關依地方制度法相關規定設置並依法任命人員，乃為因應業務實際需要之措施，於過渡期間內，尚非法所不許。至法律規定得設置之職位，地方自治團體既有自主決定設置與否之權限，自應有組織自治條例之依據方可進用，乃屬當然。」

　　2.「地方制度法第四十三條第一項至第三項規定各級地方立法機關議決之自治事項，或依同法第三十條第一項至第四項規定之自治法規，與憲法、法律、中央法規或上級自治團體自治法規牴觸者無效❶。同法第四十三條第五項及第三十條第五項均有：上述各項情形有無牴觸發生疑義得聲請司法院解釋之規定，係指就相關業務有監督自治團體權限之各級主管機關對決議事項或自治法規是否牴觸憲法、法律或其他上位規範尚有疑義，而未依各該條第四項逕予函告無效，向本院大法官聲請解釋而言。地方自治團體對函告無效之內容持不同意見時，應視受函告無效者為自治條例抑自治規則，分別由該地方自治團體之立法機關或行政機關，就事件之性質聲請本院解釋憲法或統一解釋法令。有關聲請程序分別適用司法院大法官審理案件法第八條第一項、第二項之規定，於此情形，無同法第九條規定之適用。至地方行政機關對同級立法機關議決事項發生執行之爭議時，應依地方制度法第三十八條、第三十九條等相關規定處理，尚不得逕向本院聲請解釋。原通過決議事項或自治法規之各級地方立法機關，本身亦不得通過決議案又同時認該決議有牴觸憲法、法律、中央法規或上級自治團體自治法規疑義而聲請解釋。」

　　3.「有監督地方自治團體權限之各級主管機關，依地方制度法第七十五

---

❶　相關實例請參閱，黃國梁，〈論高雄市政府既有工業管線管理自治條例之合憲性分析〉，《科技法律評析》，第八期，民國一〇四年十二月，頁 283–326。

條對地方自治團體行政機關（即直轄市、縣、市政府或鄉、鎮、市公所）辦理該條第二項、第四項及第六項之自治事項，認有違背憲法、法律或其他上位規範尚有疑義，未依各該項規定予以撤銷、變更、廢止或停止其執行者，得依同條第八項規定聲請本院解釋。地方自治團體之行政機關對上開主管機關所為處分行為，認為已涉及辦理自治事項所依據之自治法規因違反上位規範而生之效力問題，且該自治法規未經上級主管機關函告無效，無從依同法第三十條第五項聲請解釋，自治團體之行政機關亦得依同法第七十五條第八項逕向本院聲請解釋。其因處分行為而構成司法院大法官審理案件法第五條第一項第一款之疑義或爭議時，則另得直接聲請解釋憲法。如上述處分行為有損害地方自治團體之權利或法律上利益情事，其行政機關得代表地方自治團體依法提起行政訴訟，於窮盡訴訟之審級救濟後，若仍發生法律或其他上位規範違憲疑義，而合於司法院大法官審理案件法第五條第一項第二款之要件，亦非不得聲請本院解釋。至若無關地方自治團體決議事項或自治法規效力問題，亦不屬前開得提起行政訴訟之事項，而純為中央與地方自治團體間或上下級地方自治團體間之權限爭議，則應循地方制度法第七十七條規定解決之，尚不得逕向本院聲請解釋。」

三、**大法官釋字第五五〇號解釋**，就地方自治團體應否負擔中央法律所規定之健保補助保費，分別兩種不同情形加以說明，即：「一、地方自治團體受憲法制度保障，其施政所需之經費負擔乃涉及財政自主權之事項，固有法律保留原則之適用，但於不侵害其自主權核心領域之限度內，基於國家整體施政之需要，對地方負有協力義務之全民健康保險事項，中央依據法律使地方分擔保險費之補助，尚非憲法所不許。關於中央與地方辦理事項之財政責任分配，憲法並無明文。財政收支劃分法第三十七條第一項第一款雖規定，各級政府支出之劃分，由中央立法並執行者，歸中央負擔，固非專指執行事項之行政經費而言，惟法律於符合上開條件下，尚非不得為特別之規定，就此而言，全民健康保險法第二十七條即屬此種特別規定。至全民健康保險法該條所定之補助各類被保險人保險費之比例屬於立法裁量事項，除顯有不當者外，不生牴觸憲法之問題。

　　二、法律之實施須由地方負擔經費者，如本案所涉全民健康保險法第二十七條第一款第一、二目及第二、三、五款關於保險費補助比例之規定，於制定過程中應予地方政府充分之參與。行政主管機關草擬此類法律，應與地方政府協商，以避免有片面決策可能造成之不合理情形，並就法案實施所需財源事前妥為規劃；立法機關於修訂相關法律時，應予地方政府人員列席此類立法程序表示意見之機會。」

　　四、**大法官釋字第五五三號解釋**，就中央政府對地方政府之自治事項及對地方政府受中央委辦事項，明示其監督分際。該號解釋謂：「地方自治團體處理其自治事項與承中央主管機關之命辦理委辦事項不同，前者中央之監督僅能就適法性為之……後者除適法性之外，亦得就行政作業之合目的性等實施全面監督。本件既屬地方自治事項，又涉及不確定法律概念，上級監督機關為適法性監督之際，固應尊重該地方自治團體所為合法性之判斷，但如其判斷有恣意濫用及其他違法情事，上級監督機關尚非不得依法撤銷或變更。」

　　五、大法官釋字第七六九號解釋就地方制度法第四十四條及第四十六條有關縣（市）議會正副議長選舉及罷免記名投票之規定，是否與憲法第一百二十九條及憲法增修條文第九條第一項之規範意旨相符？表示：「地方制度法第四十四條第一項前段規定：『……縣（市）議會置議長、副議長……由……縣（市）議員……以記名投票分別互選或罷免之。』及第四十六條第一項第三款規定：『……縣（市）議會議長、副議長……之罷免，依下列之規定：…… 三、……由出席議員……就同意罷免或不同意罷免，以記名投票表決之。』其中有關記名投票規定之部分，符合憲法增修條文第九條第一項所定由中央『以法律定之』之規範意旨。

　　縣（市）議會議長及副議長之選舉及罷免，非憲法第一百二十九條所規範，前開地方制度法有關記名投票規定之部分，自不生違背憲法第一百二十九條之問題。」

# 第十三章　政權之行使

## 第一節　概　說

憲法第十二章之章名為選舉、罷免、創制、複決，內中條文係就此四項權利之享有與行使，作原則性之規定。此因憲法對行政、立法、司法、考試、監察五種治權規範甚多，故另以專章對人民之選舉、罷免、創制、複決等四種政權之行使，加以規定，以表示對人民參政權之特別重視。民國九十二年制定公布公民投票法後，對於國民直接民權之行使，更開拓了寬廣的空間。特別是過去人民無法行使的創制、複決權已可以透過公民投票的方式來行使。又民國九十三年八月二十三日立法院臨時會通過，並經任務型國民大會於民國九十四年六月七日複決通過之憲法增修條文第一條第一項修正案更規定：「中華民國自由地區選舉人於立法院提出憲法修正案、領土變更案，經公告半年，應於三個月內投票複決，不適用憲法第四條、第一百七十四條之規定。」由於此一規定，我國人民更有了修憲案之複決權。

參政權中之選舉與罷免權係用來任免、控制民意代表與政府首長等公職人員之權；創制與複決權則為用來控制法制之權，四者均為人民政權行使之重心❶，茲分節對各種參政權詳細說明於次。

---

❶ 詳閱，蘇永欽，〈創制複決與諮詢性公投——從民主理論與憲法的角度探討〉，氏著，《走入新世紀的憲政主義》，元照出版有限公司，民國九十一年十月，頁91–130。

# 第二節　選舉權

## 一、選舉權之意義

選舉權之意義可分廣狹兩種意義。狹義的是指具有公民資格之人民，以自己之意思，用投票或其他方法，選出民意代表或政府首長等公職人員之權利。廣義的則尚包括被選舉權在內。憲法第一百三十條及公職人員選舉罷免法之規定，均將選舉權與被選舉權合一規定，可知憲法及公職人員選舉罷免法所規定之選舉權，是採用廣義見解的。

## 二、選舉權之性質

有關選舉權之性質，學者之意見並不一致，主要有權利說、義務說及折衷說等三種說法，在我國應採第一說之權利說，因我國憲法第十七及一百三十條均只規定人民有選舉之權，而未規定選舉是人民之義務。

選舉權既是一種權利，然而，究竟是什麼性質的權利，可分析說明於次：

### 1.選舉權為公權

選舉權多規定於各種公法中，故被稱為公權，而與規定在私法中之身分權、財產權等私權並不相同。刑法第三十六條規定：「褫奪公權者，褫奪下列資格：一、為公務員之資格。二、為公職候選人之資格。」另憲法第十七、一百三十、一百三十三及一百三十六條也規定了人民可以行使選舉、罷免、創制及複決之權的資格。由此可知選舉權是一種公權。

### 2.選舉權為政權

選舉與罷免、創制、複決同為政權之一種，與行政、立法、司法、考試、監察等治權相對立。政權歸人民所有，治權歸政府行使，構成權能區分理論之核心。選舉權是最典型、最被普遍行使的政權。

### 3.選舉權是參政權

選舉權行使後，選出中央及地方之民意代表與政府首長，分別行使中央

與地方政府之政權與治權，顯示選舉人及被選舉人對國家政務之間接與直接參與，故選舉權又可說是典型的參政權。

## 三、選舉權之要件

所謂選舉權之要件，是指取得選舉權之資格要件而言。一般可分積極要件與消極要件兩種。積極要件，即取得選舉權之必要條件，消極要件則係取得選舉權時，不能有之條件，茲分別說明於次：

㈠積極要件

主要有三，即：

### 1.國　籍

須具有中華民國國籍者，始能參與中華民國政權之行使，始能有選舉權，乃是理所當然之事。憲法第一百三十條前段規定：「中華民國國民……有依法選舉之權」。而所謂國民，依憲法第三條之規定，乃具有中華民國國籍之謂也。

### 2.年　齡

須年滿二十歲之成年年齡者，始有選舉權。此因心智成熟之人才能對複雜的政、經、社會事務為理性的思考、判斷與選擇，故各國均以成年者為擁有選舉權之要件。我國憲法第一百三十條前段亦規定：「中華民國國民年滿二十歲者，有依法選舉之權」。是以我國有選舉權者之年齡與民法第十二條所規定之滿二十歲為成年年齡相同。此一選舉年齡門檻，比歐美大多數國家之十八歲或十六歲之門檻，高出甚多。民國一〇三年五月三十日時，立法院朝野立委提出下修選舉年齡至十八歲之修憲案，交付修憲委員會審查，但遲遲無下文。民國一〇四年四月九日及四月三十日，立法院修憲委員會分別召開第一場、第七場公聽會時，又針對「擴大人民之政治參與、厚實政府之民意基礎，論國家民主化與投票年齡關係等相關機制」之議題，徵求學者專家意見。多數學者認為選舉投票之年齡應降為十八歲，而被選舉權之年齡也可降至十八歲至二十一歲之間❷。

---

❷　請參閱，立法院修憲委員會編製，立法院修憲委員會公聽會報告，民國一〇四年四月二十二日，頁4–77；立法院修憲委員會公聽會報告，民國一〇四年五月十四

3. 居　住

選舉人須在選舉區內居住一定時間以上，始有選舉權，此在憲法上並不加以規定，而由法律，即公職人員選舉罷免法第十五條加以明定。該條原先規定，有選舉權人在各該選舉區繼續居住四個月以上者，為公職人員選舉各該選舉區之選舉人。

(二)消極要件

即受監護宣告尚未撤銷者。

受監護宣告者，乃民法第十四條第一項所規定之因精神障礙或其他心智缺陷，致不能為意思表示或受意思表示，或不能辨識其意思表示之效果者，經法院宣告為受監護宣告之人。受監護宣告之人依民法第十五條規定，既為無行為能力人，不能處理自己之物權財產，故也不宜使其參與公共事務及政權之行使。

以上是狹義的選舉權之要件，至於廣義的選舉權——即被選舉權之要件，則較選舉權之要件嚴格，主要的為年齡要件之提高。憲法第一百三十條後段規定：「中華民國國民……除本憲法及法律別有規定者外，年滿二十三歲者，有依法被選舉之權」，是以被選舉權之取得年齡至少須年滿二十三歲。而所謂「本憲法及法律別有規定者」，是指憲法第四十五條規定之「中華民國國民年滿四十歲者，得被選為總統、副總統」，以及公職人員選舉罷免法第二十四條第一項之規定：「直轄市長、縣（市）長候選人須年滿三十歲；鄉（鎮、市）長、原住民區長候選人須年滿二十六歲」。

# 四、選舉權之行使方法

憲法第一百二十九條規定：「本憲法所規定之各種選舉，除本憲法別有規定外，以普通、平等、直接及無記名投票之方法行之」。此為選舉權行使方法之規定。茲分別說明之：

(一)普通選舉

此乃相對於限制選舉而言。凡是具有選舉權積極要件而無消極要件之公

民，均可參與選舉者，謂之普通選舉。相反的，選舉權若有性別、教育程度或財產條件之限制等差別待遇，則為限制選舉。我國憲法及選舉法令均無性別、教育及財產條件之歧視規定，故是一種採取普通選舉的制度。

### ㈡平等選舉

此乃相對於不平等選舉而言。平等選舉乃是選舉人一律只有一個投票權，而每一票之價值也是相同。相反的，有些選舉人僅有一個投票權，而另一些特殊之人卻有二個以上之投票權者，或一切選舉人雖均只有一個投票權，但少數特殊選舉人所投選票之價值大於普通選舉人之選票者，都稱為不平等選舉。前者謂之複數投票制度 (Plural Vote System)，可以比利時一九二一年以前的選舉制為例，即年滿二十五歲以上的男子，均有一投票權，但受到高等教育而已畢業者，可投三票；後者則稱為等級投票制度 (Class Vote System)，可以一九一八年以前的普魯士的三級選舉制為例❸。

### ㈢直接選舉

此乃相對於間接選舉而言。凡是選舉人自行選出被選舉人者，稱為直接選舉，如依憲法及公職人員選舉罷免法等規定選出之立法委員、縣、鄉、鎮長，及縣、鄉、鎮之議員或代表等是。

### ㈣無記名投票選舉

此乃相對於記名投票選舉而言。無記名投票選舉又稱為秘密選舉，乃是在選票上僅圈選被選舉人之姓名；相反的，若在選票上，除圈選被選舉人之姓名外，還註記選舉人之姓名者，則為記名投票選舉，又稱為公開選舉。我國現行之選舉都以無記名投票選舉行之。不過，因為立法院在民國一〇五年五月二十七日三讀通過「地方制度法第四十四及四十六條條文修正案」，直轄市、縣、市議會及鄉、鎮、市代表會正副主席選舉，將原採無記名投票制改採記名投票制。

有關選舉方法，除了上述之種種選舉外，在學理上尚有下列幾種，即：

#### 1.自由選舉

此乃相對於強制選舉而言。乃選舉人可以隨意決定是否投票，國家不干

---

❸　詳請參照薩孟武，前揭書，頁 144。

涉其自由，故又稱為自由投票法。相反的，強制選舉乃是選舉人若沒有正當理由而不去投票，則國家會以申誡、公告姓名、罰金、命負補辦選舉之費用，或褫奪公權等方式加以制裁。

### 2. 出席選舉（在籍投票）；不出席選舉（不在籍投票）

此乃相對於不出席選舉而言。選舉人要親自到投票所去投票，謂之出席選舉，也就是在戶籍地投票所投票，又稱出席投票法，在籍投票法。相反的，不出席選舉乃選舉人有事不能親自到投票所投票，而可用其他方法行使投票權之謂也，又稱為缺席投票法，或不在籍投票法，如委任他人代為投票，或以通訊方式投票等是。民國一百年四月十九日，中央選舉委員會舉行委員會會議，確定下屆總統選舉、立法委員選舉合併舉行，而內政部也當即表示，考量合併選舉將提高選務複雜度，增加選務負擔，為了確保選舉過程平順，將暫緩推動不在籍投票，亦即在民國一百零一年總統、立法委員選舉確定不實施不在籍投票。不過不在籍投票已為英、美、法、德、日等二十幾個民主先進國家行之有年的制度，我國實有早日採行之必要❹。民國一〇四年四月三十日，立法院修憲委員會召開第七場修憲公聽會時，針對「從開放及保障人民參政權談降低選舉權年齡至十八歲，確立不在籍投票制度之必要」議題，徵求學者專家意見。會中多數學者認同不在籍投票制度之必要性，但也有不必定要修憲，修法能解決者，則修法就可以之意見❺。

### 3. 單記選舉

此乃相對於連記選舉而言。即選舉人在選票上，僅能圈選一位候選人，又稱單記投票法。相反的，選舉人在選票上，得圈選二位以上之候選人，則稱連記投票法。我國目前之公職選舉都以單記選舉方法行之。

---

❹ 參閱，李允傑，〈不在籍投票對政治民主參與及民主發展的影響〉，財團法人國家政策研究基金會，《憲政（研）099-003 號國政研究報告》，民國九十九年五月七日，網址：http://www.npf.org.tw/post/2/7461。

❺ 請參閱，立法院修憲委員會編製，立法院修憲委員會公聽會報告，民國一〇四年五月十四日，頁 4–68。

# 五、選舉訴訟

選舉乃透過選民之投票，匯集公意，選出有才能之政府首長與民意代表，來為民眾與國家服務。故選舉應以公開方式進行，防止各項操縱舞弊，才能達到選賢與能之目的。因此，憲法第一百三十一條規定：「本憲法所規定各種選舉之候選人，一律公開競選」。憲法第一百三十二條又規定：「選舉應嚴禁威脅利誘。選舉訴訟，由法院審判之」。是以選舉如有暴力威脅、賄選舞弊、選票誤計或當選資格有疑問時，均可提起選舉訴訟，由法院審判之。

選舉訴訟可分為刑事上、行政訴訟法上、總統副總統選舉罷免法上、公職人員選舉罷免法上之選舉訴訟，茲分別敘述於次：

## ㈠刑事上之選舉訴訟

此指刑法第一百四十二至一百四十八條所規定之妨害投票罪及公職人員選舉罷免法第五章第九十三條至第一百一十三條中所規定有關妨害選舉之刑事處罰而言。其中，刑法所規定之妨害投票罪類型又可分為妨害投票自由罪、投票受賄罪、投票行賄罪、誘惑投票罪、妨害投票結果正確罪、妨害投票秩序罪與妨害投票秘密罪；公職人員選舉罷免法所規定妨害選舉之刑事處罰類型，則可分為違反競選言論限制之處罰；競選、助選時公然聚眾暴動之處罰；選舉時對公務員施強暴脅迫之處罰；候選人違反接受外國人捐助規定之處罰；候選人或具有候選人資格者行求期約或交付賄賂或其他不正利益，而約其放棄競選或為一定競選活動之處罰；妨害他人選舉之處罰；妨害投票之處罰；對選舉團體行賄之處罰；意圖漁利包攬賄選之處罰；散布虛構事實，意圖使候選人當選或不當選之處罰；妨害投、開票所秩序之處罰；攜出選票之處罰；妨害選舉公務之處罰等。上述違法類型，自應嚴禁，並依刑事訴訟程序為罪、刑之審判，以確保選舉之公正與公平。

## ㈡行政訴訟法上之選舉訴訟

行政訴訟法第十條規定，選舉罷免事件之爭議，除法律別有規定外，得依本法提起訴訟。故除選舉罷免無效、當選無效及罷免案通過或否決無效等爭議仍依公職人員選舉罷免法，由普通法院管轄外，其他如不服違反競選活

動限制所受罰鍰事項，則可依行政訴訟法向行政法院提起行政訴訟。又依行政訴訟法第十一條，人民可提起撤銷、確認或給付之選舉罷免行政訴訟。

### (三)總統副總統選舉罷免法上之選舉罷免訴訟

此類選舉訴訟乃指總統副總統選舉罷免法上第一百零二條之「選舉無效之訴」以及同法第一百零四條、第一百零五條所規定之「當選無效之訴」。「選舉無效之訴」是針對中央選舉委員會辦理總統、副總統之選舉有違法情事，足以影響選舉結果，由檢察官、候選人等，自當選人名單公告之日起十五日內，以中央選舉委員會為被告，向中央政府所在地之高等法院所提起之訴訟。至於「當選無效之訴」乃是針對總統、副總統當選人有違法情事，由中央選舉委員會、檢察官或候選人，自公告當選之日起三十日內，向中央政府所在地之高等法院所提起之訴訟。「選舉無效之訴」或「當選無效之訴」之審理，依總統副總統選舉罷免法第一百十一條規定，均設選舉法庭，準用民事訴訟法，採合議制為之，並應先於其他訴訟審判之，以二審終結，並不得提起再審之訴，而各審受理之法院，應於六個月內審結。

總統副總統選舉罷免法第一〇八條另規定了總統副總統罷免案通過或否決無效之訴的提起人及提起要件。值得注意的是，總統副總統選舉罷免法第七十二條規定，罷免案宣告成立之日起，任何人不得有罷免或阻止罷免之宣傳活動，顯為不合時宜之規定，因為公職人員選舉罷免法第八十六條已明確規定，罷免案提議人、被罷免人，於罷免案提議後，得於罷免區內設立支持與反對罷免案之辦事處，從事支持與反對罷免事宜。

### (四)公職人員選舉罷免法上之選舉罷免訴訟

乃指公職人員選舉罷免法第六章之選舉訴訟而言，特別是該法第一百一十八條所規定之當選票數是否確實，計算票數有無錯誤，當選資格是否相符等發生爭議時，由選舉委員會、檢察官、候選人或選舉人等準用民事訴訟法之規定，提起選舉訴訟以解決之。此種選舉訴訟包括選舉無效之訴與當選無效之訴，以選舉法庭，採合議制審理，並應先於其他訴訟審判之。又選舉訴訟以二審終結，不得提起再審之訴。各審受理之法院應於六個月內審結。此與上述之刑事上選舉訴訟採用一般刑事訴訟三級三審之訴訟程序有別。

公職人員選舉罷免法第一百二十四條另規定公職人員罷免案通過或否決無效之訴的提起人及提起要件。

## 六、選舉當選名額之保障

為落實參政權，保障婦女及內地生活習慣特殊之國民的當選名額，憲法第一百三十四條、第一百三十五條原有明文規定，但因憲法增修條文之規定，現只有婦女，原住民及僑居國外國民當選立法委員名額之保障。在此僅就立法委員之當選名額說明於次：

### ㈠婦女方面

憲法增修條文第四條第二項規定，每縣市、直轄市選出之立法委員名額及僑居國外國民、全國不分區各政黨當選之立法委員名額在五人以上十人以下者，應有婦女當選名額一人，超過十人者，每滿十人應增婦女當選名額一人。民國九十四年六月七日任務型國民大會複決通過立法院於民國九十三年八月二十三日臨時會所通過之憲法增修條文第四條第二項修正案則將立法委員婦女保障名額規定於各政黨當選名單中，且不得低於二分之一。至於區域選舉中，不再有立法委員婦女保障名額之規定。

### ㈡原住民方面

憲法增修條文第四條第一項第二款規定，自由地區平地原住民及山地原住民，均可各別選出立法委員四人，用以保障其社會地位及政治參與。民國九十四年六月七日任務型國民大會複決通過立法院於民國九十三年八月二十三日臨時會所通過之憲法增修條文第四條第一項修正案則規定，自由地區平地原住民及山地原住民僅可各別選出立法委員三人，以配合所謂「國會席次減半」之改革要求。

### ㈢僑居國外國民

憲法增修條文第十條第十三項規定，國家對於僑居國外國民之政治參與，應予保障。因此，憲法增修條文第四條第一項第三款乃有僑居國外國民八人當選立法委員之名額保障。民國九十四年六月七日任務型國民大會複決通過立法院於民國九十三年八月二十三日臨時會所通過之憲法增修條文第四條第

一項第三款之修正案，對此則無明白規定，而只籠統的規定，全國不分區及僑居國外國民共三十四人。

# 第三節 候選權

## 一、候選權之意義

如上節所述，我國憲法及公職人員選舉罷免法對於選舉權是採包括候選權在內之廣義定義。

所謂候選權是指中華民國國民，可依憲法及法律的規定成為候選人，而被選舉為總統、副總統及公職人員之權利。如憲法第一百三十條後段規定：「中華民國國民……除本憲法及法律別有規定者外，年滿二十三歲者，有依法被選舉之權」，是以被選舉權之取得年齡至少須年滿二十三歲。而所謂「本憲法及法律別有規定者」，是指憲法第四十五條規定之「中華民國國民年滿四十歲者，得被選為總統、副總統」，以及公職人員選舉罷免法第二十四條第一項之規定：「直轄市長、縣(市)長候選人須年滿三十歲；鄉（鎮、市）長、原住民區長候選人須年滿二十六歲」。

至於被選舉權之學經歷要件，公職人員選舉罷免法第三十二條原對競選省、市、鄉、鎮長之人設有限制規定，但立法院於民國八十三年修正公職人員選舉罷免法時，已加以刪除。此一刪除並非妥適，也造成地方自治功能日益敗壞，鄉、鎮、市長涉入貪瀆事件層出不窮。

## 二、候選權之要件

如同選舉權一樣，候選權也有一定的要件，即積極要件與消極要件。積極要件，是取得候選權之必要條件，消極要件則是取得候選權時，不能有之條件。茲分別說明之。

## ㈠積極要件

### 1.總統副總統候選權之積極要件

如依憲法第四十六條及憲法增修條文第二條第一項制定的「總統副總統選舉罷免法」第二十條第一項規定：「在中華民國自由地區繼續居住六個月以上且曾設籍十五年以上之選舉人，年滿四十歲，得申請登記為總統、副總統候選人。」

### 2.公職人員候選權之積極要件

公職人員選舉罷免法第二十四條則分別規定各類公職人員候選人之積極要件，即：第一項規定：「選舉人年滿二十三歲，得於其行使選舉權之選舉區登記為公職人員候選人。但直轄市長、縣（市）長候選人須年滿三十歲；鄉（鎮、市）長、原住民區長候選人須年滿二十六歲。」；第二項規定：「選舉人年滿二十三歲，得由依法設立之政黨登記為全國不分區及僑居國外國民立法委員選舉之全國不分區候選人。」此類候選人依同法第二十八條第一項規定，應為該政黨黨員；第三項規定：「僑居國外之中華民國國民年滿二十三歲，在國內未曾設有戶籍或已將戶籍遷出國外連續八年以上者，得由依法設立之政黨登記為全國不分區及僑居國外國民立法委員選舉之僑居國外國民候選人。」；第七項規定：「回復中華民國國籍滿三年或因歸化取得中華民國國籍滿十年者，始得依第一項至第三項規定登記為候選人。」

除此之外，總統副總統選舉罷免法第二十一條又規定如下之積極要件，即：「總統、副總統候選人，應備具中央選舉委員會規定之表件及保證金，於規定時間內，向該會聯名申請登記。未聯名申請登記、表件或保證金不合規定，或未於規定時間內辦理者，不予受理。前項候選人，應經由政黨推薦或連署人連署。同一組總統、副總統候選人，如經審定一人或二人資格不符規定，則該組候選人，應不准予登記。」

同樣的，公職人員選舉罷免法第三十三條也規定：「登記為候選人時，應備具選舉委員會規定之表件及保證金，於規定時間內，向受理登記之選舉委員會辦理。表件或保證金不合規定，或未於規定時間內辦理者，不予受理。」

### (二)消極要件

#### 1.總統副總統候選權之消極要件

如依總統副總統選舉罷免法第二十條第二項規定：「回復中華民國國籍、因歸化取得中華民國國籍、大陸地區人民或香港、澳門居民經許可進入臺灣地區者，不得登記為總統、副總統候選人。」同法第二十六條又規定「有下列情事之一，不得登記為總統、副總統候選人：一、動員戡亂時期終止後，曾犯內亂、外患罪，經判刑確定者。二、曾犯貪污罪，經判刑確定者。三、曾犯第八十四條第一項、第二項、第八十五條第一項第一款及其未遂犯、第八十六條第一項、第八十七條第一項第一款、第八十八條第一項、第八十九條第一項、公職人員選舉罷免法第八十九條第一項、第二項、第九十條第一項第一款及其未遂犯、第九十條之一第一項、第九十一條第一項第一款、第九十一條之一第一項、刑法第一百四十二條或第一百四十四條之罪，經判刑確定者。四、曾犯組織犯罪防制條例之罪，經判刑確定者。五、犯前四款以外之罪，判處有期徒刑以上之刑確定，尚未執行、執行未畢或於緩刑期間者。六、受死刑、無期徒刑或十年以上有期徒刑之判決尚未確定者。七、受宣告強制工作之保安處分或流氓感訓處分之裁判確定，尚未執行、執行未畢或執行完畢未滿十年者。八、受其他保安處分之裁判確定，尚未執行或執行未畢者。九、受破產宣告確定，尚未復權者，十、依法停止任用或受休職處分，尚未期滿者。十一、褫奪公權，尚未復權者。十二、受監護或輔助宣告，尚未撤銷者。」

而有特定身分、職務之人，依總統副總統選舉罷免法第二十七條之規定，亦不得有候選權。該條第一項至第三項乃分別加以規定，即：「下列人員不得申請登記為總統、副總統候選人：一、現役軍人。二、辦理選舉事務人員。三、具有外國國籍者。前項第一款之現役軍人，屬於後備軍人應召者，在應召未入營前，或係受教育、勤務及點閱召集，均不受限制。當選人因第一百零四條第一項第二款至第四款所定情事之一，經法院判決當選無效確定者，不得申請登記為該次總統、副總統補選候選人。」

又曾為總統副總統，但經罷免通過，或於罷免案宣告成立後辭職者，依

總統副總統選舉罷免法第七十八條第一項規定，自被罷免人解除職務之日起，四年內亦不得有總統、副總統之候選權。

### 2.公職人員候選權之消極要件

如公職人員選舉罷免法第二十五條規定：「二種以上公職人員選舉同日舉行投票時，其申請登記之候選人，以登記一種為限。為二種以上候選人登記時，其登記均無效。同種公職人員選舉具有二個以上候選人資格者，以登記一個為限。為二個以上候選人登記時，其登記均無效。」

同法第二十六條又規定：「有下列情事之一者，不得登記為候選人：一、動員戡亂時期終止後，曾犯內亂、外患罪，經依刑法判刑確定。二、曾犯貪污罪，經判刑確定。三、曾犯刑法第一百四十二條、第一百四十四條之罪，經判刑確定。四、犯前三款以外之罪，判處有期徒刑以上之刑確定，尚未執行或執行未畢。但受緩刑宣告者，不在此限。五、受保安處分或感訓處分之裁判確定，尚未執行或執行未畢。六、受破產宣告確定，尚未復權。七、依法停止任用或受休職處分，尚未期滿。八、褫奪公權，尚未復權。九、受監護或輔助宣告，尚未撤銷。」

而有特定身分職務之人，依公職人員選舉罷免法第二十七條規定，亦不得有候選權。該條第一項、第二項、第三項乃分別加以規定，即：「下列人員不得登記為候選人：一、現役軍人。二、服替代役之現役役男。三、軍事學校學生。四、各級選舉委員會之委員、監察人員、職員、鄉（鎮、市、區）公所辦理選舉事務人員及投票所、開票所工作人員。五、依其他法律規定不得登記為候選人者。前項第一款之現役軍人，屬於後備軍人或補充兵應召者，在應召未入營前，或係受教育、勤務及點閱召集，均不受限制。第二款服替代役之現役役男，屬於服役期滿後受召集服勤者，亦同。當選人就職後辭職或因第一百二十條第一項第二款、第三款情事之一，經法院判決當選無效確定者，不得申請登記為該次公職人員補選候選人。」

又曾為公職人員，但經罷免案通過，或於罷免案進行程序中辭職者，依公職人員選舉罷免法第九十二條第一項規定，自被罷免人解除職務之日起，四年內不得為同一公職人員之候選人，但仍得有其他不同類公職人員之候選權。

# 第四節　罷免權

## 一、罷免權之意義

罷免權乃有選舉權之人，對於其所選出的議員或政府首長，得以投票方式，使其去職的權利。罷免權為公權，係人民四種政權中之一種，屬於典型之參政權，已在本書第三章第七節第三項中略為述及，茲再就罷免權之限制及效力，分述於後。

## 二、罷免權之限制

人民之行使罷免權，並非可以任意為之，而須依法律之規定來行使，為避免人民濫行罷免權，憲法及公職人員選舉罷免法乃設有下列限制❻，即：

### ㈠地區之限制

憲法第一百三十三條規定：「被選舉人得由原選舉區依法罷免之」。所謂依法乃是依公職人員選舉罷免法第七十五條規定：「公職人員之罷免，得由原選舉區選舉人向選舉委員會提出罷免案」。這是對省、縣、市、鄉鎮首長、中央及地方民意代表之罷免規定。至於由全國不分區、僑居國外國民選舉之當選人，依公職人員選舉罷免法第七十五條第二項之規定，則不適用罷免之規定。另總統、副總統之罷免，依憲法增修條文第二條第九項之規定，須經全體立法委員四分之一之提議、全體立法委員三分之二之同意後提出，而非由自由地區全體人民之一定比例人數來提出，這是與一般公職人員罷免案之提出，有些不同，以致人民行使罷免總統之主權受到重大限制。此在民國九十五年，人民要對當時之陳水扁總統行使罷免權時，因民進黨立法委員之不出席而無法達到三分之二門檻，以致罷免陳水扁總統案雖無人反對，但仍無法

❻　由於這些限制，人民幾乎難以行使罷免權而流為政治上之奴隸。請參閱，林騰鷂，〈修憲使人不致淪為奴隸〉，《臺灣時報》專論，民國一〇四年五月二十九日，第三版。

成案而由人民公決。此實為憲政上之重大缺漏。這種人民不能透過連署直接提出罷免案，與人民可以透過連署直接提出總統候選人之規定，形成一強烈的反差對比，顯示我國的直接民主仍有努力的空間。

（二）期間之限制

對於選出之中央與地方公職人員，非經一定期間以後，不得提出罷免案，以保障當選之公職人員有表現才能的機會或影響到公務的推行。故公職人員選舉罷免法第七十五條第一項但書規定，公職人員就職未滿一年者，不得罷免，是為期間之限制。

總統當選未滿一年者，得否罷免，曾經引發爭議。但此爭議因民國九十二年十月二十九日公布修正之總統副總統選舉罷免法第七十條第一項明文排除對就職未滿一年者之罷免，而告消失。

（三）人數之限制

罷免權之行使有三種人數之限制，即：

1. 提議人數之限制

罷免案之提出，依公職人員選舉罷免法第七十六條第二項之規定，以被罷免人原選舉區選舉人為提議人，其人數應為原選舉區選舉人總數百分之一以上。又提議人以一般公民為限，現役軍人、服替代役之現役役男或公務人員不得為罷免案提議人，蓋以其都為受公職當選人員之指揮或監督對象之故也。

2. 連署人數之限制

選舉委員會收到罷免案提議後，應於二十五日內查對其提議人，如合於規定，即通知提議人之領銜人於十日內領取連署人名冊，並於一定期間內徵求連署。以被罷免人原選舉區選舉人為連署人，其人數應為原選舉區選舉人總數百分之十以上。另選舉委員會收到罷免案連署人名冊後，立法委員、直轄市議員、直轄市長、縣（市）長之罷免應於四十日內，縣（市）議員、鄉（鎮、市）長之罷免應於二十日內，鄉（鎮、市）民代表、村（里）長之罷免應於十五日內，查對連署人名冊。

3. 投票人數之限制

罷免案經查明連署合於規定後，選舉委員會應為罷免案成立之宣告，而

罷免案之投票，則於罷免案宣告成立後二十日起至六十日內為之。但被罷免人同時為候選人時，應於罷免案宣告成立後六十日內單獨舉行罷免投票。罷免案投票結果，有效同意票數多於不同意票數，且同意票數達原選舉區選舉人總數四分之一以上，即為通過。如有效罷免票中，不同意票數多於同意票數或同意票數不足原選舉區選舉人總數四分之一者，均為否決。

㈣**次數之限制**

罷免案經否決者，依公職人員選舉罷免法第九十二條第二項之規定，在該被罷免人之任期內，不得對其再為罷免案之提議。另公職人員選舉罷免法第八十三條第四項也規定，罷免案經宣告不成立後，原提議人對同一被罷免人自宣告不成立之日起，一年內不得再為罷免案之提議。另外，總統副總統選舉罷免法第七十八條第二項規定，罷免案否決者，在該被罷免人之任期內，不得對其再為罷免案之提議。

又值得一述的是，公職人員選舉罷免法第八十六條原有「罷免案之進行，除徵求連署之必要活動外，不得有罷免或阻止罷免之宣傳活動」的限制，但此一規定在民國一〇六年十一月底時已被刪除，故現時均可進行罷免或阻止罷免之宣傳活動。

## 三、罷免權之效力

依公職人員選舉罷免法第九十一條之規定，罷免案經投票後，選舉委員會應於投票完畢七日內公告罷免投票結果。罷免案通過者，被罷免人應自公告之日起，解除職務。此為罷免權行使之主要效力。

另依公職人員選舉罷免法第九十二條第一項之規定，罷免案通過者，被罷免人自解除職務之日起四年內不得為同一公職人員候選人；其於罷免案宣告成立後辭職者亦同。此可以說是罷免權行使之附帶效力。

總統副總統選舉罷免法第七十八條第一項也規定，罷免案通過者，被罷免人自解除職務之日起，四年內不得為總統、副總統候選人；其於罷免案宣告成立後辭職者，亦同。

## 四、罷免訴訟

罷免訴訟乃指依公職人員選舉罷免法第一百十八條規定或依總統副總統選舉罷免法第一百零八條規定所提起之罷免案通過或否決無效之訴。此些罷免訴訟之管轄法規、審理程序、審理時間、二審終結及不得再審之規定，與上所述之選舉訴訟相同。

# 第五節　創制權

創制權之意義與功能，已在本書第三章第五節第四項中加以說明，茲再就創制權之種類、限制及其優、缺點，分別說明之。

## 一、創制權之種類

從比較憲法上來看，各國對創制權之行使範圍、行使程序、行使內容之規定，並不一致。因此，創制權亦可依下列方式來分類❼：

(一)制憲創制與立法創制

此一分類乃就創制權行使範圍所為之分類。所謂制憲創制乃指一國之公民有提出憲法修正案之權，如瑞士是；所謂立法創制乃是一國之公民只有提出普通法案之權，如西班牙是。至於其他國家大都不分制憲創制與立法創制，公民對此二者均可為之。換言之，公民得提出普通法案，亦得提出憲法修正案，如德國威瑪憲法是。

(二)直接創制與間接創制

此一分類乃就創制權行使程序所為之分類。所謂直接創制乃指法案逕由一國之公民表決，不須經該國之立法機關表決，如美國各州採行之制度是；間接創制乃指法案先由立法機關審議，如遭否決或被修正者，則交由公民表決，如德國聯邦所採行之制度是。

---

❼　參照管歐，前揭書，頁 293–294；薩孟武，前揭書，頁 164。

### ㈢原則創制與條文創制

此一分類乃就創制權行使形式所為之分類。所謂原則創制乃是一國之公民提出法案之原則，再由該國之立法機關依據原則，編制完整之法案條文❽，如瑞士聯邦關於憲法修改之創制案是；至於條文創制則是由公民直接提出完整之法案條文，而非只是提出法案之原則而已，此如美國各州關於法律之創制是。

### ㈣立法創制與重大政策創制

公民投票法第二條第二項、第三項規定區分了立法創制與重大政策創制。該條第二項規定了全國性立法原則之創制與重大政策之創制。該條第三項規定了地方自治法規立法原則之創制與地方自治事項重大政策之創制。

## 二、創制權之限制

人民創制權之行使是否可以毫無限制？此從各國憲法規定來看，大凡預算案、租稅案、兵役案、戒嚴案、宣戰案、媾和案及條約案，均不得創制，此因預算案均由政府依實際國情提出，且不許立法機關為增加支出之提議，是以公民關於預算案，不得為創制權之行使。又租稅與兵役案涉及人民義務，若許人民創制，則有可能造成無稅可徵，無兵可徵之情形，故各國亦不許人民創制。另戒嚴、宣戰、媾和案，多為緊急應變所必要，而條約案多涉外交機密，故均不宜由公民創制。公民投票法就此於第二條第四項也規定，預算、租稅、投資、薪俸及人事事項不得作為公民投票之提案。

## 三、創制權之優、缺點

創制權為現代民主國家之重要政制，其優點如下：

1.人民直接制定法律，符合主權在民及民主之理念。

2.創制權之行使，可避免代議政治之流弊，防止立法機關之懈怠及立法之不周延。

3.創制權之行使，可以提昇人民對國事之參與興趣，落實人民之參政權。

---

❽　我國公民投票法第二條第二項、第三項之規定，即採行原則創制。

4.因創制權所制定之法律，較能符合人民之需要，容易解決社會經濟矛盾，減少人民與國家對抗所生之摩擦。

但創制權亦有若干制度上之缺失，即：

1.法律之制定須有專門之知識與立法技術，人民忙於社會其他分工事務，無暇也無專精知識、能力可以為周密之立法。

2.法律之制定為立法機關之重要職權，如多由人民以創制之方式來制定，則等於削減了立法機關之職責，使人民選舉代議士職權之行使，受到嚴重的限制。

3.創制權之行使，係為人民集體之意思表示，容易受少數意見領袖之操控，影響正常民主決策機能。

4.創制權之行使容易造成各地人民為爭地方私利而損及國家整體利益，特別是會造成環保、垃圾、核廢料儲放及各項公共建設工作之不易推動。

# 第六節　複決權

複決權之意義與功能，已在本書第三章第五節第五項中加以說明，茲再就複決權之種類與限制，分別說明於次。

## 一、複決權之種類

從比較憲法上來看，複決權依其行使時點與方法可分為諮詢之複決與批准之複決，及強行之複決與任意之複決等，茲分述之。

### (一)諮詢之複決與批准之複決

此一分類乃依複決權行使之時點來分類，凡法律之制定或修正，立法機關應在事前徵得人民之許可者，稱為諮詢之複決。此如瑞士憲法第一百四十一條所規定之制定是。至於批准之複決，則是指立法機關制定或修正法律後，仍須經人民投票表示同意與否者是。如一般國家對於憲法之修正或重要條約案之議決，多須再獲得人民之票決批准。如瑞士新憲法第一百四十條之規定是。民國九十三年八月二十三日立法院臨時會通過之憲法增修條文第一條第

一項之規定，亦為批准複決。

### (二)強行之複決與任意之複決

　　此一分類乃依複決權行使之方法來分類，凡是立法機關通過法案之後，不問其性質如何，也不問人民或其他國家機關是否有請求，均須交由公民投票作最後之決定始生效力者，謂為強行之複決。此如瑞士新憲法第一百四十條之規定是。又民國九十三年八月二十三日立法院臨時會通過之憲法增修條文第一條第一項之規定，亦為修憲案之強行複決。相反的，立法機關通過法律後，須有一定人數之公民或其他國家機關的請求，然後才提交公民投票公決者，謂之任意之複決。如瑞士新憲法第一百四十一條之規定是。

## 二、複決權之限制

　　人民複決權之行使並非毫無限制。各國法制對於財政法案、租稅法案、預算法案以及大赦、特赦、司法法案和國際性條約案，多禁止人民複決，以免因人民以一己之私或利害，妨害了國家大政的推行。公民投票法第二條第四項因此規定預算、租稅、投資、薪俸及人事事項不得為法律複決或重大政策複決，地方自治法規之複決、地方自治事項重大政策複決之提案事項。又緊急性的法案亦不得交由公民複決，蓋緊急事件法案如須再經公民複決，則將曠日費時，延誤政事之處理。不過，我國公民投票法第十六條卻違反一般法理而規定：「當國家遭受外力威脅，致國家主權有改變之虞，總統得經行政院院會之決議，就攸關國家安全事項，交付公民投票」。學者認此一規定並無必要，蓋因國家面臨外力具體威脅，總統可以行使緊急命令權，依法理無庸界以總統公民投票的提案權❾。

---

❾ 李惠宗，〈對立法權制衡機制之探討〉，《月旦法學雜誌》，第一〇九期，民國九十三年六月，頁96；相關論文另參閱，吳志光，〈不服公民投票主管機關駁回公民投票提案之行政爭訟途徑〉，《法學講座》，第二十七期，民國九十三年五月，頁105–114。

# 第七節　公民投票權

　　由於民國九十四年任務型國民大會複決通過立法院所提之憲法增修條文修正案第一條，使公民之政權行使又多了一項公民投票權，本書第三章第五節第六項已為簡要說明，茲再就公民投票之法源依據、投票事項、投票程序、投票結果及投票爭訟事項等分別說明，公民如何可以行使此一項政權。

## 一、公民投票之法源

　　公民投票之法源為民國九十四年所修正憲法增修條文第一條及第十二條有關領土變更案及憲法修正案之複決規定。又民國九十二年十二月三十一日公布之公民投票法全文六十四條則為公民投票相關制度之法律依據與重要法源。公民投票法分別於民國九十五年五月三十日、民國九十八年五月二十七日、民國九十八年六月十七日作了局部性之修正，其基本架構大致未有大幅度之改變。

## 二、公民投票之事項

　　公民投票法第二條、第十六條對公民投票事項有下列規定，即：

### (一)全國性公民投票適用事項

　　1.法律之複決。

　　2.立法原則之創制。

　　3.重大政策之創制或複決。

　　4.憲法修正案之複決。

### (二)地方性公民投票適用事項

　　1.地方自治法規之複決。

　　2.地方自治法規立法原則之創制。

　　3.地方自治事項重大政策之創制或複決。

### (三)國家安全事項

公民投票法第十六條第一項規定，當國家遭受外力威脅，致國家主權有改變之虞，總統得經行政院院會之決議，就攸關國家安全事項，交付公民投票。

### (四)不得為公民投票提案事項

公民投票法第二條第四項規定，預算、租稅、薪俸及人事事項不得作為公民投票之提案。

## 三、公民投票之提案、審核、連署與成立程序

公民投票之提案，由誰提出，由誰審議，其連署、公告、投票程序，公民投票法有較詳詳細細之規定，即：

### (一)公民投票之提案

有權為公民投票之提案者，依公民投票法之規定有三：

#### 1.一定人數之公民

公民投票法第十條第一項原規定：「公民投票案提案人人數，應達提案時最近一次總統副總統選舉選舉人總數千分之五以上」。學者認為此一規定人數依第十屆總統、副總統選舉選舉人數為 15,462,625 人來計算為 77,314 人，似嫌過多❿。不過，舉行公投究非常態，其辦理自應慎重，對照臺灣地區一千五百多萬人之選舉人數，不到八萬人之提案人權要求，並不算多⓫。但此一規定在民國一〇七年一月三日公民投票法修正公布時，將公民投票提案人數門檻降為萬分之一（約一千八百人就可提案），而十八歲以上之人民雖非憲法上可行使投票權之公民，但現已可參與公民投票。由於公投提案人數門檻之大幅降低，以及十八歲以上人民就可參加公投投票，以致造成民國一〇七年十一月二十四日中九合一選舉投票及十個公投提案同時投票之混亂情勢⓬。

---

❿　參閱，李惠宗，《憲法要義》，元照出版有限公司，民國九十三年九月二版第一刷，頁 310。

⓫　瑞士人口數在二〇〇五年時為 7,209,924 人，為我國之三分之一，但其二〇〇四年憲法之第一百三十八條規定，公民投票案提案人數為十萬人。

⓬　請參閱，林騰鷂，〈陳英鈐別成公投亂源〉，《中國時報》時論廣場，民國一〇七

## 2.立法院

公民投票法第十五條第二項規定：「立法院對於第二條第二項第三款（重大政策之創制或複決事項），認有進行公民投票之必要者，得附具主文、理由書，經立法院院會通過後，交由中央選舉委員會辦理公民投票。」此一規定，學者認為是不合法理之規定，謂「公投係直接民主之機制，主要用以制衡間接民主機關之怠惰或濫權者。」故「不應由代議機關提出議題」❸。此一見解並非全面而有偏頗。因為，民國八十六年憲法增修條文修正後，立法院對於行政院之重要政策不贊同時，已無法依憲法第五十七條第二款規定，以決議移請行政院變更之。立法院已失去對行政院制衡之工具。因此，為防制近年來層出不窮的「行政胡亂」、「行政鄉愿」、「行政懈怠」、「行政缺德」等行為❹，公民投票法賦予立法院公民投票提案權，自屬合乎憲政制衡之法理。

## 3.總　統

公民投票法第十六條第一項規定：「當國家遭受外力威脅，致國家主權有改變之虞，總統得行政院院會之決議，就攸關國家安全事項，交付公民投票。」此一規定爭議極大，涉及由公民投票法賦予總統提出公民投票案議題是否違反憲法保留原則❺？以及是否有必要賦予總統對國家安全事項的公民投票案之提案權？就此，學者強為說詞，認無違憲且尚有必要❻。不過，就總統在憲政體制中具有「緊急命令權」及國家安全會議機制可使用，自無必要在公民投票法上賦予總統就國家安全事項以公民投票案之提案權。這就比

---

年十月十七日，A15 版。

❸　李惠宗，上揭書，頁 310。

❹　參閱，林騰鷂，〈搶救憲法靈魂，控制行政胡亂〉，《聯合報》，民意論壇，民國九十三年八月二十二日，A15 版；林騰鷂，〈行政缺德症〉，《聯合報》，民意論壇，民國九十一年七月十八日，第 15 版；林騰鷂，〈行政不可懈怠〉，《聯合晚報》，民國九十一年四月二十日，第 2 版；林騰鷂，〈行政不能鄉愿〉，《聯合晚報》，民國九十一年五月十五日，第 2 版。

❺　參閱，李惠宗，上揭書，頁 311；另前大法官董翔飛認此規定違反憲法保留原則。參引法源資訊網法律新聞 2004.3.4，http://www.lawlank.com.tw/fnews/news.php?

❻　李惠宗，同上註書，頁 311。

較憲法上來看，也是荒誕不經的事。果不其然，陳水扁總統於民國九十三年三月二十日總統、副總統之選舉時同日發動舉行「強化國防公投」與「對等談判公投」等被學者指為「拘束性公投」之兩項公投❶，但均遭人民否決，但「陳水扁政權」❶仍然編了 6,108 億之特別預算要購買軍備，完全不顧人民公投之結果，破壞了「主權在民」的憲法靈魂。且因公投綁大選，引發二〇〇四年總統、副總統當選無效與選舉無效之爭議，臺灣高等法院分別作出違法與不違法之歧異判決，導致學者「這是司法獨裁，不是司法獨立」之批判❶。更令人駭異的是，最高法院於民國九十四年六月十七日竟作出一個「缺乏正義靈魂的判決」❷，明確認定「公投綁大選」違法，但主其事之陳水扁總統卻不必負責，引起輿論之批判❷。

## (二)公民投票提案之審核

公民投票法第十條第二、三項分別規定了公民投票提案之審核程序，即：

①中央選舉委員會應於收到公民投票提案後，六十日內完成審核，提案不合規定者，主管機關的中央選舉委員會，應敘明理由，通知提案人之領銜人於三十日內補正，逾期未補正或經補正仍不符規定者，予以駁回。審核期間並應函請戶政機關應於十五日內查對提案人名冊，並刪除不合資格之提案人，及依該提案性質分別函請立法機關及行政機關於收受該函文後四十五日內提出意見書，內容並應敘明通過或不通過之法律效果。

②前項提案經審核完成符合規定者，應通知提案人之領銜人於十日內向

---

❶ 李惠宗教授表示，「我國公投法僅有拘束性公投，並禁止諮詢性公投」。詳閱，李惠宗，上揭書，頁 306。

❶ 小笠原欣幸，〈陳水扁政權〉，刊於《問題與研究》，第三十三卷第一期，民國九十二年十月。

❶ 李念祖，〈這是司法獨裁，不是司法獨立〉，《新新聞周刊》，第九百三十一期，民國九十四年一月六日，頁 40。

❷ 林騰鷂，〈總統當選無效案，缺乏正義靈魂的判決〉，《聯合報》，民意論壇，民國九十四年六月十八日，A15 版。

❷ 《聯合報》社論，〈公投綁大選；既屬違法，總該有人負責吧！〉，民國九十四年六月二十七日，A2 版。

主管機關領取連署人名冊格式或電子連署系統認證碼，徵求連署；逾期未領取者，視為放棄連署。

對此，全國性公民投票審議委員會有審議通過公民所提之公民投票提案，學者認為欠缺民主正當性❷。但相對於總統提案，該學者在同書中表示不經審核就可以有公民投票提案權。如此，尚「稱不上總統的『職權』，應無違反憲法保留的問題」❸。其說理矛盾之處，清楚可見！因為，如對照世界知名的公投國家瑞士，其國會依該國二〇〇〇年憲法之第一百三十九條第三項規定，有權審議公民投票之提案，則我國以該學者所稱的「小立法院」性質的「行政機關」❹來審議公民投票提案，又有何不可？不過，公民投票法在民國一〇七年一月三日修正公布時，已廢止公民投票審議委員會。全國性公民投票之主管機關已修正改為中央選舉委員會。此為法制上之重大缺失。因為，選舉是對人投票事項，公投則是對事投票事項。又承辦公投投票機關是否也可以擔任公投審議，也引發非議。

(三)公民投票提案之連署

依公民投票法第十二條規定，關於法律之複決、立法原則之創制或重大政策之創制或複決等事項之全國性公民投票提案，連署人數應達提案時最近一次總統副總統選舉選舉人總數百分之一點五以上，比過去所規定的百分之五少了很多。

而依公民投票法第二十八條規定，關於地方自治法規之複決、地方自治法規立法原則之創制或地方自治事項重大政策之創制或複決等事項之地方性公民投票提案、連署人數、應附具文件、查核程序及發表會或辯論會之舉辦，由直轄市、縣（市）以自治條例定之。

(四)公民投票提案之成立公告及在法定之公民投票日投票

依公民投票法第十三條第三項規定，公民投票提案連署人名冊經選舉委員會、戶政機關查對後，其連署人數合於公民投票法之相關規定者，選舉委

---

❷ 李惠宗，上揭書，頁 313-314。

❸ 同上註，頁 311。

❹ 同上註，頁 313。

員會應於十日內為公民投票案成立之公告。而依公民投票法第二十三條規定，自民國一百十年起，每二年舉行一次公民投票，公民投票日定於八月第四個星期六。此一規定，非常荒謬。因公民投票是公民對政事表達主權意志，與選舉是對人的委任表示不同。公民投票規定兩年舉行一次，無端剝奪了人民直接民權之行使。

## 四、公民投票提案投票之結果與公告

依公民投票法第三十條原規定，公民投票案投票結果，投票人數達全國、直轄市、縣（市）投票權人總數二分之一以上，具有效投票數超過二分之一同意者，即為通過。若投票人數不足前項規定數額或未有有效投票數超過二分之一同意者，均為否決。此一投票門檻，立法院之民進黨團、台聯黨團均認為過高，並舉英國、法國、德國、美國等之公投立法例多採簡單多數制，主張無須對參與公投的人數或比例作限制，只須規定投票者有效票過半數同意❷⁵，就算通過。基於此一看法，民進黨在其所提交立法院的「核四公投特別條例」中主張採取「簡單多數決」。不過，在發生民進黨前主席林義雄禁食，要求停建核四事件後，民進黨表示願意退讓，將「核四公投特別條例」原無任何門檻的「簡單多數決」，修正為同意票須高於公民總數的百分之二十五的門檻，公投才算通過❷⁶。民國一〇七年一月修正公布後之公民投票法第二十九條，已將公民投票案投票結果，改為有效同意票數多於不同意票，且有效同意票達投票權總人數四分之一以上者，即為通過。若有效同意票未多於不同意票，或有效同意票數不足投票權人總額四分之一以上者，均為不通過。

又依公民投票法第三十條規定，公民投票案經通過者，各該選舉委員會

---

❷⁵ 參閱，王貝林，〈歐美公投多採簡單多數制〉，《自由時報》，民國一〇二年二月二十七日，A3 版。

❷⁶ 參閱，陳慧萍、蘇芳禾，〈民進黨讓步，願設核四公投門檻 25%〉，《自由時報》，民國一〇三年四月二十八日，網頁：http://news.ltn.com.tw/news/focus/paper/774402；另請參閱，中華民國憲法學會，2013 年學術座談全紀錄，核四與公投之憲法問題，憲政時代，第三十九卷第二期，民國一〇二年十月，頁 1–35。

應於投票完畢七日內公告公民投票結果並依法處理公民投票案。若公民投票案不通過者，則依公民投票法第三十一條規定，各該選舉委員會應於投票完畢七日內公告公民投票結果，並通知提案人之領銜人。

## 五、公民投票案通過之處理方式

公民投票案經通過者，依公民投票法第三十條各款規定方式處理❷，即：

1. 有關法律、自治條例之複決案，原法律或自治條例於公告之日算至第三日起，失其效力。

2. 有關法律、自治條例立法原則之創制案，行政院、直轄市政府、縣（市）政府應於三個月內研擬相關之法律、自治條例提案，並送立法院、直轄市議會、縣（市）議會審議。立法院、直轄市議會、縣（市）議會應於下一會期休會前完成審議程序。

3. 有關重大政策者，應由權責機關為實現該公民投票案內容之必要處置。

4. 有關憲法之複決案，立法院應咨請總統公布。

## 六、公民投票提案再行提出之期間限制

公民投票法第三十二條對公民投票提案不通過者，設有二年就同一事項不得再行提出之限制規定。是否為同一事項，則由主管機關認定之。

## 七、公民投票結果之爭訟

對於公民投票之結果，如有爭議，則依公民投票法第六章之相關規定，可以提起公民投票投票無效之訴、確認公民投票案通過或否決之訴，而依公民投票法第四十七條規定，公民投票爭訟之管轄法院，為各該高等行政法院，而不服高等行政法院第一審裁判而上訴、抗告之公民投票訴訟事件，由最高行政法院管轄。

---

❷　相關實務論文請參閱，吳志光，〈公民投票通過後之法律效力與司法審查〉，《月旦法學教室》，第一九六期，民國一〇八年二月，頁53–60。

# 第十四章　基本國策

## 第一節　基本國策之意義

　　西元一九一九年德國威瑪憲法在其第二篇——人民基本權利義務中，首就婚姻、家庭、宗教生活、教育文化、經濟生活等事項規定國家所應遵守的基本規範。自此以後，各國憲法，多隨福利國家思想之發展，不僅消極的規定人民自由權利之確保，並積極的就經濟、教育、社會等規定基本政策。第二次大戰後，世界各國新憲法更有就國防、外交等基本政策，加以規定者。各國憲法對於基本國策之規定，每分則規定於總綱、人民權利、國民經濟、教育文化等有關篇章中，並未如我國特列專章，就國防外交、國民經濟、社會安全、教育文化、邊疆地區等之基本國策加以規定。這是我國憲法與各國憲法不同之處，也是我國憲法之特色之一。

## 第二節　基本國策之性質❶

　　基本國策章之規定有為方針性、目標性之規定，有為強制性、禁止性之規定者，前者如憲法第一百五十五條規定，老弱殘廢之扶助與救濟，第一百五十七條公醫制度之推行等是，倘未能悉如理想，人民不能因而循訴訟程序請求救濟；後者如憲法第一百三十九條不得以武裝力量為政爭之工具、第十四條現役軍人不得兼任文官之規定是，此些規定應即時生效，並即時強制執行。

---

❶　基本國策之性質，學者謂視其規定內容可分為：1.方針條款；2.立法裁量之界限；3.憲法解釋或法令解釋之基準。詳閱，李惠宗，上揭書，頁 660–663。

　　因此，基本國策章規定之事項應依其規定之性質而定其效力❷。如屬方針性、目標性之規定，則應屬立法與施政之指針，而無強制之效力。如屬強制性、禁止性之規定，則有強制效力，立法施政或憲法解釋與其牴觸者均屬無效❸。對此基本國策的適用效力問題，學者將之分類為四種，即 1.視為方針條款；2.視為憲法委託；3.視為制度性的保障；4.視為公權利。有別於傳統理論之所謂方針條款❹。

# 第三節　基本國策之內容

## 第一項　國　防

　　憲法第一百三十七及一百四十條規定國防之基本國策，其主要內容有四：即規定國防的目的、國防的組織、軍隊國家化、及文武分治等事項。

### 一、國防的目的

　　一個國家必須要有國防才能維持國家的自由獨立，以及國民的生存發展及安寧康樂，我國憲法第一百三十七條規定：「中華民國之國防，以保衛國家安全，維護世界和平為目的。」由此可知，我國國防之目的，對內為求取國家安全，不容他國侵略，對外則為防止侵略戰爭，維護世界和平。國防法第二條更規定：「中華民國之國防，以發揮整體國力，建立國防武力，協助災害防救，達成保衛國家安全與人民安全及維護世界和平之目的。」

---

❷　相關論文請參閱，林明昕，〈基本國策之規範效力及其對社會正義之影響〉，《國立臺灣大學法學論叢》，第四十五卷特刊，民國一〇五年十一月，頁 1305–1358。

❸　陳慈陽，《憲法學》，頁 63。

❹　陳新民，上揭書，頁 832–844。另參閱，顧以信，〈論基本國策在我國憲法中之定位〉，《臺北大學法學論叢》，第一〇六期，民國一〇七年六月，頁 267–303。

## 二、國防的組織

　　現代戰爭為全面戰爭、總體動員戰爭，國家一旦遭遇戰爭，必須迅速動員，因此國防必須有嚴密組織才能適時發揮最大力量。國防組織包括陸、海、空軍的編制管理、軍用物資的經理及兵員的訓練等，複雜萬端且有時常變動必要，不宜由憲法規定，委以由法律規定為宜。故我國憲法第一百三十七條第二項規定：「國防之組織，以法律定之」。此一法律乃國防部組織法，落實了軍政軍令一元化及文人領軍理念。國防部主管全國國防事務，設參謀本部，為部長之軍令幕僚及三軍聯合作戰指揮機構，掌理提出建軍備戰需求、建議國防軍事資源督導戰備整備、部隊訓練、律定作戰序列、策定並執行作戰計畫及其他有關軍隊指揮事項。

## 三、軍隊國家化

　　我憲法於第一百三十八條明文規定：「全國陸海空軍，須超出個人、地域及黨派關係以外，效忠國家，愛護人民。」又為促使軍隊國家化之實現，我憲法又於第一百三十九條規定：「任何黨派及個人不得以武裝力量為政爭之工具。」明文禁止個人及黨派以武力為政爭之工具。為了落實軍隊國家化，民國八十九年之國防法第五條規定，中華民國陸海空軍，應服膺憲法，效忠國家，愛護人民，克盡職責，以確保國家安全。而為了貫徹軍隊中立化，國防法第六條更明白規定，中華民國陸海空軍，應超出個人、地域及黨派關係，依法保持政治中立。

　　現役軍人，不得為下列行為：

　　一、擔任政黨、政治團體或公職候選人提供之職務。

　　二、迫使現役軍人加入政黨、政治團體或參與、協助政黨、政治團體或公職候選人舉辦之活動。

　　三、於軍事機關內部建立組織以推展黨務、宣傳政見或其他政治性活動。

　　現役軍人違反前項規定者，由國防部依法處理之。

## 四、文武分治

憲法第一百四十條明文規定：「現役軍人不得兼任文官」。目的在實施文武分治原則。所謂現役軍人是指具有陸、海、空軍軍人身分而正在服役中者而言。已除役之軍人固不包括在內，現役期滿已退伍而未除役的軍人，則非現役軍人，及軍人已退役或外職停役，其充任文官，自不在限制之列。所謂文官則指國防機構以外，中央及地方之公務員。現役軍人不得兼任文官，乃在避免軍人兼任文官時不能超出黨派之外的顧慮。

# 第二項　外　交

憲法第一百四十一條規定：「中華民國之外交，應本獨立自主之精神，平等互惠之原則，敦睦邦交，尊重條約及聯合國憲章，以保護僑民利益，促進國際合作，提倡國際正義，確保世界和平。」此即為我國外交的基本國策，其主要內容，分述如次：

## 一、外交精神

乃「獨立自主之精神」。所謂獨立，乃以本國的立場，處理國家與他國間的交際和交涉，不為任何國家所任意支配；所謂自主，乃是基於主權國之地位，自為外交而不為他國隨意左右之意，我國近百年來深受列強之壓迫，故在憲法上特別強調外交獨立自主之精神。

## 二、外交原則

乃「平等互惠的原則」。所謂平等，乃使我國與他國立於平等地位；所謂互惠，乃使我國與他國處理外交事務時，均受同等優惠利益，而不使任何一方偏頗受益。此亦因我國近幾年來深受不平等條約之束縛，而在基本國策中特別宣示今後外交之基本原則。

## 三、外交方針

乃「敦睦邦交，尊重條約及聯合國憲章。」所謂敦睦邦交，乃增進我國與外國之形式與實際的外交關係；所謂尊重條約、聯合國憲章，即宣示我國願在國內遵行與外國所簽訂之條約及維護遵守聯合國憲章的意思。

## 四、外交目標

乃「保護僑民利益，促進國際合作，提倡國際正義，確保世界和平。」所謂保護僑民利益，乃宣示國家要依外交途徑以保護本國僑民在外國的權益，及外國僑民在本國的權益；所謂促進國際合作，即透過外交方式與外國合作舉辦國際性的事務或事業，增進各國人民間的友誼與福祉；所謂提倡國際正義，乃是對於國與國間的相處及國際糾紛的解決，首重正義之提倡，勿使強國欺侮弱國，以促進人類的自由平等關係；所謂確保世界和平，即表示願與各國共同努力，以求實現國際間之和諧關係。

## 第三項　國民經濟

憲法第一百四十二至一百五十一條中就經濟生活的制度、國民經濟的基本政策設有詳細規定，其主要內容分述於次：

## 一、國民經濟的基本體制

我國憲法第一百四十二條規定：「國民經濟應以民生主義為基本原則，實施平均地權，節制資本，以謀國計民生之均足」，此即規定國民經濟制度，應以民生主義為基本原則，國民經濟之目的，應以防止國民窮困，及資本集中於少數人的弊害，而謀求人人能過著安適的生活，不受匱乏的威脅。為求民生主義，國民經濟目的實現，其主要方法則為平均地權與節制資本。關於平均地權之實施，依憲法第一百四十三條規定，原則有四：

### (一)為「土地公有」之原則

本條第一項明定:「中華民國領土內之土地屬於國民全體」。確定在基本上,土地應為公有,屬於國民全體,應為全體國民之公益而利用,利用之利益,應由全體國民共享。然而鼓勵土地之開發及便於土地之利用,在法律許可範圍內,不妨允許人民取得土地所有權。法律應予保障,亦應基於公益之維護,予以相當之限制。故同項又規定「人民依法取得之土地所有權,應受法律之保障與限制」。

### (二)為「照價徵稅、照價收買、漲價歸公」之原則

此為實施平均地權之主要方法。故本條第一項後段規定:「私有土地應照價納稅,政府並得照價收買。」第三項規定:「土地價值非因施以勞力資本而增加者,應由國家徵收土地增值稅,歸人民共享之」。蓋以土地既屬公有,為便利人民使用開發,乃許其私有,所有人自應繳納相當稅捐以為使用代價,而政府為公益之必要,應得照價收買,以供公用,並可防止土地所有人瞞報地價逃漏稅捐。至土地之價值,係由於社會環境之改良和工商業進步而增加者,並非所有人或使用人資本投入與勞力施用之結果,為防止不勞而獲,自宜增收土地增值稅以歸人民共享。可惜的是,憲法第一百四十三條所規定之「照價徵稅、照價收買及漲價歸公」之原則在現實憲政生活中,並未全面落實,而土地、房屋之稅制相當僵固老化❺,導致房屋、土地價格暴漲,落入私人口袋,引發甚多民怨。

### (三)為「礦及天然力歸國家所有」之原則

本條第二項規定:「附著於土地之礦及經濟上可供公眾使用之天然力,屬於國家所有,不因人民取得所有權而受影響。」地下礦產及經濟上可供公眾使用之天然力,均與公共利益有重大關係,且需適當開發,嘉惠民生。此等天然資源,自應仍屬國家所有,使其利益歸社會共享,以防止私人因取得土地上之礦而獲致特殊利益,甚至獨占壟斷、廢棄不用,損害國家資源。

---

❺ 請參閱,林騰鷂,〈房屋稅制不當,快改!〉,《中國時報》時論廣場,民國一〇二年四月二十一日,A11版。林騰鷂,〈房地產法制要撥亂反正〉,《蘋果日報》蘋論,民國一〇三年六月十一日,A18版。

## ㈣為「耕者有其田」之原則

本條第四項規定:「國家對於土地之分配與整理,應以扶植自耕農及自行使用土地人為原則,並規定其適當經營之面積。」耕者有其田為平均地權之理想,可使地盡其利,達成國際民生之均足,故明定土地之分配與整理,在農地應扶植自耕農,在宅地應扶植自行使用土地人,以實現耕者有其田、住者有其屋,同時並規定其適當經營之面積,防止超過或不足自耕自用之必要,以期地盡其利。行憲以來,政府即依據本條規定,在臺灣推行土地改革,先後訂頒三七五減租條例及實施耕者有其田條例。民國六十六年政府更制定平均地權條例,貫徹「照價徵稅、照價收買、漲價歸公」之實施,希望使憲法中平均地權之理想,逐步實現。

關於節制資本,其要義有二:一為發達國家資本,一為節制私人資本。前者,依第一百四十四條規定:「公用事業及其他有獨占性之企業,以公營為原則,其經法律許可者,得由國民經營之。」故凡郵政、電信、電力、鐵路、公路等公用事業及其需要大量資本,具有獨占性之企業,均以公營為原則,以發達國家資本,改善人民生活。但亦非絕對禁止民營,如經法律許可,亦得由國家經營,惟依法應受政府監督,以防止壟斷。

為節制私人資本,憲法第一百四十五條分列三項,第一項規定限制私人資本之原則,「國家對於私人財富及私營企業,認為有妨害國計民生之平衡發展者,應以法律限制之」。對私人財富及私營事業之限制,係以「認為有妨害國計民生之平衡發展」為要件,以防止私人資本之過分集中,其方法則應由國家以法律加以限制,而不得以行政命令加以限制。第二項明定對合作事業之獎助:「合作事業應受國家之獎勵與扶助」。第三項明定對生產事業與對外貿易之鼓勵:「國民生產事業及對外貿易,應受國家之獎勵、指導及保護。」蓋以私人資本之過分集中,故應防止,惟對國民生產與對外貿易,仍應扶植,使其日益發展,使足以增加社會財富,提高人民生活,尤其外銷事業,常有賴國家之指導保護,使足與國際競爭,故在節制資本之原則下,特明定獎勵指導保護國民生產事業及對外貿易之政策❻。

❻　民國一○四年十二月三十日總統令公布之「因應貿易自由化調整支援條例」,就

## 二、國民經濟之其他基本政策

關於其他國民經濟之基本政策，憲法第一百四十六至一百五十一條規定下列五點，其內容分述於次：

### (一)農業政策

依憲法第一百四十六條規定：「國家應運用科學技術，以興修水利，增進地力，改善農業環境，規劃土地利用，開發農業資源，促成農業之工業化。」故農業政策應以運用科學技術為方法，以興修水利、增進地力、改善農業環境、規劃土地利用、開發農業資源為重點，而以達成農業之工業化為目標。此一農業政策，隨著時代之發展，已日益演化為多元目標。民國一〇七年五月三十日公布之「有機農業促進法」第一條立法宗旨即規定：「為維護水土資源、生態環境、生物多樣性、動物福祉與消費者權益，促進農業友善環境及資源永續利用」之多元目標，而不以工業化之目標為限。

### (二)全國經濟平衡發展政策

依憲法第一百四十七條規定：「中央為謀省與省間之經濟平衡發展，對於貧瘠之省，應酌予補助。省為謀縣與縣間之經濟平衡發展，對於貧瘠之縣，應酌予補助。」蓋以省、縣雖為地方自治團體，各有其獨立之財政，但省、縣之經濟，互有連帶利害關係，不容偏頗，致影響各地區之開發，國民經濟之平衡發展。

### (三)貨暢其流政策

依憲法第一百四十八條規定：「中華民國領域內，一切貨物應許自由流通。」此因我國過去曾有地方割據，濫徵貨物通過稅情事，故特以明定，以確保貨暢其流。

### (四)金融機構政策

其規定有二：一為憲法第一百四十九條：「金融機構，應依法受國家之管理」，二為憲法第一百五十條：「國家應普設平民金融機構，以救濟失業。」蓋因金融機構，關係國民經濟至大，宜由國家依法管理，以期金融調劑得宜，是此一政策之具體展現。

而有利於國計民生之發展。至憲法第一百五十條為制憲國民大會所增列，以原案係參考民國二十三年北平銀行界與市政府合辦之「小本借貸處」所建議，故有「國家應普設」、「以救濟失業」等字樣，但其用意主要在普設平民金融機構，以便利平民之金融流通，而非僅在救濟失業而已。

### (五)扶助華僑經濟政策

憲法第一百五十一條規定：「國家對於僑居國外之國民，應扶助並保護其經濟事業之發展」，此因華僑離鄉背井，遠居異國，其經營經濟事業，至為艱難困苦，國家宜予以適當扶助及保護，使能順利發展。此項規定乃課賦政府責任以安定僑胞之生計，而僑胞生計之扶助維護，另一方面又可增加僑匯僑資，直接間接對國民經濟發展均有助益。

## 三、憲法增修條文新增的國民經濟基本政策

行憲以後，世界各國經濟多在從事第二次世界大戰後之整建，隨著自由經濟、自由貿易之開展，世界經濟普遍呈現繁榮的景象。我國自政府遷臺以後，經濟發展也有長足的進步，由原來自給自足的農業社會經濟轉為以外貿導向的工商經濟結構。因此，憲法上以　國父孫中山先生民生主義為架構，重視平均地權，節制資本之各項國民經濟基本國策，已不能順應現時在臺灣地區之經濟發展需要，因此，憲法增修條文第十條又增添了國民經濟方面一些基本國策之規定，其內容為：

### (一)經濟與科技發展之方向

在憲法增修條文第十條第一項有明文規定，即：「國家應獎勵科學技術發展及投資，促進產業升級，推動農漁業現代化，重視水資源之開發利用，加強國際經濟合作。」由此可以看出，我國未來經濟與科學發展之重點為產業升級，農漁業現代化，水資源之開發利用❼以及國際經濟合作之加強。

### (二)經濟與科技發展之原則

在憲法增修條文第十條第二項明文規定：「經濟及科學技術發展，應與環

---

❼　民國一〇四年十二月三十日總統令公布之「再生水資源發展條例」，就是在推動再生水之開發及利用之法律。

境及生態保護兼籌並顧。」由此可見，經濟與科技之發展，不是社會進步之唯一指標，而是在有適當的經濟與科學技術發展之外，還要有良好的環境及生態保護❽，以免現時及未來世代的生存、生活基礎，因經濟、科技之發展，而受到威脅，摧殘與破壞。有關環境保護之法律已在本書第三章第六節第九項之環境上受益權中加以說明。至於生態保護之法律如動物保護法、野生動物保育法、濕地保育法、森林法、漁業法、國家公園法、文化資產保存法等，以供經濟、科技發展與生態保護得以兼籌並顧之準據。

### ㈢扶助並保護中小型經濟事業

憲法增修條文第十條第三項規定「國家對於人民興辦之中小型經濟事業，應扶助並保護其生存與發展」。由於我國經濟事業多屬於中小型事業，吸納甚多從業人口，故其生存與發展，影響國計民生頗鉅，故此一條項之入憲，甚具意義。立法院也據此制定「中小企業發展條例」，並由總統於民國八十年二月四日公布施行。又為鼓勵中小企業享有所有權之智慧財產權及增僱本國勞工，民國一〇三年五月二十日立法院又三讀通過修正中小企業發展條例相關條文，以租稅減免方式，扶助中小企業。

### ㈣公營金融機構之管理原則

在憲法增修條文第十條第四項明文規定：「國家對於公營金融機構之管理，應本企業化經營之原則，其管理、人事、預算、決算及審計得以法律為特別之規定」，由此可見，公營金融機構之管理已為國民經濟之基本決策，這是過去所沒有的。因為金融是經濟發展的主要動力，如無企業化之經營、管理將無以推動經濟之前進開展。由於公營金融機構之經營與一般政府行政機關之管理有很大不同，特別在國際經濟產業之分工與激烈競爭下，更應該有更大的自主與靈活運作空間。因此，為了使公營金融機構不再受到一般人事預算、決算、審計及管理法令之束縛，憲法增修條文第九條第三項乃規定，金融機構之管理、人事、預算、決算及審計，得以法律為特別之規定。

---

❽　相關實務及論文請參閱，中華民國憲法學會，〈核四與公投之憲法問題──從基本國策中經科發展應與環態保護兼顧規定談起〉，《憲政時代》，第三十九卷，第二期，民國一〇二年十月，頁 1–35。

# 第四項　社會安全

　　憲法第一百五十二至一百五十七條，分別規定國家實施社會安全所應採之基本制度與政策措施。社會安全係基於團體監護主義及社會思想，認為社會各構成分子具有休戚與共、痛癢相關之密切關係，國家應建立各種制度，採取各種措施，使人人皆有適當之工作與安定之生活，而對老弱殘廢、鰥寡孤獨、無力生活者，則應予救濟，以謀社會之安定和諧。

　　憲法上有關社會安全之規定甚為完備。茲分述如次：

## 一、保障人民工作機會

　　社會安全之主要任務在使人民均有工作機會。我國憲法除於第十五條明文保障人民之工作權外，特於第一百五十條規定：「人民具有工作能力者，國家應予適當之工作機會」。國家不僅消極的負有使人民就業之義務，並應積極的提供適當的工作機會，使人人皆能盡其才華。因此政府應採各項措施，積極的推動職業輔導、職業介紹、職業訓練等事項，消極的則辦理失業救濟，使人人的生存及生活不受威脅。就此政府陸續制定「就業訓練法」、「就業服務法」、「就業保障法」及「大量解僱勞工保障法」等法律，以落實保障人民有工作機會之權益。

## 二、改善勞工農民生活

　　憲法第一百五十三條第一項規定：「國家為改良勞工及農民之生活，增進其生產技能，應制定保護勞工及農民之法律，實施保護勞工及農民之政策。」同條第二項規定：「婦女兒童從事勞動者，應按其年齡及身體狀態，予以特別之保護。」依此規定，保護農工之目的，一在改良其生活，使免於匱乏，二在增進其生產技能，使能增加生產。其實施之方法，一為制定保護農工之法律，二為實施保護農工之政策。我國保護農工之法律已有多種，如勞動基準法、勞工保險條例、職業訓練法、職工福利金條例、民國一〇二年七月三日

更將原名為勞工安全衛生法修正為職業安全衛生法、礦場安全法、耕地三七五減租條例等。至職業訓練之實施、工礦檢查之加強、農業技術之改進，則為農工保護政策之具體實施。對女工童工之特別保護，則在各項法律加以規定，以維護民族健康與兒童成長。另外，民國九十三年六月三十日公布之勞工退休金條例，更要落實勞工退休老年生活之保障。民國一○三年元月時，又修正勞工退休金條例，規定僱用外勞、大陸地區配偶者，強制企業提撥退休金，以保障其權益。而就業保險法第二十二條第三項更明文規定：「（被保險人前項於金融機構開立）專戶內之存款，不得作為抵押、扣押、供擔保或強制執行之標的」，以保障勞工就業保險後可獲得之各種保險給付。民國八十四年五月三十一日也制定了「老年農民福利津貼暫行條例」以保障老年農民之生活。民國一○七年六月十三日修正此條例時，將老年農民福利津貼大幅調高至每月新台幣七千元，且回溯至民國一○一年一月一日起，發放至農民本人死亡當月為止。此一規定似有慷其他人民之慨嫌疑，頗有違憲之爭議。

又大法官釋字第七二六號解釋認為，勞雇雙方就工作時間等另行約定未經核備者，該約定尚不得排除勞基法相關規定之限制。該號解釋謂：「勞動基準法第八十四條之一有關勞雇雙方對於工作時間、例假、休假、女性夜間工作有另行約定時，應報請當地主管機關核備之規定，係強制規定，如未經當地主管機關核備，該約定尚不得排除同法第三十條、第三十二條、第三十六條、第三十七條及第四十九條規定之限制，除可發生公法上不利於雇主之效果外，如發生民事爭議，法院自應於具體個案，就工作時間等事項另行約定而未經核備者，本於落實保護勞工權益之立法目的，依上開第三十條等規定予以調整，並依同法第二十四條、第三十九條規定計付工資。」這對勞工生活的保護，提供了明確的保障。

## 三、促進勞資協調合作

憲法第一百五十四條規定：「勞資雙方應本協調合作原則，發展生產事業，勞資糾紛之調解與仲裁，以法律定之」。此不僅規定政府對勞資關係所應採取之基本政策，亦提示勞資雙方相處所應採取之態度。其主要目的在於民生主

義之精神，以促進勞資合作，謀求社會安全。就此，民國一〇三年五月二十日立法院三讀通過修正之團體協約法第六條第一項，乃明文規定：「勞資雙方應本誠實信用原則，進行團體協約之協商；對於他方所提團體協約之協商，無正當理由者，不得拒絕。」

## 四、實施社會保險制度

社會保險與社會救濟，為社會福利之重要項目。因此，憲法第一百五十五條規定：「國家為謀社會福利，應實施社會保險制度。人民之老弱殘廢，無力生活及受非常災害者，國家應予以適當之扶助與救濟」。社會保險本危險共同分擔之原則，使遭遇意外損害者，獲得補償，社會救濟則對無力生活及遭受意外災害者，予以救濟，其目的均在保障人民生存權，以達社會安全之目的。

除此之外，對於「植物人」所致殘廢給付，大法官釋字第三一六號解釋認應屬於社會保險照顧範圍。

## 五、維護民族生存發展

婦女為民族之母性，兒童為民族之幼苗，除對其從事勞動者，應予以特別保護外，並應積極增進其福利，以維護民族之生存發展。故憲法第一百五十六條規定：「國家為奠定民族生存發展之基礎，應保護母性，並實施婦女兒童福利政策」。對保護母性及婦女福利，如家庭計畫之推進、婦嬰衛生之推廣、生育費用之補助、托兒所之設置等，政府均多方努力，大力推進。在兒童福利方面，在民國六十二年更制定兒童福利法、少年福利法，對政府應創辦或獎助之各項兒童、少年福利設施、對兒童、少年應有之保護與限制，均有具體完備之規定。民國九十二年兒童福利法及少年福利法合併修正為兒童及少年福利法，民國一百年時又改名為「兒童及少年福利與權益保障法」，以促進兒童及少年身心健全發展，保障其權益，增進其福利。

值得喝采的是，「生產事故救濟條例」的制定，對承擔女性生產風險，提升女性生育健康及安全有很大的助益。

## 六、增進民族健康

必須推廣衛生保健事業，實施公醫制度，使國民健康日益增進。故憲法第一百五十七條規定：「國家為增進民族健康，應普遍推行衛生保健事業及公醫制度。」關於衛生保健事業之推行，政府已在各地普設衛生所及各項衛生保健機構，推行預防接種、傳染病防治、婦嬰保健等衛生保健事業。至於公醫制度，則積極設置各項醫療機構、各項改進設備，並對貧民免費醫療。

## 七、憲法增修條文新增的社會安全、福利政策

行憲以後，我國社會經歷了重大變遷，致憲法上原所規定之社會安全基本國策，尚不足以順應現時社會發展之需要。因此，憲法增修條文第十條第五項至第九項又增添了社會安全方面一些基本國策之規定，其內容為：

### (一)落實醫療人權之保障

憲法增修條文第十條第五項規定：「國家應推行全民健康保險，並促進現代和傳統醫藥之研究發展。」此一規定，強化擴大了憲法第一百五十七條之公醫制度，並使全體國民獲得基本的醫療保障。為落實憲法增修條文此一規定，政府公布施行了全民健康保險法、農民健康保險條例，對於我國人民醫療人權之保障，甚有助益。更值得重視的是，大法官釋字第四七二號解釋謂：「對於無力繳納保費者，國家應給予適當之救助，不得逕行拒絕給付，以符憲法推行全民健康保險，保障老弱殘廢、無力生活人民之旨趣。」此一解釋乃落實了全部人民，不管是窮人或富人之醫療人權。

另外，值得特別說明的是，「油症患者健康照護服務條例」之制定實施，使油症患者獲得妥善醫療照護，及健康權益獲得保障。而所謂油症患者，依該條例第三條之規定，是指民國六十八年間，因多氯聯苯米糠油事件致中毒者。又民國九十二年五月二十一日制定公布之癌症防治法，對於現代令人恐慌色變之癌症防治工作，也有很大的助益。

### (二)婦女地位之提升與保障

憲法增修條文第十條第六項規定：「國家應維護婦女之人格尊嚴，保障婦

女之人身安全，消除性別歧視，促進兩性地位之實質平等。」此一規定，強化了憲法第一百五十六條所規定之對母性的保護。換言之，此一規定，不只保護生育子女之母性，並且提升及保障一般女性之人格尊嚴、人身安全，使女性在社會上不致受到歧視，或不平等之待遇。民國九十三年公布之性別平等教育法，也有助於消除性別歧視、維護婦女人格尊嚴、促進性別地位之實質平等。

又為了保障婦女，幫助處境特殊的婦女度過困境，立法院也通過了「特殊境遇婦女扶助條例」，對特殊境遇婦女，提供緊急生活扶助、子女津貼、子女教育補助、傷病醫療補助、子女托育補助、受暴法律訴訟補助及創業貸款等。此一特殊境遇婦女扶助條例恐有違反憲法男女平等規定之虞，因在現時社會中，男性亦有可能陷入如上述特殊境遇婦女之處境。如不能使這些男性亦可受到扶助權益，則有違男女平等原則。因此，特殊境遇婦女扶助條例，應更改名稱為「特殊境遇國民扶助條例」為宜。本書此一建議，在民國九十八年一月二十三日已由總統公布將「特殊境遇婦女家庭扶助條例」，改稱為「特殊境遇家庭扶助條例」，以符合男女平等原則。

### (三)身心障礙者之照顧及保障

憲法增修條文第十條第七項規定：「國家對於身心障礙者之保險與就醫、無障礙環境之建構、教育訓練與就業輔導、生活維護與救助，應予保障，並扶助其自立與發展。」此一規定擴大了憲法第一百五十五條所規定之對身心障礙者之保障。蓋因身心障礙並非是天譴，而是社會活動過程必然發生摩擦中之不幸。因此，個人在社會生產、交通運送分工過程中遭遇不幸所生之身心障礙，不應由個人獨自承擔與默默的忍受，而應由國家來提供適當之保險與醫療。又為促進身心障礙者之人格發展，國家不只提供消極的醫療與生活照護，並且要提供教育、訓練機會，並輔導其就業，扶助其自立與發展，使身心障礙者能重新投入社會，而不是哀怨、無助、避世的度過一生。就此，自民國六十九年以來政府即制定「殘障福利法」，經民國八十六年改名為「身心障礙者保護法」，而在民國九十六年又改名為「身心障礙者權益保障法」，逐步將對身心障礙者之消極保護，積極進化為對身心障礙者各項權益之保障。

　　值得注意的是，特殊教育法第二十四條第一項更明文規定：「各級主管機關應提供學校輔導身心障礙學生有關評量、教學及行政等支援服務，並適用於經主管機關許可在家及機構實施非學校型態實驗教育之身心障礙學生」，以保障身心障礙者之受教權。而身心障礙者權益保障法第三十條之二第一項條文，規定：「經中央教育主管機關審定之教科用書，其出版者應於該教科用書出版時，向中央教育主管機關指定之機關（構）或學校提供所出版教科用書之數位格式，以利製作專供視覺功能障礙者及前條第一項其他特定身心障礙者接觸之無障礙格式。各級政府機關（構）出版品亦同。」透過此一規定，以保障身心障礙者學習及獲得政府資訊之權利。另在交通方面，大眾捷運法第二十四條之二及第二十八條，亦規定大眾捷運系統應包含無障礙設備及設施，以供身心障礙者之便利使用❾。

　　另為保障身心障礙者平等參與政治與公共生活之權利，民國一○五年十二月七日由總統公布修正之立法院組織法第五條第六項規定立法院之議事轉播應逐步提供同步聽打或手語翻譯等無障礙資訊服務。

## ㈣充實社會救助、福利服務、國民就業、社會保險及醫療保健等社會福利工作

　　憲法增修條文第十條第八項規定，國家應重視社會救助、福利服務、國民就業、社會保險及醫療保健等社會福利工作；對於社會救助和國民就業等救濟性支出應優先編列。

　　值得注意的是，民國一○四年六月三日公布制定「長期照顧服務法」、民國一○七年一月三十一日公布制定「長期照顧服務機構法人條例」，對健全長期照顧服務體系提供長期照顧服務，確保照顧及支持服務品質、發展普及、多元及可負擔之服務，保障接受服務者與照顧者之尊嚴及權益，有詳細的規範。可惜的是，並未同時制定「長期照顧保險法」，以保障經濟弱勢者之長期

---

❾　相關論文請參閱，孫迺翊，〈無障礙／可及性、合理調整與平等不歧視原則：從身心障礙者權利公約檢視我國憲法及身心障礙者權益保障法之平等原則內涵〉，《國立臺灣大學法學論叢》，第四十五卷特刊，民國一○五年十一月，頁1163-1228。

照顧需求。

　㈤保障軍人退役後之就學、就業、就醫、就養

　　憲法增修條文第十條第九項規定，國家應尊重軍人對社會之貢獻，並對其退役後之就學、就業、就醫、就養予以保障。

## 第五項　教育文化

　　憲法第一百五十八至一百六十七條規定之主要內容有三：一為明定教育文化之宗旨及教育基本政策，二為確定對全國教育文化之監督、補助與保障，三為規定對教育文化工作者及事業之保障、獎勵及補助。

## 一、關於教育文化宗旨及教育基本政策

　　憲法第一百五十八條規定教育文化之宗旨，第一百五十九至一百六十一條則規定教育之基本政策。教育文化宗旨，依第一百五十八條規定：「教育文化應發展國民之民族精神、自治精神、國民道德、健全體格、科學及生活智能」，所列宗旨五項，民族精神與國民道德屬德育，自治精神屬群育，健全體格屬體育，科學及生活智能屬智育，共包括德智體群等四育❿。

　　另外，為了鼓勵私人參與辦理公立國民小學及國民中學，促進實驗及教育多元化，發展教育特色，以共同養成德、智、體、群、美五育均衡發展之健全國民，民國一〇三年十一月二十六日公布了「公立國民小學及國民中學委託私人辦理條例」。

　　另為促進博物館事業發展，健全博物館功能、提高其專業性、公共性、多元性、教育功能與國際競爭力，以提升民眾人文歷史、自然科學、藝術文化等涵養，並表徵國家文化內涵，在民國一〇四年七月一日制定了「博物館法」，使我國之教育文化政策開展，又向前邁進一步。

---

❿　相關論文請參閱，林依仁，〈文化憲法的意義（上）〉，《月旦法學雜誌》，第二九〇期，民國一〇八年七月，頁 164–188；同作者，同題目（下），同雜誌，第二九一期，民國一〇八年八月，頁 108–138。

## 二、在教育政策方面

依憲法第一百五十九至一百六十一條規定，國家應一面保障國民教育之機會平等，一面實施基本教育，使學齡兒童，均得就學❶，對已逾學齡而未受基本教育者，則應予以補習教育。基本教育與補習教育均免納學費，其繼續升學則須自費，但政府應廣設獎學金，對學行俱優而無力升學者，予以扶助。依此國策，政府陸續制定了幼兒教育及照顧法、終身學習法、社區大學發展條例、兒童及少年未來教育與發展帳戶條例等法律。

## 三、關於對全國教育文化之監督、補助與保障

為憲法第一百六十二至一百六十四條所規定。其重點在國家應一面監督全國公私立教育文化機關，一面應注重各地區教育文化之均衡發展，對邊遠及貧瘠地區之文教經費及重要文教事業，則應予以補助。而為保障文教經費之充裕，並分別規定其在各級政府預算總額之最低百分比。對教育文化機構之監督，憲法第一百六十二條規定：「全國公私立教育文化機構，依法律受國家之監督。」蓋以教育文化之推行是否符合憲法所定宗旨，其設施是否得宜，實有關國本，故全國教育文化機構，無論公立私立，無論中央或省縣設置，均應由國家依法律監督❷。不過，因為教育部之怠忽與縱容❸，致使私校成為我國教育之惡性腫瘤，傷害了國家的競爭力，也使青年淪為苦力❹。

---

❶ 又為了提昇學齡前幼兒之教育及照顧，立法院於民國一〇六年三月三十一日制定了「教保服務人員條例」，以規範依幼兒教育及照顧法在幼兒園服務之園長、教師、教保員及助理教保員之培育、資格、權益及管理事項。

❷ 但此一規定，均未獲得落實執行，以致私人「教育王國」及學者式的經營，充斥教育界而敗壞了學風。詳請參閱，林騰鷂，〈大學歪風，請勇於依憲監督〉，《聯合報》民意論壇，民國一〇三年七月三十一日，A17 版。

❸ 請參閱，林騰鷂，〈製造社會災難的教育部〉，《臺灣時報》專論，民國一〇六年一月六日，第三版。

❹ 詳請參閱，民國一〇五年五月十六日，立法院教育及文化委員會舉行「私立學校法」修法公聽會會議紀錄，委 342 至委 349 頁；林騰鷂，〈防止私立大專院校的

　　對文教之均衡發展，依第一百六十三條規定：「國家應注重各地區教育之均衡發展，並推行社會教育，以提高一般國民之文化水準。邊遠及貧瘠地區之教育文化經費，由國庫補助之，其重要之教育文化事業，得由中央辦理或補助之」。因此，國家應注重全國教育之均衡發展，補助邊遠及貧瘠地區之文教經費，並得在各該地區辦理或補助其重要文教事業，使與文教發達之地區均衡發展。

　　關於對教育文化工作者及事業之保障、獎勵及補助，為憲法第一百六十五至一百六十七條所明定。第一百六十五條規定：「國家應保障教育、科學、藝術工作者之生活，並依國民經濟之發展，隨時提高其待遇。」此係基本規定。蓋以教育、科學、藝術工作者，生活大都清苦，國家應予保障，並隨時提高待遇，使能安心工作與研究。民國一〇四年六月十日公布制定之「教師待遇條例」，對於公私立學校教師之本薪（年功薪）、加給及獎金，又進一步的詳細規範，使公私立學校之教師有較佳之生活保障。而對教育、科學、藝術工作具有成就與成績優良者，則應予以獎助。第一百六十六條規定：「國家獎勵科學之發明與創造，並保護歷史、文化、藝術之古蹟古物。」蓋以科學之發明與創造，為學術研究之成果，並足以提升科技之發展，自應予以獎勵。古蹟古物為民族歷史文化之具體表現，亦為研究與發揚歷史文化之珍貴資料，自應予以保護❶❺，以免遭受損害破壞。第一百六十七條更列舉應予獎助之事業或個人，其規定如下：「國家對於左列事業或個人，予以獎勵或補助：一、國內私人經營之教育事業成績優良者。二、僑居國外國民之教育事業成績優良者。三、於學術或技術有發明者。四、從事教育久於其職而成績優良者。」❶❻

---

　　道德淪落〉，《臺灣時報》，民國一〇四年十一月二十日，第四版；林騰鷂，〈私校不義，使青年淪為苦力〉，《蘋果日報》論壇，民國一〇五年五月十六日，A10版。

❶❺　民國一〇四年十二月九日總統令公布之「水下文化資產保存法」，就是保存、保護及管理水下文化資產之法律。

❶❻　多年來教育部並未遵守此一規定，對於不良私校、辦學極差者，仍予補助。筆者即為文批判之。詳請參閱，林騰鷂，〈依憲改造私校，搶救教育〉，《蘋果日報》

## 四、憲法增修條文新增的教育文化政策

行憲以後，特別是在臺灣地區大學林立，國民教育普及，致憲法上原定教育文化基本國策，不足以順應國家教育文化發展需要。因此，憲法增修條文第十條第十項、第十一項乃增加了教育文化方面一些基本國策之規定，其內容為：

### ㈠教育、科學、文化經費，應優先編列

憲法增修條文第十條第十項規定，「教育、科學、文化之經費，尤其國民教育之經費應優先編列，不受憲法第一百六十四條規定之限制」。

### ㈡維護發展原住民族語言及文化

憲法增修條文第十條第十一項規定，國家肯定多元文化，並積極維護發展原住民族語言及文化。為此，立法院乃陸續制定了「財團法人原住民族文化事業基金會組織條例」、「原住民族傳統智慧創作保護條例」、「原住民族委員會原住民族文化發展中心組織法」，以落實原住民族文化權之保障。

## 第六項　邊疆地區

關於邊疆民族及其自治事業之保障與扶植，依第一百六十八條規定：「國家對於邊疆地區各民族之地位，應予以合法之保障，並於其地方自治事業，特別予以扶植。」所謂予以合法之保障，係制定法律加以合理保障之意。而為保障邊疆民族之地位，並應對其地方自治事業，特別予以扶植，使能完成自治，以實現民族平等，達成全國地方自治之目標。

關於邊疆文教、交通、衛生及其他經濟社會事業之舉辦扶助，依第一百六十九條規定：「國家對於邊疆地區各民族之教育、文化、交通、水利、衛生及其他經濟社會事業應積極舉辦，並扶助其發展。對於土地使用，應依其氣候、土壤性質及人民生活習慣之所宜，予以保障及發展。」所列各項，目的均在推進邊疆建設，此因邊疆地區較為落後，如全賴地方力量建設，恐力有

論壇，民國一〇六年七月二十七日，A14 版。

未逮，故規定國家應積極舉辦各項建設，並扶助其發展。

又憲法增修條文第十條第十二項規定，國家應依民族意願，保障原住民之地位及政治參與❼，並對其教育文化❽、交通水利、衛生醫療、經濟土地❾及社會福利事業予以保障扶助並促其發展，其辦法另以法律定之。對於金門、馬祖、澎湖地區人民亦同。此將澎湖地區人民與原住民以及居住在大陸外緣地區金門、馬祖相比擬，硬放在一個條文上規定，實非妥適❿。

由上列憲法及憲法增修條文之規定可知，我國對於邊疆地區之人民或少數民族、原住民，不管是在政治上、教育上、文化上、交通水利上、衛生醫療上、經濟土地及社會福利事業方面，均應加以保障㉑扶助並促其發展，使其能與中原地區之人民同享國家社會發展之福祉。

---

❼ 原住民族基本法第二條之一規定，「為促進原住民族部落健全自主發展，部落應設部落會議。部落經中央原住民主管機關核定者，為公法人。」此一規定大大提升了原住民部落之政治地位。

❽ 民國一〇六年五月二十六日立法院三讀制定「原住民族語言發展法」。該法第一條即明白規定：「原住民族語言為國家語言，為實現歷史正義，促進原住民族語言之保存與發展，保障原住民族語言之使用及傳承，依憲法增修條文第十條第十一項及原住民族基本法第九條第三項規定，特制定本法。」

❾ 「原住民保留地禁伐補償及造林回饋條例」，對原住民之經濟土地權益，比較有具體的保障。

❿ 詳細論述請參閱，林明昕，〈原住民地位之保障作為「基本權利」或「基本國策」？〉，《憲政時代》，第二十九卷，第三期，民國九十三年一月，頁 335–358；李建良，〈淺說原住民族的憲法權利──若干初探性的想法〉，《台灣本土法學雜誌》，第四十七期，民國九十二年六月，頁 115–125；黃俊杰，〈原住民權利保障與自治財政〉，《台灣本土法學雜誌》，第四十七期，民國九十二年六月，頁 85–114；陳新民，〈最高法院的覺醒──由提出王光祿釋憲案所引發最高法院提出釋憲案的制度與原住民權益保障的法制問題〉，《政大法學評論》，第一五五期，民國一〇七年十二月，頁 1–58。

㉑ 林江義，〈原住民族自治制度的立法現況與展望〉，《台灣本土法學雜誌》，第四十七期，二〇〇三年六月，頁 77–84；另〈原住民族自治法（草案）總說明及條文對照表〉，《台灣本土法學雜誌》，第四十七期，民國九十二年六月，頁 126–129。

## 第七項　海外僑民

　　行憲以後，由於大陸變局與政治動亂，我國僑民已不限於東南亞地區，而是廣及南、北美洲、歐洲、澳洲及非洲地區。僑民總數三千多萬，更是超過自由地區人民之總數。為了維繫海外僑民之向心力，乃在憲法增修條文第十條第十三項規定：「國家對於僑居國外國民之政治參與，應予保障。」除此之外，憲法增修條文第四條第一項第三款又規定全國不分區、僑居國外國民之立法委員名額共三十四人，用以確實保障海外僑民之參政權。這是憲法以前所未曾有的規範。

## 第八項　大陸與港澳事務

　　憲法增修條文第十一條規定：「自由地區與大陸地區間人民權利義務關係及其他事務之處理，得以法律為特別之規定」，亦為現階段的基本國策。為貫徹落實此一基本國策，立法院乃制定臺灣地區與大陸地區人民關係條例，以資適用。另外，也制定了香港澳門關係條例❷❷，以為處理與大陸地區相關地緣人民事務之依據。

---

❷❷　大陸地區相關論文請參閱，許昌，〈國家憲法與港澳基本法關係再研究〉，《一國兩制研究》，第三十五期，2018 年 1 月，頁 68–73；朱國斌，〈香港特區法院與"一國兩制"憲制秩序的維護〉，《一國兩制研究》，第三十五期，2018 年 1 月，頁 22–37。

# 第十五章　憲法之施行及修改

## 第一節　概　說

　　憲法頒行後，其效力為何？與法律、命令之關係為何？如有疑義，應由何種機關解釋，又憲法可否修正，如何實施，均應有所規定。因此，憲法第十四章中又以若干條文加以規定。茲分節說明之。

## 第二節　憲法與法律、命令之關係

　　憲法與法律及命令，均為國家意思之表現，並須以國家權力強制其實行。此三者，在國家法制體系上，互為作用而且互有連貫關係。但就其效力之強弱而言，可分為三個等級，憲法之效力最強，法律次之，命令又次之。法律與憲法牴觸者無效，命令與憲法或法律牴觸者無效，關於法律或命令有無牴觸憲法發生疑義時，由司法院解釋之。茲再分憲法與法律、憲法與命令、法律與命令等三者說明其位階關係。

### 一、憲法與法律

　　憲法第一百七十條規定：「本憲法所稱之法律，謂經立法院通過，總統公布之法律。」此為憲法所定法律之意義，其在形式上須具備「經立法院通過」及「總統公布」兩要件，而憲法條文中，有關「依法」、「依法律」，或關於某種事項「以法律定之」之規定甚多，一般法律乃依據此等規定而制定，是以憲法除為法律正名外，亦為法律之主要淵源。惟二者有以下之區別：

## (一)制定與修正機關不同

憲法之制定與修正機關憲法本文規定為國民大會，法律之制定與修正機關為立法院。值得注意的是，民國九十四年修正憲法增修條文第一條時，停止適用憲法第二十五條至第三十四條及第一百三十五條有關國民大會組織與職權的規定。又因當時同時增訂了憲法增修條文第十二條規定，以致憲法之修正機關及程序更改為立法院立法委員提出憲法修正案，而由中華民國自由地區選舉人投票複決之。

## (二)制定與修正程序不同

憲法之制定與修正程序，異常繁複，法律之制定與修正程序，則較簡易。

## (三)規定之詳略不同

憲法所規定之內容，為原則性、基本性之事項，例如：憲法第十九條規定：「人民有依法律納稅之義務」，第二十條規定：「人民有依法律服兵役之義務」是。而法律所規定之內容，則為個別性具體之事項，例如：關於納稅事項，制訂各種稅法；關於兵役事項制訂兵役法及兵役法施行法，而分別對於有關納稅及兵役事項，為詳盡具體之規定是。

## (四)效力之強弱不同

憲法之效力較法律為強，法律僅在憲法容許之範圍內，有其存在，其牴觸憲法者無效。

# 二、憲法與命令

憲法對「命令」一詞，未如「法律」以明文規定其意義。不過行政程序法第一百五十條、第一百五十九條已有定義可參考之。自通常情形而言，命令係依據法律而發布，法律則依據憲法而制定，是以憲法與命令具有間接淵源關係，惟逕行依據憲法而發布命令者，亦有之，例如總統發布「公布法律」之命令，任免提經立法院同意之行政、司法、考試各院院長之命令是，於此情形，憲法與命令則具有直接淵源關係，至於憲法與命令之區別如下：

## (一)制定與修正機關不同

憲法之制定與修正機關，原為國民大會，但民國九十四年以後有所改變，

已如上述。命令之制定及修正，則任何機關在其職權範圍內，均得為之。

### ㈡制定與修正程序不同

憲法之制定與修正程序極為繁複，命令之制定與修正程序，簡易而不固定，惟有時須報經上級機關，或其他有權機關之核准或通過。

### ㈢規定詳略不同

憲法所規定者為原則性、基本性之事項，命令所規定者，如係單純命令，例如公布法律、任免官吏之命令其本身雖極簡單，但如為規章性質之命令，例如：規程、規則、細則等，則其內容為詳盡而具體。

### ㈣效力強弱不同

憲法之效力較命令強，命令與憲法牴觸者無效。

## 三、法律與命令

法律與命令併稱為法令，二者之關係，非常密切，蓋立法機關所制定之法律，須經國家元首以命令公布，始能生效，而法律之施行，往往亦須以命令訂定施行細則，始得據以實施。

法律與命令雖有密切關係，但二者有以下區別：

### ㈠制定機關與程序不同

法律之制定機關為立法院，必須經過嚴謹之立法程序，而命令之制定，則依該機關在其職權範圍內均得為之，且無固定程序。

### ㈡名稱不同

法律得定名為法、律、條例或通則四種，命令若為單純之命令，其本身並無定名，如為規章命令，得依其性質稱為規程、規則、細則、辦法、綱要、標準或準則七種名稱。又行政程序法第一百五十條規定法規命令之名稱，而行政程序法第一百五十九條則規定行政規則之名稱。

### ㈢規定範圍不同

法律與命令常有一定之範圍，命令所規定之事項，不得侵入法律範圍之內，如中央法規標準法第六條有：「應以法律規定之事項，不得以命令定之。」之規定，即為明證。至於何者應以法律定之？同法第五條各款所列即：

一、憲法或法律有明文規定，應以法律定之者，二、關於人民之權利、義務者，三、關於國家各機關之組織者，及四、其他重要事項之應以法律定之者是。

### (四)效力強弱不同

法律之效力較強，命令之效力較弱，命令與法律牴觸者無效。惟總統依據憲法所發布之緊急命令，則得違反、變更、或牴觸法律，是為例外。

## 第三節　憲法之解釋

憲法於施行適用時，難免發生疑義，常有解釋之必要。我國憲法第一百七十三條規定，憲法之解釋，由司法院為之，此與憲法第七十八條之規定幾乎相同，故有學者認為兩者之規定，有重複之嫌❶，不甚適當。此一見解並非正確，因憲法第一百七十三條，係規定於憲法第十四章「憲法之施行修改」之編章中，從條文體系布置上來看，與憲法第七十八條之規定不同，故應解釋為制憲者，寓有在憲法之施行及修改過程中如遇有違憲時，由司法院擔任憲法解釋職責。筆者此一主張，大法官在釋字第四九九號之解釋理由書加以贊同，並補以國民大會制憲實錄，認為憲法第一百七十三條規定「顯非為一般性之憲法解釋及統一解釋而設」❷。

## 第四節　憲法之修改

憲法為國家根本大法，有其固定性，不宜輕言修改，惟憲法所規定之內容，若有不能適應國家實際狀況時自亦不能一成不變，而須作適度修正，以適應社會與人民之需要，我國憲法為剛性憲法，其修改機關與程序，異於普

---

❶ 參照管歐，前揭書，頁 327；林紀東，《中華民國憲法逐條釋義》，三民書局，民國七十年三月，頁 373。

❷ 參閱，林騰鷂，《立法委員郝龍斌、鄭寶清、洪昭男等聲請釋憲案鑑定報告》，司法院大法官書記處，民國八十八年十一月二十五日，頁 5。

通法律❸，茲就修憲機關與程序分別說明之。

## 一、修憲機關

憲法第二十七條第一項明定：國民大會之職權為修改憲法及複決立法院所提憲法修正案，是以我國之修憲機關，原為國民大會，但因民國九十四年六月七日複決通過立法院於民國九十三年八月二十三日所提憲法增修條文修正案，將來之修憲機構已非國民大會，而是全體公民，亦即由全體公民以投票方式複決立法院之修憲提案。

## 二、修憲程序

依民國九十三年八月二十三日立法院第五屆第五會期第一次臨時會第三次會議，首次依憲法第一百七十四條第二款規定通過之憲法增修條文修正案第十二條，並經任務型國民大會於民國九十四年六月七日複決通過，其所規定修憲程序為：「憲法之修改，須經立法院立法委員四分之一之提議，四分之三之出席，及出席委員四分之三之決議，提出憲法修正案，並於公告半年後，經中華民國自由地區選舉人投票複決，有效同意票過選舉人總額之半數，即通過之，不適用憲法第一百七十四條之規定。」此一修憲門檻被認為過高，而將產生「斷絕修憲的窘境」❹。為了去除此一修憲窘境，民國一○四年五月十一日，立法院修憲委員會召開第十場公聽會時，即針對「修憲發動權歸屬及修憲門檻下修」之議題，徵求學者專家意見。會中即有學者主張要「推倒憲政高牆──下修門檻，還憲於民」❺。筆者在會中也發表「憲法不應成

---

❸　憲法之修改尚涉及憲法終極價值的選擇，請參閱，李念祖，〈從第八屆立法委員若干修憲案提案看憲法終極價值的選擇〉，《憲政時代》，第四十二卷，第一期，民國一○五年七月，頁 1–19。

❹　參閱徐正戎，〈一個斷絕修憲的窘境〉，《中國時報》，時論廣場，民國九十四年六月十二日，A15 版。

❺　請參閱，郝培芝教授書面意見，立法院修憲委員會編製，立法院修憲委員會公聽會報告，民國一○四年五月二十一日，頁 143–152；另參閱陳俊宏副教授書面意見，頁 153–157。

為祖宗遺訓」，主張應賦予人民直接連署修憲案之權，並將修憲門檻由目前的四分之三降為三分之二❻。

## 三、修憲界限

憲法制定後是否可以修改，亦即可以在什麼時候修改，依照什麼形式修改及在範圍上、內容上可做多大程度之修改？此即憲法學學理上的修憲界限 (Grenzen der Verfassungsänderung) 理論課題❼。

從比較憲法學的觀點來看，修憲界限可分為下列三大類，即：

1.時間界限：此即對憲法的修改加以時間方面的限制，又可分為修憲時間的消極限制及修憲時間的積極限制。

⑴修憲時間的消極限制——係指憲法在一定時間內不得修改之限制。例如，希臘一九七五年憲法第一百十條六項規定憲法修改未滿五年者，不得再加以修正。再如一九四六年法國第四共和憲法第九十條規定，法國領土一部或全部為外國軍隊占領時，不得進行修憲。西班牙一九七八年憲法第一百六十九條規定在戰爭期間或國家緊急時期亦不得進行修憲。巴西一九四六年憲法第二百十七條規定，於戒嚴時期不得修憲❽。

⑵修憲時間的積極限制——係指憲法在一定時間內應重行檢討加以修正之意。美國開國元勳 Thomas Jefferson 認為一個文明社會之每一世代有權利自行選擇能增進其幸福的政府形式，故主張憲法應規定每隔十九年或二十年有一次「莊重的機會」來全盤修改憲法❾。

---

❻ 同上註報告，頁 135–136。

❼ 陳新民，《中華民國憲法釋論》，自刊本，民國九十年元月修訂四版，頁 847 以下；李建良，〈析論一九九九年憲法增修條文之憲法爭議〉，氏著，《憲法理論與實踐㈡》，學林文化事業有限公司，民國九十一年十二月，頁 493–533；湯德宗，〈國大延任案釋憲案專家學者說明會意見書㈠㈡〉，氏著，《權力分立新論》，自刊本，民國九十一年十二月增訂二版，頁 689–710；林子儀、葉俊榮、黃昭元、張文貞，《憲法——權力分立》，學林文化出版事業公司，民國九十二年十月，頁 493–498。

❽ 參引陳新民，上註書，頁 846；另參閱，曾繁康，《比較憲法》，三民書局，民國七十四年九月五版，頁 678。

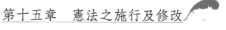

2.程序界限：此即憲法的修正須經特殊的程序與人數限制，例如我國之憲法修正案，由立法院提出者，則須有立法委員四分之一之提議，四分之三之出席及出席委員四分之三之通過。

3.內容界限：此即憲法的修正內容在實體上所不能逾越的界限。德國威瑪共和國時期之著名學者卡爾・史密特 (Carl Schmitt) 認為憲法非不得修正，但在觸及憲法的基本精神時，則不得輕易修正。史密特主張「憲律」(Verfassungsgesetz) 是可以修改的，至於「憲章」(Verfassung) 則是不可以修改的。史密特的此一主張受到各國憲法學界的重視，並有為各國將之採納為憲法修改之內容界限者❿。根據我國學者曾繁康教授等之歸納⓫，下列事項修憲者不得加以修改，即：

(1)共和國體不得修改，縱使憲法無明文禁止修改。

(2)國家機關之根本體制與重要原則不得修改。例如美國之聯邦制與三權分立制；在我國即為權能區分、五院分治之制度與原則。

(3)修憲機關不應修改憲法以擴張其自身權力，蓋因如此，則修憲機關之修憲權勢將成為無法可以控制之權力。

我國憲法及憲法增修條文，對於憲法修改內容之界限，並無明文規定。故民國八十八年九月四日舉行第三屆國民大會第四次會議時，國民大會代表以秘密投票方式，自行三讀通過國民大會代表任期延長二年一個月，並延長第四屆立法委員任期至民國九十一年六月三十日之作法，即產生違憲自肥爭議，引發輿論與民眾的激烈抗議，並導致民國八十八年九月八日執政之中國國民黨開除蘇南成先生之黨籍，使之失去其擔任該黨國民大會不分區代表及國民大會議長之資格⓬。

❾ 參引陳新民，上註書，頁 846；另參閱，曾繁康，《比較憲法》，頁 675；任德厚，〈憲法與修憲制度㈠㈡〉，氏著，《比較憲法與政府》，自刊本，民國九十一年八月，頁 523–610。

❿ 陳新民，同上註書，頁 848–849。

⓫ 曾繁康，上揭書，頁 678–679；謝瑞智，《憲法新論》，文笙書局，民國八十八年元月，頁 784。

⓬ 根據蘇南成之說法，此一國代延任案，民進黨曾想推動「總統延任案」，與立委、

　　國民大會代表上述修改憲法，自行延長自己任期之作為，實為上述所指之藉修改憲法以擴張自身權力之違憲、毀憲行為，大法官於民國八十九年三月二十四日作出釋字第四九九號解釋❸，宣告上述國大行為違憲、毀憲之延任自肥條文不符憲法本旨，即日起失其效力，才挽救了憲法被破毀的殘局。該號解釋確認了修憲界限理論，成為我國非常重要的憲政發展歷史文件。

# 第五節　憲法之實施

　　憲法第一百七十五條第一項規定，「本憲法規定，有另定實施程序之必要者，以法律定之」。此條之規定乃因憲法為國家根本大法，其所規定之事項，多為綱要大事，故對於此等綱要大事之實施程序，須以法律定之，以昭鄭重，而為施行之準據。故凡憲法條文中有「以法律定之」，或「其詳以法律定之」，及「依法」或「依法律」或「由中央立法」等字句之規定者，均應另行制定法律，以為實施之依據。例如憲法第八條規定之依法定程序而始得逮捕、拘禁、審問、或處罰，第十九條所規定之人民依法律納稅，第二十條所規定之人民依法律服兵役等事項，均須另行制定刑事訴訟法、各類稅法及兵役法等法律以為規定是。

---

　　國代一起延任。李登輝也曾同意總統延任案。參閱何振忠記者專訪，〈蘇南成透露，李登輝曾同意總統延任案〉，《聯合報》，民國九十二年五月二十日，A13 版。

❸　關於本號解釋之評論請參閱，許宗力，〈憲法違憲乎？——評釋字第四九九號解釋〉，《月旦法學雜誌》，第六十期，民國八十九年五月，頁 141–154；李念祖，《憲法原理與基本人權概論》，三民書局，民國九十一年十一月，頁 177–209；湯德宗，《權力分立新論》，頁 689–710；蘇永欽，〈國代延任釋憲案書狀三件〉，氏著，《走入新世紀的憲政主義》，頁 57–90。

# 附錄一　中華民國憲法

民國三十六年一月一日國民政府公布同年十二月二十五日施行

中華民國國民大會受全體國民之付託，依據孫中山先生創立中華民國之遺教，為鞏固國權，保障民權，奠定社會安寧，增進人民福利，制定本憲法，頒行全國，永矢咸遵。

## 第一章　總　綱

第 1 條　中華民國基於三民主義，為民有、民治、民享之民主共和國。

第 2 條　中華民國之主權屬於國民全體。

第 3 條　具有中華民國國籍者為中華民國國民。

第 4 條　中華民國領土，依其固有之疆域，非經國民大會之決議，不得變更之。

第 5 條　中華民國各民族一律平等。

第 6 條　中華民國國旗定為紅地，左上角青天白日。

## 第二章　人民之權利義務

第 7 條　中華民國人民，無分男女、宗教、種族、階級、黨派，在法律上一律平等。

第 8 條　人民身體之自由應予保障，除現行犯之逮捕由法律另定外，非經司法或警察機關依法定程序，不得逮捕拘禁。非由法院依法定程序，不得審問處罰。非依法定程序之逮捕、拘禁、審問、處罰，得拒絕之。人民因犯罪嫌疑被逮捕拘禁時，其逮捕拘禁機關應將逮捕拘禁原因，以書面告知本人及其本人指定之親友，並至遲於二十四小時內移送該管法院審問。本人或他人亦得聲請該管法院，於二十四小時內向逮捕之機關提審。法院對於前項聲請，不得拒絕，並不得先令逮捕拘禁之機關查覆。逮捕拘禁之機關，對於法院之提審，不得拒絕或遲延。人民遭受任何機關非法逮捕拘禁時，其本人或他人得向法院聲請追究，法院不得拒絕，並應於二十四小時內向逮捕拘禁之機關追究，依法處理。

第 9 條　人民除現役軍人外，不受軍事審判。

第 10 條　人民有居住及遷徙之自由。

第 11 條　人民有言論、講學、著作及出版之自由。

第 12 條　人民有秘密通訊之自由。

第 13 條　人民有信仰宗教之自由。

第 14 條　人民有集會及結社之自由。

第 15 條　人民之生存權、工作權及財產權，應予保障。

第 16 條　人民有請願、訴願及訴訟之權。

第 17 條　人民有選舉、罷免、創制及複決之權。

第 18 條　人民有應考試、服公職之權。

第 19 條　人民有依法律納稅之義務。

第 20 條　人民有依法律服兵役之義務。

第 21 條　人民有受國民教育之權利與義務。

第 22 條　凡人民之其他自由及權利，不妨害社會秩序公共利益者，均受憲法之保障。

第 23 條　以上各條列舉之自由權利，除為防止妨礙他人自由、避免緊急危難、維持社會秩序或增進公共利益所必要者外，不得以法律限制之。

第 24 條　凡公務員違法侵害人民之自由或權利者，除依法律受懲戒外，應負刑事及民事責任。被害人民就其所受損害，並得依法律向國家請求賠償。

## 第三章　國民大會

第 25 條　國民大會依本憲法之規定，代表全國國民行使政權。

第 26 條　國民大會以左列代表組織之：

　　　　一　每縣市及其同等區域各選出代表一人，但其人口逾五十萬人者，每增加五十萬人，增選代表一人。縣市同等區域以法律定之。

　　　　二　蒙古選出代表，每盟四人，每特別旗一人。

　　　　三　西藏選出代表，其名額以法律定之。

　　　　四　各民族在邊疆地區選出代表，其名額以法律定之。

　　　　五　僑居國外之國民選出代表，其名額以法律定之。

　　　　六　職業團體選出代表，其名額以法律定之。

　　　　七　婦女團體選出代表，其名額以法律定之。

第 27 條　國民大會之職權如左：

　　　　一　選舉總統、副總統。

　　　　二　罷免總統、副總統。

三　修改憲法。

四　複決立法院所提之憲法修正案。

關於創制、複決兩權，除前項第三、第四兩款規定外，俟全國有半數之縣、市曾經行使創制、複決兩項政權時，由國民大會制定辦法並行使之。

第 28 條　國民大會代表每六年改選一次。每屆國民大會代表之任期，至次屆國民大會開會之日為止。現任官吏不得於其任所所在地之選舉區當選為國民大會代表。

第 29 條　國民大會於每屆總統任滿前九十日集會，由總統召集之。

第 30 條　國民大會遇有左列情形之一時，召集臨時會：

一　依本憲法第四十九條之規定，應補選總統、副總統時。

二　依監察院之決議，對於總統、副總統提出彈劾案時。

三　依立法院之決議，提出憲法修正案時。

四　國民大會代表五分之二以上請求召集時。

國民大會臨時會，如依前項第一款或第二款應召集時，由立法院院長通告集會。依第三款或第四款應召集時，由總統召集之。

第 31 條　國民大會之開會地點，在中央政府所在地。

第 32 條　國民大會代表在會議時所為之言論及表決，對會外不負責任。

第 33 條　國民大會代表，除現行犯外，在會期中，非經國民大會許可，不得逮捕或拘禁。

第 34 條　國民大會之組織、國民大會代表之選舉罷免及國民大會行使職權之程序，以法律定之。

## 第四章　總　統

第 35 條　總統為國家元首，對外代表中華民國。

第 36 條　總統統率全國陸海空軍。

第 37 條　總統依法公布法律，發布命令，須經行政院院長之副署，或行政院院長及有關部會首長之副署。

第 38 條　總統依本憲法之規定，行使締結條約及宣戰、媾和之權。

第 39 條　總統依法宣布戒嚴，但須經立法院之通過或追認。立法院認為必要時，得決議移請總統解嚴。

第 40 條　總統依法行使大赦、特赦、減刑及復權之權。

第 41 條　總統依法任免文武官員。

第 42 條　總統依法授與榮典。

第 43 條　國家遇有天然災害、癘疫或國家財政經濟上有重大變故，須為急速處分時，總統於立法院休會期間，得經行政院會議之決議，依緊急命令法，發布緊急命令，為必要之處置，但須於發布命令後一個月內，提交立法院追認。如立法院不同意時，該緊急命令立即失效。

第 44 條　總統對於院與院間之爭執，除本憲法有規定者外，得召集有關各院院長會商解決之。

第 45 條　中華民國國民年滿四十歲者，得被選為總統、副總統。

第 46 條　總統、副總統之選舉，以法律定之。

第 47 條　總統、副總統之任期為六年，連選得連任一次。

第 48 條　總統應於就職時宣誓，誓詞如左：
　　　　「余謹以至誠，向全國人民宣誓，余必遵守憲法，盡忠職務，增進人民福利，保衛國家，無負國民付託。如違誓言，願受國家嚴厲之制裁。謹誓。」

第 49 條　總統缺位時，由副總統繼任，至總統任期屆滿為止。總統、副總統均缺位時，由行政院院長代行其職權，並依本憲法第三十條之規定，召集國民大會臨時會，補選總統、副總統，其任期以補足原任總統未滿之任期為止。總統因故不能視事時，由副總統代行其職權。總統、副總統均不能視事時，由行政院院長代行其職權。

第 50 條　總統於任滿之日解職，如屆期次任總統尚未選出，或選出後總統、副總統均未就職時，由行政院院長代行總統職權。

第 51 條　行政院院長代行總統職權時，其期限不得逾三個月。

第 52 條　總統除犯內亂或外患罪外，非經罷免或解職，不受刑事上之訴究。

## 第五章　行　政

第 53 條　行政院為國家最高行政機關。

第 54 條　行政院設院長、副院長各一人，各部會首長若干人，及不管部會之政務委員若干人。

第 55 條　行政院院長，由總統提名，經立法院同意任命之。立法院休會期間，行政院院長辭職或出缺時，由行政院副院長代理其職務，但總統須於四十日內咨請

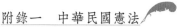

立法院召集會議，提出行政院院長人選，徵求同意。行政院院長職務，在總統所提行政院院長人選未經立法院同意前，由行政院副院長暫行代理。

第 56 條　行政院副院長、各部會首長及不管部會之政務委員，由行政院院長提請總統任命之。

第 57 條　行政院依左列規定，對立法院負責：

　　一　行政院有向立法院提出施政方針及施政報告之責。立法委員在開會時，有向行政院院長及行政院各部會首長質詢之權。

　　二　立法院對於行政院之重要政策不贊同時，得以決議移請行政院變更之。行政院對於立法院之決議，得經總統之核可，移請立法院覆議。覆議時，如經出席立法委員三分之二維持原決議，行政院院長應即接受該決議或辭職。

　　三　行政院對於立法院決議之法律案、預算案、條約案，如認為有窒礙難行時，得經總統之核可，於該決議案送達行政院十日內，移請立法院覆議。覆議時，如經出席立法委員三分之二維持原案，行政院院長應即接受該決議或辭職。

第 58 條　行政院設行政院會議，由行政院院長、副院長、各部會首長及不管部會之政務委員組織之，以院長為主席。行政院院長、各部會首長，須將應行提出於立法院之法律案、預算案、戒嚴案、大赦案、宣戰案、媾和案、條約案及其他重要事項，或涉及各部會共同關係之事項，提出於行政院會議議決之。

第 59 條　行政院於會計年度開始三個月前，應將下年度預算案提出於立法院。

第 60 條　行政院於會計年度結束後四個月內，應提出決算於監察院。

第 61 條　行政院之組織，以法律定之。

# 第六章　立　法

第 62 條　立法院為國家最高立法機關，由人民選舉之立法委員組織之，代表人民行使立法權。

第 63 條　立法院有議決法律案、預算案、戒嚴案、大赦案、宣戰案、媾和案、條約案及國家其他重要事項之權。

第 64 條　立法院立法委員依左列規定選出之：

　　一　各省、各直轄市選出者，其人口在三百萬以下者五人，其人口超過三

百萬者，每滿一百萬人增選一人。

二　蒙古各盟旗選出者。

三　西藏選出者。

四　各民族在邊疆地區選出者。

五　僑居國外之國民選出者。

六　職業團體選出者。

立法委員之選舉及前項第二款至第六款立法委員名額之分配，以法律定之。

婦女在第一項各款之名額，以法律定之。

第 65 條　立法委員之任期為三年，連選得連任，其選舉於每屆任滿前三個月內完成之。

第 66 條　立法院設院長、副院長各一人，由立法委員互選之。

第 67 條　立法院得設各種委員會。

各種委員會得邀請政府人員及社會上有關係人員到會備詢。

第 68 條　立法院會期，每年兩次，自行集會，第一次自二月至五月底，第二次自九月至十二月底，必要時得延長之。

第 69 條　立法院遇有左列情事之一時，得開臨時會：

一　總統之咨請。

二　立法委員四分之一以上之請求。

第 70 條　立法院對於行政院所提預算案，不得為增加支出之提議。

第 71 條　立法院開會時，關係院院長及各部會首長得列席陳述意見。

第 72 條　立法院法律案通過後，移送總統及行政院，總統應於收到後十日內公布之，但總統得依照本憲法第五十七條之規定辦理。

第 73 條　立法委員在院內所為之言論及表決，對院外不負責任。

第 74 條　立法委員，除現行犯外，非經立法院許可，不得逮捕或拘禁。

第 75 條　立法委員不得兼任官吏。

第 76 條　立法院之組織，以法律定之。

# 第七章　司　法

第 77 條　司法院為國家最高司法機關，掌理民事、刑事、行政訴訟之審判及公務員之懲戒。

第 78 條　司法院解釋憲法，並有統一解釋法律及命令之權。

第 79 條　司法院設院長、副院長各一人，由總統提名，經監察院同意任命之。司法院設大法官若干人，掌理本憲法第七十八條規定事項，由總統提名，經監察院同意任命之。

第 80 條　法官須超出黨派以外，依據法律獨立審判，不受任何干涉。

第 81 條　法官為終身職，非受刑事或懲戒處分或禁治產之宣告，不得免職，非依法律，不得停職、轉任或減俸。

第 82 條　司法院及各級法院之組織，以法律定之。

## 第八章　考　試

第 83 條　考試院為國家最高考試機關，掌理考試、任用、銓敘、考績、級俸、陞遷、保障、褒獎、撫卹、退休、養老等事項。

第 84 條　考試院設院長、副院長各一人，考試委員若干人，由總統提名，經監察院同意任命之。

第 85 條　公務人員之選拔，應實行公開競爭之考試制度，並應按省區分別規定名額，分區舉行考試。非經考試及格者，不得任用。

第 86 條　左列資格，應經考試院依法考選銓定之：

　　　一　公務人員任用資格。

　　　二　專門職業及技術人員執業資格。

第 87 條　考試院關於所掌事項，得向立法院提出法律案。

第 88 條　考試委員須超出黨派以外，依據法律獨立行使職權。

第 89 條　考試院之組織，以法律定之。

## 第九章　監　察

第 90 條　監察院為國家最高監察機關，行使同意、彈劾、糾舉及審計權。

第 91 條　監察院設監察委員，由各省市議會、蒙古西藏地方議會及華僑團體選舉之。其名額分配，依左列之規定：

　　　一　每省五人。

　　　二　每直轄市二人。

　　　三　蒙古各盟旗共八人。

　　　四　西藏八人。

五 僑居國外之國民八人。

第 92 條 監察院設院長、副院長各一人，由監察委員互選之。

第 93 條 監察委員之任期為六年，連選得連任。

第 94 條 監察院依本憲法行使同意權時，由出席委員過半數之議決行之。

第 95 條 監察院為行使監察權，得向行政院及其各部會調閱其所發布之命令及各種有
關文件。

第 96 條 監察院得按行政院及其各部會之工作，分設若干委員會，調查一切設施，注
意其是否違法或失職。

第 97 條 監察院經各該委員會之審查及決議，得提出糾正案，移送行政院及其有關部
會，促其注意改善。監察院對於中央及地方公務人員，認為有失職或違法情
事，得提出糾舉案或彈劾案，如涉及刑事，應移送法院辦理。

第 98 條 監察院對於中央及地方公務人員之彈劾案，須經監察委員一人以上之提議，
九人以上之審查及決定，始得提出。

第 99 條 監察院對於司法院或考試院人員失職或違法之彈劾，適用本憲法第九十五條、
第九十七條及第九十八條之規定。

第 100 條 監察院對於總統、副總統之彈劾案，須有全體監察委員四分之一以上之提議，
全體監察委員過半數之審查及決議，向國民大會提出之。

第 101 條 監察委員在院內所為之言論及表決，對院外不負責任。

第 102 條 監察委員，除現行犯外，非經監察院許可，不得逮捕或拘禁。

第 103 條 監察委員不得兼任其他公職或執行業務。

第 104 條 監察院設審計長，由總統提名，經立法院同意任命之。

第 105 條 審計長應於行政院提出決算後三個月內，依法完成其審核，並提出審核報告
於立法院。

第 106 條 監察院之組織，以法律定之。

## 第十章　中央與地方之權限

第 107 條 左列事項，由中央立法並執行之：

一 外交。

二 國防與國防軍事。

三 國籍法及刑事、民事、商事之法律。

四　司法制度。

五　航空、國道、國有鐵路、航政、郵政及電政。

六　中央財政與國稅。

七　國稅與省稅、縣稅之劃分。

八　國營經濟事業。

九　幣制及國家銀行。

十　度量衡。

十一　國際貿易政策。

十二　涉外之財政經濟事項。

十三　其他依本憲法所定關於中央之事項。

第 108 條　左列事項，由中央立法並執行之，或交由省縣執行之：

一　省縣自治通則。

二　行政區劃。

三　森林、工礦及商業。

四　教育制度。

五　銀行及交易所制度。

六　航業及海洋漁業。

七　公用事業。

八　合作事業。

九　二省以上之水陸交通運輸。

十　二省以上之水利、河道及農牧事業。

十一　中央及地方官吏之銓敘、任用、糾察及保障。

十二　土地法。

十三　勞動法及其他社會立法。

十四　公用徵收。

十五　全國戶口調查及統計。

十六　移民及墾殖。

十七　警察制度。

十八　公共衛生。

十九　振濟、撫卹及失業救濟。

二十　有關文化之古籍、古物及古蹟之保存。

前項各款，省於不牴觸國家法律內，得制定單行法規。

第 109 條　左列事項，由省立法並執行之，或交由縣執行之：

一　省教育、衛生、實業及交通。

二　省財產之經營及處分。

三　省市政。

四　省公營事業。

五　省合作事業。

六　省農林、水利、漁牧及工程。

七　省財政及省稅。

八　省債。

九　省銀行。

十　省警政之實施。

十一　省慈善及公益事項。

十二　其他依國家法律賦予之事項。

前項各款，有涉及二省以上者，除法律別有規定外，得由有關各省共同辦理。

各省辦理第一項各款事務，其經費不足時，經立法院議決，由國庫補助之。

第 110 條　左列事項，由縣立法並執行之：

一　縣教育、衛生、實業及交通。

二　縣財產之經營及處分。

三　縣公營事業。

四　縣合作事業。

五　縣農林、水利、漁牧及工程。

六　縣財政及縣稅。

七　縣債。

八　縣銀行。

九　縣警衛之實施。

十　縣慈善及公益事業。

十一　其他依國家法律及省自治法賦予之事項。

前項各款，有涉及二縣以上者，除法律別有規定外，得由有關各縣共同辦理。

第 111 條　除第一百零七條、第一百零八條、第一百零九條及第一百十條列舉事項外，如有未列舉事項發生時，其事務有全國一致之性質者屬於中央，有全省一致之性質者屬於省，有一縣之性質者屬於縣。遇有爭議時，由立法院解決之。

## 第十一章　地方制度

### 第一節　省

第 112 條　省得召集省民代表大會，依據省縣自治通則，制定省自治法，但不得與憲法牴觸。

省民代表大會之組織及選舉，以法律定之。

第 113 條　省自治法應包含左列各款：

　　一　省設省議會，省議會議員由省民選舉之。

　　二　省設省政府，置省長一人，省長由省民選舉之。

　　三　省與縣之關係。

屬於省之立法權，由省議會行之。

第 114 條　省自治法制定後，須即送司法院。司法院如認為有違憲之處，應將違憲條文宣布無效。

第 115 條　省自治法施行中，如因其中某條發生重大障礙，經司法院召集有關方面陳述意見後，由行政院院長、立法院院長、司法院院長、考試院院長與監察院院長組織委員會，以司法院院長為主席，提出方案解決之。

第 116 條　省法規與國家法律牴觸者無效。

第 117 條　省法規與國家法律有無牴觸發生疑義時，由司法院解釋之。

第 118 條　直轄市之自治，以法律定之。

第 119 條　蒙古各盟旗地方自治制度，以法律定之。

第 120 條　西藏自治制度，應予以保障。

### 第二節　縣

第 121 條　縣實行縣自治。

第 122 條　縣得召集縣民代表大會，依據省縣自治通則，制定縣自治法，但不得與憲法及省自治法牴觸。

第 123 條　縣民關於縣自治事項，依法律行使創制、複決之權，對於縣長及其他縣自治人員，依法律行使選舉、罷免之權。

第 124 條　縣設縣議會，縣議會議員由縣民選舉之。

　　　　　屬於縣之立法權，由縣議會行之。

第 125 條　縣單行規章，與國家法律或省法規牴觸者無效。

第 126 條　縣設縣政府，置縣長一人。縣長由縣民選舉之。

第 127 條　縣長辦理縣自治，並執行中央及省委辦事項。

第 128 條　市準用縣之規定。

## 第十二章　選舉、罷免、創制、複決

第 129 條　本憲法所規定之各種選舉，除本憲法別有規定外，以普通、平等、直接及無記名投票之方法行之。

第 130 條　中華民國國民年滿二十歲者，有依法選舉之權。

　　　　　除本憲法及法律別有規定者外，年滿二十三歲者，有依法被選舉之權。

第 131 條　本憲法所規定各種選舉之候選人，一律公開競選。

第 132 條　選舉應嚴禁威脅利誘。選舉訴訟，由法院審判之。

第 133 條　被選舉人得由原選舉區依法罷免之。

第 134 條　各種選舉，應規定婦女當選名額，其辦法以法律定之。

第 135 條　內地生活習慣特殊之國民代表名額及選舉，其辦法以法律定之。

第 136 條　創制、複決兩權之行使，以法律定之。

## 第十三章　基本國策

### 第一節　國　防

第 137 條　中華民國之國防，以保衛國家安全，維護世界和平為目的。

　　　　　國防之組織，以法律定之。

第 138 條　全國陸海空軍，須超出個人、地域及黨派關係以外，效忠國家，愛護人民。

第 139 條　任何黨派及個人不得以武裝力量為政爭之工具。

第 140 條　現役軍人不得兼任文官。

## 第二節　外　交

第 141 條　中華民國之外交，應本獨立自主之精神，平等互惠之原則，敦睦邦交，尊重
　　　　　條約及聯合國憲章，以保護僑民權益，促進國際合作，提倡國際正義，確保
　　　　　世界和平。

## 第三節　國民經濟

第 142 條　國民經濟應以民生主義為基本原則，實施平均地權，節制資本，以謀國計民
　　　　　生之均足。

第 143 條　中華民國領土內之土地屬於國民全體。人民依法取得之土地所有權，應受法
　　　　　律之保障與限制。私有土地應照價納稅，政府並得照價收買。
　　　　　附著於土地之礦及經濟上可供公眾利用之天然力，屬於國家所有，不因人民
　　　　　取得土地所有權而受影響。
　　　　　土地價值非因施以勞力資本而增加者，應由國家徵收土地增值稅，歸人民共
　　　　　享之。
　　　　　國家對於土地之分配與整理，應以扶植自耕農及自行使用土地人為原則，並
　　　　　規定其適當經營之面積。

第 144 條　公用事業及其他有獨占性之企業，以公營為原則，其經法律許可者，得由國
　　　　　民經營之。

第 145 條　國家對於私人財富及私營事業，認為有妨害國計民生之平衡發展者，應以法
　　　　　律限制之。
　　　　　合作事業應受國家之獎勵與扶助。
　　　　　國民生產事業及對外貿易，應受國家之獎勵、指導及保護。

第 146 條　國家應運用科學技術，以興修水利，增進地力，改善農業環境，規劃土地利
　　　　　用，開發農業資源，促成農業之工業化。

第 147 條　中央為謀省與省間之經濟平衡發展，對於貧瘠之省，應酌予補助。
　　　　　省為謀縣與縣間之經濟平衡發展，對於貧瘠之縣，應酌予補助。

第 148 條　中華民國領域內，一切貨物應許自由流通。

第 149 條　金融機構，應依法受國家之管理。

第 150 條　國家應普設平民金融機構，以救濟失業。

第 151 條　國家對於僑居國外之國民，應扶助並保護其經濟事業之發展。

## 第四節　社會安全

第 152 條　人民具有工作能力者，國家應予以適當之工作機會。

第 153 條　國家為改良勞工及農民之生活，增進其生產技能，應制定保護勞工及農民之法律，實施保護勞工及農民之政策。

　　　　　婦女兒童從事勞動者，應按其年齡及身體狀態，予以特別之保護。

第 154 條　勞資雙方應本協調合作原則，發展生產事業。勞資糾紛之調解與仲裁，以法律定之。

第 155 條　國家為謀社會福利，應實施社會保險制度。人民之老弱殘廢，無力生活，及受非常災害者，國家應予以適當之扶助與救濟。

第 156 條　國家為奠定民族生存發展之基礎，應保護母性，並實施婦女、兒童福利政策。

第 157 條　國家為增進民族健康，應普遍推行衛生保健事業及公醫制度。

## 第五節　教育文化

第 158 條　教育文化，應發展國民之民族精神，自治精神，國民道德，健全體格與科學及生活智能。

第 159 條　國民受教育之機會，一律平等。

第 160 條　六歲至十二歲之學齡兒童，一律受基本教育，免納學費。其貧苦者，由政府供給書籍。

　　　　　已逾學齡未受基本教育之國民，一律受補習教育，免納學費，其書籍亦由政府供給。

第 161 條　各級政府應廣設獎學金名額，以扶助學行俱優無力升學之學生。

第 162 條　全國公私立之教育文化機關，依法律受國家之監督。

第 163 條　國家應注重各地區教育之均衡發展，並推行社會教育，以提高一般國民之文化水準，邊遠及貧瘠地區之教育文化經費，由國庫補助之。

　　　　　其重要之教育文化事業，得由中央辦理或補助之。

第 164 條　教育、科學、文化之經費，在中央不得少於其預算總額百分之十五，在省不得少於其預算總額百分之二十五，在市、縣不得少於其預算總額百分之三十五，其依法設置之教育文化基金及產業，應予以保障。

第 165 條　國家應保障教育、科學、藝術工作者之生活，並依國民經濟之進展，隨時提高其待遇。

第 166 條　國家應獎勵科學之發明與創造，並保護有關歷史、文化、藝術之古蹟、古物。

第 167 條　國家對於左列事業或個人，予以獎勵或補助：

　　一　國內私人經營之教育事業成績優良者。

　　二　僑居國外國民之教育事業成績優良者。

　　三　於學術或技術有發明者。

　　四　從事教育久於其職而成績優良者。

### 第六節　邊疆地區

第 168 條　國家對於邊疆地區各民族之地位，應予以合法之保障，並於其地方自治事業，特別予以扶植。

第 169 條　國家對於邊疆地區各民族之教育、文化、交通、水利、衛生及其他經濟、社會事業，應積極舉辦，並扶助其發展，對於土地使用，應依其氣候、土壤性質，及人民生活習慣之所宜，予以保障及發展。

### 第十四章　憲法之施行及修改

第 170 條　本憲法所稱之法律，謂經立法院通過，總統公布之法律。

第 171 條　法律與憲法牴觸者無效。

　　　　　法律與憲法有無牴觸發生疑義時，由司法院解釋之。

第 172 條　命令與憲法或法律牴觸者無效。

第 173 條　憲法之解釋，由司法院為之。

第 174 條　憲法之修改，應依左列程序之一為之：

　　一　由國民大會代表總額五分之一之提議，三分之二之出席，及出席代表四分之三之決議，得修改之。

　　二　由立法院立法委員四分之一之提議，四分之三之出席，及出席委員四分之三之決議，擬定憲法修正案，提請國民大會複決。此項憲法修正案，應於國民大會開會前半年公告之。

第 175 條　本憲法規定事項，有另定實施程序之必要者，以法律定之。

　　　　　本憲法施行之準備程序，由制定憲法之國民大會議定之。

# 附錄二　中華民國憲法增修條文

民國八十年五月一日總統令制定公布第一～一〇條條文

八十一年五月二十八日總統令增訂公布第一一～一八條條文

八十三年八月一日總統令修正公布全文第一～一〇條條文

八十六年七月二十一日總統令修正公布第一～一一條條文

八十八年九月十五日總統令修正公布第一、四、九、一〇條條文（經大法官釋字第四九號解釋宣告違反憲法本旨，而自民國八十九年三月二十四日起失去效力）

民國八十九年四月二十五日令修正公布第一～一一條條文

九十三年八月二十三日立法院第五屆第五會期第一次臨時會第三次會議決議通過，並經九十四年六月七日任務型國民大會第二次會議決議通過

九十四年六月十日總統令修正公布第一、二、四、五、八條及增訂第一二條條文

為因應國家統一前之需要，依照憲法第二十七條第一項第三款及第一百七十四條第一款之規定，增修本憲法條文如左：

第 1 條　中華民國自由地區選舉人於立法院提出憲法修正案、領土變更案，經公告半年，應於三個月內投票複決，不適用憲法第四條、第一百七十四條之規定。

憲法第二十五條至第三十四條及第一百三十五條之規定，停止適用。

第 2 條　總統、副總統由中華民國自由地區全體人民直接選舉之，自中華民國八十五年第九任總統、副總統選舉實施。總統、副總統候選人應聯名登記，在選票上同列一組圈選，以得票最多之一組為當選。在國外之中華民國自由地區人民返國行使選舉權，以法律定之。

總統發布行政院院長與依憲法經立法院同意任命人員之任免命令及解散立法院之命令，無須行政院院長之副署，不適用憲法第三十七條之規定。

總統為避免國家或人民遭遇緊急危難或應付財政經濟上重大變故，得經行政院會議之決議發布緊急命令，為必要之處置，不受憲法第四十三條之限制。但須於發布命令後十日內提交立法院追認，如立法院不同意時，該緊急命令立即失效。

總統為決定國家安全有關大政方針，得設國家安全會議及所屬國家安全局，其

組織以法律定之。

總統於立法院通過對行政院院長之不信任案後十日內，經諮詢立法院院長後，得宣告解散立法院。但總統於戒嚴或緊急命令生效期間，不得解散立法院。立法院解散後，應於六十日內舉行立法委員選舉，並於選舉結果確認後十日內自行集會，其任期重新起算。

總統、副總統之任期為四年，連選得連任一次，不適用憲法第四十七條之規定。

副總統缺位時，總統應於三個月內提名候選人，由立法院補選，繼任至原任期屆滿為止。

總統、副總統均缺位時，由行政院院長代行其職權，並依本條第一項規定補選總統、副總統，繼任至原任期屆滿為止，不適用憲法第四十九條之有關規定。

總統、副總統之罷免案，須經全體立法委員四分之一之提議，全體立法委員三分之二之同意後提出，並經中華民國自由地區選舉人總額過半數之投票，有效票過半數同意罷免時，即為通過。

立法院提出總統、副總統彈劾案，聲請司法院大法官審理，經憲法法庭判決成立時，被彈劾人應即解職。

第3條　行政院院長由總統任命之。行政院院長辭職或出缺時，在總統未任命行政院院長前，由行政院副院長暫行代理。憲法第五十五條之規定，停止適用。

　　　　行政院依左列規定，對立法院負責，憲法第五十七條之規定，停止適用：

　　　　一　行政院有向立法院提出施政方針及施政報告之責。立法委員在開會時，有向行政院院長及行政院各部會首長質詢之權。

　　　　二　行政院對於立法院決議之法律案、預算案、條約案，如認為有窒礙難行時，得經總統之核可，於該決議案送達行政院十日內，移請立法院覆議。立法院對於行政院移請覆議案，應於送達十五日內作成決議。

　　　　　　如為休會期間，立法院應於七日內自行集會，並於開議十五日內作成決議。覆議案逾期未議決者，原決議失效。覆議時，如經全體立法委員二分之一以上決議維持原案，行政院院長應即接受該決議。

　　　　三　立法院得經全體立法委員三分之一以上連署，對行政院院長提出不信任案。不信任案提出七十二小時後，應於四十八小時內以記名投票表決之。如經全體立法委員二分之一以上贊成，行政院院長應於十日內提出辭職，並得同時呈請總統解散立法院；不信任案如未獲通過，一年內不得

對同一行政院院長再提不信任案。

國家機關之職權、設立程序及總員額，得以法律為準則性之規定。

各機關之組織、編制及員額，應依前項法律，基於政策或業務需要決定之。

第4條　立法院立法委員自第七屆起一百一十三人，任期四年，連選得連任，於每屆任滿前三個月內，依左列規定選出之，不受憲法第六十四條及第六十五條之限制：

　　一　自由地區直轄市、縣市七十三人。每縣市至少一人。

　　二　自由地區平地原住民及山地原住民各三人。

　　三　全國不分區及僑居國外國民共三十四人。

前項第一款依各直轄市、縣市人口比例分配，並按應選名額劃分同額選舉區選出之。第三款依政黨名單投票選舉之，由獲得百分之五以上政黨選舉票之政黨依得票比率選出之，各政黨當選名單中，婦女不得低於二分之一。

立法院於每年集會時，得聽取總統國情報告。

立法院經總統解散後，在新選出之立法委員就職前，視同休會。

中華民國領土，依其固有疆域，非經全體立法委員四分之一之提議，全體立法委員四分之三之出席，及出席委員四分之三之決議，提出領土變更案，並於公告半年後，經中華民國自由地區選舉人投票複決，有效同意票過選舉人總額之半數，不得變更之。

總統於立法院解散後發布緊急命令，立法院應於三日內自行集會，並於開議七日內追認之。但於新任立法委員選舉投票日後發布者，應由新任立法委員於就職後追認之。如立法院不同意時，該緊急命令立即失效。

立法院對於總統、副總統之彈劾案，須經全體立法委員二分之一以上之提議，全體立法委員三分之二以上之決議，聲請司法院大法官審理，不適用憲法第九十條、第一百條及增修條文第七條第一項有關規定。

立法委員除現行犯外，在會期中，非經立法院許可，不得逮捕或拘禁。憲法第七十四條之規定，停止適用。

第5條　司法院設大法官十五人，並以其中一人為院長、一人為副院長，由總統提名，經立法院同意任命之，自中華民國九十二年起實施，不適用憲法第七十九條之規定。司法院大法官除法官轉任者外，不適用憲法第八十一條及有關法官終身職待遇之規定。

司法院大法官任期八年，不分屆次，個別計算，並不得連任。但並為院長、副

院長之大法官，不受任期之保障。

中華民國九十二年總統提名之大法官，其中八位大法官，含院長、副院長，任期四年，其餘大法官任期為八年，不適用前項任期之規定。

司法院大法官，除依憲法第七十八條之規定外，並組成憲法法庭審理總統、副總統之彈劾及政黨違憲之解散事項。

政黨之目的或其行為，危害中華民國之存在或自由民主之憲政秩序者為違憲。

司法院所提出之年度司法概算，行政院不得刪減，但得加註意見，編入中央政府總預算案，送立法院審議。

第 6 條　考試院為國家最高考試機關，掌理左列事項，不適用憲法第八十三條之規定：

　　　　一　考試。

　　　　二　公務人員之銓敘、保障、撫卹、退休。

　　　　三　公務人員任免、考績、級俸、陞遷、褒獎之法制事項。

考試院設院長、副院長各一人，考試委員若干人，由總統提名，經立法院同意任命之，不適用憲法第八十四條之規定。

憲法第八十五條有關按省區分別規定名額，分區舉行考試之規定，停止適用。

第 7 條　監察院為國家最高監察機關，行使彈劾、糾舉及審計權，不適用憲法第九十條及第九十四條有關同意權之規定。

監察院設監察委員二十九人，並以其中一人為院長、一人為副院長，任期六年，由總統提名，經立法院同意任命之。憲法第九十一條至第九十三條之規定停止適用。

監察院對於中央、地方公務人員及司法院、考試院人員之彈劾案，須經監察委員二人以上之提議，九人以上之審查及決定，始得提出，不受憲法第九十八條之限制。

監察院對於監察院人員失職或違法之彈劾，適用憲法第九十五條、第九十七條第二項及前項之規定。

監察委員須超出黨派以外，依據法律獨立行使職權。

憲法第一百零一條及第一百零二條之規定，停止適用。

第 8 條　立法委員之報酬或待遇，應以法律定之。除年度通案調整者外，單獨增加報酬或待遇之規定，應自次屆起實施。

第 9 條　省、縣地方制度，應包括左列各款，以法律定之，不受憲法第一百零八條第一

項第一款、第一百零九條、第一百十二條至第一百十五條及第一百二十二條之限制：

一　省設省政府，置委員九人，其中一人為主席，均由行政院院長提請總統任命之。

二　省設省諮議會，置省諮議會議員若干人，由行政院院長提請總統任命之。

三　縣設縣議會，縣議會議員由縣民選舉之。

四　屬於縣之立法權，由縣議會行之。

五　縣設縣政府，置縣長一人，由縣民選舉之。

六　中央與省、縣之關係。

七　省承行政院之命，監督縣自治事項。

臺灣省政府之功能、業務與組織之調整，得以法律為特別之規定。

第 10 條　國家應獎勵科學技術發展及投資，促進產業升級，推動農漁業現代化，重視水資源之開發利用，加強國際經濟合作。

經濟及科學技術發展，應與環境及生態保護兼籌並顧。

國家對於人民興辦之中小型經濟事業，應扶助並保護其生存與發展。

國家對於公營金融機構之管理，應本企業化經營之原則；其管理、人事、預算、決算及審計，得以法律為特別之規定。

國家應推行全民健康保險，並促進現代和傳統醫藥之研究發展。

國家應維護婦女之人格尊嚴，保障婦女之人身安全，消除性別歧視，促進兩性地位之實質平等。

國家對於身心障礙者之保險與就醫、無障礙環境之建構、教育訓練與就業輔導及生活維護與救助，應予保障，並扶助其自立與發展。

國家應重視社會救助、福利服務、國民就業、社會保險及醫療保健等社會福利工作，對於社會救助和國民就業等救濟性支出應優先編列。

國家應尊重軍人對社會之貢獻，並對其退役後之就學、就業、就醫、就養予以保障。

教育、科學、文化之經費，尤其國民教育之經費應優先編列，不受憲法第一百六十四條規定之限制。

國家肯定多元文化，並積極維護發展原住民族語言及文化。

國家應依民族意願，保障原住民族之地位及政治參與，並對其教育文化、交

通水利、衛生醫療、經濟土地及社會福利事業予以保障扶助並促其發展，其辦法另以法律定之。對於澎湖、金門及馬祖地區人民亦同。

國家對於僑居國外國民之政治參與，應予保障。

第 11 條　自由地區與大陸地區間人民權利義務關係及其他事務之處理，得以法律為特別之規定。

第 12 條　憲法之修改，須經立法院立法委員四分之一之提議，四分之三之出席，及出席委員四分之三之決議，提出憲法修正案，並於公告半年後，經中華民國自由地區選舉人投票複決，有效同意票過選舉人總額之半數，即通過之，不適用憲法第一百七十四條之規定。

# 附錄三　公民與政治權利國際公約
## International Covenant on Civil and Political Rights

通過日期：一九六六年十二月十六日聯合國大會決議 2200A (XXI)

生效日期：一九七六年三月二十三日（按照第四十九條規定）

本公約締約各國，考慮到，按照聯合國憲章所宣布的原則，對人類家庭所有成員的固有尊嚴及其平等的和不移的權利的承認，乃是世界自由、正義與和平的基礎，確認這些權利是源於人身的固有尊嚴，確認，按照世界人權宣言，只有在創造了使人可以享有其經濟、社會及文化權利，正如享有其公民和政治權利一樣的條件的情況下，才能實現自由人類享有免於恐懼和匱乏的自由的理想，考慮到各國根據聯合國憲章負有義務促進對人的權利和自由的普遍尊重和遵行，認識到個人對其他個人和對他所屬的社會負有義務，應為促進和遵行本公約所承認的權利而努力，茲同意下述各條：

## 第一部分　人民自決權

第一條（人民自決權）

一、所有人民都有自決權。他們憑這種權利自由決定他們的政治地位，並自由謀求他們的經濟、社會和文化的發展。

二、所有人民得為他們自己的目的自由處置他們的天然財富和資源，而不損害根據基於互利原則的國際經濟合作和國際法而產生的任何義務。在任何情況下不得剝奪一個人民自己的生存手段。

三、本公約締約各國，包括那些負責管理非自治領土和託管領土的國家，應在符合聯合國憲章規定的條件下，促進自決權的實現，並尊重這種權利。

## 第二部分　一般規定

第二條（締約國義務）

一、本公約每一締約國承擔尊重和保證在其領土內和受其管轄的一切個人享有本公約所承認的權利，不分種族、膚色、性別、語言、宗教、政治或其他見解、國籍或社會出身、財產、出生或其他身分等任何區別。

二、凡未經現行立法或其他措施予以規定者，本公約每一締約國承擔按照其憲法程序和本公約的規定採取必要步驟，以採納為實施本公約所承認的權利所需的立法或其他措施。

三、本公約每一締約國承擔：

�甲保證任何一個被侵犯了本公約所承認的權利或自由的人，能得到有效的補救，儘管此種侵犯是以官方資格行事的人所為；

㈡保證任何要求此種補救的人能由合格的司法、行政或立法當局或由國家法律制度規定的任何其他合格當局斷定其在這方面的權利；並發展司法補救的可能性；

㈢保證合格當局在准予此等補救時，確能付諸實施。

第三條（男女平等）

本公約締約各國承擔保證男子和婦女在享有本公約所載一切公民和政治權利方面有平等的權利。

第四條（權利限制）

一、在社會緊急狀態威脅到國家的生命並經正式宣布時，本公約締約國得採取措施克減其在本公約下所承擔的義務，但克減的程度以緊急情勢所嚴格需要者為限，此等措施並不得與它根據國際法所負有的其他義務相矛盾，且不得包含純粹基於種族、膚色、性別、語言、宗教或社會出身的理由的歧視。

二、不得根據本規定而克減第六條、第七條、第八條（第一款和第二款）、第十一條、第十五條、第十六條和第十八條。

三、任何援用克減權的本公約締約國應立即經由聯合國秘書長將它已克減的各項規定、實行克減的理由和終止這種克減的日期通知本公約的其他締約國家。

第五條（超越權利限制範圍之限制）

一、本公約中任何部分不得解釋為隱示任何國家、團體或個人有權利從事於任何旨在破壞本公約所承認的任何權利和自由或對它們加以較本公約所規定的範圍更廣的限制的活動或行為。

二、對於本公約任何締約國中依據法律、慣例、條例或習慣而被承認或存在的任何基本人權，不得藉口本公約未予承認或只在較小範圍上予以承認而加以限制或克減。

## 第三部分　實體規定

第六條（生命權）

一、人人有固有的生命權，這個權利應受法律保護。不得任意剝奪任何人的生命。

二、在未廢除死刑的國家，判處死刑只能是作為對最嚴重的罪行的懲罰，判處應按照犯罪時有效並且不違反本公約規定和防止及懲治滅絕種族罪公約的法律。這種刑罰，非經合格法庭最後判決，不得執行。

三、茲了解：在剝奪生命構成滅種罪時，本條中任何部分並不准許本公約的任何締約國以任何方式克減它在防止及懲治滅絕種族罪公約的規定下所承擔的任何義務。

四、任何被判處死刑的人應有權要求赦免或減刑。對一切判處死刑的案件均得給予大赦、特赦或減刑。

五、對十八歲以下的人所犯的罪，不得判處死刑；對孕婦不得執行死刑。

六、本公約的任何締約國不得援引本條的任何部分來推遲或阻止死刑的廢除。

第七條（禁止酷刑或不人道刑罰）

任何人均不得加以酷刑或施以殘忍的、不人道的或侮辱性的待遇或刑罰。特別是對任何人均不得未經其自由同意而施以醫藥或科學試驗。

第八條（奴隸與強制勞動）

一、任何人不得使為奴隸；一切形式的奴隸制度和奴隸買賣均應予以禁止。

二、任何人不應被強迫役使。

三、㈠任何人不應被要求從事強迫或強制勞動；

　　㈡在把苦役監禁作為一種對犯罪的懲罰的國家中，第三款㈠項的規定不應認為排除按照由合格的法庭關於此項刑罰的判決而執行的苦役；

　　㈢為了本款之用，「強迫或強制勞動」一辭不應包括：

　　　⑴通常對一個依照法庭的合法命令而被拘禁的人或在此種拘禁假釋期間的人所要求的任何工作或服務，非屬㈡項所述者；

　　　⑵任何軍事性質的服務，以及在承認良心拒絕兵役的國家中，良心拒絕兵役者依法被要求的任何國家服務；

　　　⑶在威脅社會生命或幸福的緊急狀態或災難的情況下受強制的任何服務；

　　　⑷屬於正常的公民義務的一部分的任何工作或服務。

第九條（人身自由及逮捕程序）

一、人人有權享有人身自由和安全。任何人不得加以任意逮捕或拘禁。除非依照法律所確定的根據和程序，任何人不得被剝奪自由。

二、任何被逮捕的人，在被逮捕時應被告知逮捕他的理由，並應被迅速告知對他提出的

任何指控。

三、任何因刑事指控被逮捕或拘禁的人，應被迅速帶見審判官或其他經法律授權行使司法權力的官員，並有權在合理的時間內受審判或被釋放。等候審判的人受監禁不應作為一般規則，但可規定釋放時應保證在司法程序的任何其他階段出席審判，並在必要時報到聽候執行判決。

四、任何因逮捕或拘禁被剝奪自由的人，有資格向法庭提起訴訟，以便法庭能不拖延地決定拘禁他是否合法以及如果拘禁不合法時命令予以釋放。

五、任何遭受非法逮捕或拘禁的受害者，有得到賠償的權利。

第十條（被剝奪自由者及被告知之待遇）

一、所有被剝奪自由的人應給予人道及尊重其固有的人格尊嚴的待遇。

二、㈠除特殊情況外，被控告的人應與被判罪的人隔離開，並應給予適合於未判罪者身分的分別待遇；

㈡被控告的少年應與成年人分隔開，並應盡速予以判決。

三、監獄制度應包括以爭取囚犯改造和社會復員為基本目的的待遇。少年罪犯應與成年人隔離開，並應給予適合其年齡及法律地位的待遇。

第十一條（無力履行約定義務之監禁）

任何人不得僅僅由於無力履行約定義務而被監禁。

第十二條（遷徙自由和住所選擇自由）

一、合法處在一國領土內的每一個人在該領土內有權享受遷徙自由和選擇住所的自由。

二、人人有自由離開任何國家，包括其本國在內。

三、上述權利，除法律所規定並為保護國家安全、公共秩序、公共衛生或道德、或他人的權利和自由所必需且與本公約所承認的其他權利不抵觸的限制外，應不受任何其他限制。

四、任何人進入其本國的權利，不得任意加以剝奪。

第十三條（外國人之驅逐）

合法處在本公約締約國領土內的外僑，只有按照依法作出的決定才可以被驅逐出境，並且，除非在國家安全的緊迫原因另有要求的情況下，應准予提出反對驅逐出境的理由和使他的案件得到合格當局或由合格當局特別指定的一人或數人的複審，並為此目的而請人作代表。

第十四條（接受公正裁判之權利）

一、所有的人在法庭和裁判所前一律平等。在判定對任何人提出的任何刑事指控或確定他在一件訴訟案中的權利和義務時，人人有資格由一個依法設立的合格的、獨立的和無偏倚的法庭進行公正的和公開的審訊。由於民主社會中的道德的、公共秩序的或國家安全的理由，或當訴訟當事人的私生活的利益有此需要時，或在特殊情況下法庭認為公開審判會損害司法利益因而嚴格需要的限度下，可不使記者和公眾出席全部或部分審判；但對刑事案件或法律訴訟的任何判決應公開宣布，除非少年的利益另有要求或者訴訟係有關兒童監護權的婚姻爭端。

二、凡受刑事控告者，在未依法證實有罪之前，應有權被視為無罪。

三、在判定對他提出的任何刑事指控時，人人完全平等地有資格享受以下的最低限度的保證：

　㈠迅速以一種他懂得的語言詳細地告知對他提出的指控的性質和原因；

　㈡有相當時間和便利準備他的辯護並與他自己選擇的律師聯絡；

　㈢受審時間不被無故拖延；

　㈣出席受審並親自替自己辯護或經由他自己所選擇的法律援助進行辯護；如果他沒有法律援助，要通知他享有這種權利；在司法利益有此需要的案件中，為他指定法律援助，而在他沒有足夠能力償付法律援助的案件中，不要他自己付費；

　㈤訊問或業已訊問對他不利的證人，並使對他有利的證人在與對他不利的證人相同的條件下出庭和受訊問；

　㈥如他不懂或不會說法庭上所用的語言，能免費獲得譯員的援助；

　㈦不被強迫作不利於他自己的證言或強迫承認犯罪。

四、對少年的案件，在程序上應考慮到他們的年齡和幫助他們重新做人的需要。

五、凡被判定有罪者，應有權由一個較高級法庭對其定罪及刑罰依法進行複審。

六、在一人按照最後決定已被判定犯刑事罪而其後根據新的或新發現的事實確實表明發生誤審，他的定罪被推翻或被赦免的情況下，因這種定罪而受刑罰的人應依法得到賠償，除非經證明當時不知道的事實的未被及時揭露完全是或部分是由於他自己的緣故。

七、任何人已依一國的法律及刑事程序被最後定罪或宣告無罪者，不得就同一罪名再予審判或懲罰。

第十五條（禁止溯及既往之刑罰）

一、任何人的任何行為或不行為，在其發生時依照國家法或國際法均不構成刑事罪者，

不得據以認為犯有刑事罪。所加的刑罰也不得重於犯罪時適用的規定。如果在犯罪之後依法規定了應處以較輕的刑罰，犯罪者應予減刑。

二、任何人的行為或不行為，在其發生時依照各國公認的一般法律原則為犯罪者，本條規定並不妨礙因該行為或不行為而對任何人進行的審判和對他施加的刑罰。

第十六條（法律前人格之承認）

人人在任何地方有權被承認在法律前的人格。

第十七條（對干涉及攻擊之保護）

一、任何人的私生活、家庭、住宅或通信不得加以任意或非法干涉，他的榮譽和名譽不得加以非法攻擊。

二、人人有權享受法律保護，以免受這種干涉或攻擊。

第十八條（思想、良心和宗教自由）

一、人人有權享受思想、良心和宗教自由。此項權利包括維持或改變他的宗教或信仰的自由，以及單獨或集體、公開或秘密地以禮拜、戒律、實踐和教義來表明他的宗教或信仰的自由。

二、任何人不得遭受足以損害他維持或改變他的宗教或信仰自由的強迫。

三、表示自己的宗教或信仰的自由，僅只受法律所規定的以及為保障公共安全、秩序、衛生或道德、或他人的基本權利和自由所必需的限制。

四、本公約締約各國承擔，尊重父母和（如適用時）法定監護人保證他們的孩子能按照他們自己的信仰接受宗教和道德教育的自由。

第十九條（表現自由）

一、人人有權持有主張，不受干涉。

二、人人有自由發表意見的權利；此項權利包括尋求、接受和傳遞各種消息和思想的自由，而不論國界，也不論口頭的、書寫的、印刷的、採取藝術形式的、或通過他所選擇的任何其他媒介。

三、本條第二款所規定的權利的行使帶有特殊的義務和責任，因此得受某些限制，但這些限制只應由法律規定並為下列條件所必需：

　　㈤尊重他人的權利或名譽；

　　㈥保障國家安全或公共秩序，或公共衛生或道德。

第二十條（禁止宣傳戰爭及鼓吹歧視）

一、任何鼓吹戰爭的宣傳，應以法律加以禁止。

二、任何鼓吹民族、種族或宗教仇恨的主張，構成煽動歧視、敵視或強暴者，應以法律
　　加以禁止。

第二十一條（集會之權利）

和平集會的權利應被承認。對此項權利的行使不得加以限制，除去按照法律以及在民主
社會中為維護國家安全或公共安全、公共秩序，保護公共衛生或道德或他人的權利和自
由的需要而加的限制。

第二十二條（結社之自由）

一、人人有權享受與他人結社的自由，包括組織和參加工會以保護他的利益的權利。

二、對此項權利的行使不得加以限制，除去法律所規定的限制以及在民主社會中為維護
　　國家安全或公共安全、公共秩序，保護公共衛生或道德，或他人的權利和自由所必
　　需的限制，本條不應禁止對軍隊或警察成員的行使此項權利加以合法的限制。

三、本條並不授權參加一九四八年關於結社自由及保護組織權國際勞工組織公約的締約
　　國採取足以損害該公約中所規定的保證的立法措施，或在應用法律時損害這種保證。

第二十三條（對家庭的保護）

一、家庭是天然的和基本的社會單元，並應受社會和國家的保護。

二、已達結婚年齡的男女締婚和成立家庭的權利應被承認。

三、只有經男女雙方的自由的和完全的同意，才能締婚。

四、本公約締約各國應採取適當步驟以保證締婚雙方在締婚、結婚期間和解除婚約時的
　　權利和責任平等。在解除婚約的情況下，應為兒童規定必要的保護辦法。

第二十四條（兒童之權利）

一、每一兒童應有權享受家庭、社會和國家為其未成年地位給予的必要保護措施，不因
　　種族、膚色、性別、語言、宗教、國籍或社會出身、財產或出生而受任何歧視。

二、每一兒童出生後應立即加以登記，並應有一個名字。

三、每一兒童有權取得一個國籍。

第二十五條（參政權）

每個公民應有下列權利和機會，不受第二條所述的區分和不受不合理的限制：

㈠直接或通過自由選擇的代表參與公共事務；

㈡在真正的定期的選舉中選舉和被選舉，這種選舉應是普遍的和平等的並以無記名投票
　方式進行，以保證選舉人的意志的自由表達；

㈢在一般的平等的條件下，參加本國公務。

第二十六條（法律之前平等）

所有的人在法律前平等，並有權受法律的平等保護，無所歧視。在這方面，法律應禁止任何歧視並保證所有的人得到平等的和有效的保護，以免受基於種族、膚色、性別、語言、宗教、政治或其他見解、國籍或社會出身、財產，出生或其他身分等任何理由的歧視。

第二十七條（少數人之權利）

在那些存在著人種的、宗教的或語言的少數人的國家中，不得否認這種少數人同他們的集團中的其他成員共同享有自己的文化、信奉和實行自己的宗教或使用自己的語言的權利。

＊按葡萄牙共和國議會第 21/92 號決議規定，不適用於澳門地區。

## 第四部分　實施措置

第二十八條（人權事務委員會之設立）

一、設立人權事務委員會（在本公約裡以下簡稱「委員會」）。它應由十八名委員組成，執行下面所規定的任務。

二、委員會應由本公約締約國國民組成，他們應具有崇高道義地位和在人權方面有公認的專長，並且還應考慮使若干具有法律經驗的人參加委員會是有用的。

三、委員會委員以其個人身分選出和進行工作。

第二十九條（委員之提名及選出）

一、委員會委員由具有第二十八條所規定的資格的人的名單中以無記名投票方式選出，這些人由本公約締約國為此目的而提名。

二、本公約每一締約國至多得提名二人。這些人應為提名國的國民。

三、任何人可以被再次提名。

第三十條（委員之選舉）

一、第一次選舉至遲應於本公約生效之日起六個月內舉行。

二、除按第三十四條進行補缺選舉而外，聯合國秘書長應在委員會每次選舉前至少四個月書面通知本公約各締約國，請它們在三個月內提出委員會委員的提名。

三、聯合國秘書長應按姓名字母次序編造這樣提出的被提名人名單，註明提名他們的締約國，並應在每次選舉前至少一個月將這個名單送交本公約各締約國。

四、委員會委員的選舉應在由聯合國秘書長在聯合國總部召開的本公約締約國家會議舉行。在這個會議裡，本公約締約國的三分之二應構成法定人數；凡獲得最多票數以及出席並投票的締約國代表的絕對多數票的那些被提名人當選為委員會委員。

第三十一條（委員之分配）

一、委員會不得有一個以上的委員同為一個國家的國民。

二、委員會的選舉應考慮到成員的公勻地域分配和各種類型文化及各主要法系的代表性。

第三十二條（委員之任期）

一、委員會的委員任期四年。他們如被再次提名可以再次當選。然而，第一次選出的委員中有九名的任期在兩年後即屆滿；這九人的姓名應由第三十條第四款所述會議的主席在第一次選舉完畢後立即抽籤決定。

二、任期屆滿後的選舉應按公約本部分的上述各條舉行。

第三十三條（委員席位出缺）

一、如果委員會其他委員一致認為某一委員由於除暫時缺席以外的其他任何原因而已停止執行其任務時，委員會主席應通知聯合國秘書長，秘書長應即宣布該委員的席位出缺。

二、倘遇委員會委員死亡或辭職時，主席應立即通知聯合國秘書長，秘書長應宣布該席位自死亡日期或辭職生效日期起出缺。

第三十四條（席位出缺之填補）

一、按照第三十三條宣布席位出缺時，如果被接替的委員的任期從宣布席位出缺時起不在六個月內屆滿者，聯合國秘書長應通知本公約各個締約國，各締約國可在兩個月內按照第二十九條的規定，為填補空缺的目的提出提名。

二、聯合國秘書長應按姓名字母次序編造這樣提出來的被提名人名單，提交本公約各締約國。然後按照公約本部分的有關規定進行補缺選舉。

三、為填補按第三十三條宣布出缺的席位而當選的委員會委員的任期為按同條規定出缺的委員會委員的剩餘任期。

第三十五條（委員之報酬）

委員會委員在獲得聯合國大會的同意時，可以按照大會鑑於委員會責任的重要性而決定的條件從聯合國經費中領取薪俸。

第三十六條（工作人員之提供）

聯合國秘書長應為委員會提供必要的工作人員和便利，使能有效執行本公約所規定的職務。

第三十七條（委員會之召集）

一、聯合國秘書長應在聯合國總部召開委員會的首次會議。

二、首次會議以後，委員會應按其議事規則所規定的時間開會。

三、委員會會議通常應在聯合國總部或聯合國駐日內瓦辦事處舉行。

第三十八條（委員之宣誓就職）

委員會每個委員就職以前，應在委員會的公開會議上鄭重聲明他將一秉良心公正無偏地行使其職權。

第三十九條（職員之選出）

一、委員會應選舉自己的職員，任期二年。他們可以連選連任。

二、委員會應制定自己的議事規則，但在這些規則中應當規定：

　　㈠十二名委員構成法定人數；

　　㈡委員會的決定由出席委員的多數票作出。

第四十條（報告之提出義務）

一、本公約各締約國承擔在

　　㈠本公約對有關締約國生效後的一年內及

　　㈡此後每逢委員會要求這樣做的時候，提出關於它們已經採取而使本公約所承認的各項權利得以實施的措施和關於在享受這些權利方面所作出的進展的報告。

二、所有的報告應送交聯合國秘書長轉交委員會審議。報告中應指出影響實現本公約的因素和困難，如果存在著這種因素和困難的話。

三、聯合國秘書長在同委員會磋商之後，可以把報告中屬於專門機構職司範圍的部分的副本轉交有關的專門機構。

四、委員會應研究本公約各締約國提出的報告，並應把它自己的報告以及它可能認為適當的一般建議送交各締約國。委員會也可以把這些意見同它從本公約各締約國收到的報告的副本一起轉交經濟及社會理事會。

五、本公約各締約國得就按照本條第四款所可能作出的意見向委員會提出意見。

第四十一條（締約國義務不履行及委員會審議權限）

一、本公約締約國得按照本條規定，隨時聲明它承認委員會有權接受和審議一締約國指控另一締約國不履行它在本公約下的義務的通知。按照本條規定所作的通知，必須是由曾經聲明其本身承認委員會有權的締約國提出的，才能加以接受和審議。任何通知如果是關於尚未作出這種聲明的締約國的，委員會不得加以接受。按照本條規定所接受的通知，應按下列程序處理：

　　㈠如本公約某締約國認為另一締約國未執行公約的規定，它可以用書面通知提請該國注意此事項。收到通知的國家應在收到後三個月內對發出通知的國家提供一項

有關澄清此事項的書面解釋或任何其他的書面聲明，其中應可能地和恰當地引證在此事上已經採取的、或即將採取的、或現有適用的國內辦法和補救措施。

㈡如果此事項在收受國接到第一次通知後六個月內尚未處理得使雙方滿意，兩國中任何一國有權用通知委員會和對方的方式將此事項提交委員會。

㈢委員會對於提交給它的事項，應只有在它認定在這一事項上已按照普遍公認的國際法原則求助於和用盡了所有現有適用的國內補救措施之後，才加以處理。在補救措施的採取被無理拖延的情況下，此項通知則不適用。

㈣委員會審議按本條規定所作的通知時，應以秘密會議進行。

㈤在服從分款㈢的規定的情況下，委員會應對有關締約國提供斡旋，以便在尊重本公約所承認的人權和基本自由的基礎上求得此事項的友好解決。

㈥在提交委員會的任何事項上，委員會得要求分款㈡內所述的有關締約國提供任何有關情報。

㈦在委員會審議此事項時，分款㈡內所述的有關締約國應有權派代表出席並提出口頭和／或書面說明。

㈧委員會應在收到按分款㈡提出的通知之日起十二個月內提出一項報告：

　(1)如果案件在分款㈤所規定的條件下獲得了解決，委員會在其報告中應限於對事實經過和所獲解決作一簡短陳述；

　(2)如果案件不能在分款㈤所規定的條件下獲得解決，委員會在其報告中應限於對事實經過作一簡短陳述；案件有關雙方提出的書面說明和口頭說明的記錄，也應附在報告上。

　在每一事項上，應將報告送交各有關締約國。

二、本條的規定應於有十個本公約締約國已經作出本條第一款所述的聲明時生效。各締約國的這種聲明應交存聯合國秘書長；秘書長應將聲明副本轉交其他締約國。締約國得隨時通知秘書長撤回聲明。此種撤回不得影響對曾經按照本條規定作出通知而要求處理的任何事項的審議；在秘書長收到締約國撤回聲明的通知後，對該締約國以後所作的通知，不得再予接受，除非該國另外作出了新的聲明。

第四十二條（和解委員會之設置與運用）

一、㈠如按第四十一條規定提交委員會處理的事項未能獲得使各有關締約國滿意的解決，委員會得經各有關締約國事先同意，指派一個專設和解委員會（以下簡稱「和委會」）。和委會應對有關締約國提供斡旋，以便在尊重本公約的基礎上求得此事

項的友好解決；

  ㈡和委會由各有關締約國接受的委員五人組成。如各有關締約國於三個月內對和委會組成的全部或一部分未能達成協議，未得協議的和委會委員應由委員會用無記名投票方式以三分之二多數自其本身委員中選出。

二、和委會委員以其個人身分進行工作。委員不得為有關締約國的國民，或為非本公約締約國的國民，或未按第四十一條規定作出聲明的締約國的國民。

三、和委會應選舉自己的主席及制定自己的議事規則。

四、和委會會議通常應在聯合國總部或聯合國駐日內瓦辦事處舉行，但亦得在和委會同聯合國秘書長及各有關締約國磋商後決定的其他方便地點舉行。

五、按第三十六條設置的秘書處應亦為按本條指派的和委會服務。

六、委員會所收集整理的情報，應提供給和委會，和委會亦得請有關締約國提供任何其他有關情報。

七、和委會於詳盡審議此事項後，無論如何應於受理該事項後十二個月內，向委員會主席提出報告，轉送各有關締約國：

  ㈠如果和委會未能在十二個月內完成對案件的審議，和委會在其報告中應限於對其審議案件的情況作一簡短陳述；

  ㈡如果案件已能在尊重本公約所承認的人權的基礎上求得友好解決，和委會在其報告中應限於對事實經過和所獲解決作一簡短陳述；

  ㈢如果案件不能在分款㈡規定的條件下獲得解決，和委會在其報告中應說明它對於各有關締約國間爭執事件的一切有關事實問題的結論，以及對於就該事件尋求友好解決的各種可能性的意見。此項報告中亦應載有各有關締約國提出的書面說明和口頭說明的記錄；

  ㈣和委會的報告如係按分款㈢的規定提出，各有關締約國應於收到報告後三個月內通知委員會主席是否接受和委會的報告的內容。

八、本條規定不影響委員會在第四十一條下所負的責任。

九、各有關締約國應依照聯合國秘書長所提概算，平均負擔和委會委員的一切費用。

十、聯合國秘書長應被授權於必要時在各有關締約國依本條第九款償還用款之前，支付和委會委員的費用。

第四十三條（委員之特權與豁免）

委員會委員，以及依第四十二條可能指派的專設和解委員會委員，應有權享受聯合國特

權及豁免公約內有關各款為因聯合國公務出差的專家所規定的各種便利、特權與豁免。

第四十四條（與其他條約之程序的關係）

有關實施本公約的規定，其適用不得妨礙聯合國及各專門機構的組織法及公約在人權方面所訂的程序，或根據此等組織法及公約所訂的程序，亦不得阻止本公約各締約國依照彼此間現行的一般或特別國際協定，採用其他程序解決爭端。

第四十五條（委員會之年度報告）

委員會應經由經濟及社會理事會向聯合國大會提出關於它的工作的年度報告。

第四十六條（與聯合國及各專門機構憲章之關係）

本公約的任何部分不得解釋為有損聯合國憲章和各專門機構組織法中確定聯合國各機構和各專門機構在本公約所涉及事項方面的責任的規定。

第四十七條（享有天然財富與資源）

本公約的任何部分不得解釋為有損所有人民充分地和自由地享受和利用它們的天然財富與資源的固有權利。

## 第五部分　最後規定

第四十八條（簽署、批准、加入、交存）

一、本公約開放給聯合國任何會員國或其專門機構的任何會員國、國際法院規約的任何當事國、和經聯合國大會邀請為本公約締約國的任何其他國家簽字。

二、本公約須經批准。批准書應交存聯合國秘書長。

三、本公約應開放給本條第一款所述的任何國家加入。

四、加入應向聯合國秘書長交存加入書。

五、聯合國秘書長應將每一批准書或加入書的交存通知已經簽字或加入本公約的所有國家。

第四十九條（生效）

一、本公約應自第三十五件批准書或加入書交存聯合國秘書長之日起三個月生效。

二、對於在第三十五件批准書或加入書交存後批准或加入本公約的國家，本公約應自該國交存其批准書或加入書之日起三個月生效。

第五十條（適用地域）

本公約的規定應擴及聯邦國家的所有部分，沒有任何限制和例外。

第五十一條（修正）

一、本公約的任何締約國均得提出對本公約的修正案,並將其提交聯合國秘書長。秘書長應立即將提出的修正案轉知本公約各締約國,同時請它們通知秘書長是否贊成召開締約國家會議以審議這個提案並對它進行表決。在至少有三分之一締約國家贊成召開這一會議的情況下,秘書長應在聯合國主持下召開此會議。為會議上出席並投票的多數締約國家所通過的任何修正案,應提交聯合國大會批准。

二、此等修正案由聯合國大會批准並為本公約締約國的三分之二多數按照它們各自的憲法程序加以接受後,即行生效。

三、此等修正案生效時,對已加接受的各締約國有拘束力,其他締約國仍受本公約的條款和它們已接受的任何以前的修正案的拘束。

第五十二條(通知)

除按照第四十八條第五款作出的通知外,聯合國秘書長應將下列事項通知同條第一款所述的所有國家:

㈠按照第四十八條規定所作的簽字、批准和加入;

㈡本公約按照第四十九條規定生效的日期,以及對本公約的任何修正案按照第五十一條規定生效的日期。

第五十三條(作準文本)

一、本公約應交存聯合國檔庫,其中文、英文、法文、俄文、西班牙文各本同一作準。

二、聯合國秘書長應將本公約的正式副本分送第四十八條所指的所有國

# 附錄四　經濟社會文化權利國際公約

# International Covenant on Economic, Social and Cultural Rights

通過日期：1966 年 12 月 16 日聯合國大會決議 2200A(XXI)

生效日期：1976 年 1 月 3 日（按照第二十七條規定）

本公約締約各國，考慮到，按照聯合國憲章所宣布的原則，對人類家庭所有成員的固有尊嚴及其平等的和不移的權利的承認，乃是世界自由、正義與和平的基礎，確認這些權利是源於人身的固有尊嚴，確認，按照世界人權宣言，只有在創造了使人可以享有其經濟、社會及文化權利，正如享有其公民和政治權利一樣的條件的情況下，才能實現自由人類享有免於恐懼和匱乏的自由的理想，考慮到各國根據聯合國憲章負有義務促進對人的權利和自由的普遍尊重和遵行，認識到個人對其他個人和對他所屬的社會負有義務，應為促進和遵行本公約所承認的權利而努力，茲同意下述各條：

## 第一部分　人民自決權

第一條（人民自決權）

一、所有人民都有自決權。他們憑這種權利自由決定他們的政治地位，並自由謀求他們的經濟、社會和文化的發展。

二、所有人民得為他們自己的目的自由處置他們的天然財富和資源，而不損害根據基於互利原則的國際經濟合作和國際法而產生的任何義務。在任何情況下不得剝奪一個人民自己的生存手段。

三、本公約締約各國，包括那些負責管理非自治領土和託管領土的國家，應在符合聯合國憲章規定的條件下，促進自決權的實現，並尊重這種權利。

## 第二部分　一般規定

第二條（締約國義務）

一、每一締約國家承擔盡最大能力個別採取步驟或經由國際援助和合作，特別是經濟和技術方面的援助和合作，採取步驟，以便用一切適當方法，尤其包括用立法方法，逐漸達到本公約中所承認的權利的充分實現。

二、本公約締約各國承擔保證，本公約所宣布的權利應予普遍行使，而不得有例如種族、膚色、性別、語言、宗教、政治或其他見解、國籍或社會出身、財產、出生或其他身分等任何區分。

三、發展中國家，在適當顧到人權及它們的民族經濟的情況下，得決定它們對非本國國民的享受本公約中所承認的經濟權利，給予什麼程度的保證。

第三條（男女平等）

本公約締約各國承擔保證男子和婦女在本公約所載一切經濟、社會及文化權利方面享有平等的權利。

第四條（權利限制）

本公約締約各國承認，在對各國依據本公約而規定的這些權利的享有方面，國家對此等權利只能加以同這些權利的性質不相違背而且只是為了促進民主社會中的總福利的目的法律所確定的限制。

第五條（超越權利限制範圍之限制）

一、本公約中任何部分不得解釋為隱示任何國家、團體或個人有權利從事於任何旨在破壞本公約所承認的任何權利或自由或對它們加以較本公約所規定的範圍更廣的限制的活動或行為。

二、對於任何國家中依據法律、慣例、條例或習慣而被承認或存在的任何基本人權，不得藉口本公約未予承認或只在較小範圍上予以承認而予以限制或克減。

## 第三部分　實體規定

第六條（工作權）

一、本公約締約各國承認工作權，包括人人應有機會憑其自由選擇和接受的工作來謀生的權利，並將採取適當步驟來保障這一權利。

二、本公約締約各國為充分實現這一權利而採取的步驟應包括技術的和職業的指導和訓練，以及在保障個人基本政治和經濟自由的條件下達到穩定的經濟、社會和文化的發展和充分的生產就業的計劃、政策和技術。

第七條（工作條件）

本公約締約各國承認人人有權享受公正和良好的工作條件，特別要保證：

㈠最低限度給予所有工人以下列報酬：

⑴公平的工資和同值工作同酬而沒有任何歧視，特別是保證婦女享受不差於男子所享

受的工作條件，並享受同工同酬；

　(2)保證他們自己和他們的家庭得有符合本公約規定的過得去的生活；

㈢安全和衛生的工作條件；

㈣人人在其行業中有適當的提級的同等機會，除資歷和能力的考慮外，不受其他考慮的
　限制；

㈤休息、閒暇和工作時間的合理限制，定期給薪休假以及公共假日報酬。

第八條（勞動基本權）

一、本公約締約各國承擔保證：

　　㈠人人有權組織工會和參加他所選擇的工會，以促進和保護他的經濟和社會利益；
　　　這個權利只受有關工會的規章的限制。對這一權利的行使，不得加以除法律所規
　　　定及在民主社會中為了國家安全或公共秩序的利益或為保護他人的權利和自由
　　　所需要的限制以外的任何限制；

　　㈡工會有權建立全國性的協會或聯合會，有權組織或參加國際工會組織；

　　㈢工會有權自由地進行工作，不受除法律所規定及在民主社會中為了國家安全或公
　　　共秩序的利益或為保護他人的權利和自由所需要的限制以外的任何限制；

　　㈣有權罷工，但應按照各個國家的法律行使此項權利。

二、本條不應禁止對軍隊或警察或國家行政機關成員的行使這些權利，加以合法的限制。

三、本條並不授權參加一九四八年關於結社自由及保護組織權國際勞工組織公約的締約
　　國採取足以損害該公約中所規定的保證的立法措施，或在應用法律時損害這種保證。

第九條（社會保障）

本公約締約各國承認人人有權享受社會保障，包括社會保險。

第十條（對家庭之保護及援助）

本公約締約各國承認：

一、對作為社會的自然和基本的單元的家庭，特別是對於它的建立和當它負責照顧和教育
　　未獨立的兒童時，應給以盡可能廣泛的保護和協助。締婚必須經男女雙方自由同意。

二、對母親，在產前和產後的合理期間，應給以特別保護。在此期間，對有工作的母親
　　應給以給薪休假或有適當社會保障福利金的休假。

三、應為一切兒童和少年採取特殊的保護和協助措施，不得因出身或其他條件而有任何
　　歧視。兒童和少年應予保護免受經濟和社會的剝削。僱用他們做對他們的道德或健
　　康有害或對生命有危險的工作或做足以妨害他們正常發育的工作，依法應受懲罰。

各國亦應規定限定的年齡，凡僱用這個年齡以下的童工，應予禁止和依法應受懲罰。

第十一條（相當生活水準）

一、本公約締約各國承認人人有權為他自己和家庭獲得相當的生活水準，包括足夠的食物、衣著和住房，並能不斷改進生活條件。各締約國將採取適當的步驟保證實現這一權利，並承認為此而實行基於自願同意的國際合作的重要性。

二、本公約締約各國既確認人人享有免於飢餓的基本權利，應為下列目的，個別採取必要的措施或經由國際合作採取必要的措施，包括具體的計劃在內：

　　㈠用充分利用科技知識、傳播營養原則的知識、和發展或改革土地制度以使天然資源得到最有效的開發和利用等方法，改進糧食的生產、保存及分配方法；

　　㈡在顧到糧食入口國家和糧食出口國家的問題的情況下，保證世界糧食供應，會按照需要，公平分配。

第十二條（享受最高的體質和心理健康之權利）

一、本公約締約各國承認人人有權享有能達到的最高的體質和心理健康的標準。

二、本公約締約各國為充分實現這一權利而採取的步驟應包括為達到下列目標所需的步驟：

　　㈠減低死胎率和嬰兒死亡率，和使兒童得到健康的發育；

　　㈡改善環境衛生和工業衛生的各個方面；

　　㈢預防、治療和控制傳染病、風土病、職業病以及其他的疾病；

　　㈣創造保證人人在患病時能得到醫療照顧的條件。

第十三條（教育之權利）

一、本公約締約各國承認，人人有受教育的權利。它們同意，教育應鼓勵人的個性和尊嚴的充分發展，加強對人權和基本自由的尊重，並應使所有的人能有效地參加自由社會，促進各民族之間和各種族、人種或宗教團體之間的了解，容忍和友誼，和促進聯合國維護和平的各項活動。

二、本公約締約各國認為，為了充分實現這一權利起見：

　　㈠初等教育應屬義務性質並一律免費；

　　㈡各種形式的中等教育，包括中等技術和職業教育，應以一切適當方法，普遍設立，並對一切人開放，特別要逐漸做到免費；

　　㈢高等教育應根據成績，以一切適當方法，對一切人平等開放，特別要逐漸做到免費；

　　㈣對那些未受到或未完成初等教育的人的基礎教育，應盡可能加以鼓勵或推進；

㈤各級學校的制度，應積極加以發展；適當的獎學金制度，應予設置；教員的物質
　條件，應不斷加以改善。

三、本公約締約各國承擔，尊重父母和（如適用時）法定監護人的下列自由：為他們的
　孩子選擇非公立的但係符合於國家所可能規定或批准的最低教育標準的學校，並保
　證他們的孩子能按照他們自己的信仰接受宗教和道德教育。

四、本條的任何部分不得解釋為干涉個人或團體設立及管理教育機構的自由，但以遵守
　本條第一款所述各項原則及此等機構實施的教育必須符合國家所可能規定的最低
　標準為限。

第十四條（初等教育免費）

本公約任何締約國在參加本公約時尚未能在其宗主領土或其他在其管轄下的領土實施
免費的、義務性的初等教育者，承擔在兩年之內制定和採取一個逐步實行的詳細的行動
計劃，其中規定在合理的年限內實現一切人均得免費的義務性教育的原則。

第十五條（參加文化生活之權利）

一、本公約締約各國承認人人有權：

　㈠參加文化生活；

　㈡享受科學進步及其應用所產生的利益；

　㈢對其本人的任何科學、文學或藝術作品所產生的精神上和物質上的利益，享受被
　　保護之利。

二、本公約締約各國為充分實現這一權利而採取的步驟應包括為保存、發展和傳播科學
　和文化所必需的步驟。

三、本公約締約各國承擔尊重進行科學研究和創造性活動所不可缺少的自由。

四、本公約締約各國認識到鼓勵和發展科學與文化方面的國際接觸和合作的好處。

## 第四部份　實施措置

第十六條（報告之提出義務）

一、本公約締約各國承擔依照本公約這一部分提出關於在遵行本公約所承認的權利方
　面所採取的措施和所取得的進展的報告。

二、

　㈠所有的報告應提交給聯合國秘書長；聯合國秘書長應將報告副本轉交經濟及社會
　　理事會按照本公約的規定審議；

⊘本公約任何締約國,同時是一個專門機構的成員國者,其所提交的報告或其中某部分,倘若與按照該專門機構的組織法規定屬於該機構職司範圍的事項有關,聯合國秘書長應同時將報告副本或其中的有關部分轉交該專門機構。

第十七條(報告之提出程序)

一、本公約締約各國應按照經濟及社會理事會在同本公約締約各國和有關的專門機構進行諮商後,於本公約生效後一年內,所制定的計劃,分期提供報告。

二、報告得指出影響履行本公約義務的程度的因素和困難。

三、凡有關的材料並經本公約任一締約國提供給聯合國或某一專門機構時,即不需要複製該項材料,而只需確切指明所提供材料的所在地即可。

第十八條(經社理事會及專門機構之協議)

經濟及社會理事會按照其根據聯合國憲章在人權方面的責任,得和專門機構就專門機構向理事會報告在使本公約中屬於各專門機構活動範圍的規定獲得遵行方面的進展作出安排。這些報告得包括它們的主管機構所採取的關於此等履行措施的決定和建議的細節。

第十九條(人權報告之提交人權委員會)

經濟及社會理事會得將各國按照第十六條和第十七條規定提出的關於人權的報告和各專門機構按照第十八條規定提出的關於人權的報告轉交人權委員會以供研究和提出一般建議或在適當時候參考。

第二十條(意見之提出)

本公約締約各國以及有關的專門機構得就第十九條中規定的任何一般建議或就人權委員會的任何報告中的此種一般建議或其中所提及的任何文件,向經濟及社會理事會提出意見。

第二十一條(向大會提出材料)

經濟及社會理事會得隨時和其本身的報告一起向大會提出一般性的建議以及從本公約各締約國和各專門機構收到的關於在普遍遵行本公約所承認的權利方面所採取的措施和所取得的進展的材料的摘要。

第二十二條(經社理事會提請注意)

經濟及社會理事會得提請從事技術援助的其他聯合國機構和它們的輔助機構以及有關的專門機構對本公約這一部分所提到的各種報告所引起的任何事項予以注意,這些事項可能幫助這些機構在它們各自的權限內決定是否需要採取有助於促進本公約的逐步確實履行的國際措施。

第二十三條（實現權利之國際行動）

本公約締約各國同意為實現本公約所承認的權利而採取的國際行動應包括簽訂公約、提出建議、進行技術援助、以及為磋商和研究的目的同有關政府共同召開區域會議和技術會議等方法。

第二十四條（與聯合國及各專門機構憲章之關係）

本公約的任何部分不得解釋為有損聯合國憲章和各專門機構組織法中確定聯合國各機構和各專門機構在本公約所涉及事項方面的責任的規定。

第二十五條（享有天然財富與資源）

本公約中任何部分不得解釋為有損所有人民充分地和自由地享受和利用它們的天然財富與資源的固有權利。

## 第五部分　最後規定

第二十六條（簽署、批准、加入、交存）

一、本公約開放給聯合國任何會員國或其專門機構的任何會員國、國際法院規約的任何當事國、和經聯合國大會邀請為本公約締約國的任何其他國家簽字。

二、本公約須經批准。批准書應交存聯合國秘書長。

三、本公約應開放給本條第一款所述的任何國家加入。

四、加入應向聯合國秘書長交存加入書。

五、聯合國秘書長應將每一批准書或加入書的交存通知已經簽字或加入本公約的所有國家。

第二十七條（生效）

一、本公約應自第三十五件批准書或加入書交存聯合國秘書長之日起三個月生效。

二、對於在第三十五件批准書或加入書交存後批准或加入本公約的國家，本公約應自該國交存其批准書或加入書之日起三個月生效。

第二十八條（適用地域）

本公約的規定應擴及聯邦國家的所有部分，沒有任何限制和例外。

第二十九條（修正）

一、本公約的任何締約國均得提出對本公約的修正案，並將其提交聯合國秘書長。秘書長應立即將提出的修正案轉知本公約各締約國，同時請它們通知秘書長是否贊成召開締約國家會議以審議這個提案並對它進行表決。在至少有三分之一締約國贊成召

開這一會議的情況下，秘書長應在聯合國主持下召開此會議。為會議上出席並投票的多數締約國所通過的任何修正案，應提交聯合國大會批准。

二、此等修正案由聯合國大會批准並為本公約締約國的三分之二多數按照它們各自的憲法程序加以接受後，即行生效。

三、此等修正案生效時，對已經接受的各締約國有拘束力，其他締約國仍受本公約的條款和它們已接受的任何以前的修正案的拘束。

第三十條（通知）

除按照第二十六條第五款作出的通知外，聯合國秘書長應將下列事項通知同條第一款所述的所有國家：

㈎按照第二十六條規定所作的簽字、批准和加入；

㈐本公約按照第二十七條規定生效的日期，以及對本公約的任何修正案按照第二十九條規定生效的日期。

第三十一條（作準文本）

一、本公約應交存聯合國檔庫，其中文、英文、法文、俄文、西班牙文各本同一作準。

二、聯合國秘書長應將本公約的正式副本分送交第二十六條所指的所有國家。

# 中華民國憲法
林騰鷂／著

　　我國憲法自民國三十六年十二月二十五日施行至今，已有七十年，但一直沒有達到憲政民主的理想，即主權在民、公意政治、權力分立、依法行政、司法獨立、人民福利等理想。相反的，軍政軍主時期與訓政黨主時期，卻一直漫長的延續著，直到民國八十二年才有局部民主真諦的國會議員定期改選，但在不良的選舉、罷免法制下，人民只有在選舉的那一天當主人，但在總統、立委、地方公職人員任期中的一千四百多天，則形同奴隸一般的勞動與繳稅，缺乏制衡的能力。所幸因教育的發展，人民不再愚昧，而投票式的民主及相當自由的輿論，也使人民可以透過選舉，不斷的輪替政黨及淘汰不良的民意代表，讓人民的基本人權，獲得部分的保障。

　　為了使憲法學習起來，不會太枯燥無趣，本書多以平白的語句，參酌憲政生活時論，評述憲政組織運作動態與人權理念發展實況，希望能引發青年學生與國民學習憲法的樂趣，並共同為達成憲政的理想來奮鬥！

# 行政訴訟法
林騰鷂／著

　　本書為使讀者容易理解，多以白話方式依照行政訴訟編章順序，有體系的論述行政訴訟法制之特性與內容，使讀者可以參照條文，迅速掌握行政訴訟法之精髓。本書除參照德、日行政訴訟之立法例、法學理論與司法實務外，亦多參引國內學者論述、期刊論文、行政法學研討會報告、行政訴訟法修正理由、最高行政法院判例等法學資訊，以供行政訴訟法制比較研討之基礎。本書特別著重引用我國司法實務判決對行政訴訟法相關條文之詮釋與適用，特別選用司法院印行之最高行政法院裁判要旨彙編第十九輯至第二十五輯中有關行政訴訟法之相關判決及最高行政法院庭長法官聯席會議決議文，使一般生澀僵硬之教科書得以獲得相關生活實際案例之潤飾、活絡，不致過於枯燥無味，而經過本土司法案例之參引、佐證，也使源於國外行政訴訟法制之理論更富生命力。

## 中華民國憲法論

### 管歐／著；林騰鷂／修訂

憲法是人生的要素。沒有憲法，生存權不受保障，就像過去封建帝制、軍閥亂政時代，生命隨時會被侵犯、剝奪；沒有憲法，生活也不能美好，因為沒有自由、平等與尊嚴，辛苦的勞動所得，自己不能享有，會被帝王或其鷹犬僕從強取豪奪。孔子所說：「苛政猛於虎」，就是因為沒有良好憲法、良好憲政的緣故！

因此，本書針對我國憲法的產生、成長、奮鬥、挫折過程及其內容修改演變情形，根據國父 孫中山先生的思想主張、憲政歷史文件、司法院大法官解釋及憲政生活動態資料，建構了認知憲法的三個基本，即 1. 基本政府、2. 基本國策、3. 基本人權的學習體系。

為了使學生容易行使應考試、服公職的基本人權，附錄中除了編印中華民國憲法、中華民國憲法增修條文外，並從考選部全球資訊網中摘取歷年來公務人員高等考試、特種考試及專門職業及技術人員高等考試之憲法試題，作為學習、演練之參考。